DU BU GOU DE

QIN HAN SHI

读不够的秦汉史

鸟山居士 ◎ 著

第三部 扩张

中国文史出版社

图书在版编目（CIP）数据

读不够的秦汉史 . 第三部 , 扩张 / 鸟山居士著 . --
北京 : 中国文史出版社 , 2023.10
　ISBN 978-7-5205-4094-0

　Ⅰ . ①读… Ⅱ . ①鸟… Ⅲ . ①中国历史 – 秦汉时代 –
通俗读物 Ⅳ . ① K232.09

中国国家版本馆 CIP 数据核字（2023）第 085705 号

责任编辑：刘　　夏
装帧设计：欧阳春晓

出版发行：中国文史出版社
网　　址：www.wenshipress.com
社　　址：北京市海淀区西八里庄路 69 号　　邮编：100036
电　　话：010-81136606　81136602　81136603（发行部）
传　　真：010-81136655
印　　装：廊坊市海涛印刷有限公司
经　　销：全国新华书店
开　　本：1/16
印　　张：26.5　　字　　数：390 千字
版　　次：2024 年 1 月北京第 1 版
印　　次：2024 年 1 月第 1 次印刷
定　　价：70.00 元

目录 Contents

第三章　东亚之主 / 213

第一章

龙，醒了

1.1 换血

公元前135年五月，汉文帝的媳妇、汉景帝的母亲、汉武帝的奶奶——窦太皇太后，终于归西。

同时，这也宣告了真正的汉武时代正式来临。

窦太皇太后死了，压着自己的唯一一块石头没有了，汉武帝直接开启了疯狂模式，弄了一出官场大换血的大戏。

同年六月，汉武帝以未能办好窦太皇太后葬礼为由，罢免了丞相许昌和御史大夫庄青翟，改由田蚡为新任丞相，韩安国为新任御史大夫，汲黯为主爵都尉。

本来汉武帝还想继续当初刚登基时候的雄心壮志（选拔天下人才），但觉得窦太皇太后刚死，自己又是换官又是办事的，怕引起非议，便将此事移到了下一年。

但在这之前请允许我介绍一下新上来的这三个官员。

田蚡，汉武帝的舅舅，王太后同父异母的弟弟，汉武帝之所以能当上皇帝他的功劳也是不小的，所以被任命为丞相也没什么可惊奇的。

那韩安国又是怎么当上御史大夫的？汲黯又是谁呢？

话说自从韩安国劝梁王刘武交出公孙诡和羊胜以后，便受到了当时还是太后的窦太皇太后以及汉景帝喜爱，这就从此在君主心中留下了一个好印象，可以说是前途不可限量了。

但等刘武死了以后，热衷于"犯罪"的韩安国不知道犯了什么事儿，又被关进了监狱，后来虽然被保释出来，但也因此而丢了官职。

但因为多年的贪污受贿，韩安国也累积了一定的财富，用这些钱来安度余生是绝对没有问题的，可韩安国有很大的志向，绝不甘心碌碌无为地苟活一生，便寻找门路让自己能捞个一官半职。

因为韩安国对自己的能力很有信心，只要能让他有个好的起点，他便能再次展翅高飞。

后来，汉武帝继位，田蚡被提拔为太尉。那田蚡虽然有些小聪明，但为人贪财好色，从来都是"来者不拒"。韩安国看清了他的为人，便携带五百金去拜会田蚡，想让田蚡引荐引荐自己。

正所谓物以类聚，人以群分，这两个贪官从此以后便结为了同盟。

那田蚡收了钱财还真办事儿，直接跑去汉武帝处推荐韩安国为北地都尉。

当时田蚡正是炙手可热，再加上汉武帝也听说过韩安国的能力，便批准了田蚡的奏请。

一段时间以后，韩安国因为政绩突出，再加上京城内田蚡的力挺，使得他被提升为大司农，进驻长安。

再之后，窦太后故去，"黄老集团"被武帝连根拔起，御史大夫一职空出，又在田蚡的强力推荐下，韩安国顶上了这个肥缺。

汲黯，字长孺，濮阳人，属于官宦世家，祖祖辈辈都是当官的，到他这一辈已经是第十一代了。

汉景帝时代，汲黯就已经为太子洗马，因为办事严谨而为众人所称道，这人的性格还非常有意思，属于直肠子，所以一直不得宫中士人所喜，直到汉武帝登基，有一次河内郡发生大火，火势蔓延烧毁了一千多户人家，汉武帝便遣汲黯去探查详情，并且吩咐如有必要可以持符节要求当地太守赈济灾民。

可汲黯呢？皇帝指东，他偏往西。

因为当他到了河内郡以后，只是象征性地看了一圈儿便走了，根本没管当地灾民，反而在离开河内郡以后快马加鞭地往河南郡赈济灾民去了。

所以当汲黯回到长安以后汉武帝就召他询问："朕听说你没有管河内郡的灾民，反倒是拿着朕的符节往河南去赈济灾民了，你这唱的哪一出？"

一听这话，汲黯不屑地道："启禀陛下，臣往河内看了，那就是一户人家不慎起火，结果大火蔓延而已，根本就没有报告上说得那么夸张，再加上没几个人受伤，那些百姓也都将自己家中的钱财拿出来了，所以绝对可以自给自足，臣就没赈济他们。"

汉武帝："哦，是这样，那你为什么又去赈济河南的灾民呢？"

汲黯对汉武帝深深一拜，之后道："这事儿确实是微臣做得不对，可在陛下惩罚微臣之前请听臣将话讲完。"

汉武帝："好，你讲。"

汲黯："陛下，在臣离开河内郡以后听闻河南水旱灾害严重，差不多有一万多户人家已经吃不饱饭了，所以臣便在第一时间前往视察。开始并没有想动用陛下的符节，可到了河南以后，微臣才知道现实情况要比别人说的更加恶劣。陛下您知道吗？当时河南已经有好些人都饿死了，甚至出现了易子而食的情况，臣见此情景不能再拖，便擅自动用陛下的符节开仓赈济灾民，要不然恐怕会出大乱子。这就是臣要说的，如今臣回来了，可不管怎样都是违抗了陛下的圣命，擅自使用了陛下的符节，现已将符节奉还，请求陛下的圣裁。"

话毕，汲黯跪在汉武帝面前，作势等待汉武帝的惩罚。

可汉武帝听了汲黯的话感觉汲黯不但没罪反而有功，所以不但没惩罚他，反倒是让他前往荥阳做县令。

荥阳可是天下的中心地带，兵家必争之地，虽然是个县令，但此县令含金量却非其他地方的县令能比的。

可汲黯呢，他可不管什么兵家必争之地，说到底不还是一个县令嘛，于是便托病不去。

汉武帝也知道他心中的想法，无奈任其为中大夫。

后来，汲黯被外派为东海郡太守，此郡自从汲黯开始管理以后经济迅猛增长，一时可列天下三甲。

之后，窦太后魂归西天，汉武帝正是用人之际，便让汲黯回长安担任主爵都尉。

以上，便是三个新任官员的基本情况了。

1.2　闽越乱局

同年（前135年）八月，不安分的闽越又开始活蹦乱跳了。

上一次攻击东瓯，使得东瓯王惧怕北迁，虽然没得到什么劳动力，但也平白得到了很多土地，使得国力有所增强。

今时今日，尝到甜头的闽越又开始准备侵略了，竟然将矛头指向了国富民强的南越。

英明的南越王赵佗虽然已经魂归西天，但强悍的国力却没有被带走，再加上其继任者也不是什么昏庸之辈，所以闽越想要吞掉南越简直就是异想天开，甚至有可能会被南越反噬到渣都不剩。

可奇怪的是自从闽越开始进攻南越，南越除了被动防守以外没有一次主动出击，这就使得闽越王更加气焰嚣张。

那这是为什么呢？

那是因为南越王赵眜是一个内心阴险的人。

赵眜认为，闽越人的耐力天下闻名，南越虽然不输闽越，但能避免无谓的牺牲当然更好。

所以，赵眜便派使者前往长安面见汉武帝，对汉武帝诉说南越是汉廷的从属国，没有汉武帝的命令是不敢主动回击的。

可实际上，这都是赵眜的阴谋，因为如果汉武帝派援兵过来，他就不用损兵折将，又省兵又省粮。如果汉武帝不派兵过来，那就更好了，赵眜便有借口名正言顺地侵略闽越，进而将本国向外扩张。

所以，不管汉武帝如何决定，赵眜都不在乎。

可汉武帝是个什么样的人？那是个极好面子的人，你敬我一尺，我便敬你一丈。

而赵眜言辞谦卑的求援完全顾全了汉武帝的面子，再加上之前救援东瓯，现在也不能不救援南越的根本思想，便命王恢和韩安国领大军前往南越救援。

那边的闽越在听说汉廷已经开始派兵救援南越以后便慌了，众多大臣都劝闽越王在和汉廷这个庞然大物全面开战以前赶紧撤退。

可闽越王呢？也是个爱面子的人，上一次攻击东瓯被汉廷吓退让他面子全失，这一次说什么都不打算撤退了，便力排众议，准备坚守各处险要抗击汉廷的进攻。

可尴尬的是他想抵抗，但下面的大臣们不想。

一时间，几乎所有的大臣都对闽越王怨声载道，闽越王在宗族和大臣之间的声望降到了极点。

可闽越王的弟弟，一向对王位觊觎已久的余善却趁此时机露出了他锋利的獠牙。

他利用现在大臣和宗族对闽越王的不满，暗中勾结其中对闽越王最不满意的实权官员和宗族族长杀死了闽越王，并将人头送给了大行令王恢。

余善认为，本次杀死闽越王自己是首功之臣，在闽越境内还得人心，所以汉武帝一定会将下一任闽越王的头衔赏赐给自己。如果汉武帝想要继续攻击闽越也没有关系，因为现在主战的闽越王已经死去，汉廷如果继续对闽越展开攻击势必会让闽越的军民同仇敌忾，再加上闽越的地理和气候优势，余善有信心能够抵挡得住汉廷的攻势，甚至有可能让汉廷的军队"瘟"死一半回去。

果然，当大行令王恢收到了闽越王的人头以后便没有再行进攻，而是派使者前往长安征求武帝的下一步决定。

汉武帝呢？确实也让王恢和韩安国即刻撤回长安，可却没有封余善为王。别看汉武帝年轻，他可是聪明得很呢。

汉武帝认为，现在的余善在国内众望所归，并且本人也很有才能，如果让他成为闽越王对汉廷而言绝对不是什么好事儿，便册封当时还年幼的瑶君丑为新任闽越王。

余善偷鸡不成蚀把米，心里别提多郁闷了，但是道高一尺，魔高一丈，你汉武帝不是不给我王位吗？那好，我自己抢！

于是，打这以后，余善便在国内广收民心，大肆结党，其目的不言自明，就是要取代瑶君丑，自己称王。

当时的瑶君丑虽然年幼，但也知道如果再不做些什么则会有性命之忧，便暗中派使者前往长安向武帝说明情况，意图让汉廷出兵相救，以武力的方式巩固自己闽越王的地位。

可汉武帝听了闽越使者的报告以后只是冷笑一声，并没有出兵帮助闽越王讨伐余善，因为闽越距离汉廷中央实在太远，想要在闽越国境彻底消灭余善不出动大军是不行的，而出动大军团跑到闽越作战所消耗的钱粮简直就是天文数字，所以汉武帝选择不救援闽越王。

当然了，倒不是说汉朝没有这个钱，因为汉武帝初期正是文景之治刚结束的时候，汉朝也是最富足的时候，别说征伐一次闽越了，就是征伐十次也没有什么问题，可关键是好钢要用在刀刃上，汉武帝现在最想打的是谁？

匈奴！

所以，他根本不想在小小的闽越身上浪费钱粮。

那这件事情汉武帝就不管了吗？他就眼睁睁地看着余善将瑶君丑赶下台去吗？

如果这样的话汉武帝的面子也没有了啊，汉朝的威信也会大打折扣，毕竟瑶君丑这个闽越王不管怎么说都是汉武帝立的，不是吗？

汉武帝当然不会让他称心如意，你余善不是想当王吗？好啊，我就让你当王！

于是，汉武帝派使者前往闽越，封余善为东越王，让他两人划地而治，相互牵制，将一个好好的闽越之地硬生生地拆成了两块。

那么闽越的结果怎么样了？以后再说，我们书接上文。

1.3　年轻武帝和匈奴的第一次接触

这些年来，汉廷被匈奴这些异族都给欺负惨了，百姓们一提这些异族都会感觉非常羞辱，如果再没有什么对外族的胜绩，估计百姓都会对汉廷失望了。而本次汉武帝出击闽越，兵不血刃便取得了胜利，还将闽越王的人头给带回了长安，此举让全国上下的百姓无比振奋，一个个提起汉武帝都会为他竖起大拇指。而长安的百姓更甚，只要汉武帝一出来巡视，全长安的百姓都会跑出来跪拜汉武帝，并且满脸的虔诚。

汉武帝虽然聪明能干，但怎么说也不过是一个刚刚二十出头的年轻小伙子，所以见了这些崇拜他的百姓以后整个人都飘起来了，一种傲慢的想法也开始慢慢地在他心中滋生。

可等汉武帝回到皇宫以后，一个侍者的话却将已经不理智的汉武帝一下子拉回了现实。

"启禀陛下，匈奴使者现正在大殿外等候。"

匈奴，这个在当时拥有全世界最强大轻骑兵战斗集团的民族，从建汉以来就像一座大山一样一直压着汉朝，这时候来干什么？

在召见匈奴使者时，匈奴使者直接向汉武帝提出了结亲这种"促进汉匈友谊"的要求，其实说白了就是要"嫁妆"来了。

看着匈奴使者在下面"滔滔不绝"，汉武帝心里这个恨，双手已经逐渐攥成了拳头，可表面上还是没有得罪匈奴使者，而是笑着脸将他"请回"驿馆，后与各路文武商议到底要不要和匈奴结亲。

最先站出来的是主战派的大行令王恢，只见他对汉武帝深深一躬，然后威风凛凛地道："启禀陛下，匈奴是什么？那就是一群言而无信的蛮子，您今天跟他和亲，他没过多久便会再次背叛您，如此言而无信的野蛮人，不给他一个深刻的教训他是不会学乖的。"

王恢话音刚落，还没等汉武帝吱声，御史大夫韩安国便站出来，他先是对汉武帝深深一躬，然后转身看着王恢道："听大行令这意思是要主动出击匈奴喽？"

王恢："正有此意！"

韩安国："哈哈哈哈，大行令好威风、好气派啊，可大行令有没有想过，如果想要攻击匈奴就必须要纵横草原，领兵跨越千里进行长线作战，到时候粮草需要耗费多少就不说了，咱单说说匈奴的一贯战术。我就想问问大行令，如果大行令领兵深入匈奴腹地以后，匈奴人收拾帐篷游离躲藏，你上哪里去找他们？而出征时间一长，士兵士气定然受到极大影响，到时候匈奴人耗到我们人困马乏再从四面攻击，大行令认为我汉军还有取胜的可能吗？"

王恢："这……"

韩安国："况且，我们大汉也不是匈奴那种游牧民族，要他们的地有什么用？所以，我们就算取得了匈奴的土地也不能算是开疆扩土，统治他们的人民也不能算是富强，只能平白增添无尽的内斗而已。况且，我不认为现在我汉朝有可以消灭匈奴的实力。"

王恢："……"

见王恢被韩安国说得一点儿脾气都没有，汉武帝长叹一声，最后无奈选择与匈奴和亲。

这是汉武帝继位以后第二次被"欺负"而不敢作声了，他忍了，可这绝对是最后一次。

1.4 董仲舒与公孙弘

公元前134年，也是窦太后死去的第二年，没人钳制的汉武帝终于决定改建元年号为元光，意思是新时代的开始。

元光元年四月，汉武帝大赦天下，恢复了七国之乱中那些反王宗室后代们的宗族身份。

同年五月，汉武帝再次广招天下人才，命各郡县将贤良、方正人士统统推荐到长安来，并且汉武帝要亲自充当主考官。

结果，董仲舒和公孙弘等人都进入了汉武帝的视线。

董仲舒，广川人，是研究《公羊春秋》的大师，在汉景帝时期担任了博士。

这人学生很多，可他讲课非常有个性，从来都是在"讲台"上挂上帷幕，自己在帷幕后面讲课，很多学生一直到"毕业"都不知道董仲舒长的是个什么样。

董仲舒本次来参加汉武帝的"考试"，说了很多治国之策，这里简单说个大概。

董仲舒认为，想要治理好一个国家就必须遵循四点，分别是天人关系（做事情要合乎礼制天意，君主不能逆天而行）、思想大一统（罢黜百家，独尊儒术）、以三纲五常为治理工具（三纲：君为臣纲，父为子纲，夫为妻纲。五常：仁、义、礼、智、信），还有就是以德治天下。

汉武帝虽然不是全然认同董仲舒的理论，但对他的大部分理论还是认同的，后将其派往江都王刘非身边为相。

有很多人都认为汉武帝在一开始是非常喜欢董仲舒的，就是因为喜欢董仲舒，才派他往刘非身边为相，以便累积经验后提拔上来。

但我个人却不这么认为，当初刘非害死了和汉武帝关系很好的韩嫣，并且，刘非此人极为嚣张霸道，不知有多少任国相都跟他相处不到一块儿去，被他用诸多手段赶走。

所以说，如果汉武帝想要提拔董仲舒，为什么不让他去其他的诸侯国为相，而非要让其往江都王为相呢？

所以笔者粗浅地猜测，汉武帝很有可能想利用董仲舒来杀掉刘非，因为董仲舒是个很有个性的人，并且思想和刘非严重不一致，所以很有可能会和刘非发生冲突，那么刘非便有可能会在盛怒之下杀死董仲舒，因为董仲舒是天下大儒，刘非此举定会引发天下人的不满，所以到那时候，汉武帝就能名正言顺地杀掉刘非了。

可令汉武帝没想到的是，他的如意算盘完全落空了，因为董仲舒不傻，是个惜命的正常人，他也清楚刘非的为人，于是在面见刘非的时候非常小心，不该他说的话他绝对不说，不该他做的事他也不会去做。

而刘非同样也不傻，现在窦太后刚死一年，朝廷就派人来了，这是要干吗？这不就是要对自己动手了吗。

于是，平日里嚣张跋扈的刘非也开始收敛了，并对董仲舒非常客气。久而久之，两人便成了朋友。

汉武帝大怒，便将董仲舒召回京中，弄了一个莫须有的罪名将他降为了中大夫。

公孙弘，薛地人（今山东省寿光市南纪台乡），年轻的时候做过监狱的狱吏，因为收受贿赂而被免职。

他家里本来就非常贫穷，所以被免职以后积蓄全无，便只能在海边以放猪为生。

直到他四十岁的时候，终于"觉醒"，感觉自己不能就这样碌碌无为一辈子，便开始研究起《公羊春秋》及各家杂论，等到汉武帝在这一年广招天下人才的时候公孙弘已经有六十多岁了。

被看中的公孙弘究竟被任为何职史料上并未记载，但汉武帝没过多长时间便让他出使匈奴，可等公孙弘回来向汉武帝汇报工作以后汉武帝却是大怒异常，认为公孙弘是个毫无用处的废物。（注：关于公孙弘出使匈奴的经过史无记载，不过历来有两种说法：一说公孙弘胆子极小，没到匈奴就绕了个圈子回来了；一说公孙弘在军臣单于的面前卑躬屈膝丢了大汉的面子）

公孙弘感受到了汉武帝的愤怒，认为自己就是继续在长安待着也是被冷落的命运，便主动辞去了职务，重新回到乡间钻研学问。

所以总的说来，汉武帝此次"招贤纳士"并不是很成功。

1.5　方术再起

方士，让人恨到牙痒痒，可又历经千年而不衰，哪怕是到了现代还依然能看到大街小巷那些算命的存在，真是让人可悲又可叹。

汉文帝时期，因为为新垣平所欺骗，使汉文帝对占卜算卦这等事心灰意冷，方士在皇宫之中也从此成了"冷门"职业，并在汉景帝时期依然如此。

但不可否认的是，这个行业在古代不管君王如何压制，在民间依然火热。

而到了汉武帝执政的时期，方士还会被冷落吗？

答案是不会，因为除了汉武帝本人非常迷信以外，某个大方士头子也是功不可没。

公元前133年十月（元光二年），一个方士出现在了长安，他的名字叫作李少君，一个重新让方士势力再次崛起于宫廷的大方士头子。

李少君，齐国人，方士，没有师门传承，属于自学成才，大概因为他的偶像是安期生吧，所以也像前辈一样，将自己包装得特别神秘，什么年龄、出生地等各种个人信息通通没有（安期生：秦始皇时期三齐之地方士中的大师级人物）。

李少君在齐国的时候就已见过安期生，并得到他的丹方和真传，再加上他极快的反应和很强的推理能力，很多人都被他骗过，慢慢地名声就打出去了。

可不管他给多少老百姓"占卜"过，他们依然是老百姓，是没有多少油水赚的，况且走的山多终遇虎，指不定哪天会因此而触犯法令。

于是，李少君开创了一个"方术学校"，专门招收想学习方术的学生，并且学费不菲，这样既赚取了金钱又减少了被揭穿的风险，何乐而不为呢？

又过了一段时间，汉武帝登基，李少君便时刻观察这位新任皇帝，通过种种渠道打探他的各种信息，看看他是不是像他爹汉景帝一样不信方术。

结果探查的报告回来后让李少君极为兴奋，因为武帝身旁最多的两类人便是方士和类似东方朔这种搞笑的弄臣。所以李少君便打算前往长安一搏，结果，还真让他给搏出来了。

因为汉武帝一听来人是一个身份神秘的方士，便直接让人将李少君给请进宫中。

李少君本准备了很多言辞来对付汉武帝，可等他见到汉武帝的那一瞬间，李少君笑了。因为他发现了汉武帝身后的一个铜器。因为李少君常年行骗，所以关于考古学必须要有大师级水平的研究，这样才能成功骗过一些达官显贵。

果然这一次汉武帝就中招了。

那李少君见了汉武帝后也不下拜，只是捋着胡须看着汉武帝微笑，好一副仙风道骨的模样，时不时还故意往汉武帝身后的铜器上瞄。

那汉武帝一开始就被李少君的"气场"所震撼，所以没等交流便信了一半。

又过了一会儿，李少君还是捋着胡须没有作声，汉武帝见状，竟然给李少君微微一揖，然后道："不知道长为何总是盯着后面的铜器呢？"

听了这话，李少君闭上了眼睛，故作高深了一会儿便长叹一声："唉，看到此铜器，不免触景生情啊。"

汉武帝心想，这铜器一看就是个古董，没有千年也有百年了，你触什么景？所以一想到这儿，汉武帝看李少君的眼神就有些玩味了。

"哦？道长生的什么情了？"

李少君也没管汉武帝的阴阳怪气，依然气定神闲地道："这铜器是小白最喜欢的装饰，我每次和他喝酒都能在他的枕边看到这个东西。"

话毕，汉武帝冷笑一声，然后问道："哦？小白？哪个小白？"

"就是齐桓公姜小白了。"

这话一说，汉武帝口中的酒都差点儿喷出来，然后惊异地看着李少君："春秋五霸之首？"

"正是。"

汉武帝："来人！"

"在！"

"去！给我将大匠（原少府）叫过来！"

不一会儿，大匠匆匆赶来，入得侧殿以后赶紧对汉武帝行跪拜礼，可没等他跪下汉武帝便指着身后的铜器道："行了！不要跪了，你看看这个，是什么时候的东西。"

大匠闻言，赶紧站起来观察汉武帝所指铜器。

过了一会儿，大匠对汉武帝深深一拜，然后道："启禀陛下，这是春秋时期所产铜器。"

话毕，汉武帝心脏怦怦直跳，一时间竟无法接受，便再次问大匠道："你可给朕看好了，真的是春秋时候的东西？"

听汉武帝如此口气，大匠也知道这次的事儿应该挺大，但同时他也对自己的鉴别能力有着无比的信心，所以异常坚定地回道："启禀陛下，绝对是春秋时所产的铜器。"

这回可由不得汉武帝不信了，待大匠走后，汉武帝恭恭敬敬地询问李少君："这位道长，不不，这位李仙人，请问这世上可有长生不死之法？"

李少君微微一笑道："延年益寿易，长生不老难，但并不是没有希望，只不过这东西要看你的心诚不诚，同时也要看你有没有这个机缘，否则光是心诚也无法长生不老。"

一听有戏，汉武帝的血都沸腾了。

于是，从来都是唯我独尊的汉武帝竟然站起来给李少君这个骗子微微一拜，然后虔诚地道："还请李仙人教我长生不死之法。"

李少君："心中有神明，并勤于祭祀，那就有可能会招来奇异之物（鬼怪），而招来奇异之物，便有机会炼制成黄金丹，吃掉黄金丹便能延年益寿，增加自己的仙气，进而亲往蓬莱便有很大的机会能见到仙人。之后仙人便会指导你真正的祭祀天地之法，那样就会让仙气充满全身，洗筋伐髓，如此，便可做一个活神仙，长生不死。曾经的黄帝就是这样做的。"

一听这话，汉武帝心里别提多激动了，进而道："仙人之言令我茅塞顿开，但仙人之前也说了，这是要靠机缘的，如果我没有机缘，那不是没有希望了吗？所以我想请问仙人，还有没有别的办法也能长生不死，我好备着啊。"

话毕，李少君默默地看了一会儿汉武帝，然后露出一副神秘的表情和语气："唉，好吧，看你心这么虔诚，我就对你透露一些吧，曾经我一个人在海边游荡，突然从天上降下一白发老人，这人不是别人，正是安期生，那安期生和我志同道合，便给了我一个如同瓜果一样大的大枣，这枣吃了便能够长生不老，虽然当时已经对我没有什么用，但依然可以证明，如果和安期生志同道合，他就一定会出现在你身边赠送你仙枣。"

汉武帝激动地道："那什么叫作志同道合？"

李少君："还是那句话，心诚！"

话毕，汉武帝恍然大悟。

这之后，汉武帝赐给了李少君许多钱，使其名声大噪，朝中大臣无不将李少君视为贵人。

有一次，丞相田蚡将李少君请到家中，占卜吉凶祸福，而李少君为人极为谨慎，总是在外出占卜以前提前打探好情报，踩好点儿，将能了解的情报和资料全都收集齐全才去占卜。

这一次，前来田蚡家中想一观李大仙的人很多，他们的基本资料同样无一例外地掌握在李少君的手中。

于是，在李少君进入了丞相府以后，没有先拜见丞相，而是对着一个年近九旬的老贵人笑道："哎？你不是××吗？现在都这么大了？"

这话一说，现场的"观众"没一个不惊讶的，不过想想也对，人家是大仙，活个千八百年的还不是正常吗？于是，现场出现了极为荒唐的一幕，只见一个京城权贵老翁对一个刚刚中年的男子拜了又拜，还毕恭毕敬地道："仙人，晚辈这厢有礼了，不过请恕晚辈唐突，仙人怎么会认识晚辈的呢？"

李少君呵呵一笑："当然认识你，想当初我和你爷爷××去××打猎的时候，你才刚刚出生，我还抱过你呢。"

话毕，老人惊异地道："是呀是呀！我们那确实有这个地方，我小的时候爷爷还领我去过那里，我说这辈子我怎么都没生过什么病呢，原来是沾染了大仙身上的仙气了！"

说完，老翁再次给李少君深深一拜。

而自从这次以后，李少君更是声名大噪，一批又一批的权贵全都召他去自己家中，要么是占卜算卦，要么就请李少君抱抱自己家的孩子，所以在这一段时间，李少君简直是赚钱赚到手软。

而这天下的骗子何其多，李少君的成功也更坚定了其他方士的雄心。

一时间，齐燕之地和一些沿海城市的方士们全都跑到了长安装神弄鬼，意图迷惑武帝，赚取钱财，已经冷门了好些年的修仙浪潮又重新席卷了华夏大地，这其中以长安最甚！

1.6　反击的开始——马邑伏击战

汉武帝虽然比较信修仙这个东西，但他还年轻，对长生不死还不是太过于冲动。

同时，他也分得清轻重，那就是修仙轻，国家重！而接下来发生的事情使得汉武帝暂时打消了修仙的念头，一门心思地将精力投到了匈奴身上。

时间：公元前133年。

地点：长安皇宫偏殿。

此刻，王恢正滔滔不绝地向武帝诉说着什么，武帝听完以后竟径直站了起来，并在侧殿之内来回踱步思考，脸色甚至因为极度的兴奋而开始涨红。

又过了一会儿，汉武帝像下定了什么决心一样，对王恢道："好！这事儿就这么办了！明日朕会召开廷议，你就在廷议上铆足了劲儿说，你放心，有朕在后头给你撑腰，这事儿便八九不离十了，不过你今天也要好好在家给朕想想怎么应付御史大夫，如果还让他说得哑口无言，就算是朕也帮不了你了。"

王恢："是！"

第二日，汉武帝召三公九卿等朝中大员往皇宫召开廷议。

因为最近天下太平，匈奴也没有犯边，汉武帝一天到晚脑子里想的都是修仙，所以大家也没将这次廷议当回事儿，还以为是像以往一样的常例呢。

可到了皇宫之中，这些大员们才知道，今天是有大事儿啊！因为平时廷议，不但有三公九卿，还有许多文武百官，可今日廷议，除了三公九卿以外，只有屈指可数的几个将军而已。再加上这些大员刚刚进入大殿，宫中的郎卫们便将大殿之门扣得严严实实，所有的太监和宫女全都被快速清理出场，场中除了这些大员们只剩下汉武帝平时最信任的郎卫。

见此，一众大员全都蒙了，一个个相互交谈不知所以，只有大行令王恢淡定从容，脸上一副大杀四方的表情。

御史大夫韩安国一见王恢的德行心中就是一紧，已经猜了个八九不离十。

很明显地，武帝是不会再给韩安国斡旋的机会了，因为就在大臣们站定以后，以往都迟迟到场的汉武帝此次却出现得异常快速，这就更让韩安国暗叫不好了。

"陛下万岁！"

随着跪拜礼的结束，汉武帝命大臣们赶紧站起，然后便直入主题："各位王公大臣，你们都是我大汉的栋梁，而朕今天要和你们说一件令人振奋的大事！朕希望你们都能严守秘密，不要泄露半个字。"

齐声："谨遵圣命！"

汉武帝："你们谁知道聂壹这个人？"

在场官员全都是当朝最有权势的大臣，谁会认识这种无名小卒呢？所以一个个你看看我我看看你，全都默不作声。

汉武帝笑道："不认识没关系，我来告诉你们。这聂壹是雁门马邑的一个豪杰，前段时间他给朕写了一封密信，表示现在我大汉与匈奴刚刚和亲，匈奴对我大汉全无防备，他聂壹说有办法能联络到匈奴单于，并有信心将单于的主力部队全都引到马邑来。"

话毕，汉武帝一挥手，立马上来两个郎卫，捧着一幅超大的地图布置于殿下正中央。

汉武帝也走了下来，意气风发地指着北方马邑一带道："众位请看！马邑四周多为山地，是埋伏奸敌的绝佳场所。而马邑为我大汉边关之重地，守卫森严。所以，哪怕是有聂壹作为内应，他军臣单于也必定会出王庭全部兵力来夺取此地的财富。而这时候，我埋伏于四周的大军团便可以突然出击，进而全歼匈奴主力部队！他们匈奴的人少，所以一旦被歼，王庭内部必然空虚！我方便可马不停蹄直奔王庭，将那些可恶的匈奴人赶尽杀绝！并将他们的牛羊牲畜全部抢光！让整个中央王庭瘫痪！这样的话，由多个游牧民族组成的匈奴必定分裂！之后我们再一个个地收拾，势必会让匈奴灭亡！众位觉得朕的提议如何啊？"

汉武帝话音一落，韩安国就要出面阻拦，可王恢抢在他之前力挺道："陛下真乃千古之君！英明无比！想当初战国时期和前朝时期，不管是东胡还是匈奴都不敢对我华夏之地进行寇掠，这是为什么呢？因为廉颇、李牧和蒙恬将他们打怕了，所以躲都来不及，怎么会主动找打呢？可如今，我汉朝连年送给匈奴女人和大量的钱粮，他们依然对我边境寇掠不止，这是为什么？因为我大汉从未敢主动出击匈奴，臣敢保证，这一次陛下设计的伏击战定能极大地打击匈奴，使匈奴从此对我大汉俯首称臣！"

汉武帝和王恢两人一唱一和地好不热闹，忍了半天的韩安国见王恢终于说完了，便抢着站出来道："事情根本不是这样的！陛下！您觉得自己和高祖可能相比？"

汉武帝："当然比不了。"

韩安国："当初高祖在白登被围七日，差一点儿就饿死在那儿。高祖是什么脾气大家都知道，可等高祖后来回到长安后根本没有再往北伐的心思，反而与匈奴和亲，这说明了什么？这正说明了匈奴的强大和我汉朝本身就不便与匈奴开战！再后来文帝之时，曾想在一次匈奴入侵中和其拼命，可结果呢？毫无建树，反倒是被匈奴人抢夺了无尽的财货。之后，文帝还不是要和匈奴和亲吗？所以综合以上，只有和亲才是最好的办法，主动出击绝不是可行之法！"

韩安国的口才是很厉害的，他觉得自己完全有能力"战胜"笨口拙舌的王恢，让他还像上一次一样灰头土脸，可他这一次失算了，那王恢非但没有"哑火"，反倒是一脸的"意料之中"，像一挺"重机枪"一样开始对韩安国疯狂反击。

"御史大夫所言差矣！五帝的礼仪不相同，三王的礼乐不重复，这并不是因为后代的人有意违反祖先的礼仪制度，而是因时而异而已，当初高祖确实没有继续回军报复，可难道这就证明了高祖畏惧匈奴吗？哈！笑话，高祖这辈子怕过谁？他之所以没去是因为当时天下刚刚一统，百废待兴，老百姓需要休养生息，仅此而已。可如今，我汉朝历经文帝、景帝两代先皇的励精图治，早已国富民强，不是高祖时代可比。另外，高祖时代的百姓经过多年战乱，早已对战争感到厌倦。可如今则不同，经历了多年匈奴寇掠，我汉朝民众没有一个不对匈奴人恨得咬牙切齿。综合以上，天时、地利、人和皆在我汉朝，有什么不能战的？"

韩安国："简直不知所谓！那我问你，就像上一次我所说的，如果我汉军深入敌后，不明地形，敌人和我军打游击战，进而围歼我军该如何是好？"

王恢："哈哈哈！我看不知所谓的是御史大夫您吧？刚才陛下已经说得很清楚了！本次作战是以伏击战为主，当匈奴主力被全歼以后，匈奴王庭方面必定空虚，到时候便可集全军成多点开花之势扫荡王庭，将整个匈奴中部废掉！我想，等左右贤王赶来的时候我大军早就撤退了！退一万步说，就算那时候我们没撤退又能怎么样？我大汉的强弓劲弩不管是射程还是威力都远强于匈奴。所以，只要他们敢来，我们便能一边从容撤退，一边射杀这群饿狼，这有什么好畏惧的？"

韩安国："这……"

见韩安国的底气已经不足，王恢立马缓和了口气，他对着韩安国深深一拜，然后道："韩大人，我知道您是为了汉朝的根本着想，可是自从上一次高祖被围白登一直到现在，已经过去整整六十八年了，在这六十八年中，匈奴无数次的寇掠我大汉边境，不但让我国遭受惨重的经济损失，还让无数边郡百姓付出了生命。韩大人，那都是活生生的生命啊。这么多年来，惠帝、吕后、文帝、景帝，他们哪一个不想狠狠地打击匈奴？但最后都含恨而终。如今，我大汉国富民强，军容鼎盛，难道还要忍气吞声，往匈奴送女人、送金钱以换取苟活吗？"

话毕，汉武帝的双手狠狠地攥成拳头，下面本来主和的大臣们也惭愧地低下了头，韩安国叹息一声，慢慢退回了本来的位置。

这宣告什么？宣告着本次诱击战略彻底成立！

这一年春天，轰隆隆的马蹄声震慑大地，无数的士兵、战马、战车，全部往长安方向集结，一个月以后，共有三十余万大汉雄兵集结在长安灞上，其中精锐轻骑便有二十余万！这是以前根本无法想象的。

汉武帝将其分为五路，所有战略都是他一手策划，其部署如下：

第一路大军统帅为御史大夫韩安国，领骑兵七万，兼任护军将军，总统整个战局，埋伏于马邑东南句注山，只要匈奴进入包围圈，便突击匈奴左翼，将此段匈奴骑兵拦腰截断。

第二路大军统帅为当朝最会领骑兵作战的飞将军李广，汉武帝任命其为骁骑将军，领骑兵六万埋伏于句注山东北，只要战局一开便突袭匈奴右翼，将此段匈奴部队拦腰截断。

第三路大军统帅为太仆公孙贺，汉武帝命其为轻车将军，领四万骑兵和数千战车隐藏于句注山中部，只要战局一开，便领本部兵马硬撼匈奴正面。

第四路大军统帅为大行令王恢，其任务最为重要，汉武帝命其为将屯将军，领三万骑兵埋伏于最北部（距离匈奴最近），只要战事一起，便领本部兵马向西横穿过去，将匈奴后部的辎重部队赶尽杀绝，进而断了匈奴人的退路，与前三路合击匈奴。

第五路大军统帅为太中大夫李息，武帝命其为材官将军，领十万步兵同王恢埋伏于同一地点，只等王恢出击便紧随其后，任务和王恢一样，力图不给匈奴半点儿撤退的空间，将其全歼。

以上便是本次诱击战的全部部署。

此时，匈奴王庭。

军臣单于对着下面一个一脸谄媚的男子道："哈哈，聂壹，你个奸商，这次又走私什么好东西给本单了？"

聂壹："启禀伟大的单于，小人这次并没有带太多的货物献给单于，但是却有一个天大的好消息告知。"

军臣单于疑惑地道："哦？你个低贱的奸商能有什么好消息？说出来听听。"

聂壹："启禀单于，最近汉朝打算严查边关百姓走私一事，我已探明，此事千真万确，而一旦开始彻查，小人必定首当其冲，到时候一家老小不会有一个幸免，所以我打算投靠匈奴，并将马邑献上。"

军臣单于："哈哈哈哈！这是本单于听过最有趣的笑话，那马邑乃是汉廷防我匈奴之门户，守备森严，而你一个奸商！拿什么献给我？"

聂壹自信地道："单于您太小看我了，小人别看只是一名商人，但在马邑的势力绝对超乎单于您的想象，只要有小人作为内应，马邑到时必定破亡，那无尽的奴隶、财物和战马到时候可都是您的了，而小人不求其他，只求安稳富贵地过一生而已。"

军臣单于犹豫片刻，然后对聂壹道："你小子倒是说得有理有据的，可想要全掠马邑我就必须带大批部队过去，我可不敢听信你一个奸商的一面之词。这样吧，我这就动员大军集结起来，做好万全准备，你小子要是能把马邑令杀了我便出征攻击马邑，事成之后定让你有一辈子的荣华富贵。"

话毕，聂壹心中冷笑，表面却是一副汉奸的模样，对军臣单于深深一拜，便同几名匈奴人驾车回归了。

回到马邑之后，聂壹对几名匈奴人道："你们就在城楼等待即可，聂某不日便将马邑令的人头悬于城门。"

之后，聂壹斩杀了一个长相酷似马邑令的死囚，并将他的人头挂在城墙上。

几个匈奴人一看这人头确实是"马邑令"的，便策马返回王庭，并让军臣单于赶紧出击。

这回军臣单于没有什么可怀疑的了，便率领大军直奔马邑。

可因为最近汉军在马邑附近的句注山频频调动，惧怕本地百姓将军情泄露，便封锁了马邑，严禁任何人出去，可这样就造成了一种现象，在马邑以北一直到武州塞（今山西省左云县至大同市西一带）有一片极其肥美的草场，平时总会有汉人在此放牧，而汉军封锁了马邑城，那就使得本地变成了一片空荡荡的草场，聂壹怕匈奴人怀疑，便和马邑令策划，放了很多的牛羊出去吃草，以打消匈奴之疑，可这个马邑令与聂壹竟然光放牲畜不放人，简直是画蛇添足。

那匈奴人是游牧民族，就是以放牧为生的，怎么可能看不出此中蹊跷？

果然，当军臣单于亲领十万（几乎是中央王庭全部的力量了）匈奴骑兵到此以后，见满草原乱跑的肥羊却没有一人看守，便起了疑心，遂命一部斥候前往探查。

而这些斥候在发现一个汉军哨所以后便展开了绝猛的攻击，意图生擒几个汉军问出实情。

巧的是这时候正好有一个雁门尉史在此地巡逻，见有一些匈奴骑兵正在攻击哨所便前往支援。

本来以为匈奴人少可以轻松打败，岂料越打匈奴人来得越来越多，等到这尉史想要逃走的时候已经被匈奴人所包围。

那些没死的汉军不想被匈奴人折磨，便抹了脖子自杀，只剩这个尉史没舍得自杀，最后被匈奴人生擒。

匈奴人将此尉史拉进了军臣单于的大帐，而军臣单于呢，抽出了他那把寒光闪闪的胡刀，恶狠狠地道："说！你们边塞最近有什么动静！"

那尉史怕死至极，竟将汉军在句注山的布置一五一十地全都道了出来，军臣单于听了以后整张脸都绿了，这冷汗唰唰地往下流，怔怔地道："好大的阵仗！"

可过了一会儿却猖狂大笑："哈哈哈哈！这真是天意啊，来人！"

"在！"

军臣单于指着正在下跪的尉史道："这小子是老天赐给我的，现在我就赐他为'天王'，等回到匈奴以后供着他，让他一辈子衣食无忧。"

"是！"

"还有，即刻传令全军，马上掉转马头，与我返回王庭！"

"是！"

就这样，十万匈奴骑兵转头而走。

此时，距离匈奴最近的句注山以北。

"报，报告，前方匈奴军队不知何故，竟然转头北去，看情形似要撤退，请问将军如何处置？"

话毕，王恢整个人都蒙了，然后自言自语道："撤退？不能啊，他们怎么会撤退！这到底是怎么回事？是哪里出了娄子？"

王恢还在那自言自语，他的副将实在看不过去了，赶紧对王恢道："将军！现在不是思考的时候了，一旦敌军撤退，我们这次将没有半点儿建树，现在敌军虽然没有进入包围圈，但也离得不远了！末将建议，现在！马上出动全部军队和匈奴人拼命！只要我军一动，李息将军的十万部众定会相助！只要李息一动，其他军团必会前来相助。所以，只要我军能够拖住匈奴，那本次计划就成功一半了！"

此副将说得激情澎湃，满满的道理，可是有些人一辈子只能当个书生，永远做不成将领，其中便有王恢一个。

他再三犹豫后拒绝了副将的提议。

所以，本次耗费众多钱粮的马邑诱击战便如此草草了事。

汉武帝大怒，在大军返回长安的第一时间，就将大行令王恢召至宫中。

此时，长安皇宫。

韩安国、李广、公孙贺、李息、王恢这五名在出征时威风八面的将军此时全都如同丧家之犬一样跪在满脸杀气的汉武帝面前。

已经处于暴怒状态的汉武帝没有说什么，而是命除王恢以外的四位将军离开，毕竟这次的"失败"和他们也没有什么太大的关系。

可等四人走后，汉武帝用阴狠至极的语气问王恢："说！为什么没出击拖住匈奴？"

听这语气，王恢哆哆嗦嗦地道："启、启禀陛下，按、按照原定方针，我部是要在匈奴人攻击马邑的时、时候攻击他们的辎重的，可、可是他们撤退了，臣就三万人，臣怕……"

"一派胡言！"

未等王恢说完，汉武帝直接拿起手中的竹简扔了出去，继而怒吼道："我要的是那三万人吗？啊？我要的是我大汉和匈奴硬撼的勇气！志气！我要的是和匈奴人血拼一场！让天下人看看，我大汉军和我刘彻是有胆子和那群野狼硬拼的！可你，你，你！三万人！那可是三万人啊！你的三万人难道不能拖延敌军片刻吗？你王恢难道就这么废物？"

王恢："不是，陛下我……"

刘彻怒吼："你什么？你还要怎样？让朕再给你配一百万人，让你去逃，让你去输？来人！"

"在！"

"给我把这个废物扔到廷尉署去！让廷尉治罪！再给朕好好提点一下廷尉，让他给朕'好好'地定罪，不然让他也去死吧！"

于是，王恢被扔到了廷尉署定罪，廷尉则不出意外地判王恢斩立决。

直到进了监狱，王恢才知道即将面临的到底是什么？直到这时候，他才知道自己当初在战场上犯下了什么滔天大罪。

但他甘心就这样死吗？

他当然不甘心。

所以，王恢想要求生。

那现在朝廷上下还有谁能救他呢？只有田蚡，这个从汉武帝还没当太子的时候便是他幕后推手的舅舅，现在则是大汉丞相，汉武帝身边的第一红人，王太后那边的香饽饽。

也只有这个贪财好色的贪官才能收自己的钱，在现在这个敏感的时候出面营救自己。

于是，王恢在一次家人来探访的过程中叮嘱自己的家人，让他们将家里所有的财产都交给田蚡，自己不求别的，只求汉武帝能饶自己一命。

难！太难！汉武帝现在雄心勃勃地打击匈奴，第一次主动出击就被王恢搅了个一塌糊涂，在这种时候让汉武帝放弃杀王恢的念头简直难如登天。可所有的事儿在田蚡这都不算什么，只要有钱，他就敢办任何事。

收了钱以后，田蚡没有直接去向汉武帝求情，因为他知道汉武帝此时正在气头上，杀王恢之意已决，就是自己去劝也不会有什么用。

于是，田蚡将主意打到了自己的姐姐王太后身上。

王太后对自己这个弟弟又是宠爱又是感激，这么一点儿小事儿怎么可能不答应呢？于是便按照田蚡的"吩咐"，将汉武帝召到自己的居所，语重心长地对汉武帝道："彘儿，娘有几句话憋在心里难受得很，不知当讲不当讲。"

汉武帝："母亲这是什么话，你我之间还有什么不能讲的吗？您只管说就好。"

王太后："好，那娘就说了。娘知道你现在最想做的就是打击匈奴，可朝中主战的大臣并不是很多，大行令还是主战派的领军人物，如果你把他杀了，那这以后还有谁敢支持你打击匈奴呢？还有，我听先帝说过，我汉朝最缺的就是能独当一面的将领，王恢虽然算不上什么名将，但也是一个有经验的将军啊，如果你把他杀了，我汉朝不是又少了一名优秀的将领吗？我看不如放了他，削他为民就好，这样以后需要用他的时候还能再次起用，你觉得娘说得对不对？"

话毕，汉武帝沉思片刻，然后果断地道："母亲说的固然有些道理，但岂不知行军打仗军规为先？往小了说，一支队伍没有规矩就打不赢仗，往大了说，一个国家没有规矩就不会强盛。当初，就是王恢提出的策略，我才集结几十万大军前往诱击匈奴，可王恢呢？他竟然任凭匈奴人逃走而不去追击。是，我承认，哪怕是追，他也不一定能追上匈奴的主力部队，可匈奴的辎重部队他总能追得上吧？而我要的是什么呢？哪怕是小胜！哪怕只抢夺匈奴人的一点点物资，这样我也能向天下人交代了。可王恢呢？非但因为他的失误使整个大战略失败，还没有抢到一点儿匈奴人的物资，这让我怎么向天下人交代？杀他！是要让朝中的将军们看看我刘彻的决心！看他们以后谁对匈奴作战还敢给我犯尿。不杀他，难道还要让这种事情以后再重演吗？"

听罢，王太后默默地点了点头，不再劝汉武帝放过王恢了。而王恢的丧钟也在汉武帝话音落下的时候敲响了。

事后，田蚡派人将此事告知了王恢的家里人，王恢的家人也将事情的经过原原本本地转告给了王恢。

之后，王恢万念俱灰，在懊悔与绝望中羞愤自杀。

这以后，汉廷与匈奴彻底决裂，军臣单于在回到中央王庭之后便对全匈奴发布命令，宣布从今以后断绝与汉廷的联姻政策，并命左右贤王只要有机会就寇掠汉廷的边境。

而汉廷一边呢？汉武帝并没有向军臣单于那样反应激烈，除了往边境增加戍卒以外，汉廷对匈奴依然如故，与匈奴之间的关市仍然开放，这种姿态看上去非常像汉武帝害怕了，然后极力挽救双方关系一般，可事实真的是如此吗？呵呵，这只不过是汉武帝更大图谋的一个铺垫而已。

可以这样说，汉匈百年大战从这时候才拉开序幕！

1.7　同归于尽

整个元光二年，汉武帝都在默默向边境调兵，意图便是防止匈奴反扑。可天不佑大汉，正在汉武帝为边境匈患所苦恼的时候，老天又来找汉武帝的麻烦了。

公元前132年（元光三年）春，黄河突然改道，从顿丘（今河南省濮阳市清丰县西南）东南流，之后决淮阳之堤，狂淹十六郡，无数的百姓失去了生命，损失的钱粮更是无法以数字来计算，实为自西汉建立以来最大的灾祸。

消息很快传到了长安，汉武帝听罢大惊失色，乃发汲黯、郑当时领十余万士兵前往抢险救灾。

经过将近一年的折腾，洪水才慢慢被制住，还因为汉朝极为富有，所以灾区的百姓都能在第一时间得到朝廷的救助，原本已经破败不堪的十六郡才慢慢又开始恢复了往日的繁荣。

快到年底的时候，洪水已经彻底被控制住，汉武帝便命有关人员在黄河岸边修建龙王宫，然后亲自带领文武百官前往龙王宫祭拜龙王。

洪水之患结束了，整个天下都沉浸在一种喜悦之中，可只有一个人，他整日憋在家里闷闷不乐，也就是因为他的闷闷不乐，使得本该平安度过的元光三年再添了一丝忧愁，使得本该清净一阵的皇宫再次被闹得鸡飞狗跳。

这个人不是别人，正是曾经权倾朝野的大将军窦婴。

回顾汉景帝时期，大将军窦婴何其威风，田蚡对他都要像一条狗对主人一样点头哈腰。

可时间飞转，时至今日，两人的地位彻底轮换，现在的田蚡在朝廷上威风八面，不可一世，窦婴却整日宅在家中无人问津，只有一个大老粗灌夫还愿意和窦婴相交。

而为了详细地描述接下来发生的事，灌夫这个重要角色还是需要详细了解一下的。

灌夫，字仲儒，颍川郡颍阴人（今河南省许昌市一带），他的父亲名叫张孟，曾跟随窦婴征战多年，是窦婴的左右手。

后来，天下一统，窦婴为权倾朝野的权臣，便提拔张孟为两千石高官，并赐张孟灌姓。从此，老张家便成了老灌家。

后来，七国之乱爆发，窦婴向周亚夫推荐了灌孟、灌夫父子从军作战。当时的灌孟年龄已经很大了，所以周亚夫并不想用，但为了和窦婴协调一致，还是勉强用了灌孟，但却不给其大任。

可你别看灌孟已经年老，心气儿却不输年轻人，见周亚夫并不重用自己，便每逢作战都冲锋在前，希望主帅能看到他的能力。可最后因为冲得太猛，与部队脱节，独自陷入了吴军阵中，被吴军所杀。

当时汉朝的法律规定，凡是父子从军的，两个人有一个战死沙场，另外一个都有权利领着死去亲人的尸首回乡厚葬。

可灌夫呢？他并没有这样做，而是抱着灌孟的尸首痛哭，然后声嘶力竭地吼道："我不回去！老子要杀吴军，为我死去的父亲报仇！"

于是，他身披铠甲，手持短戟，挨个营帐去寻找志同道合之士，让他们随自己杀向吴营。

可说实话，灌夫此举根本就是找死的表现，所以大家虽然理解他的心情，但让他们随灌夫一起去送死？那还是算了吧。

所以，逛了好几个大营，灌夫只拉出不到百人，并且这些人大部分还是灌夫的朋友，另外一小部分则是老灌家的奴隶。

就这样，灌夫带着几十号人冲向了吴军大营，可当队伍距离吴军大营没多远的时候，灌夫的那些朋友们不走了。

无他，临阵尿了。

灌夫怒哼，只领两个铁杆儿朋友和十多个奴隶杀到吴军大营。

当时吴军一共有二十多万人，所以根本就没瞧得上灌夫，有一个将领直接领着五十来骑兵冲灌夫队杀去，意图杀人取乐。

可让他们没想到的是，灌夫武艺高强，手中短戟虎虎生风，在他的带领下，五十来吴国骑兵瞬间被杀得四散奔逃，而灌夫根本不管这些骑兵，一马当先地杀进了吴军大营。

这下可乱套了，被不到二十人的队伍杀进大营，这事儿要是传出去，以后吴军还怎么见人？所以这些吴军一窝蜂地全都奔灌夫杀了过去。可灌夫根本就不在乎，他的眼里只有刘濞的项上人头。

但杀着杀着，灌夫感觉不对劲儿了，因为前面的敌人越来越多，估计就是有项羽一般的武力也杀不到刘濞的中军大帐了。所以灌夫便改目标为夺取一杆吴军军旗。

可当灌夫夺取了一杆军旗以后再回头的时候，他惊异地发现，本来跟随他出击吴营的兄弟现在全没了，整个吴营的汉军就只剩下自己一个人而已。

这要是一般人早就绝望了，可灌夫这勇将没有放弃对生的希望，他既没有自杀也没有投降，而是将吴国的军旗往马鞍一插，然后挥舞着短戟便往回杀去。

吴军虽奋力阻挡，但当天灌夫神力加身，竟然真的被他从吴营之中突围而出，逃回了汉军营帐。

可当时灌夫身上负伤数十处，到了军中便坠落下马不省人事，此营的将军听说灌夫竟然从吴军大营中杀了回来，惊得下巴差点掉在地上，便将营中最好的大夫找了过来，让他无论如何都要救活灌夫这勇猛的汉子。

最后，在耗费了很多名贵药材之后，灌夫终于被救活了，他的大名也响彻了整个汉军，使得汉军士气提升不少。可这不是灌夫要的，他要的是给自己的父亲报仇。

所以，在身上的伤稍稍有些好转以后，灌夫便一瘸一拐地找到了最高统帅周亚夫，并气势汹汹地道："太尉！俺通过上次的行动，已经熟知了吴军军营之内的布置，还请太尉给属下一支部队，属下这次定会取下刘濞的狗头！不然誓不回营！"

周亚夫相当喜欢这个能打能杀的"可爱"汉子，可灌夫的提议和自己当时的战略目标并不相符，便拒绝了灌夫的请求，让他安心在营中养伤。

而灌夫一次次不怕死的行动也使得他在营中更加声名大噪，所以在平定七国之乱以后，灌夫不出意外地被封为了中郎将。

但灌夫这人的脾气实在太过暴躁，再加上为官也并不清廉，所以没过多长时间便因为犯法而丢了官爵，不过因为窦婴当时还没失势，所以力保灌夫，灌夫便又当上了代相。

等到汉武帝继位以后，又调任灌夫为淮阳太守，几年以后又让他回长安担任太仆，管理皇室军马。

灌夫这人非常有个性，只要他看着顺眼的，乞丐也能做兄弟；他看着不顺眼的，皇亲国戚也照打不误。所以，在一次酒席中，灌夫动手打了一向看不惯的窦甫。

那窦甫是窦太后的兄弟，汉武帝惧怕窦太后借口将灌夫弄死，便将他调任到燕地为相。

可几年以后不消停的灌夫不知犯了什么事儿，又被削去了官职，赶回老家闲居。

回到老家以后的灌夫也照样没消停。

灌夫开始学着那些有钱有势的养门客，可他一个大老粗养的都是什么门客呢？全都是一些恶霸和各种黑社会，这些人渣打着灌夫的名头在本地无恶不作，垄断和抢占土地。

当然了，这些钱到最后有很多都归到了灌夫的裤兜子里去了，所以要说是灌夫暗示他们去做的也是有可能的。

当时的老百姓受不了灌夫的恶行，便想出了一首歌谣来提醒灌夫，那便是"颍水清，灌氏宁；颍水浊，灌氏族"。意思是说如果再这样下去，朝廷就会灭了灌氏的全族。

可灌夫呢？根本就没有改正的念想。他心中的信念是，只要上头有人，那谁都奈何不得自己。当然了，如果自己能当上大官那就更好了。所以灌夫虽然在本地横行霸道，但也是时刻关注着长安的一举一动。

果然，不久以后，窦婴失势，原本的门客一个个地全都离开了窦婴，灌夫便开始接近这个恩人，时常带着好酒前往窦婴家中陪他解闷儿。这样做的好处有如下两点。

第一，不管窦婴现在怎么落寞，他当初毕竟是提拔自己的恩人，所以现在回报也是理所应当的。

第二，窦婴是一个很有才干的人，灌夫认为，像窦婴这种人不会永远被埋没，他早晚有一天会重新站在朝廷的三公之中，而到那时候，自己岂不是会成为窦婴的心腹吗？

综上所述，灌夫简直都快把心掏出来给窦婴了。而窦婴呢？当然吃灌夫这一套了。

有一句话叫"患难见真情"，如今灌夫来这么一招窦婴那是相当受用了，他当即便将灌夫当作知己，就差磕头拜把子了。

我们书接上文。

话说这次黄河改道所造成的灾难结束以后，天下人民都非常高兴，只有窦婴整日在家长吁短叹，灌夫也是心急如焚，因为再这样下去，窦婴怕是一辈子都出不了头了。

如果窦婴无法再度雄起，自己这官梦也就没有办法再继续下去了，那怎么办呢？现在有谁能帮窦婴再度雄起呢？

哎！苦思冥想的灌夫突然眼前一亮，便想到了现在权倾朝野的丞相田蚡。是呀，别人也许不行，但是田蚡绝对可以啊。

于是，灌夫便想委托田蚡提拔一下窦婴，可现在灌夫和田蚡的身份根本没法比，弄不好田蚡连见都不会见自己。那怎么办呢？

正在灌夫苦无对策之时，灌夫的姐姐突然在这时候归西了，这给灌夫乐的。因为古代的时候死者为大，任何人那是都不敢得罪死人的（茅山道士除外），所以在自己姐姐死的那一天，灌夫披麻戴孝便来到丞相府中求见田蚡。

田蚡听说灌夫来寻找自己，心中就别提多恶心了，可他不敢得罪死人，便在无奈之下召见了灌夫，并客气地和他相互拜礼。

一看丞相大人如此"客气"，灌夫这心中的石头也算落了地，便直接道明来意："嘿嘿，丞相大人，你长期为国操劳，魏其侯一直想请你吃顿好的，可这人脸皮薄，一直没好意思和你说，你看看，咱俩明日去一趟？"

田蚡以为灌夫是窦婴安排过来的，心里也有一些不喜，便对灌夫道："这个，我确实是想和你一同去拜见魏其侯，可关键是现在你正在服丧期间啊，实在是不便前往，我看等以后有机会再说吧。"

说实话，凭现在田蚡在朝中的身份地位，能如此和灌夫说话已经是给足他面子了，并且话中之意也比较委婉，哪怕是心中抵触也是婉拒。可灌夫这莽夫也不知道是真的没听出来还是装作没听出来，竟然哈哈一笑道："这敢情好啊！只要丞相大人您想去就中啊！您日理万机的大丞相都能抽空跑一趟，我一个小老百姓哪怕是有天大的事儿难道还能推辞吗？我这就去通知魏其侯，让他好好准备一桌酒菜，明日静候丞相驾临！"

这一番话将田蚡的嘴彻底堵住，最后只能无奈与灌夫约定次日上午前往魏其侯家中。

可如此"强买强卖"的方式在灌夫这等莽夫心中也许不算个什么事，但在田蚡这种位高权重的"文明人"眼中绝对是一种侮辱。

于是，田蚡不开心了，决定将这个面子给找回来。

那灌夫高高兴兴前往窦婴处，将田蚡次日要驾临的消息告诉了窦婴，窦婴也没细问，只知道丞相大人要来必须好好招待，便吩咐自己的夫人一定要多多准备酒菜。

于是，夫妻二人从天明一直忙到黑夜，又从黑夜一直忙到天明（注：准备食材、打扫卫生、准备酒菜，此三样活就要忙将近一整天，由此可见，当时魏其侯府中的用人何其少，窦婴落寞到了何种地步），第二天一大早便守在门口等待田蚡的驾临。

可一个时辰过去了，两个时辰过去了，灌夫和窦婴夫妇二人一直从早上等到了中午也不见窦婴的影子。

于是，灌夫的面子挂不住了，脾气火暴的他怒了。只见灌夫狠狠地一跺脚，怒声骂道："太过分了！我灌夫服丧期间依然守时，而应该比我先到的田蚡反倒不守时！这是什么道理？"

说罢，灌夫直接跳上马车，直奔丞相府中。

此时的田蚡在干什么呢？还在床铺之上"高卧"呢。

灌夫听了下人的话以后气得暴跳如雷，可好在他还有一些理智，便忍着怒气和下人道："劳烦你，禀告一下丞相大人，就说灌夫求见。"

又过了好一会儿，只见大厅之中的灌夫急得来回踱步，就在他要彻底爆发的时候，田蚡才打着呵欠慢慢走了出来。

见田蚡出来了，灌夫继续忍着怒气道："丞相！昨天您答应去魏其侯府以后，魏其侯和他夫人忙了将近一整天！如今已经快要到中午，他二人还一口饭都没敢吃！可丞相您却食言，到现在还高卧于床榻，您究竟是怎么回事？"

听了灌夫这话，田蚡心中冷笑，可表面上却装作一愣，然后寻思一番，最后拍了一下脑门，故作镇静地道："哎呀！你看这事儿闹的，昨夜我饮酒过度，竟然将这等重大之事给忘了，哈哈哈，真是……"

灌夫打断道："哎哟，行了我的大丞相，咱赶紧走吧，行吗？"

就这样，灌夫"扶"着田蚡上了丞相府车驾，然后自己驾车在前方引路。

可引着引着，回头一看田蚡的车没了。灌夫急得赶紧回头去找，结果找到了田蚡的马车以后差点儿没给灌夫气"死"！因为田蚡的马车速度跟步行也差不了多少了。

原来田蚡这厮以昨日饮酒过量为由，让御者慢慢地驾车，要不然自己头晕。

就这样，灌夫一路憋着气，田蚡终于是"姗姗来迟"。

窦婴心中虽然有气，但因为确实有求于田蚡，所以也只能打碎了牙往肚子里咽，装出一副笑脸来招待田蚡。

按说人家既然来了，那大家就喝呗，喝完了各奔东西也就行了。但别忘了，这里面可还有一个灌夫呢，只要有他在，任何"奇迹"都有可能发生。

酒席开始以后，憋了一肚子气的灌夫就在那里疯狂地灌酒，意图"借酒浇愁"。可等酒过三巡以后，灌夫上头了，联想之前田蚡如何"羞辱"自己，便想将这个面子找回来。

于是，灌夫站了起来，对场中众人道："各位各位！光喝酒多没意思，我为大家献上楚地剑舞以助各位雅兴如何？"

话毕，也不等别人答话，便自顾自地舞动了起来。可你还真别说，这剑舞让灌夫舞得还真是有声有色，惹得场中一片掌声。

可等舞毕以后，灌夫又显出了莽汉的本色。只见他冲着田蚡而去，表面上恭敬地对田蚡道："久闻丞相也对剑舞有所研究，不知今日可否共舞一曲。"

竟然让丞相在众人面前和他一起舞剑，这不就是摆明了羞辱吗？那田蚡是什么身份，怎么可能舞剑助兴呢？于是，本来笑容满面的田蚡瞬间将脸给拉下来了，看都懒得再看灌夫一眼，直接侧脸和窦婴聊起了家常。

这下，灌夫彻底被激怒了，之前憋在心里的怒气在这一瞬间完全被激发出来，只见他指着田蚡痛骂道："田蚡！我给你面子叫你一声丞相，要是不给你面子你算……"

没等灌夫说完，一道人影突然蹿出，然后用他那双大手狠狠地堵住了这莽夫的嘴，并将他架了出去。

这人不是别人，正是窦婴了。

原来，深知灌夫脾气的窦婴从灌夫来和田蚡搭腔的时候就感觉大事不妙，便一直将目光锁定在灌夫身上。所以，当灌夫张嘴开骂的那一刻开始便冲了出去阻止他继续瞎说。

将灌夫送走以后，窦婴一路小跑地回到了大厅，对田蚡使劲儿道歉，而田蚡也知道灌夫喝多了，再加上自己今天所作所为确实有一点儿嚣张，便安慰窦婴，表示不会找灌夫的麻烦。

这之后，大家喝得都很开心，一直到晚上酒席才散。以前的主子即将变成自己的一条"狗"，田蚡别提多开心了，便打算提拔窦婴，只等他"上贡"而已。

可一日过去了，两日过去了，多日过去了，本该有所表示的窦婴却迟迟未动，田蚡不明就里，以为这老家伙是下不来台，便主动给了他一个台阶下。

于是，便派籍福前往窦婴处，向窦婴索要城南的那块田地。

那么窦婴给没给呢？这个事儿咱们先放到一边不说，单说窦婴为什么没有给田蚡"上贡"，是他觉得以前田蚡是他身边的一条"狗"，现在反过来要给这条"狗""上贡"下不来台吗？

其实这并不是最主要的因素。主要是因为窦婴为当初窦老太太的族人，所以从当官开始便从来没给人送过礼物。他认为，自己当初提拔过田蚡，共同辅佐武帝的时候还站过同一个阵营，现在饭也请了，双方感情也沟通上了，根本不需要再贿赂田蚡，所以根本就没往那方面想，估计窦婴自己还奇怪呢，怎么这么多天过去了朝廷的任命书还没到呢？

基于此，当籍福前来向窦婴索要良田的时候窦婴怒了，他以为自己请田蚡吃了一顿饭田蚡就以为他好欺负，这是来强抢自己的良田来了。

于是，愤怒的窦婴和籍福道："你回去告诉田蚡，我窦婴现在确实老了，也没有当初的势力了，但他田蚡难道就能凭着手中的权力硬夺我的田地吗？难道他不知道'法'字怎么写吗？"

就这样，籍福被窦婴骂了回去，籍福也将窦婴的话原封不动地转告给了田蚡。

那田蚡听了此事以后大怒！指着窦婴府的方向便骂："好你个窦婴，看我日后怎么收拾你！"

这话里话外明显是要和窦婴全面宣战了，可窦婴现在虽然没有任何官职，但曾经的声望也在那摆着呢，朝中还有好多清流都记着窦婴曾经的好。所以，田蚡要想和窦婴全面宣战，固然会胜利，但自己难道就不会受一点儿伤吗？当然不是，杀敌一千自损八百是一定的。

深知这种情况的籍福见田蚡发飙了，赶紧劝道："大人！大人万不可如此啊！那窦婴的臭脾气已经养一辈子了，天下谁人不知？再加上他已经老了，没几年活头了，您就退一步海阔天空，反正现在的他也威胁不到您。"

听了这话，田蚡更是愤怒，他一把推开籍福，怒骂道："我凭什么要忍他？当初他儿子曾经犯了杀人罪，是谁把他救出来的？是我！告诉你，那时候我就已经把他的人情给还清了！再说，当初我在他手下的时候什么事情不依着他啊？如今我就要他几块地都不行？这是什么道理？不行！这事儿我忍不了！"

于是，从这以后，本来还算友善的田蚡与窦婴算是彻底撕破脸皮了，田蚡也开始对窦婴展开了激烈的攻势。

田蚡的大体计划是这样的。

首先，灭其羽翼，将灌夫杀掉。

之后，再通过种种手段打压窦婴，哪怕不杀掉他，也要让他生不如死。

所以，自这一天开始，一批批的情报人员整日监视灌夫的一举一动，寻找他身上的破绽。

呵呵，灌夫身上的破绽还用找吗？那一抓就是一大片！

所以没过多长时间，田蚡便搜罗了一大堆灌夫的罪证前往汉武帝处，并申请处罚灌夫。

汉武帝也不知道灌夫、窦婴和田蚡之间的过节，所以看了灌夫的罪证以后就怒了，直接对田蚡道："你是丞相，这是你分内的事，你可以自行处理！"

这话一说，田蚡别提多高兴了，心中冷笑道："哼哼，灌夫，你这个莽夫，今天就是你的末日！"

然而不知怎的，此消息却提前泄露了出来，窦婴听说此事以后大惊失色，连忙前往灌夫处，将此事告知。可谁知灌夫听闻此事以后非但没有半点儿害怕，反倒是猖狂地哈哈大笑，并且让窦婴放心，然后自己单枪匹马地闯到了丞相府中。

田蚡见灌夫如此嚣张，心中更是愤怒，当即便要命士兵将这不知死活的东西拿下。可谁知灌夫却冷笑道："呵呵，田蚡，我今天来找你可是有事要对你说的，你就不问问我想对你说些什么吗？"

田蚡："贼莽夫，就凭你也配和本相对话，还是乖乖受死吧。"

灌夫无所谓地道："好，好，我受死，我受死，不过不知道当年丞相在灞上说的那些话还有谁知道呢？"

一听灞上，田蚡开始一愣，然后整个人一个激灵，赶紧制止了正要去抓灌夫的士兵，并让他们都退出去。

之后，四下已无人，田蚡恨恨地道："你想说什么？"

灌夫冷笑道："田蚡，你以为我在家乡有这么大的破绽就没有什么防范吗？实话和你说了吧，经过多年的经营，我现在手上握有朝中很多官员贪污受贿的证据，而不好意思的是，你田蚡就在其中！还有！当初你在灞上和淮南王的对话我这儿可是记录得清清楚楚，你别想抵赖。"

田蚡握紧拳头，阴狠地道："你想怎样？"

灌夫："我不想怎样，就六个字，'井水不犯河水！'"

就这样，在灌夫的威胁下，在众多宾客的斡旋下，田蚡停止了向窦婴和灌夫的进攻，两方就这样相安无事了一段时期。

那田蚡当初究竟在灞上和淮南王刘安说过什么呢？为什么灌夫将这话一提，田蚡就投鼠忌器了呢？

其实很简单。当初汉武帝刚刚继位的时候，朝廷的大权实际上还是掌握在窦太后手中的，而经过第一次的惨痛失败以后（窦太后打压"儒家集团"那一次），田蚡对汉武帝的未来便很不看好，所以秉承着狡兔三窟的理念想给自己留一条后路，这才在淮南王刘安来长安朝见汉武帝的时候亲自至灞上迎接，并溜须拍马："如今皇上没有太子，而大王您又是高帝的亲孙子，行的是仁义之道，这天下就没有不知道的，所以皇帝一旦死了，那除了立您还能立谁呢？"

这话乍一听只是有点儿大不敬的味道，可仔细品味就能发现其中蹊跷。我可以这么说，这话要是传到汉武帝的耳中，那田蚡就是有八个脑袋也不够汉武帝砍的。

首先，"皇上没有太子"，这不就是说汉武帝生不出孩子？这一句话就能构成大不敬了。

之后，田蚡又怂恿刘安来当皇帝。

没错，刘安确实是刘邦的孙子，可他却不是文帝和景帝的直系血脉，所以这皇位和他八竿子也打不着！那田蚡这句话是什么意思呢？这不就是怂恿刘安谋反，搞分裂吗！

所以，当灌夫将这话说出来之后，田蚡直接"哑火"了。

就这样吧，田大丞相一辈子也别想着害窦婴了，窦婴和灌夫这一辈子也别想再往官场上靠了，做一辈子富家翁不是也不错嘛。

是呀，就这样安安稳稳地过完下半生吧。按理说是这样的，可别忘了，这三个人中有一个人名叫灌夫，而灌夫总能给人带来奇迹。现在就让我们再次来见证一下"灌夫式奇迹"。

时间飞逝，清爽迷人的春天过去了，炎热的夏季来临了，现在的丞相府，已经没人有心情去聆听那树上知了的叫声，而是都在忙前忙后地准备喜事。无他，因为丞相田蚡即将迎娶燕王的女儿为自己的正室夫人了。

自己的弟弟现在终于真正地成家了，还是个王侯之女，王太后别提多高兴了，便下令整个长安城中所有的列侯宗室都要去丞相府庆贺。

那窦婴本来是不想去的，又怕不去犯了忌，被田蚡给抓了小辫子，便只能硬着头皮前往了。

可现在自己混得太惨，就这么一个人过去的话实在是很没有面子，于是窦婴便想拉灌夫和他一起前往，灌夫和田蚡有仇，当然不想去，便和窦婴道："我屡次和田蚡叫板，现在已经把他彻底得罪了，怎么还好意思去参加呢？我不去，你自己去吧。"

窦婴："哎，仲儒怎么说话呢？现在咱们不是已经和解了吗？再说了，你就是陪我去，到那儿喝两杯就走还不行吗？"

灌夫拗不过田蚡，只能万般无奈地随他前往了。

可也就是这一去，灌夫再也没能回来；也就是这一去，间接搭上了三条人命。

当天，丞相府那可真是人山人海，高朋满座，长安城只要有些脸面的人几乎全都来参加了田蚡的结婚典礼。

酒过三巡，田蚡高高站起，对在座贵宾举起酒杯以示感激。当时座上的宾客无一例外地全都站了起来，对田蚡深深一躬表示恭敬，然后才将手中的酒给喝了。

按说窦婴就在原地悄悄地喝酒也就得了，可人家窦婴偏偏竟然也在田蚡之后站了起来，敬在座的宾客。

在座的谁不知道田蚡和窦婴、灌夫是面和心不和，再加上窦婴现在已经过气了，所以根本没人理他，除了几个曾经受窦婴提拔的站起来饮了杯中酒以外,其他的人看都没看窦婴一眼,有的甚至还瞥去了不屑的目光。

见此一幕,自讨没趣的窦婴饮了杯中酒,便坐在原地长吁短叹起来。可窦婴能忍,有人忍不了了,这人不是别人,正是身边的灌夫。

灌夫见此大怒,端起酒壶就冲往众人处,见一个倒一杯,只一句话:"魏其侯敬你的!喝还是不喝!"

那架势,谁要是敢不喝估计都要上拳头了。

刚才那些没搭理窦婴的大官们一见这莽夫如此德行,一个个吓得不行,赶紧将杯中酒全都干了。

可问题的关键是这一来一回的,灌夫也就上头了。而灌夫一上头,奇迹随之而来。

只见迷迷糊糊的灌夫怎么看场中间的田蚡怎么来气,便走到田蚡身前道:"丞相!我灌夫代表魏其侯共同敬你一杯。"

田蚡只乜了灌夫一眼,不屑地道:"我喝多了,不能再喝了,你去敬其他人吧。"

呵,灌夫这脑袋当时就嗡地一下,可他没有当场发飙,还是忍住了,但依然不甘心地和田蚡道:"丞相你是贵人,还是喝了这一杯吧,算是给俺和魏其侯一个面子。"

这话一说,田蚡更是冷笑(给你俩面子,你俩算个什么东西),然后竟然转头和其他宾客聊天去了,都懒得搭理灌夫了。

灌夫这时候已经快被气炸了,他狠狠地握住酒杯,那脸黑得都快成炭了。但他还是忍住了,没有发飙,而是转而去跟别的宾客敬酒,这回连话都省了,直接黑着脸往宾客身前一站,端起酒杯就那么看着其他宾客。

这些宾客吓得赶紧喝酒了事,可等灌夫敬酒敬到灌氏小辈灌贤之时,碰巧这个小辈正在与卫尉程不识小声说些什么,根本就没看到灌夫,而灌夫根本就不吱声,就黑个脸在那儿一站,再加上灌贤当时和程不识正聊到欢处,甚至开始交头接耳,就更没看到灌夫了。

这一下可把灌夫给激怒了,他咣当一脚将二人身前的桌子踢翻,指着灌贤就狂吼骂道："臭小子，平时在我身前将程不识贬得一文不值，怎么着？现在见到本尊就变味儿了，还在这儿咬耳朵，连长辈敬酒你都不理了？"

这一顿臭骂再加掀桌子的，指桑骂槐之意昭然若揭了。而这一次次的寻衅滋事也彻底将田蚡激怒了，他也不管什么杀敌一千自损八百了，指着灌夫便吼道："匹夫！你可知道程不识和李广都是闻名天下的将军！现在你当众侮辱程不识，难道就不想想你所敬仰的李广将军吗？"

灌夫喝多了，同时心中怒气也是憋得太久了，所以开始彻底发泄，根本就不管田蚡的身份，便对着田蚡吼道："哈！我灌夫为人就是有话直说，怎么了？碍着你田大丞相了？我告诉你！今日就是拿刀砍掉我的头，拿枪刺穿我的胸，我也要说出我心中的话！还什么程将军李将军，我……"

灌夫说这些话的时候，周边的那些官员们一个个见势不妙都散开了，与此同时，窦婴也像疯了一般冲向灌夫，捂住他的嘴就往外拽。

可田蚡这次是决计不会再饶过灌夫了，他哆哆嗦嗦地自言自语道："都是我的错！都是我的错！就因为我的纵容，他今天才敢如此嚣张！"

自己叨叨完，见灌夫要被窦婴拉走了，便对左右大吼道："来人！"

"在！"

"给我把这不知死活的东西抓起来！"

"是！"

话毕，一群人直奔灌夫而去。

那灌夫超级勇猛，本来这些人根本擒不住他，但此时他已经喝多了，走路都开始飘了，所以这些士兵根本没费什么劲，三下五除二就把灌夫给擒住了。

田蚡身旁的籍福一见田蚡要和灌夫彻底撕破脸，怕田蚡以前那些事儿暴露出来，便赶紧跑下去，按着灌夫的头往下磕，意图大事化小。

可灌夫根本不磕，就在那硬挺挺地瞪着田蚡，反正他心中有恃无恐，料定田蚡也不能拿他怎么样。

可灌夫这次错大了，田蚡见灌夫如此，便对籍福吼道："籍福！你给我滚开！"

籍福见田蚡动了真怒，不敢不从，连忙闪到一边。

之后，田蚡命人将灌夫五花大绑地囚禁起来，并当众吼道："我丞相府长史何在？"

长史："小臣在！"

"我念！你记！记完了呈交给皇上！"

"是！"

"今日邀请众多贵宾前来府中一叙，那并不是我的本意，而是奉太后之命。如今，刁民灌夫在太后御赐之席辱骂宾客，不服从太后，这是大不敬之罪！理应问斩！现在，立刻将灌夫囚禁起来，谁都不准和他见面！以待秋后问斩！记完了吗？"

"回丞相，小臣记完了。"

"那就送到王宫中去！"

"是！"

待丞相长史走后，田蚡清了清嗓子和众人道："各位，田某在这给大家赔不是了，不过今日大好酒局已经被这莽夫给毁得支离破碎，田某实在没有心情再招待各位了，还请各位先行退去，田某日后一定会有所赔罪。"

众人客气一番后转身便走了，只有窦婴还留在原处未走，看似要替灌夫求情的样子。

而田蚡看都没看他一眼，直接对廷尉道："哎！廷尉请留步，这有些公务还要同廷尉一起商议。"

廷尉一听这话，赶紧停下脚步，转而走到了田蚡身边。

窦婴也趁此机会对田蚡道："丞相大人，灌夫他不懂……"

田蚡打断道："魏其侯，我好像没留你吧，你难道连基本礼仪都不懂吗？还想让我亲自送客不成？"

话毕，窦婴满脸阴沉，恨恨地对田蚡一抱拳转身便去了。

可等窦婴走了以后，田蚡阴狠地对廷尉道："我这有个公务你赶紧去给我办了！那灌夫的宾客和他的族人在颍川全境都有不法行为，欺男霸女无恶不作，现在命你立即带领士兵前往讨伐，我这有个名单，这上面的人，必须全部诛杀，一个都不能留！"

话毕，田蚡给廷尉一张名单，上面黑压压的全都是人名。

廷尉一个哆嗦，然后赶紧道："丞、丞相大人，这人也太多了！一下子杀这么多人，这、这实在超出下官的能力范围了。"

田蚡阴狠地道："你怕什么？这些人所犯的罪证我全都掌握得清清楚楚，就是诛了他们的全族也不为过，再说，这事儿是我吩咐你去做的，你害怕自己有什么责任吗？一句话！你去还是不去？"

话毕，看了看阴狠的田蚡，又掂量了一会儿，廷尉只能重重地点了点头，遵循了田蚡的命令。

之后，没过多长时间，凡是灌夫的心腹门客，以及那些灌氏支系，基本上全被诛杀殆尽，可以这么说，这一次的"大清洗"几乎将灌氏满门都诛杀了。

那么问题来了，田蚡恨的只有灌夫一人而已，他为什么要动这么大的干戈诛杀人家"满门"呢？

别忘了，灌夫手上可是握有田蚡诸多犯罪证据的，这个证据田蚡并不知道灌夫藏在哪里，但肯定的是，不是在灌夫的家中便是他亲信的门客及亲属家中。而杀了人以后要干什么呢？那就是抄家了。

于是，灌氏一族被残杀殆尽，灌夫也因为在牢中无人能见，所以田蚡之前犯的那些事儿被很好地掩盖了过去。

"所有人"都死了，现在剩下的只有灌夫而已了。那么他能活下去吗？答案当然是不。可就在田蚡想要择日问斩灌夫的时候，家中的窦婴坐不住了。

要不是因为自己，灌夫是绝对不会得罪田蚡的；要不是因为自己一定要灌夫陪着去田蚡的宴会，这种事情也绝对不会发生。所以不管是从情义上还是道义上，窦婴都是要为灌夫出头的，那他现在如何才能为灌夫出头呢？无他，身为白身的他只能仗着自己曾经支持汉武帝，前往汉武帝那里申辩。

可就在窦婴收拾行装，打算奋不顾身地前往皇宫之时，窦婴的老婆却拉住了他，劝阻道："你去干什么？灌将军他得罪的是当朝丞相，皇帝的舅舅，太后的弟弟，你去又能有什么用，弄不好还会赔上自家的爵位，这以后我们拿什么来生活啊。"

窦婴一把甩开了媳妇的手，愤愤地道："你这妇人！可懂得什么叫道义？灌夫为了我甘愿得罪田蚡，我窦婴又怕什么？再说，那爵位是我自己挣来的！现在我把它给丢了又有什么可惜的？"

话毕，转身便往皇宫跑。

此时的皇宫，汉武帝正在用膳，突然有人来报，说许久不见的魏其侯前来拜见，汉武帝当时并不知道发生了什么事儿，还挺想窦婴的，便答应让窦婴前来觐见。

窦婴对汉武帝行了大礼以后直入主题，将灌夫在酒席上和田蚡的冲突详细地说了一遍，认为这只是两个人之间的私事，根本不必动用极刑。

汉武帝也认为田蚡这次的事儿有点过了，又很长时间都没见过窦婴，便赏他一起吃顿饭，吃完了饭再让他前往后宫面见太后。毕竟这次的宴会是太后下旨办的，如果不得到太后的恩准他也不好放了灌夫。

可就是因为这一顿饭，使得本来可以活命的灌夫彻底断绝了希望，同时也宣告了窦婴的死期。

要知道，窦婴这次前来皇宫是偷偷摸摸来的，什么人都没有惊动，要的就是一个快刀斩乱麻！一旦皇帝和太后都下旨赦免灌夫了，那田蚡再来阻挠也没有什么用了。

可就是这一顿饭，却完全葬送了窦婴的机会，因为整个宫中遍布田蚡的耳目，那窦婴一来皇宫，消息就已经传出去了。

饭后，汉武帝亲自领着窦婴至后宫面见王太后。

此时的王太后也不知道他们之间的事，同样认为弟弟这次做得有点儿过分了，便想要赦免灌夫。

"胡说八道！"

可就在这时，一个气喘吁吁的人打断了王太后，这人不是别人，正是火急火燎赶过来的田蚡。

那田蚡小跑过来，气喘吁吁地和王太后道："太、太后不要听魏其侯胡说八道！那灌夫和他的门客，以及一些灌氏族人在颍川一代横行乡里，早就应该问斩！可我因为怜惜灌夫是个勇将，这才一直纵容他、留着他，可他这次对太后举办的宴席多有大不敬之处！我实在是无法再忍受他！这才将他收押，准备问斩！难道对这种横行乡里、欺负老百姓的黑恶社会头子也要包容吗？"

窦婴回击："这话说得不对！没错！灌氏族人是有很多都是恶霸，灌夫的那些门客们也都借着他的名声欺行霸市，但你有什么证据证明他们都是受了灌夫所指？据我所知，灌夫虽然交友不慎，但他对这些事情是全然不知情的。所以，哪怕是有罪，灌夫也是小罪！再者说，灌夫满门忠烈，当初他的父亲就是为国捐躯，之后他硬是靠着一己之力冲入吴军大帐，斩了吴军军旗，给我大汉士兵增加了多少士气。而他呢？却身受十余处重伤，在鬼门关走了一圈才被救活。所以，这种勇将，这种功臣，如果不是犯了十恶不赦的大罪是不能处以极刑的！"

话毕，田蚡又开始反击，窦婴再接着反驳……如此接二连三，后宫简直就成了两人吵架的场所，王太后的脸色也是越来越黑。汉武帝也是越感觉越不对劲儿了，便制止了两个人的争吵，将两人召到皇宫，并临时将三公九卿等有头有脸的大臣全都临时召到大殿，特为此二人展开廷议，让大臣们来评判谁是谁非。

可在场这些人都在官场上滚打多年，知道汉武帝现在虽然不用窦婴，但心中对他还是有感情的，所以不敢轻易得罪窦婴。同时，他们更加惧怕权倾朝野的田蚡，所以一个个全成了"哑巴"，谁都不敢吱声。

见此，汉武帝心中不痛快了，他对韩安国道："韩安国，你是御史大夫，别人不说话你就带个头吧！"

话毕，韩安国站了出来，先是对汉武帝行礼，然后如同老糊涂一般地道："这个这个，魏其侯说灌夫和他的父亲都对国家有大功，如果不是十恶不赦的罪不应该判处死刑，这种说法是对的。"

话还没说完，韩安国就感觉浑身上下一阵恶寒，然后他抬头一看，只见有一双阴森森的眼睛正在盯着他，正是田蚡了。

韩安国吓了一大跳，赶紧道："这个这个，丞相大人说灌夫一家横行乡里，灌夫有不可推卸的责任，这个嘛，也不错！所以臣很难判断这两个人到底是谁对还是谁错，所以只能请圣明无比的皇帝陛下来判明是非了。"

这个老狐狸抬腿一脚便将"球"给踢了回去。汉武帝沉闷地道："还有谁有意见，说出来！"

而这时候主爵都尉汲黯站出来道："启禀陛下，臣赞同魏其侯的说法。"

话毕，田蚡故技重施，像对韩安国一样狠狠地盯着汲黯，可汲黯这人极有个性，不畏权贵，并和灌夫、郑当时及窦婴等人都有一定的感情，再加上他也看不惯嚣张跋扈的田蚡，所以便出言力挺窦婴。

然而这还没完，见老朋友都出言帮助灌夫和窦婴了，身为右内史的郑当时当然不甘落后，便也出言力挺窦婴，可他就没有汲黯那种不畏强权的节操了，本来已经出言力挺了窦婴，可因为田蚡的一个瞪眼，便又改口说田蚡的论点才是正确的，如此明显的首鼠两端之态度使得汉武帝对其极为愤怒，当场就要将其诛杀，要不是众臣求情，郑当时估计就要见阎王去了。

后来，汉武帝实在是气得不行，再加上他也感觉这里面的事儿不像表面上的那么简单，便宣布暂时"散会"，等过几日查明真相以后再说。

散场以后，御史大夫韩安国便第一个转身离场，意图"逃之夭夭"。

可他逃得了吗？就在韩安国出了皇宫，想要上车的时候，田蚡突然在他后面吼道："韩安国！你给我站住！"

韩安国一个激灵，赶紧转身，恭敬地给田蚡一礼，"哎呀，原来是丞相大人，不知……"

田蚡打断道："你别跟我废话！我问你，你到底是谁的人？"

韩安国："嘿嘿，我当然是和丞相站在一起的。"

田蚡："好个跟我站在一起！那你刚才为什么不帮我？我是丞相，你是御史大夫，我二人合力对付一个窦婴有什么困难？你倒好，在中间和上稀泥了，你今日给我说明白了，你到底是什么意思？"

说完，田蚡直接挽起了袖子，那架势，简直就要当众揍韩安国。

可韩安国见田蚡要动手，本来嬉皮笑脸的面孔一下子变得郑重起来，只见韩安国非常严肃地道："丞相且慢！"

田蚡被韩安国这突然的变化整得一怔，一时间竟没反应过来，韩安国便抓紧机会道："丞相问我为什么没有在朝堂之上当众帮您，难道丞相不知道以退为进之道吗？"

田蚡："什、什么以退为进？"

韩安国："丞相您现在在朝廷已经位极人臣了，如果这时候我再帮您共同对付窦婴，陛下会怎么想呢？是不是会认为现在朝中所有的人都和您结成一党了呢？这可是一个危险的信号了！"

田蚡："这……"

韩安国："所以我认为，丞相大人在朝堂之上的举动有些不自重了。"

田蚡："我怎么不自重？"

韩安国："魏其侯虽然曾经辉煌过，可不管怎样，现在也只不过是一个小老百姓而已，可您呢？那是当朝丞相，所以他窦婴根本不配与您争辩，您也不能与他争辩，这样就会拉低了您的档次。"

田蚡怒道："那我怎么办？干瞪眼看着他对付我？"

韩安国笑着摇头道："非也，我并不是这个意思，丞相您大可以在窦婴辩论以后看都不看他一眼，只跪在陛下面前谢罪，就说'臣得陛下宠幸，所以能当上丞相，这本就不是臣下能力所及，所以魏其侯说得对，我请求陛下批准我告老还乡'。您觉得您这话说完以后陛下会批准吗？"

田蚡："这个，好像不能。"

韩安国："不是好像，是肯定不会批准！不但不会批准，还会从此以后更加地器重您！所以我说，您在朝堂之上的举动有些不自重，所以我才没在朝堂之上帮助您。"

这一顿连珠炮似的话将田蚡弄得晕头转向，最后不但没有继续难为韩安国，还对他深深一拜，以此表示歉意。

话说汉武帝刚刚结束廷议，前脚还没等歇一歇，后宫又开始闹上了，怎么回事儿呢？原来是王太后开始绝食了。

一听这消息，汉武帝这个烦啊，怎么前面的事儿没处理完后面又来事儿了？但这又能怎么办呢？无奈，汉武帝只能前往王太后处，哄王太后进食。

可王太后却哭着道："吃什么吃！现在本官还活着呢，别人已经开始作践我的兄弟了，这要是我死了，那王氏一族还不得被这些奸人赶尽杀绝了吗？皇帝啊！那可是你舅舅，你怎么就不能自己拿主意，非要让那些左右逢源的奸臣摆弄你的意志呢？"

一听这话，汉武帝的脑袋那是嗡嗡地痛，可没办法，太后权大，还是自己的母亲，他又能怎么样呢？所以只能赔笑道："母亲，魏其侯和舅舅都是当朝外戚，虽然魏其侯现在失势了，但以往的名声还在，我只能安排廷议来进行辩论，要不然的话，只需要一个狱吏就能解决了，何必如此麻烦。"

王太后想想也是，便不再为难汉武帝，但还是反复警告，让汉武帝无论如何都要照顾田蚡。武帝无奈，只能答应王太后的要求。

之后，为了了解整个事件的详细经过，汉武帝将郎中令石建召来，让他详细地将事情的经过叙述一遍。

然后，汉武帝又命御史派人秘密前往颍阴一代调查灌夫，看看他究竟是不是如窦婴所说一般不知情。

可调查结果显示，灌夫的那些宾客与族人横行乡里的事儿灌夫不但知道，这里面还有他的一份。

这下事儿大了，之前窦婴怎么说的，说这些事儿灌夫并不知情，可现在事实摆在眼前，那窦婴可就有麻烦了。

所以御史直接参了窦婴一个欺君之罪，窦婴因此被打入大牢。

直到此时，窦婴才知道这次好像不只是丢掉爵位那么简单了，甚至有可能丢掉性命。但现在怎么办呢？还有谁能救自己呢？很遗憾，没有谁能救他，但有一个东西可能还会给他一次申辩的机会，便是在汉景帝临终之前秘密给窦婴的一封遗诏了。

那封遗诏上说："如果以后有什么不方便说的事情，魏其侯可以单独面见天子陈述。"

窦婴于是通过自己的侄子将这封遗诏呈上去了，这就证明在窦婴的手中一定还有底牌。

但可惜的是，凡是私密遗诏，不但当事人手中要有，朝中内廷的档案处也一定会有备份，这样才能保证遗诏的真实性。

可当汉武帝派人前往档案处取备份资料的时候，却发现档案处根本就没有什么秘密遗诏。

于是，田蚡暗示他的"小弟"们，让这些人往死里参窦婴。

结果，窦婴在欺君之罪上再加上了一条大不敬，使得汉武帝彻底放弃了保住窦婴性命的心思，窦婴的命数在这一刻也彻底注定了。

那么问题又来了，窦婴真的伪造了诏书吗？他不知道凡是诏书一定会在档案室有备份的吗？

当了这么多年的大员，我想窦婴肯定知道，既然知道，他就一定不敢假造遗诏。

所以，窦婴很有可能没有伪造诏书，那这备份的诏书哪去了呢？除了皇帝，还有谁有资格进入内宫的档案室呢？

当然是王太后了。

公元前131年十月，灌夫于长安闹市被斩首！窦婴听说了这个消息以后悲愤万千！料想自己也躲不过一死，再加上抑郁成疾，痛苦难忍，就拒绝吃饭，想要自杀了事。

可田蚡怎么能让他在监狱中自杀呢？知道的是他自杀，不知道的还以为谁给他暗害致死的呢。

所以，田蚡派人前往狱中与窦婴说，汉武帝根本没有要杀他的意思，过一段时间就会把他放了。

心灰意冷的窦婴听说此事，本来已经绝望的心里又出现了一丝光明，便又开始进食了。

可两个月以后，当窦婴被押解至长安闹市的那一刻，他明白了，明白自己又一次被人欺骗了。

至此，曾经权倾朝野的大将军、太傅、丞相窦婴，就这样含恨而终了。

田蚡，貌似成了整个事件最大的赢家。可结果真的是这样吗？

不是！

因为自从灌夫和窦婴被弃市以后，田蚡的身体就开始一天不如一天，最后甚至连朝堂都上不了了，直到有一天，就听丞相府传出了狼哭鬼嚎的声音。

这声音不是别人的，正是田蚡的。

只见田蚡捂着身体在地上滚来滚去，一边滚还一边悲惨地吼道："别打了！别打了！我有罪！我有罪！我是贪污受贿了，我是个奸臣，大奸臣！饶了我吧！饶了我吧！"

场中，包括汉武帝在内，很多前来看望田蚡的人都是目瞪口呆，因为田蚡的身边并没有人打他。

汉武帝一把按住了田蚡，可还没等说话，只见披头散发的田蚡抓住汉武帝的手惊恐地吼道："陛下！不！彘儿！彘儿你救救舅舅吧，有人要杀我，有人要杀我啊！"

汉武帝是极为迷信的人，所以见田蚡如此样子，料定他被鬼魂缠身了，便将朝廷的巫官找了过来，让他看看田蚡究竟是怎么回事。

结果巫官在田蚡的屋子里一顿跳大神，最后和汉武帝道："启禀陛下，丞相是被灌夫和魏其侯的魂魄所侵，恐怕不杀死丞相，两个人的鬼魂是不会罢休的。"

汉武帝："那你还愣着干什么？赶紧给我驱鬼啊！"

巫官："陛下，此二人生前一个是猛将，一个是三朝元老，他们死后化身为厉鬼，魂魄极为强大，小臣实无法阻止。"

结果，田蚡在这之后没坚持几天就死了，世人都说是被窦婴和灌夫的魂魄索去了性命。

如此，就因为那一场饭局，窦婴、田蚡、灌夫三人，全死于非命。

1.8 衰神韩安国

田蚡死了，丞相的位置空出来了，那这个新一代丞相会是谁呢？按照流程来说的话，当然是御史大夫（副丞相）韩安国了。

汉武帝便命韩安国为代丞相，打算过一段时间便提拔为真正的丞相。

可就在韩安国刚刚成为代丞相的时候，全国大部开始下降严霜，很多地方的庄稼都被冻死了。

而严霜过后还不到一个月，全国大范围发生地震，导致很多百姓都流离失所。

古人是迷信的，再加上韩安国曾经的不良记录，那些朝中的官员便对韩安国是否够资格为丞相产生了质疑。

可奇怪的是，最迷信的汉武帝却没因此而罢免韩安国，还是依然用他为代丞相。

可那边地震刚刚结束，这边韩安国便在一次陪汉武帝打猎的过程中从车上坠下，摔瘸了腿。

这一摔就成了大臣们口中的"天罚"，是上天给汉武帝的启示，让他不要任用韩安国为丞相。

可汉武帝呢？依然坚持自我，只让韩安国在家好好养病，并没有因此废去韩安国的代丞相职务。

可多日过去以后，韩安国腿脚还没有好转的迹象，反倒是瘸得更厉害了。而国家的运转又离不开丞相和御史大夫。

于是，汉武帝在无奈之下只能任命薛泽为丞相，张欧为御史大夫。

薛泽这个人史书上没有什么记载，所以略过。

张欧，字叔，是高祖刘邦功臣张说的小儿子，为三朝老臣，在汉文帝时期便开始辅佐太子刘启，为人老实厚道，没有什么政敌，所以没人打击他，也没人提拔他。

可等到汉景帝的时候，因为从太子开始就一直辅助汉景帝，他便被任为九卿一职。

那张欧任职九卿期间，依然保持着不站队、不得罪人的保命理念，从不轻易惩治别人，并且上报的案件，凡是能退回的他都尽量退回，罪过太大、不能退回的便替犯错的人痛哭流涕。

结果多年过去后，这老好人虽然没有什么政绩，但朝中许多人都认为他是忠厚的长者，如果他在御史大夫的位置上待着，下面的人就可以不用受什么钳制了。

于是，很多官员都推荐张欧担任新任的御史大夫，汉武帝因为张欧的资格是最老的，再加上还有那么多人力挺他，便准了此意，批准了张欧为御史大夫。

后来，韩安国腿好了，但此时的朝廷已经有了丞相和御史大夫，汉武帝只能让韩安国转任中尉。

韩安国就这样丢了本来应该属于他的丞相，甚至连御史大夫这个铁饭碗也弄丢了，那以后迎接他的命运会是怎样的呢？这个我们以后再说，因为现在汉武帝正在进行一项更大的计划，那便是向西南扩张。

1.9　扩张西南夷

田蚡死了，韩安国从此被衰神附身，但对于汉朝来讲，这些都只不过是小小的插曲，仅此而已。因为汉武帝接下来即将耗费大量的钱财砸向西南方，意图将所有的西南夷方国及部落全都并入汉朝。

不过要详细叙述这件事之前，我们还需要将时间往前移几年。

公元前135年，王恢与韩安国共同出击闽越，战前派番阳令唐蒙前往南越国告知南越王汉军的作战计划。

南越王为了感谢汉朝的出兵相助，便用很多枸酱来招待唐蒙（枸酱：用枸树果实做成的酱，属于夜郎特产）。

唐蒙感觉这东西特别好吃，便问是从哪里来的。

南越王说这东西是从西北的牂柯江运过来的，具体是哪个地方产的他也不知道。

诚然，自从文景之治以后汉朝国力相当强大，再加上汉武帝继位以后的各种改革，明白人都能看出汉武帝的雄心勃勃，所以唐蒙便留意了这一点。

因为南越虽然明面上从属于汉朝，可实际上从刘邦时候开始便如同土皇帝一般，除了每年象征性地上点儿贡物以外根本就是自成一国，所以唐蒙猜测，汉武帝肯定是要对这些地方动手的。之所以一直到现在都没有动手不是因为别的，正是因为此地道路崎岖，再加上气候因素，所以汉廷不方便和他们动武。

但就像之前南越王所说，如果不从陆路进攻，而从水路进攻，那是不是就会省了很多的力气呢？

于是，唐蒙便开始打探汉廷西南的状况（西南夷）。他因此特意前往蜀地，通过很多地方的百姓和商人来了解西南夷的情况。

最后，终于让他打探出了西南夷的详细情报，以及那所谓的枸酱到底是从哪里来的。

之后，唐蒙便上书汉武帝，其具体内容如下：

"陛下，在我朝西南部分，大概有数十个少数民族的方国势力，其中以夜郎、滇、邛、数徙、莋最为强大，这些蛮夷有的放牧，有的耕地，但是科技水平普遍落后，也没见过什么好东西，所以想要收服他们，只要赐予他们一些财物便可以了。我知道陛下一定疑惑我为什么要提议陛下收服这些西南的蛮夷。原因很简单，那就是因为南越。相信陛下也知道，南越占据的地盘已经将近万里，那南越王虽然表面臣服于我汉朝，可实际上却是自成一国，实为我南方一大重患！而这个世界上，武力是解决问题的唯一手段，所以要想让南越真正地臣服于我大汉，只能给他打服！或者彻底灭掉他！而要想这样，就必须另外开辟道路进攻南越，毕竟之前是有前车之鉴的。而西南夷有一方国为夜郎！有兵十万人，在此地沿牂柯江而下，便可出其不意地突袭南越腹地！南越必灭矣！所以臣提议，先收西南夷之民，然后令巴蜀之地的人民从巴蜀开始修路，一直修到夜郎，这样我大汉对南越就会占据完全的战略主动性！还请陛下定夺。"

汉武帝，你可以说他是一个雄心勃勃的拓展战略家，也可以说他是一个侵略者，是一个野心家。再说当时的汉朝缺的根本不是钱，而是影响力，所以汉武帝二话没说，直接就批准了唐蒙的请求，并命他为中郎将，领一千士兵和万余役夫，还有众多财物前往夜郎。

那夜郎侯多同什么时候见过如此多的财宝，直接就怔住了，再加上唐蒙向他着重叙述了汉廷的强大富庶，便使得多同决意从属汉廷（当然，这个从属也是表面上的，不可能像其他中原国家那样彻底臣属）。

而周边的那些小部落与方国同样贪图汉廷的财物，便也一致要求从属汉廷，反正山高皇帝远的，汉廷也不可能真正地占有他们。

于是，唐蒙就这样"平定"了西南夷。

汉武帝听闻此事以后大为兴奋，便令唐蒙立即修缮从巴蜀之地到夜郎的道路。

唐蒙得令以后，立即征发巴蜀万余人前往修路，为了能够又快又好地将道路修缮完毕，他还用军法来对待这些百姓们。

时间飞转，一年的时光很快便过去了，而经过长时间的修路作业，还有唐蒙的严苛管制，使得很多百姓累死在修路的过程中，还有很多甚至被唐蒙以违反军规而论处，致使巴蜀地区的人民陷入了极度的恐慌之中，甚至还有传言说汉武帝要用巴蜀之民向东南扩张领土，从而使巴蜀之地的一些民众拖家带口地躲藏于山中。

眼看局势有愈演愈烈之势，汉武帝便火速起用司马相如为朝廷使节，前往巴蜀之地安定民众，并通知唐蒙，让他和善一点儿对待老百姓。

那汉武帝为什么要起用司马相如安定巴蜀之地呢？

第一，他是那里的本地人，熟悉当地人的习俗和环境。

第二，司马相如非常有才，他的辞赋优美，与其对话如饮美酒一般享受。

我们来回顾一下司马相如的生平吧。

司马相如，字长卿，蜀郡成都人，乳名犬子，从小便立志成为文武双全的国家栋梁，所以不但熟读各种书籍，在剑道上亦极为精通。

成年后，他因为仰慕战国时期蔺相如的为人，乃改名为相如。

因为司马相如尤其精通辞赋，所以想凭借自己的文笔在长安谋得一个文官职位，便携全部家财往长安上下打点，希望能被推荐到宫中。

可悲催的是那时候正是汉景帝执政，他对辞赋并不怎么欣赏，所以并没有任用司马相如为文臣，反倒是相中他的剑术，任他为武骑常侍。

按说这也不错了，武骑常侍，那是总能陪伴在汉景帝身边的职位，只要你是真的有才，早晚都会得到汉景帝的垂青。

可司马相如毕竟年轻，免不了任性。

在当时，武骑常侍并不是司马相如想要的官职，所以整日愁眉苦脸，基本属于消极怠工的状态。

正巧这时候梁王刘武前来长安拜见汉景帝，将邹阳、枚乘、庄忌等大文人全都带在了身边。通过与这些人交谈，司马相如明白了，只有梁王这种人才是自己真正值得效劳的，于是便弃了官位，同梁王返回了梁国，每天都和一帮文人在一起研究学问，不久便写出了《子虚赋》。

可好景不长，没过几年，梁王刘武便郁郁而终，司马相如丢了工作，再想去长安任职人家也不用他了，久而久之，他身上的钱便要用光了。

于是，万般无奈的司马相如只能灰头土脸地回到了家乡。

但司马相如这个人眼光极高，不是好的工作根本不干，所以回到成都以后也是一事无成。

碰巧临邛（今四川省临邛市古城）县令王吉同司马相如关系非常要好，不忍见老朋友如此落魄，便致信司马相如，让他来临邛发展。

两人见面以后，司马相如急不可耐，便问王吉有什么发达的路子。

王吉笑道："兄弟你只管放心，来了我临邛你所有的吃住我都包了，这期间你就好好待着，按我的意思行事便可！"

司马相如："还请兄长明示！"

王吉道："长卿有所不知，我们临邛有两个巨富，分别是卓王孙和程郑，这其中还以卓王孙为最！那卓王孙有个女儿叫卓文君，之前已经嫁为人妇，但没过多长时间丈夫就死了，现在守寡！长卿你只要把她拿下！那以后的生活还用愁吗？"

话毕，司马相如连连摇头："这怎么行？这不是让我吃软饭吗！"

王吉冷笑："呵呵，你小子不吃软饭，难道硬饭你就吃得了了？那行，既然这样我也不留你了，你回成都去吧，我看你回去之后能干得了什么事。"

话毕，王吉转身作势要走。

司马相如赶紧拉住了王吉，尴尬道："王兄说得有理，是我肤浅了，但人家卓文君再怎么说都是富家之女，怎么会看得上我这一个落魄之人呢？"

王吉不屑道："哼！富家？再怎么富也不过是一个低贱的商人而已！只要有我给你造势，他卓王孙就是跪着也要把你请进家中，我听说卓文君那丫头十分喜爱文赋音乐，而你小子最精通的不就是这两样吗？再加上你这个秀美的外表，她定会倾心于你。所以你就放一百个心！只要你肯听我的，我保证你能攀上卓家这棵大树！咱们就这样这样，然后再这样……"

时间：×年×月×日。

地点：临邛。

最近，临邛发生了一件天大的怪事，一个从长安来的男子入住了临邛。这本不是什么新鲜事，但让人惊奇的是，临邛最大的官，王吉王县令却频繁拜见这名男子。

更让人惊讶的是，男子一开始还接见王吉，后来竟然接见都懒得接见了，直接闭门谢客。

可王吉非但没有一点儿恼怒，反而从这开始更加谨慎，甚至有时候都守在男子的宅外敬候。

那可是县令！虽然比不上长安的那些大员们，但也是万户之长、千石以上的大官了。

正所谓"县官不如现管"，再加上临邛偏属巴蜀，这地方的老百姓什么时候见过长安的那些大员？所以王吉在他们眼中那就是"天"了。

如今，连王吉这样的"天"都对这名男子如此恭敬，那这男子得是什么背景？

于是，消息很快便扩散出去了，而身为临邛的巨富，卓王孙当然在第一时间得知了这个消息。

为了溜须拍马王吉，更为了满足自己的好奇心，卓王孙在家中举办了盛大的宴会，不但邀请了王吉和这名男子，还将临邛那些有头有脸的人物统统请到了家中，人数竟有上百之多。

这些人无一例外，全都想看看这个最近有名的男人到底是何方神圣。

不久，王吉到了，场中众人一见县令来了，全都站起来拜礼，卓王孙更是小跑到王吉身前深深一拜，刚要客气客气，王吉却插嘴道："卓先生不必如此，长卿来没来？"

卓王孙疑惑地问："长卿？哪个长卿？"

王吉一听这话就怒了，"你连长卿都没请就让我来赴宴了？那我还吃个什么饭？"

说完，转身作势要走。

卓王孙吓得赶紧拉住了王吉，献媚一般地道："县令勿要动怒！县令说的长卿莫非是隐居的那位神人？如果是他的话卓某早已经派人去请了，可就是不知道卓某的面子到底够不够大，能不能请动这位神人！"

一听这话，王吉才装作放心的样子，对卓王孙道："你呀！连长卿都不知道是谁，他叫司马相如，字长卿，本是京城大员，因为厌倦了官场沉浮，这才来此隐居，这可是个大才！你们竟然不知道！"

听了这话，卓王孙大为惊叹，正想继续询问司马相如的详细情况，可这时候派去请司马相如的下人回来了，身旁还跟着一人，不过这人并不是司马相如，而是王吉给司马相如身边安排的一个下人。

只见那下人对王吉深深一拜，然后微微给卓王孙一礼，继而道："启禀王县令，卓先生，我家主人说了，最近身体实在不怎么好，这次的宴会他就不能来了，还请各位恕罪。"

说完，转身便走了。

这架势，哪有半点儿恕罪的诚意？

可卓王孙非但没有生气，反而变得有些惊恐，因为身边的王吉满脸遗憾。本县的一把手有这种情绪，那这饭还怎么吃啊。卓王孙最后把心一横，和王吉道："王大人不要着急，这都怪卓某失礼了，像长卿这种大才怎么能让一个下人去请呢？卓某这就亲自去请，一定要将长卿请来！还请大人稍候片刻。"

话毕，还没等走，就听王吉长叹一声："唉，只怕是你，也请不动我那长卿兄啊！"

卓王孙："那，那可如何是好？"

王吉："罢了！还得是我去请！你和诸位宾客就在此等候吧！"

如此，王吉亲自前往司马相如处，一脸虔诚地将司马相如请到了卓王孙府中。

经过这一番操作，当司马相如入场以后，场中所有人都像看着天人一样看着他。

而司马相如脸不红，心不跳，在王吉和卓王孙一左一右的引领下飘然坐在整个大厅的正中央。

于是，整个宴席都围绕着司马相如来进行。

而大家没注意到的是，在最北侧，通往后院的门后，一个倩影也偷偷地通过门缝在望着司马相如。

看着司马相如英俊的外表和"雄伟"的背影，这小女子不由得痴了。

很快，酒过三巡，此时的王吉装作极为小心谨慎的样子试探司马相如："久闻长卿琴、赋之术登峰造极，在下唐突，想要开开眼，不知先生能否应允？"

这话说完，整个大厅静得针落可闻，大家也都想一睹这个传说中神人的风采，可司马相如却拒绝道："县令言重了，小小丑技又怎能上得了大雅之堂，再说，鄙人的琴也在家中没有带来，还是改日再说吧。"

岂料司马相如话音刚落，王吉便对自己的随从吼道："快！先生要演奏了，赶紧将我的宝琴取来！"

说罢，微笑着对司马相如道："嘿嘿，就怕先生您没带琴，所以下官早就准备好东西了。"

如此司马相如只能在"无奈之下"抚琴以助雅兴。

那司马相如的琴技真是没的说，自他弹奏之后，整个场中的人都被带入了如梦似幻的境界之中，更重要的是门后的那个小寡妇已经彻底被司马相如所征服，看着司马相如的背影，听着他所弹奏的优美琴声，她已完全沦陷了。

琴毕，已经被司马相如迷疯了的卓文君是真想马上投入其怀抱，和其终身厮守，可无奈的是，自己现在是个寡妇，怎么可能还配得上面前这个英俊伟岸的男人呢？

卓文君在犯愁，犹豫地不敢对司马相如表白，但她身边的丫鬟可不管不顾，这丫鬟看出了小姐的心意，便不知不觉地移到司马相如身边，伺候他饮酒吃肉，并在中间空闲之际，用极小的声音向司马相如表达了卓文君对他的仰慕之情。

一听这话，压在司马相如心中的大石头终于落了地，他趁热打铁，重赏了这名丫鬟，并且让丫鬟转告卓文君，说自己曾经见过卓文君，自相见之日起便已被其所吸引，日思夜想，可无奈如今仍是身无分文之辈，害怕自己配不上卓文君，但思念之情再也无法遏制，所以便会于今夜隐藏于卓府后门，如果小姐肯来赴约，那二人就私订终身，从此双宿双飞，如果小姐不来，那以后也绝对不会再来打搅。

丫鬟一听这话，赶紧跑去将此事告诉了卓文君。

卓文君听了司马相如的答复以后，心中如同有一头小鹿一样四处乱撞，又是激动又是害羞。

之后，浪漫的卓文君当即决定同司马相如私奔，才不管什么家徒四壁！才不管什么身无分文！

卓文君相信，只要两个人相爱，那就抵得上亿万金钱。

于是，在夜半三更之时，卓文君偷偷地溜出了后门，见到了让他情迷意乱的男人。

于是，两个人即刻拥抱在一起。

之后，两人相拥着走进了司马相如的住处……

半个时辰后，已经有了夫妻之实的两人偷偷地走出了这个暂时的住处，回到了司马相如成都真正的家。

可回到了司马相如的家中以后，卓文君傻了，她所谓的浪漫在"家徒四壁"这个词面前被打击得支离破碎。

从小锦衣玉食的小姐什么时候见过这么"光"的屋子，什么时候见过这么穷的人。本想和司马相如重新回到临邛投靠自己的父亲，可通过打听才知晓，卓王孙听说自己的女儿背着自己和司马相如私奔之后，气得暴跳如雷，并当众吼道："这不成器的女人！竟然不要脸到如此地步！她是我的女儿，我不会杀她！但是也休想以后从我这里得到一分钱！"

就这样，卓文君心灰意冷，只能窝在成都和司马相如过着最底层的生活。

可一段时间之后，卓文君实在受不了了，便要和司马相如一起回到临邛。

可司马相如却垂头丧气地道："不是我不去，可哪怕是咱们回去了，难道你父亲还会收容咱们吗？"

卓文君硬气地回答道："长卿你只管和我回去，哪怕是管我的兄弟姐妹们借钱我们也可以维持生活，何至于如此苦了自己！"

于是，司马相如和卓文君卖掉了房子，等到了临邛以后又卖掉了马车和马，再加上兄弟姐妹们的一点儿资助，便在本地开了一家简陋的酒店。卓文君负责在酒店外卖酒，而司马相如则负责酿酒和清洗器具。

他们这么做就是想以此来丢卓王孙的脸，让卓王孙无奈之下资助两口子。

可这卓王孙也是个硬气的老头，虽然认为这是奇耻大辱，但依然不资助女儿和姑爷，直把自己"锁"在府中，两耳不闻窗外事。

可长久这样下去也不好，老卓家成为整个临邛百姓茶余饭后的谈资不说，还会因此得罪县令，外加卓家的人也都挺心疼卓文君的，便都去劝卓王孙："家主，您贵为临邛首富，总资产哪怕是在整个天下也是排得上号的，并只有一男两女，所以说您根本就不缺钱，那您为什么要这样呢？不就是一个面子嘛。因为一个面子这样对待自己的女儿，您觉得值得吗？再说，那司马相如以前确实是在朝廷为官，因为厌倦了官场这才弃了官的，所以不管是才能还是人脉都绝对不会辱没我卓家，更何况他还是县令大人的好友！所以家主您这样做不但让自己的女儿和姑爷受罪，更重要的是得罪了王县令，如果王县令下定决心想为难咱们，那卓家能好得了吗？所以到底应该如何做，还请家主您三思啊！"

听了这话，卓王孙才反应过来。是呀，又得罪县令又丢人，我这图的是什么？

于是，无奈的卓王孙只能分给司马相如一百万钱，家奴一百人，各种陪嫁的嫁妆无数，让他们赶紧滚！不要继续在临邛给自己丢人现眼。

于是，司马相如和卓文君带着大笔的钱财回到了成都，从此过上了富足的生活。

可有些人，注定是不会平平凡凡过一生的，司马相如便是其中之一。

几年以后，刘彻登基为汉皇，因为喜欢诗词歌赋，所以读了很多经典，其中一次，汉武帝拜读了司马相如在梁国时候所做的《子虚赋》，便极力称赞，并感叹道："司马相如这个人真旷世奇才也！可惜我不能和他同一时代，要不然定起用他为官！"

汉武帝还以为司马相如是前朝的人呢！

可巧的是，此时在汉武帝身边伺候的狗监（狗监：给皇帝养狗的人）杨得意为司马相如的同乡，知道司马相如这个人，便赶紧道："启禀陛下，这司马相如是我的同乡，人家现在可是活得好好的呢。"

一听这话，汉武帝大惊，乃命人召司马相如入京觐见。

一见到相貌俊美的司马相如，汉武帝直接便在心里给他打了一个大大的勾，并且将《子虚赋》拿了出来问道："先生，这可是您的作品？"

见汉武帝手中的《子虚赋》，司马相如微笑道："启禀陛下，这不过是微臣闲暇之时所作，登不得大雅之堂，臣听说陛下喜爱打猎，所以打算给陛下作一篇《游猎之赋》，希望陛下能喜欢。"

汉武帝自然喜欢，于是当即便命人赐给司马相如毛笔和木简，让他书写内容。

而司马相如不愧是大才子，只见他从容入座，奋笔疾书，没多长时间便写出了《游猎之赋》。

此赋写得气势磅礴，文辞优美，一下便将汉武帝折服。

于是，汉武帝当即命司马相如为郎官，时刻伴其左右。

几年以后，发生了一件让司马相如声名大噪的事。

话说自唐蒙修路以来，巴蜀地区的人民极为恐慌，甚至有的逃入深山。为此，汉武帝极为苦恼，乃遣司马相如前往巴蜀安定人心，另外再好好训斥一下唐蒙，让他对百姓不要那么苛刻。

而司马相如也不负众望，到了巴蜀以后，他以非常夸张的方式表达了汉武帝的伟大（比如声称匈奴单于现在已经跪在汉武帝的面前颤抖臣服等），向百姓说明了现在不服从汉廷的势力已经被灭得差不多了，所以这天下并不存在什么战争，并在百姓面前象征性地批评了一下唐蒙的所作所为，同时还痛斥了那些躲避徭役的百姓。

果然，当司马相如将此檄文发布以后，巴蜀的百姓再也没有之前那么恐慌，很多逃往深山躲避徭役的百姓也慢慢地回来了。

之后，司马相如也前往了唐蒙处，向唐蒙宣读了汉武帝的旨意。

可当时通往夜郎的路刚刚打通，司马相如也就没有再深说什么，便返回了长安向汉武帝报告。

而那边司马相如刚刚到达长安，西南的唐蒙又发来请奏了，请奏的是什么呢？便是将整个西南夷的道路都修缮一遍。

大体原因是唐蒙看出了西南夷的这些部落与方国虽然表面上臣服于汉廷，

可只不过贪图汉廷的财物而已，一旦汉廷士兵撤走，这些人十有八九是要反叛的，所以应该将道路修缮完毕，这样到时候出了事端也方便派兵平定，同时也更方便向外扩张。

汉武帝感觉唐蒙说得很有道理，便准其请奏，让他发巴、蜀、广汉三郡士卒与百姓修缮西南夷的道路。

结果，两年过去了，有很多士卒与百姓死于修缮道路的过程中，汉廷因为修缮道路浪费的钱币都以亿来计算，可进程呢？大概连一半都没到。

基于此，三郡一些军民组团来到长安，联名向朝廷请愿，希望汉武帝停止在西南夷修缮道路，而朝中的大臣们也趁此时机请奏汉武帝，希望他放弃修缮西南夷的道路，反正现在往夜郎的道路已经修成，为什么还要继续浪费国家的人力财力物力呢？

汉武帝为此也非常苦恼，甚至有了放弃继续修缮道路的想法。

可就在这时，之前没有臣服汉朝、处在南夷更西边的西夷中的邛夷和莋夷见其他部落与方国都因为臣服于汉朝得到了诸多好处，便联名向汉武帝请奏，希望也臣服于汉武帝，请汉朝也给他们同样的官职。

如此，想在历史上留下"雄才大略"之名的汉武帝的思想又开始活泛起来了。

可有了之前修路的前车之鉴，身边的那些大臣们哪里允许汉武帝继续败家，便一个个地上奏请求汉武帝放弃整个西南夷的开发计划。

汉武帝很郁闷，但又无可奈何。

倒不是那些大臣制止他，他就修不了路了，关键是他们说得也确实有些道理，按照他们的说法，自己心里这一关都过不去还修什么路。

可是，就在汉武帝万般无奈之时，他想起了司马相如，这个蜀郡土生土长的"土著"，再加上之前前往巴蜀之地安抚民众时的表现，遂将其召来询问，西夷到底有没有开发的价值。

司马相如回答道："陛下，西夷距离巴蜀之地要比南夷更近，其中邛、莋、冉、駹这些夷族都是大势力，并且更加靠近巴蜀，所以修缮道路要比南夷更加轻松省事。因此，臣建议，放弃南夷的修路计划，改而专攻西夷之路。反正现在直通夜郎的道路已经修缮完毕，何必再为了此地而浪费资金呢？再者说，西夷早在前朝便已归顺了中原，曾经为前朝一郡，有很好的底子，修起来更加容易。"

汉武帝听了此言非常高兴，因为开发西南夷这事虽然不是他主导的，但也是他批准的，如果发生了半途而废的窝囊事，对他的威信绝对是一个打击，也会在后世人的口中落下把柄，所以当他听到司马相如的意见以后毫不迟疑，只一个字，"准"！

之后，汉武帝拜司马相如为中郎将，持天子之符节往巴蜀从事西夷之事，并下令地方，司马相如为天子使节，代表的便是天子本人，地方各单位都必须无条件配合司马相如工作和服从他的指挥安排，所给的权力很大。

这一下三郡可炸开了锅，天子使节，那是什么意思？那是皇帝最亲信的人，等于皇帝本人来到地方一样。

所以，但凡司马相如路过的地方，当地县令都亲自给司马相如牵马引路，并以此为荣，还强烈请求司马相如在本地多留几日，给一次尽"地主之谊"的机会。

可司马相如统统拒绝，目标直指成都和临邛。

到了成都以后，蜀郡太守甚至亲自作陪，只想给司马相如留一个好印象。

卓文君看到如今的相公如此威风，两行激动的泪水不觉地流了下来，而坐在豪车里的司马相如看到夫人如此激动，也没有下车，只是微笑地看着卓文君，并在车上向她伸出手："来，上车！我带你去临邛！"

就这样，豪华的马车，声势浩大的队伍，再配上一个响当当的"天子使节"，司马相如就这样来到了临邛。

当天，临邛县令王吉带领着临邛县所有的达官贵人在三十里外相迎司马相如，而众人的焦点也再不是王吉，而是全都围在卓王孙身边打转，一个个地狂拍马屁，让卓王孙以后多多照顾，就连王吉也和卓王孙相当客气，那姿态，简直都有些溜须拍马的意思了。

卓王孙心里别提多高兴了。

不一会儿，场中本来喧闹的声音全部停止，所有人都恭敬地站在一旁，不敢大声喧哗。无他，司马相如庞大的车队过来了。

当司马相如的豪华大车来到众人之前时，这些人全都深深一躬，每个人都不敢抬头仰望"天威"，只齐刷刷地道："恭迎天使大人！"

话毕，司马相如牵着卓文君的手走了出来。

看着下面一个个毕恭毕敬的人，司马相如"欣赏"了好一阵，然后哈哈一笑，很随意大气地道："好了，都不是外人，不要这么拘礼了。"

这话一说，众人才抬起头。司马相如随即跳下车来，拉住了王吉的手道："兄弟，你我之间还用行如此大礼吗？随我一同进车！"

王吉却没有上车，而是再次对司马相如行了一个大礼，然后郑重地道："不可！正所谓'私不及公'，不管小人与大人是何交情，大人您都是皇帝派来的大臣！而小臣能做的，只是在公事上全力地辅佐、支持大人，并给大人充当护卫！"

说罢，王吉吼了一声："拿我的弓箭和箭袋来！"

话毕，一小吏小跑过来，将弓箭和箭袋双手奉上。

王吉后背箭袋，左手执弓，然后再次给司马相如深深一躬，"请大人上车！小人愿为您牵马引蹬！"

这才叫朋友！不但对司马相如表达了态度，还对司马相如行了人臣大礼。如此一幕，不但给足了司马相如面子，同时也给了当地土豪一个提醒，提醒他们司马相如现在是个多么尊贵的存在。

果然，经此一幕，那些本地土豪们都不自觉地低下了头，他们分别站在两旁，给车架让出道路，甚至连看都不敢再看一眼司马相如。之前还想着在这时候和司马相如搭腔的卓王孙此时也不敢了，只能默默地退到一旁，跟着车架前往早已准备好的"豪华临时行府"。

如此，整个临邛县出现了百年难得一见的一幕，只见县令为司马相如牵马引蹬，而以往在本地称王称霸的富豪此时也全都老老实实地跟在司马相如的车队之后。

到了临时行府以后，司马相如牵着卓文君的手下车进入，还让王吉也跟着一起进入，其他人一个个地留在原地不知如何是好。

而卓王孙这时候的脸色也不好看了（是，我当初是痛恨你司马相如拐走了我的女儿，可最后我不也资助了你们吗？你怎能如此对待我这个岳父呢），但碍于现在司马相如的身份，卓王孙也不敢不管不顾地走人，只能默默地从最前排退到最后，并唉声叹气。

不一会儿，王吉走了出来，他对着众人高声道："各位！司马大人说了！都是乡亲父老的，一会儿进入府中不必多礼，该如何还如何，不过我可提醒各位了，虽然司马大人是这么说的，但是各位可不能这样想啊，如果还将大人当作以前那样随意交往的话，最后吃苦头的可是你本人！"

众人："是！是！县令大人我们都知道了！这顿饭怎么能让司马大人请呢？我们愿意自掏腰包！"

就这样，众人你一个、我一个地挤了进去，每个人在进门以后都随手给王吉送上了本次的"饭费"。

可轮到卓王孙的时候，他只是黑着一张脸，一声都没吭，也没给"饭费"，只想着混一会儿就赶紧走，不想在这自取其辱。

可让人惊讶的是，众人刚一进院，司马相如便携着卓文君站到院子的正中心，然后对着众人跪了下去，并大声道："给岳父大人请安！"

这一幕让在场众人愣了一会儿，然后疯狂向两旁退开（他们可不敢接受司马相如的跪拜），只留下目瞪口呆的卓王孙。

王吉这时候走到卓王孙后面，用胳膊肘轻轻地顶了顶他，然后小声在其耳边道："老卓，还等什么呢？想让你这个便宜姑爷一直给你跪着不成？"

卓王孙一个激灵，赶紧跑到夫妻二人身前，哆哆嗦嗦地拉着司马相如的手往上抬，然后道："这、这怎使得，大人您……"

没等卓王孙说完，司马相如便道："岳父！因为私不过公，所以之前在外小婿并未与岳父大人多言，可现在已经进入了住处，小婿为之前的行为道歉，同时也为再早以前未能和您禀明便与文君私订终身而致歉，还请岳父大人原谅小婿。"

这又是下跪又是道歉的，给卓王孙弄得不知所措，同时已经黑了半天的老脸终于"阴转晴"，他赶紧将司马相如和卓文君搀扶起来，然后道："这是说的什么话，你身为朝廷命官，一方大员，当然需要如此，为父我怎能挑你这个礼？还有，当初我这个当岳父的也是做得太过分了，让你夫妻二人吃足了苦头，如今好生惭愧，还让你这个好女婿来向我道歉，这怎能使得？"

这之后，司马相如恭敬地将卓王孙请到主人席位，和他并排相坐，老头就更高兴了。

如此，整个酒席从开始到结束都充斥着欢乐的气氛。

之后，酒席结束，宾客渐渐离席，卓老头握着司马相如的手激动地道："贤婿啊，你岳父我本次来没带什么'份子'，但却有点儿东西要交给你，希望你可以笑纳。"

司马相如对卓王孙深深一躬，然后道："岳父所赐，长卿岂敢不接！"

卓王孙："好！很好！之前因为为父特别生气，所以只给你和文君不多的财产！如今，见你如此出息，我怎能还对于之前的事情斤斤计较呢？所以，我决定让文君享受和其他孩子一样的待遇！"

卓王孙可是巴蜀首富！是在全国都排得上号的冶铁大王，白白给的巨款怎能不要？司马相如千恩万谢地接受了卓王孙的"嫁妆"。

之后，卓王孙走了，因为喝得太高兴，所以是被友人给搀走的，并且在回家的路上不断对友人说："我真是老眼昏花呀！怎么早不将文君嫁给长卿呢！"

好了，该威风的也威风完了，该捞的面子也捞回来了，是到了办正事儿的时候了。

这之后，司马相如拉走了巴蜀众多财富，并分别派三个副使前往西夷的各个部落方国，让他们尽早投入大汉的怀抱。

这些西夷族群早就眼红南夷和其他部落的好处，当然满嘴答应，乐不得地

"臣服"于大汉。

见三位副使已经用大批的财宝"平定"了西夷人，司马相如便开始在西夷修缮道路了。

因为司马相如是本地人，对待三郡百姓也要比唐蒙仁慈不少，所以三郡百姓加足了马力为司马相如卖命，外加西夷的道路原本在秦朝的时候便有基础，所以很快便有了一定的成就，那些已经损坏老旧的关卡被翻新，那些已经破败不堪的道路又被重新铺设，向西到达了沫水、若水，向南到达了牂柯江边界，开通了零关道，并在孙水上架桥，用以连通邛、筰。

因为司马相如的速度非常快，效率非常高，所以汉武帝极为高兴，重赏了司马相如，希望他能继续努力，不要辜负了自己对他的期望，其潜台词便是告诉司马相如，等他成功开发西夷回来以后，便是他升官发达之时。

那司马相如以后还会这么顺风顺水吗？这事儿还远得很，我们过几年再说，现在还是先把目光移回长安吧，因为长安的那两个泼妇终于迎来了自己的末日。

1.10　陈皇后下台，长公主没落

同年（前135年）五月，后宫的皇后居所。此时的陈皇后不停地踱步，在她身前还有一群奇装异服的人在"装神弄鬼"，有的在跳大神，有的拿着个布娃娃一顿乱扎，场景极为诡异。

可就在这时，咣当一声，皇后居所的大门被一脚踹开，紧接着，十余名郎卫闯了进来，将所有装神弄鬼的巫师全部抓走。

陈皇后如同疯了一般对这些郎卫吼道："是谁让你们进来的！是谁给你们的权力动本宫的人！"

其中一名貌似头领的人冷冷地看了陈皇后一眼，然后极为短暂干脆地道："陛下亲自下令。"说罢，扬长而去，只留下陈皇后一个人愣在当场。

当所有的人都走光以后，陈皇后一下子坐在了地上，如同失神一般地道："完了，全完了。"

原来，自从卫子夫被汉武帝宠幸以后，陈皇后再次失宠，生气的她每天都和汉武帝撒泼，可汉武帝也忍够了，再也不惯着她了，陈皇后便和长公主刘嫖跑到了当时还没死的窦太皇太后面前告状。

但因为当时卫子夫已经怀了汉武帝的孩子，可身为皇后的陈皇后嫁给武帝多年却从未怀个一男半女，所以窦太后这次也不管了，反倒是派了很多贴心侍女前往卫子夫处，照顾卫子夫的饮食起居，这就很明显是向陈皇后和长公主表明态度了。

可二人并不甘心，反倒意图谋杀当时还是郎官的卫青，最后功亏一篑，汉武帝反倒是升了卫青的官。

且自打这以后，陈皇后和长公主也不敢再轻易动手了。

再后来，窦太后魂归西天，最大的依仗没了，长公主消停了，可陈皇后依然气不过。

随着汉武帝对卫子夫越发宠幸，对自己越发冷落，陈皇后有好几次都快被气"死"了，甚至跑到汉武帝面前撒泼。

汉武帝对其忍无可忍，乃命人将陈皇后架出去，并且宣布，以后没有自己的许可，不许皇后进入宫中。

如此，陈皇后彻底被冷落，却没有被废掉。因为汉武帝也知道，如果当初没有长公主的帮助，自己是无论如何都登不上皇帝宝座的。

所以，汉武帝并没有卸磨杀驴，而是依然让陈阿娇担任皇后，长公主也留在长安，这对汉武帝来说绝对是良心的举动了。

可陈皇后因为长期独自一人，心态越发焦躁，最后竟然铤而走险，聘请了有名的女巫——楚服，搞起了皇宫绝对禁止的巫蛊之术！

其实在最开始的时候汉武帝就有些察觉到了陈皇后的举动，可陈皇后那时候做得非常隐秘，并没有留下什么证据，再加上汉武帝也不想做那忘恩负义之人，所以也就没有彻查陈皇后。

可随着时间的推移，汉武帝的纵容，陈皇后越来越嚣张，最后竟敢公然在居所弄起了巫蛊之术。

汉武帝听说以后怒不可遏，直接令侍御史张汤将楚服等一干女巫统统逮捕，然后严刑逼供，将参与巫蛊的残余女巫也全部抓获归案。

最后，这些女巫无一例外，全被拉到菜市场枭首，死者数量竟达三百余人！

这个人数，这个规模，不但让朝野震惊，甚至连汉武帝自己都没想到陈皇后的巫蛊案会严重到如此地步。

所以，在公元前130年，汉武帝发布诏书，废掉陈皇后，让其退居长门宫，陈皇后从此永远地告别了历史舞台。

那陈皇后被废了，长公主刘嫖还能好得了吗？答案当然是不能。

不过使她间接死亡的却不是汉武帝，而是另外两个人，他们分别是董偃和东方朔。

大汉后宫，一个明争暗斗不休、一个充满了"欲"与"权"的"天堂"。那里的女人们不愁吃不愁穿，唯一需要花钱的地方就是购买自己喜欢的珠宝。而在当时，负责向后宫的少妇们推荐珠宝的女人有一个儿子，他叫董偃，并且长得非常漂亮。

董偃十三岁那一年，母亲带着董偃前往长公主的家里向她兜售珠宝。可那一天，长公主的视线根本没在珠宝上，而是全都集中在了董偃这个当时只有十三岁的少年身上。

无他，因为这个少年长得实在是太漂亮了，漂亮得让长公主都无法移开视线，心中还隐约有些躁动。

不觉间，长公主的心飘到了九霄云外，她想到了多年以后这个孩子的英俊面容，又想到了多年以后自己和这个孩子私会，不知不觉，长公主痴了。

"长公主？长公主？您看看这个首饰怎么样啊？"

一声疑问打断了长公主的"美梦"，她连看都没看这些首饰便直接和董傻妈道："嗯，你不用介绍了，这些珠宝我都要了。另外，有一件事想和你商量。"

董偃妈极其兴奋地道："长公主您说！只要草民能做到的，一定不推辞。"

长公主微微一笑道："其实也没有什么，只是我见你这孩子非常喜欢，想要帮你抚养，不知你认为如何呢？"

让长公主来抚养自己的孩子？这简直就是天大的好事啊，因为如果能得到长公主的提携，以后董偃的前程还用担忧吗？而且再怎么说自己都是董偃的亲妈，董偃如果发达了，那自己不是也跟着一起发达了吗？所以，董偃妈根本想都没想便同意了长公主的请求。

从此，董偃便进入了长公主的府中，长公主为了能让董偃以后变成一个完美的男人，不但请人教他写字、算术、驾车、射箭，甚至连相马都要教，并且还让董偃读了很多传记类的书籍，就是为了提升董偃的修养与城府，其意图不言自明。

而多年以后，长公主的丈夫死了，董偃那年也正巧十八岁，长公主便为其进行了加冠典礼，并从此让董偃跟在自己的身边伺候。

长公主外出他要给长公主驾车，长公主吃饭他要在一旁伺候，甚至连睡觉也在一起。

久而久之，因为长公主的宠幸，董偃这个面首在长安城中渐渐出名，很多长公主一手提拔上来的官员都和他交往，甚至一些王公大臣也要溜须拍马董偃，大家都亲切地称董偃为"董君"。

可就在董偃一帆风顺，长公主也打算继续帮他往官场发展的时候，窦太后忽然死去，长公主无法再像以前那样嚣张跋扈，所以不敢向汉武帝推荐董偃，只能想办法让其他人推荐董偃。

那别人凭什么推荐董偃呢？现在窦老太太已死，她长公主刘嫖还有什么利用价值呢？

当然有，那就是钱！

要知道，窦老太太活着的这些年，长公主收钱办事，推荐的官员不计其数，替别人求情办事什么的数都数不过来，所以她府中的"私房钱"简直是一个天文数字！

于是，长公主便让董偃随意在府中取钱来广交朝中权贵，争取能弄个一官半职来。

可那边董偃还没行动，平时与他关系不错的袁叔（袁盎哥哥的儿子）便来到董偃处和他道："恭喜恭喜，恭喜董兄就要大祸临头了。"

董偃心中一惊，忙问道："先生为何如此说话？"

袁叔道："董兄，凭你我二人的交情，我也不藏着掖着了，您与长公主之间的关系没有人不知道，这件事藏是绝对藏不住的，甚至我猜现在陛下都已经知情了，只是懒得管而已，我怕你要是再不处理的话，等到有些居心叵测的人以此大做文章，你就看不到第二天的太阳了。"

一听这话，董偃没由来地一个哆嗦，然后赶紧问道："袁兄说的是，我也为这件事苦恼好久了，可就是不知道应该采取什么办法才能避过此次大祸啊。"

袁叔："此事对别人来说难办，但对'富可敌国'的长公主来说却非常简单，只需先让陛下开心，然后再找个机会让陛下前来府中几趟便可成事。"

董偃苦恼道："你说得倒是轻巧，哄陛下开心是那么容易的吗？还让陛下来府中几趟？那可是我大汉的皇帝，你说请过来就请过来？"

袁叔哈哈大笑，然后无不自信地道："你只需要听我的安排，保管你事成！首先，我们先让陛下开心，你现在就去和长公主说，让她这样再这样……"

本来愁眉苦脸的董偃听了袁叔的计划以后极为兴奋，连跑带跳地前去寻找长公主，并明里暗里地说明，太皇太后新死，汉武帝已经不再畏惧长公主，希望长公主能转变对汉武帝的态度，赶紧向汉武帝示弱，并送汉武帝贵重的礼物，这样做不但会让汉武帝不再"重视"长公主，还能暂时性地保证自己的人身安全。

长公主乍一听觉得很有道理，可紧接着却皱起眉头，因为汉武帝身为大汉天子，什么都不缺，拿什么献给汉武帝才能让其高兴呢？

董偃建议道："顾城庙（汉文帝的祭祀之庙）远离长安，陛下每过一段时间都要去祭祀，并且每次祭祀都要在附近的竹林游玩儿一次，那里还有陛下的籍田，所以是常去之处。可陛下每次前往休息之处非常简陋，是因为没有临时行宫的缘故。而主上您在那附近正好有一个长门园（就是以后囚禁陈皇后的长门宫），何不将此地献给陛下呢？"

听了这话，长公主有些意动，可长门园是长公主花了大价钱才修建的豪华园林，就这么白白地送了出去怎么甘心，所以虽然意动，但还是犹豫的。

董偃按照袁叔所教继续道："主上何必犹豫？我想，陛下早就盯上你的长门园了，哪怕你现在不给他，但以后就能保得住吗？等到那时候……"

董偃没有说完，可话中之意已经非常明显了。

长公主一个哆嗦，赶紧依言而行，主动将长门园献给了汉武帝。

而事情果然如袁叔所料，当汉武帝收到长门园这份大礼以后极为高兴，非常诚恳地感谢了长公主的好意，还将长门园改名为长门宫，并且在这以后时不时地便让人问长公主现在的身体如何。

汉武帝的好意长公主是真切地感觉到了，并且从这以后心情都非常好，这感觉哪是送出了大礼，简直是收到了大礼一般。

于是，高兴的长公主给了董偃一百金，并且让董偃将这一百金转交给袁叔，请问袁叔的下一步计划。

之后，按照袁叔所教之谋，长公主便趁热打铁，开始在家中装起了病。由于汉武帝最近一段时间特别关心长公主的饮食起居，所以长公主那边一"病"，汉武帝便知道了，并亲自到长公主家中慰问。由此可见，汉武帝喜欢这个长门宫到了何种地步。

当天，长公主府邸，汉武帝坐在长公主"病榻"一旁，拉着长公主的手道："姑母，你现在还有什么心愿吗？"

长公主装作柔弱的样子，一边咳嗽一边和汉武帝道："我幸运地蒙受三代皇恩，贵为公主，赏赐和封邑已是很多，哪里还敢有其他的非分之想，只希望陛下不要忘记我，能在有空的时候多来我府邸走动走动，让我多看陛下几眼。

如此，哪怕是我死，那也瞑目了。"

汉武帝被长公主的"伪装"所打动，便无不心疼地道："姑母说的什么话，你的病只是小病，过一段时间也就好了。而我的随从和侍卫实在是太多了，不好经常让姑母破费。"

于是，说什么汉武帝都不答应长公主常来她的府邸。

如此，袁叔的第二步计划宣告破产。

不过这不要紧，第二步失败了，他还有备用的第三步计划。

在汉武帝探望长公主没几天以后，长公主的"病"好了，并且"病"一好就在第一时间前往皇宫参见汉武帝，对其千恩万谢，声称自己的病之所以能好，那都是因为汉武帝带来福气的缘故。

而迷信的汉武帝听了这话很高兴，还真以为这都是自己的天子之气给长公主把病治好了。

那天，为了庆祝长公主"痊愈"，汉武帝花了一万钱举办了一场盛大的国宴，这可算是给足了长公主面子，长公主也在汉武帝喝得正高兴的时候提出再次让其前往自己的住处给自己增福。汉武帝当场答应。

几天以后，汉武帝如约前往了长公主家中。不必多说，长公主自然是准备了一桌好酒好菜，甚至连汉武帝随行的侍从和卫士都得到了不少的赏赐，这也让汉武帝面子大长。

之后，在酒席之中，长公主不止一次在话里话外提到了董偃的好处，汉武帝呵呵一笑，大概也猜出了长公主的心思，便对其道："姑母不用再说了，就请你家的主人翁出来一见吧。"

主人翁，这是什么意思？就是本家男主人的意思了，而现在长公主的丈夫已经死了，这个主人翁说的是谁呢？

答案不言自明。

冷不丁听了这话，长公主心中嘎嘣一下，但随之而来的却是无尽的兴奋。

为什么？因为既然汉武帝这么说了，那就是有意承认自己和董偃之间的关系，以后别人也没有办法拿这事做文章了。

可长公主却没将心中的兴奋表现在脸上，而是故作惊慌地跑到堂下，把自己的鞋和各种首饰全都脱了下来，然后赤脚对汉武帝连连叩头："臣妾没有脸再面见陛下了，并辜负了陛下的厚恩，给陛下丢了人，还请陛下惩罚臣妾。"

汉武帝只是哈哈大笑，然后道："姑母不必如此，这，这也是人之常情，朕也想见见这个能将我姑母迷住的主人翁啊，哈哈哈哈。"

话毕，长公主也不再演戏，赶紧跑去东厢房手牵着手将一身下人穿戴的董偃给领了出来。

见到汉武帝，董偃赶紧小跑到堂下，跪在汉武帝面前叩头道："公主的厨子，罪民董偃叩见陛下天威。"

由于之前董偃一直都是低头的状态，见了汉武帝以后便连连叩头，所以汉武帝并没有见到董偃的面容，便让他把头抬起来。

可当董偃将头抬起来以后，汉武帝心里竟然也泛起涟漪。

见董偃如此漂亮，汉武帝便有了一些和长公主抢董偃的小心思。

这之后，汉武帝让董偃和长公主都把衣服穿戴好，然后陪在自己左右饮酒作乐。据《汉书》所载，自从董偃来了之后，汉武帝的心情更加好，所以整个宴席异常欢乐。在汉武帝的带领下，几乎所有的人都开怀畅饮，汉武帝还让董偃以后没什么事儿就可以来皇宫，陪自己游玩。

这一下董偃可是火了，能得到皇帝的垂青，那很明显是要提拔董偃了。

于是，打这以后，之前那些离开董偃的友人又纷纷地跑了回来，围在董偃身边狂拍马屁。

而董偃呢，也陪着汉武帝往上林苑追逐打猎，往北宫观看斗鸡、踢球、赛狗、跑马等比赛，一时之间风头无两。

可欢乐的时间总是太短，这一切还没进行多长时间便被一个人打断了，他的名字就叫东方朔。

身为汉武帝身边最老牌的红人，东方朔那是深得汉武帝信任的，并且最难能可贵的是，他对国家还怀揣着一颗正直的心，但凡有人有可能破坏汉朝的安定与繁荣，东方朔都是要打击的。

东方朔认为，董偃这个人比较滑头，属于不学无术的典型代表，如果让汉武帝和他继续这样堕落下去，那汉朝以后的江山可就危险了。

于是，东方朔总想找个机会狠狠打击一次董偃，并让他万劫不复。

而这个机会很快就来了。

一天，汉武帝诏令长公主前往皇宫饮宴，并派遣谒者宣董偃，也让他陪同前来宫中饮宴。

可就在汉武帝同长公主与董偃一起入宫的时候，当时正在守门的东方朔却突然挡在了一行人面前，不放他们过去。

汉武帝眉头一皱，对东方朔道："你又要干什么？"

东方朔义正词严地道："启禀陛下！董偃为罪大恶极之辈，根本不配进入皇宫这个庄严圣地！"

汉武帝不悦道："净胡说八道，人家没杀人没放火的，有什么罪了？"

东方朔毫不畏惧，直言道："非也！董偃原本只是一个贱商的儿子，他有什么资格侍奉皇室人员？这是他董偃的第一宗罪！侍奉也就算了，他还用自己那丑陋的外表来勾引长公主，行那苟且之事，因此败坏了男女之间的风化，搅乱了婚姻大礼，破坏了朝廷制度，这是此肮脏的人的第二宗罪！陛下现在正当壮年，正是风华正茂的好时候，应该专心学习六经（《诗》《书》《礼》《易》《乐》《春秋》）等治国经典，将全部的身心都放在处理国家大事上，争取追随三王的脚步！可董偃这贼人呢？不但不勉励陛下学习，反而迷惑陛下追求奢侈，极尽犬马声色之乐，行走邪恶淫行之路，这是董偃的第三宗罪！综上所述，这董贼为国之大贼！万恶之首！我就请问陛下了，一个如此淫邪腐败之人，怎么还有资格进入皇宫？怎么还有资格常伴陛下的身边呢？"

东方朔这话实在是太狠了。

要知道，现在在场的可不只是一个董偃呀，身边还有一个长公主呢，而东方朔明着虽然是在骂董偃，可实际上却是连长公主也一起给骂了，真的一点脸面也不给别人留。

可因为东方朔说的都是大实话，再加上他又是汉武帝身边的红人，所以汉武帝也没说什么，只是默默地低下头想了一会儿，然后带着商量的口吻对东方朔道："可是朕现在已经设下了酒宴，实在是不好言而无信，要不这次就算了吧，以后朕一定会改正，再也不和董偃玩了。"

汉武帝，那可是两汉最强势的汉武帝！竟然以如此低姿态的语气与东方朔说话，这要是一般人哪里还敢继续纠缠，赶紧闪到一边去算了。

可东方朔明显不是一般人，他非但没有让到一边，反而强势地对汉武帝道："不行！正殿是庄严而又神圣的地方，不是奸邪之人所能够进入的，春秋时竖刁因为淫乱而勾结易牙作乱的事情难道陛下忘记了吗？"

话毕，汉武帝又看了看东方朔，然后低头沉思了良久，最后只能无奈地对长公主和董偃使了使眼色，那是什么意思呢？很明显就是让二人离开。

真乃奇耻大辱！想当初在长安只手遮天的长公主如今竟然沦落到被一个东方朔当场羞辱的地步，所以她回去以后就气得大病一场，这次不是装的，而是真的病了。

而董偃呢，比长公主病得更厉害，本来光明的未来正在向自己招手，可半路杀出来个东方朔，硬生生地断了自己的前程，还让自己遭受了有生以来最惨的一次侮辱。没过多久便郁郁而终了，死时年仅三十岁。

而长公主在得知董偃死后病情也是急剧加重，不久也告别了人世。

至此，当初称霸长安的"后宫三妇"已经退出历史舞台了，可这一切都挡不住大汉这个庞大政治机器的不停运转，并且，汉武帝在这一段时间疯狂地向中央汇聚资金，增加军费，他要干什么呢？

他要再次对匈奴人下手了，并且下了很黑的手。

1.11 关市突袭战

元光六年（前129年），一批接一批的大汉骑兵往长安方向秘密集结，不知所为何事。

同年冬，汉武帝昭告天下，开始向商人征缴车船税，以充中央国库。

同年夏，汉武帝增加汉朝军费预算。

与此同时，在汉武帝的寝宫，整个寝宫现在只有三个人，其中一个是汉武帝，而另外两个则是太中大夫卫青和太仆公孙贺了。

汉武帝表情非常凝重地对二人道："你们的机会只有这一次，如果此次无法立功，就是我再想提拔你们也没有借口了。"

二人没有多说，只是深深对汉武帝一拜，一个"诺"字出口便转身走了。

几日以后，长安尘土飞扬，四支各一万精锐轻骑部队分别往上谷关市、代郡关市、雁门关市、云中关市急速行进，意图在其他人全无所知的情况下突然到达各地关市。

关市，为汉朝在边关建立，是同匈奴人相互交换物品的地方，汉景帝时期便已存在，并且有种种优惠匈奴游牧民族的政策，比如免税。

那汉朝的皇帝为什么要这么做呢？难道中原人差匈奴人那些牛羊奶酪什么的吗？

当然不差，汉朝之所以要出这样的优惠政策，原因只有一个，那便是让匈奴人时常能通过交易的方式换取中原的物品，进而减少抢夺的次数，可结果并不尽如人意。

但是在没有用武力将匈奴人打服的情况下，有关市是一定要比没有关市强的，这也是匈奴人为什么很少袭击关市的原因。

公元前133年，汉武帝设马邑伏击战，企图以四面之围将中央王庭主力部队屠杀殆尽，进而主动出击匈奴境内，却被战场嗅觉极其灵敏的军臣单于看破，在没有进入汉军伏击圈之前便早早地撤退了。

这之后，匈奴断绝了与汉廷的和亲关系，并频繁地打击劫掠汉朝边境。

之后，汉武帝除了往边境增加守军以外就再也没有主动出击的意思，同时还派官商往关市与匈奴人做交易，用比以往更低廉的价格将中原的货物卖给匈奴。

这种举动在军臣单于的眼中很明显是示弱了。

可情况真的是这样吗？

答案当然是不。

因为汉武帝在挖一个非常非常大的陷阱。

众所周知，匈奴人非常少（相对而论），用当初贾谊的一句话来说就是匈奴的总人口还不顶汉朝的一个大郡。所以，相对地，他们的物资也非常紧缺，经常会出现饥荒等情况，这也是游牧民族为什么总要抢夺农耕民族物资的一个根本原因。

而汉武帝恰恰就将目光盯上了匈奴人的物资和人口，准备从此给匈奴人以狠绝之打击。

基于此，汉武帝给匈奴人的边关政策便是优惠优惠再优惠，甚至都做上了赔本买卖，目的便是吸引大批的匈奴人前来关市与汉朝做买卖。

果然，几年过去了，越来越多的匈奴人都被吸引至关市，牛羊货物更是囤积无数，直到元光六年（前129年）。这一年，汉武帝更是让官商再次降低交易价格吸引更多的匈奴人前来交易。

然后，汉武帝秘密派出四路骑兵分别前往各大关市，意图将这些前来交易的匈奴人斩尽杀绝，并将他们的物资全部抢夺回汉朝。这样的话，就会狠狠打击匈奴人的经济，让他们很长时间都缓不过气来，其具体布置如下。

第一路军队，车骑将军卫青领一万精骑突袭上谷关市。

第二路军队，骑将军公孙敖领一万精骑突袭代郡关市。

第三路军队，骁骑将军李广领一万精骑突袭雁门关市。

第四路军队，轻车将军公孙贺领一万精骑突袭云中关市。

由于之前的马邑伏击战就是因为情报泄露而导致的全盘计划失败，所以本次汉武帝的突袭行动只讲究两个字，那便是"快"和"隐"！

可是这次的行动又被匈奴人提前知道了！具体怎么知道的不得而知，不过四万人那也不是小数目了，不管通过什么途径，匈奴人提前打探到情报也不是什么不可思议的事情。

不过这次探得情报的时机比较巧妙，因为上次马邑伏击战军臣单于是在进入伏击圈之前撤退的，然而这次，是四路大军即将到达各地关市的时候匈奴人才有所察觉，进而杀掉守卫逃跑的。

所以，四路大军直接出关，疯了一般地追击已经逃跑的匈奴人。

那么这四路军的战果如何呢？我们先来看看上谷方面的卫青军。

话说这次关市突袭战是卫青第一次独自率领大军团作战，卫青对于这次绝无仅有的机会极为看重，所以从长安出征以来，便如闪电一般疾奔上谷。

其他三路军队是一天一休息，而卫青却是连夜奔袭。

如此，卫青一部要比其他三支部队更早到达目的地。

然而，在即将到达上谷关市的时候，突然有一传令来报，说上谷关市的匈奴人在夜里刚刚逃跑，问卫青是不是要继续追击。

经过之前大行令王恢之事，现在谁还敢不战而走？那不是找死吗？

于是，卫青当即下令，命全军急速追击逃跑的匈奴人。

而当时匈奴人刚刚逃走，以为汉军不敢追击，同时也没有料到卫青的速度这么快，所以负责运送财物的匈奴后部还在上谷以北的草原游荡。

可就在这时，从南方传来了隆隆的马蹄之声，一群身着火红衣甲的汉骑兵直接从后方奔杀过来。

可在马上的匈奴人是超级强悍的，虽然见数十倍于自己的敌人，但依然没有任何慌乱，他们迅速将财物从马上卸下，合理地保证了战马的速度，然后抽出弓箭向前以中速奔驰，只等汉军接近就要以无与伦比的箭术游击汉军。

可是面前这将近五千的汉军和以往见到匈奴人就猛打猛冲的汉军有所不同，他们竟然没有铆足了全力追击，而是同样以中等的速度不紧不慢地跟着自己，并始终在匈奴人的射程范围之外，脸上还挂着以往匈奴人跟着汉军的时候才有的轻蔑冷笑。

这种感觉极不协调，同时让匈奴人冷汗直流，因为这所有的一切都显得太不正常。

结果，长期与狼为伍的匈奴人"第六感"真的灵验了，因为就在大约一个时辰以后，突然在匈奴人撤退的前方不知从哪杀出好几千汉军骑兵。

这些骑兵见了匈奴人二话不说，直接抽出了汉军的新式装备——首环刀，然后直冲入匈奴人的马队之中。

而在后方跟进的汉军见匈奴人已经被堵住，遂在第一时间以最快的速度杀入了匈奴军中。

诸位都知道，匈奴人最厉害的便是运用无敌的机动力骑射游击敌人，这就需要非常宽阔的地理范围，而一旦被前后围堵，他们就被迫陷入了近战肉搏的窘境之中。而近战肉搏，不管是在马上还是马下，他们都绝不是汉朝人的对手，因为汉朝人不管是兵器还是盔甲都要比匈奴人先进太多。

还有，那就是两方的人数差距也是太大了，一万对几百，还是在前后夹击的情况下，匈奴人还有胜算吗？答案当然是没有。

于是，整个战场陷入了一边倒的局面，这几百匈奴人被汉军屠戮殆尽，最后只剩了几个匈奴人被汉军活捉。

原来，一天到晚研究兵法与匈奴人的卫青，熟知匈奴人的作战习惯，料定这些匈奴人一定会用游击战术来对付自己，便命一部队牵制匈奴人，降低他们的速度，另外一部队则偷偷由上谷东侧绕到匈奴人背后，断了他们的后路，以便全歼匈奴所部。

此时，上谷以北的草原上跪着几个匈奴人，全被汉军五花大绑地跪在地上，而在他们面前则是手持首环刀的卫青，他用一种近乎冰冷的语气质问道："其他匈奴人往哪个方向跑了？"

众匈奴俘虏无一应答。

卫青冷笑一声，然后走到了这些匈奴人的背后，用刀尖顶着一个匈奴人的后背，再次问道："说不说？"

匈奴人没有回话。

扑哧！冰冷的刀尖穿透了匈奴人的身体。

紧接着，卫青再走到另外一个匈奴人的背后，用刀尖顶着他："说！"

见识了战友的死亡，这个匈奴人再也抵挡不住心中的恐惧，便哆哆嗦嗦地道："启、启禀将军，我们的部队往龙城方向逃走的。"

卫青冷笑，没有下手，而是擦了擦刀上的血渍便入鞘了。

之后一边走一边道："来人！"

"在！"

"去！派一百人带着匈奴的物资和斩杀的人头送往长安复命，其他的人继续跟我追击匈奴人！"

"是！那……那这几个匈奴俘虏怎么处理？"

卫青："杀了！"

就这样，卫青带领士兵继续向北狂追剩下的匈奴人，而这些匈奴人见后方部队没有跟上，反而看到了汉朝骑兵，料定后方部队已全被汉军所歼，遂全速向龙城逃亡。

可卫青的部队如同咬到一块肉的狼，不杀绝这些匈奴人誓不罢休。

一公里，两公里，十公里，一百公里……

汉军整整追了匈奴人将近五百公里，直到将剩余的几百匈奴人全都杀尽，彻底完成了汉武帝布置的战略任务以后才行撤退，而此时的卫青所部已经抵达了龙城近郊。

龙城是匈奴人每年五月举行大型集会，共同祭祀先祖和鬼神的地方，属于匈奴腹地中的腹地，卫青此战虽然没有杀入龙城，但已经打到了这里，这是从汉建立至今从来没有过的伟业，对于匈奴绝对是一种耻辱。可以这么说，卫青这次绝对是超额完成了汉武帝给他布置的任务。

既然龙城是匈奴人的腹地，那为什么卫青就没有受到什么抵抗呢？

其具体原因有二。

首先，地理因素。

汉武帝为了培养卫青，特意给他挑选了一个最适合追击的方向，因为从上谷到龙城之间的很长一段距离属于匈奴中央王庭和左贤王所部的交界处，所以没什么重兵把守。而李广与公孙敖出击的位置则为代郡和雁门以北，为阴山山脉及周围之广阔草原，乃是匈奴休养生息之地，同时也是主力大军囤积之地。

其次，声望。

李广是谁？那是匈奴人心中最大的敌人，声名威震整个匈奴（虽然他的实力和声望并不对等）。而卫青呢？只不过是汉武帝的一个小舅子，匈奴人认为这种人是靠裙带关系才当上将军的，根本和他的才能没有关系，所以对卫青一部也没怎么重视，而是将主力兵团全都向阴山方向集结，企图以绝对之兵力优势，彻底消灭李广和公孙敖所部以后，再向西歼灭公孙贺，最后才收拾卫青。

如此，才导致了卫青可以异常顺利地打到龙城，完成极为伟大的一战。

那么汉军其他三路又是什么战果呢？首先来看公孙敖部队。

公孙敖也和卫青一样，听说代郡关市匈奴人逃走以后便开足马力狂追不止，但代郡以北的阴山山脉为匈奴主力部队囤积之地，所以很快便派出援军支援那些逃亡的匈奴人。

这些狡猾的草原狼并没有从正面硬杠公孙敖，而是以这些逃跑的匈奴人为诱饵，绕了好大的一个圈子，然后在侧翼猛插公孙敖所部。

公孙敖的部队被匈奴人拦腰截断，立马陷入了瘫痪状态，整个部队都被恐慌的情绪所覆盖。

可公孙敖不愧是"大汉神将"，其反应极为迅速，人家想都没想，一见部队被拦腰截断，直接领后面的三千部队逃了，连打通通路、救援前部的尝试都没有就逃了！

对于此种情形，我真不知道是该高兴还是该哀叹，因为他的这种行为虽然丢脸，但起码保住了三千精锐骑士的性命，不像英勇的李广，不但全军覆没，就连自己都被匈奴人生擒了。

原来，李广追击匈奴人一段时间以后，也受到了同公孙敖一样的待遇，整个部队都被匈奴人拦腰截断。但李广没有逃走，而是亲自率领后部向前猛突，意图救援前部，然后将士兵整合为一再行处置。

要说这李广也真是个厉害的角色，在他的带动下，汉军后部的攻势异常凶猛，竟真的杀出个缺口，硬生生地完成了会师，使得已经被切断的部队重新整合。

可李广作为匈奴第一打击目标，派出来攻击他的部队实在是太多了，所以他虽然成功完成了会师，但此时的匈奴人已经将李广所部围得里三层外三层。

然后，匈奴战马开始嘶鸣，整个大地轰鸣不断，无数的匈奴骑兵围着汉军开始有规律地转圈，之后，铺天盖地的箭矢如同乌云压顶一般从四面八方射向汉军。

在此种绝对火力的掩护之下，汉军根本就抬不起头来，就更别说反击了。

然后，匈奴突骑开始猛突已经被射得抬不起头的汉军。

轰！随着一声恐怖的声响，匈奴突骑在全无阻碍的情况下杀入了汉军军中，一时间，血雾弥漫，汉军的人头、残肢被冲得漫天飞舞，李广费了九牛二虎之力才重新整合的汉军被撕得粉碎，此时的李广再无回天之力。

如此，李广所部全军覆灭，李广这个"全匈公敌"也被匈奴人生擒。

匈奴人用绳索制成网兜，将李广装在里面并绑在马后拖着行走。

看着极为狼狈的李广，这些匈奴人别提多开心了，一个个都哈哈大笑，可没走出十里，本来还一脸痛苦的李广突然没动静了。

这一幕可把这些匈奴人吓坏了，因为军臣单于在战前就已经下令，一定要活捉李广回来相见，如果李广在回去之前就被自己给整死了，那回到王庭以后还不得被军臣单于给千刀万剐了？

于是，这个部队的主帅赶紧命士兵将网兜打开，然后去叫军医给李广看病。

可就在这时，已经没了动静的李广突然蹿起，他猛地向旁边助跑两步，然后直接跳起，一下坐上了一个匈奴骑兵的战马之上。

还没等这年轻的匈奴骑兵反应过来，李广就直接拔出了他腰中胡刀，然后扑哧一下刺死了这个匈奴骑兵。之后扔掉短刀，夺下了这匈奴人的弓箭以及箭矢便掉转马头向南奔逃。

见此，匈奴统帅大惊失色，连连对手下士兵吼道："追！快给我追！"

据《汉书》所载，李广所夺下的战马乃是一匹宝马，再加上李广卓越的骑术，使得匈奴人虽然派出了几百人追击，但最终能跟上李广的也就只有十来人而已。

而这十来人在李广眼中根本就不值一提，只见李广手持刚抢过来的弓箭，抽出箭矢，然后上弦、拉弓、转身，动作一气呵成。

砰的一声弦响，伴随着一声惨绝人寰的叫声，一名匈奴骑兵应声落马。之后，又是砰砰砰的好几声，那仅有的十余名骑兵无一例外，全死于李广的弓箭之下。

如此，李广有惊无险地逃回了长安。

最后再来看公孙贺所部。

和卫青的伟大胜利以及李广、公孙敖的惨败都不同，公孙贺本次出征好像半碗水一样，出去的时候是这些水，回来还是这些水。

当初，汉武帝安排卫青和公孙贺的时候，就是有意提拔二人，从地形的安排就能看得出来，为什么呢？

卫青之前说过了，追击地点是匈奴王庭与左贤王的交界处，而云中关市再往西北则是王庭和右贤王的交界处，所以没有多少驻兵，再加上公孙贺与汉武帝的关系，说他与卫青同属"小舅子"的级别也不为过，所以根本没得到匈奴人的重视。

可结果呢？公孙贺见匈奴人已经逃跑，感觉追不上了，便直接带着原来的那些军队返回长安了，其与卫青的差距从这一战便一目了然。

（注：公孙贺在汉武帝为太子的时候曾为汉武帝的太子舍人，负责东宫的安全守卫，和汉武帝的关系非常不错。等汉武帝登基之后，便提拔其为太仆，而汉武帝喜欢马匹的程度众所周知，由此可见汉武帝信任公孙贺到了何种程度。之后，汉武帝宠幸卫子夫，便让公孙贺娶了卫子夫的姐姐卫君孺，两家从

此结为了亲家）

好了，关市突袭战就这样结束了，让我们看看战后汉武帝对各路统帅的处置吧。

卫青，因为本次不但完成了汉武帝所布置的战略计划，还杀到了龙城腹地，为汉廷争了面子，所以汉武帝封卫青为关内侯，赏千金。

李广和公孙敖，此二人非但没有半分战功，还使得部队损失殆尽，所以按律当斩，便将此二人囚禁于监狱之中，等待秋后问斩。

可按照汉朝法律，普通的死囚是可以用一定的金钱来赎罪的。

于是，李广和公孙敖用了很多的财物来给自己赎罪。

最后，此二人皆被免死罪，却被削为平民。

公孙贺所部，因为没有斩获也没有损失，所以不赏也不罚。

自此以后，汉朝开始对匈奴实行绝对的经济打击，断绝了一切与匈奴之间的贸易，匈奴也频频对汉朝边境侵袭劫掠，汉匈百年大战，开始进入了高潮。

第二章

华夏龙与草原狼的生死搏杀

2.1　边境攻防战

关市突袭战结束了，汉朝也从此切断了所有与匈奴人之间的联系，双方都知道，旷日持久的惨烈搏杀即将开始。

为此，汉武皇帝与军臣单于都设计了相当庞大的战略计划。

首先，匈奴方面。

军臣单于将大批部队分别布置于汉朝全部边境，然后以多点打击的军事理念令汉军将士疲于奔命，最后以主力部队对汉朝最薄弱的部分施以最惨烈劫掠，以此打击汉朝，同时增加匈奴的经济与人口。

汉朝方面。

汉武皇帝的战略计划更为宏大，他打算先行往边境增派士兵，以防守之势麻痹匈奴，然后等待一个最好的时机，集结大军团主动出击匈奴，重点打击阴山山脉及祁连山的匈奴势力。

那汉武帝为什么对这两个地方如此看重呢？

首先，我们先看阴山山脉。

此庞大山脉横亘于今内蒙古中部（原绥远省南部及西部），其诸多山谷皆为匈奴人繁衍生息之处，再加上此处紧挨着汉朝边境上方，堵住了汉朝北面门户，所以对匈奴人来说极为重要。

而对于汉朝，阴山山脉的重要性也不比匈奴低多少，因为此地易守难攻，所以只要夺得阴山山脉，汉朝便能得到一个天然的巨大屏障，也方便以此地出击匈奴其他各部，最重要的是只要夺下阴山山脉，从此以后就会变被动为主动。

所以说，谁得到了阴山山脉，谁便拥有了战争的主动权。

其次，祁连山脉。

此山脉延绵于今甘肃省张掖县之西及南，西连酒泉，南连武威，并兼水草丰美，是匈奴人繁衍后代、休养生息的重地之一，为匈奴右部最重要的聚集地，并且此地南连西羌，堵住了汉朝整个西北之路，使得汉朝"关河以西无宁岁"。

而如果汉朝能将此地夺过来，那么第一可以断了匈奴和西羌之间的联系，并分化他们，还能打通通往西域唯一的一条通道（河西走廊），可以在外交上给予匈奴人毁灭性打击（经济打击和人口打击）。

综上所述，此二地在国防、战略、经济及交通上均处于绝对重要之地位，所以在以后十余年中，汉朝都要围绕这两个地方和匈奴人展开空前搏杀。可这都是以后才要说的，现在汉武帝的主要战略目标是先往边境派兵，防止匈奴人的反扑。

可就在这时候，天不佑大汉，因为就在汉武帝打算往边境派兵之时，汉朝出现了大范围旱灾，并且局域地区蝗灾不断，使得汉朝的农耕受到很大的打击。

为此，汉武帝一边派遣中央军前往灾区赈灾，一边又遣数万士兵开辟一条河道，上引渭河水源，下连黄河，用来漕运函谷关以东地区的粮食，这样的话就可以迅速将粮食运往关东地区，不但可以增加运粮速度，还能节省大量的人力物力。最重要的是，还可以顺便灌溉一万多顷农田，何乐而不为呢？

可就在汉武帝大力赈灾的时候，匈奴人却没有放过这千载难逢的机会，军臣单于集合大批量匈奴骑兵频频对边关发动多点攻势，其中以渔阳为甚。

基于此，汉武帝即刻命韩安国为材官将军，领万余材官于渔阳附近屯军驻守。

匈奴人一见汉援军已到，连交战都没有便"狼狈逃窜"了。

韩安国借此机会狂追不止，可结果却不太好，最后只抓住几个匈奴俘虏而已。

并且，这几个匈奴俘虏还是故意被韩安国抓的，因为他们都是军臣单于给韩安国派去的死间。

果然，抓住这几名匈奴人以后，韩安国便逼问道："说！剩下的匈奴人都往哪个方向跑了？你们什么时候还会再来发动攻击？"

匈奴俘虏：“启禀大汉将军，我们，啊不，匈奴人的部队都已经退回王庭了，今年不会再来了。”

天真的韩安国听信了这些匈奴俘虏的话，再观察匈奴人的退兵路线，料定匈奴人今年确实不会再来，于是便给汉武帝上奏道：“启禀陛下，据可靠情报，渔阳一带的匈奴骑兵已经退回匈奴腹地，今年不会再来渔阳劫掠，而现在正是我大汉农忙时节，所以臣请奏，停止对渔阳的驻防，只留一小部分士卒就可以了，其他的全要放回原籍协助秋收。”

汉武帝不了解当时渔阳的情况，再加上也深信经验老到的韩安国，所以便准了他的奏请。

可就在汉军撤防不到一个月的时候，匈奴人又大批地集结于渔阳，之后对此地狂攻不止。

韩安国彻底傻了，因为他现在手上仅有那可怜的七百余士兵，凭这点儿兵力怎么和匈奴人打呢？

但现在还能有什么办法？之前上奏的是自己，如果这时候落跑了，那最后等待他的只有被斩首一条路。

所以，韩安国只能硬着头皮打了。

于是，几乎是在渔阳城门被打开的那一刹那，韩安国率领着七百来人便从背后杀向了匈奴的部队。

看着这可怜的七百多人，匈奴人笑了，然后将韩安国团团围住。

此时的韩安国也是拼了，见已经成功吸引匈奴人的主力部队，便一边指挥士兵防守作战，一边让士兵迅速架设简易的防御壁垒。

在韩安国的指挥下，这七百勇士拼死一般地抵抗匈奴人的攻击，可无奈人数实在太少，照这样下去，这些人早晚会成为匈奴人的刀下亡魂。

可就在这时，围困韩安国的一众匈奴人却兵分两路，一路少数人继续围困韩安国，防止他突围，另一路主力部队迅速进入渔阳，抢夺千余名百姓和一些畜生财物便草草地撤退了。

看着匈奴人撤退的身影，已经身心疲惫兼披头散发的韩安国扑通一下坐在了地上，大口地喘着粗气。他终于还是活下来了。

原来，之前韩安国虽然将绝大部分士兵都遣散了，可也留了个心眼儿，害怕中了匈奴人的诡计，便派遣了一些斥候往边界探查。

所以，当匈奴人再次出现的时候，韩安国在第一时间便知晓了，然后他火速派人前往距离渔阳最近的蓟城搬请燕地救兵，之后看着匈奴人攻击渔阳而按兵不动，当感觉蓟城的援兵也快来了，渔阳也快陷落了，匈奴人也到了最疲惫的时候，便全军出击，打了一个时间差，最后总算是把匈奴人给"赶"跑了。

可不管怎么说，本次渔阳都是被匈奴人给洗劫了，如果没有韩安国的错误估计，渔阳是绝对不会遭受到如此重创的。

基于此，汉武帝震怒，让韩安国往更东边的右北平屯守。

韩安国做了多年的御史大夫，已经习惯了京城那种安逸的生活，再加上年纪也大了，实在不想再在边关受苦，便请求汉武帝将他调回去。

可汉武帝当时非常生气，直接否决了韩安国的提议。

于是，身在右北平的韩安国抑郁成疾，没多久便魂归西天了。

而几乎在这同一时间，匈奴左部抓住这一绝对良机，再次集结将近三万精骑突破右北平防线，对辽西郡发动大规模进攻，并抓获两千余百姓，杀掠抢劫无数。

汉武帝本想起用卫青屯军于右北平，可卫青是汉武帝手中的一把利剑，汉武帝只想用他攻，而不是守。再说，匈奴人攻击汉朝从来都是多点进攻，如果这次将卫青弄到最东北的右北平，那以后匈奴主力部队进攻大汉西北边境怎么办？要知道，大汉西北在当时就处于关中地区，而关中地区有一座城市，它的名字叫长安。

基于此，右北平的太守只能另用他人，这个人不但要有丰富的守边经验，还要有足够使匈奴人害怕的威信，而这个人是谁呢？除了李广没有第二个人选。

所以，汉武帝再次起用已经赋闲在家很久的李广为右北平太守。

被重新征召，还是一关之长，李广当然高兴，不过他只有一个条件，便是让一个不知姓名的霸陵尉跟随自己一起前往右北平。

当时汉武帝也没想那么多，便答应了李广的请求。

那这个霸陵尉是谁呢？难道是一个被埋没的天才将领吗？要知道，李广眼光极高，不是很有才能的将领是入不了他的法眼的。

其实李广将这个霸陵尉招入军中并不是要重用他，相反的，是要杀了他。

那李广又为什么要杀了这个霸陵尉呢？

要说这事儿，还得把时间再往前移一点儿。

话说李广被罢为普通平民以后，赋闲在家中，便经常和一帮侍从出去打猎。

有一次，李广在外出打猎的过程中，突然看到前方有一头"老虎"。

见状，他迅速抽出宝弓，对着那头"老虎"便是一箭。

砰！随着一声锐响，箭矢应声中"虎"，可当李广和侍从前往收获"猎物"的时候却惊奇地发现，这并不是一头老虎，而是一个形状酷似老虎的石头。

而李广射出的箭矢不偏不倚地正好插进了石头当中。

要知道，想要把箭射到石头里面如同天方夜谭一般，就是春秋的养由基射出的箭也没有这种威力啊（一说这块石头有个缝隙，而李广射中的正是那个缝隙，所以才能插进石头里面）。

因此，李广的随从们全都齐声高呼"将军神箭"！

然而，李广在高兴之余也皱起了眉头，无他，因为他自己都不相信射出去的箭有这种威力。

"难道我岁数越大射出去的箭越强？"

抱着此种疑问，李广再次退回去，对着石头又是一箭，可这次却没能插进石头。

之后，李广拉近了和石头的距离，再射了一箭，结果又没射进去，之后再拉近再射，再拉近再射，最后都距离石头不足一米了，依然射不进去。

李广对此百思不得其解，而他最后竟然冒出了一个破天荒的想法，那就是只有遇到老虎自己才会发挥出潜在的能力，只要多射几次老虎自己的箭术就会更加进步。

抱着此种想法，李广回府以后便开始命人多方打探哪里有老虎，只要发现老虎的踪迹，他便会在第一时间前往该处射虎。

结果，一段时间以后，本地的老虎都快被李广给射绝了。

可上的山多终遇虎，打的虎多终遇虎王。

有一次，有人说在某个地方发现了老虎，李广便兴冲冲地前往，结果这老虎不但比其他老虎大一圈，还格外凶猛，虽然先是中了李广一箭，但这老虎硬是扑到李广的面前，一爪子给李广撕下去一块血肉。

李广大惊，趁老虎刚刚落地，迅速抽出箭矢，并在老虎再次扑向他之前又是一箭。

这一次将老虎给射死了，而李广也受了伤。

要知道，那时候医疗设备简陋，死于破伤风的人不在少数，而李广被老虎弄伤，如果不及时清理救治的话，那是很容易有生命危险的。

于是一行人赶紧往回跑，但在路过霸陵亭的时候，天色已晚，按照汉朝法令，这种时间如果没有特殊任务是不准过关的，外加当时的霸陵尉喝多了，便呵斥李广一行人，让他们原地不动。

李广对随从使了一个眼神，那随从会意，从一行人中走了出来，对着霸陵尉一拱手，还算客气地道："朋友请了，我身后这位乃是前任将军李广，现在身上有些伤势，还请行个方便。"

此时的霸陵尉已经喝蒙了，哪里还认识什么李广？无不威风地道："啥？前任将军？哼！现任将军都不能在这时候通过，你一个前任将军和我耍什么威风！告诉你们，就给老子在这儿老实待着，敢动一下，别怪老子不客气！"

一个小小的霸陵尉现在都敢对"飞将军"如此嚣张，李广这暴脾气哪里受得了，便和霸陵尉产生了争执。

结果，李广一行人全都被霸陵尉扣留，直到第二天霸陵尉酒醒才将李广等人放行，心里虽然有些后悔，但想想也罢了，一个过气的将军还能拿他怎么办。

可他万万没想到，李广这个过气的将军也有重新被起用的一天。

于是，当李广被命为右北平太守的时候，这小子的末日便到了。

那天，这霸陵尉颤颤巍巍地跪在李广面前，李广鄙视地看着这个霸陵尉道："小子，你之前不是挺威风的吗？怎么现在见到我吓成了如此德行？"

霸陵尉连连磕头："李将军！小的罪该万死，小的瞎了眼，小的不懂事儿，你就放过小的吧，小的以后做牛做马也要好好伺候将军。"

可李广根本不吃这一套，直接便将霸陵尉斩杀了。

所以说，有的时候，这酒还是少喝为妙，尤其是那些酒品不好的人。

杀了霸陵尉以后，李广也知道自己犯罪了，不敢隐瞒，遂将实情原原本本地报告给了汉武帝，请汉武帝惩罚自己。

可现在正是用人之际，汉武帝当然不会为了一个霸陵尉破坏大计，虽然心里有些不舒服，但还是依然命李广前往上任了。

而事情果然不出汉武帝所料，还没等李广那边到达右北平，匈奴人便闻讯撤退了。

可一段时间以后，匈奴人再次在汉朝东北边境集结，做出要再次血洗渔阳的架势。

消息很快便传到了长安，可汉武帝并没有对渔阳方面给予任何援助。

为什么呢？因为本次匈奴人虽然做出了要大举攻击渔阳的架势，可问题的关键是直到现在都没有进攻，而匈奴所部具体的人数兵力直到现在也没有上报，所以汉武帝怀疑，本次的攻击行动很有可能是匈奴惯用的声东击西之计，表面上是要大举进攻渔阳，可实际上却是等汉朝主力部队来援之后攻击其他的薄弱之处。

至于具体要攻击哪个位置，汉武帝本身也不知道。

所以，为了调出匈奴人的主力部队，汉武帝做了如下布置。

首先，命将军李息带领一万部队，每名士兵都要挂上汉旗，然后以分散阵形向北出代谷，做出大集合驰援渔阳并包抄匈奴后路的架势，意图吸引出匈奴人的主力部队。

之后，点出三万精锐骑兵，全权交给卫青，让他时刻做好准备，只要匈奴主力部队一出，便在第一时间出动，给予匈奴人痛击。

而事实果然如汉武帝所料，匈奴方面见汉廷"主力部队"驰援渔阳，立刻露出了他们凶狠的爪牙。

只见阴山所部的数万匈奴骑兵倾巢而动，兵锋直指雁门关，意图攻下此地以后继续向南侵袭。

可汉廷方面早有准备，在雁门告急文书刚刚送达之时，卫青便领早已准备好的三万精骑向北直袭匈奴。

然而，就在部队即将到达雁门关之时，卫青突然下达了奇怪的命令，那就是让所有部队停止前行，在原地养精蓄锐两天。

时间：三日以后。

地点：雁门。

轰！

随着一声暴响，雁门的城门被匈奴人攻破，这些匈奴人在狂攻多日以后终于可以进入雁门了。

这些侵略者在进入雁门以后便开始了他们的"三光政策"。

他们抢，他们杀，他们无恶不作。

可就在这时，突然在雁门以北传出了轰隆隆的马蹄声，紧接着，如同红色火浪一般的汉军骑兵奔杀而至，不用说，卫青的部队到了。

现在的雁门刚刚被攻破，匈奴人正是最疲惫、最混乱的时期，所以整个部队直接被汉军拦腰截断。

之后，卫青迅速将士兵分为两路，一路由副将率领不到一万人的部队，堵住已经被攻破的城门，然后杀进雁门狂攻城内的匈奴强盗。

另一路则由卫青亲自领导两万多的主力部队迅速奔袭匈奴人的主力部队。

曾经，匈奴人的骑兵不管是数量还是质量都要比汉朝高出好几个档次，而经历了高祖的养马法开端、文帝的繁衍、景帝的精练以后，汉朝战马的数量和质量已经不断向匈奴人靠拢。到如今，虽然质量和数量还是不如匈奴战马，但相差已不是太多。

所以，卫青在匈奴所部被拦腰截断，陷入混乱的那一刹那，直接令主力部队疾奔匈奴主力部队，意图将其有生力量全部歼灭。

结果，卫青的战略意图达到了。

轰！还在匈奴人混乱之时，"红色火浪"直接杀进了匈奴骑兵团，两方骑兵就这样陷入了白刃战。

而近战，为匈奴人之短板，再加上匈奴人此时已经疲惫，所以两方交战以后卫青迅速掌握了整个战场的节奏和主动权。

匈奴首领见状不妙，便采用了匈奴的惯用手法——四散奔逃。

在中原，从有战争开始，四散奔逃都是兵家大忌，因为这样更方便对手追击，而且逃亡以后想再重新将他们整合为一也是一件相当麻烦的事情，这就极大地贻误了战机，进而导致整个大战役丧失主动权。

但匈奴则不同，他们每次在战争以前都会提前设定一个聚合点，只要战事有所不利，便会四散奔逃，然后运用自己无与伦比的机动力甩开对手，进而奔至聚合点重新集合，如果有可能的话，甚至还会再回来反扑。

这就是卫青要在快到雁门关之前令部队休养生息的缘故，那就是因为他想打次大战！

果然，看到匈奴人逃跑以后，卫青迅速命本部分为好几股部队对匈奴人发动追击，并且在战前严令，至阴山山脉以前都可以肆意追击，但当匈奴人逃回了阴山山脉，就要赶紧撤退回来，以免被敌人关门打狗。

结果，卫青所部对匈奴人展开了疯狂的追击，一直追到阴山山脉才撤退。

这场战斗，侵入雁门之敌被汉军以关门打狗之势全部消灭，拖着疲惫身躯逃亡的匈奴主力也损失了不少的人马。

综上所述，全部统计下来，匈奴所损失的轻骑已达数千之众，此为汉匈自交战以来，所受到最大的损失，匈奴人从此次战斗以后也终于开始重视起了这个皇帝的"小舅子"。

所以，纵观整个元朔元年（前128年）汉匈之战的数据（书面上的），汉朝在渔阳被掳走的劳动力为一千余人，被杀的人与被抢的财物牲畜无所考。

辽西方面则是太守力战而死，被掠走劳动力两千余人，被杀的人及被抢的财物牲畜无所考。

雁门方面，被杀百姓一千余人，因为卫青来得及时，所以除了这一千条人命以外再无损失，还反杀了匈奴数千骑兵。

好了，本年度的汉匈之战暂时先到这里，我们再转过头来看看这一年中其他地方都发生了什么事吧。

2.2　公孙弘与主父偃

同年三月，因为卫青屡次抗击匈奴成功，汉武帝决心倾力拉拢卫家，以达到自己的政治目的，乃升卫子夫为皇后，向卫青表明了态度。

卫青一时间成了大汉的中流砥柱，同时也成为当时汉武帝身边最炙手可热的武将。

同年，汉武帝通过威逼利诱，令备受卫氏朝鲜打击的东濊、沃沮（东沃沮和北沃沮）等东北部少数民族共二十八万人向汉朝表示臣服。

汉武帝因此将这一带设为沧海郡，使得大汉的疆土，彻底延伸到如今的延边地区、牡丹江地区东部、朝鲜江原道和咸镜道以及俄国滨海地区，彻底掐断了朝鲜和匈奴人之间的联系，以防止这两个势力相互结盟，更削弱了朝鲜在东北亚的影响力。

那么问题来了，为了一个所谓的朝鲜，汉武帝又是设立郡县又是掐断它与匈奴人的联系，这么大动干戈的有意思吗？难道它的威胁要比匈奴还大不成？

嗯，它的威胁当然不及匈奴，可一旦朝鲜与匈奴结得同盟，那对于汉朝的威胁绝对是灾难性的，我想从此汉朝的东北部边境也别想有安宁的日子过了。

因为这个朝鲜虽然不及匈奴强大，但也绝对是一股不容小看的势力。

最早的朝鲜王名叫卫满，原是战国末期燕国的年轻将领。

当初的战国时期，燕国就曾攻夺了真番和朝鲜（此二地均在今朝鲜北部），使此一带的少数民族向燕国俯首称臣。

之后，燕国便在此地设置官吏，修建防御壁垒来同化本地的少数民族。

后来，燕国被秦所灭，这一带便成了秦朝辽东郡的外围属地。

再后来，刘邦统一天下，此地便属燕王卢绾所管辖。

而后，卢绾逃往匈奴，卫满则聚集了一千多精锐步兵逃往真番和朝鲜，并假冒卢绾命令，开始统治这两个地方。

然后，卫满以此为根据地招兵买马，不断吞并附近少数民族部落和从中原躲避战争来此的中原人。

而当时刘邦新死，吕雉也忙着巩固自己的权力，所以就无暇顾及卫满。

因此，卫满抓住这个难得的时机开始疯狂侵略扩张，逐渐将真番和朝鲜一带的部落全部吞并，然后在王险城（朝鲜平壤）建立都城，自称朝鲜王。

大概是当时势力发展得太快了吧，朝鲜便为汉朝所关注，卫满为避免与汉朝发生直接冲突，便命边境士兵不得进犯汉朝，汉朝人如果想要来朝鲜一定要放行，并礼遇有加。

因为卫满所释放的这种善意信号，使得汉廷认定朝鲜无意与其为敌，便不再对其关注，而是将注意力和防范目标都集中在匈奴和南越上面。

如此，卫满便更加肆无忌惮，不断吞并周围的蛮夷小国，势力竟然延伸到方圆几千里。

而像东濊和沃沮这种比较强大的蛮夷方国也畏惧卫满的淫威，便从属于朝鲜。

后来，卫满归西，王位由儿子传到了孙子卫右渠手中，这卫右渠极不安分，一上台便颁布政策，限制朝鲜周边的少数民族向南到长安朝拜，并且经常欺压其他的少数民族，很有些将他们彻底并入朝鲜的意图，其中东濊、沃沮等比较大的势力便是卫右渠的重点关注目标。

汉武帝看准了这个时机，用威逼利诱的方式使他们投降了汉朝，也在匈奴和朝鲜联合之前掐断了他们的通路。

然而，建设一个新的郡县是需要花大钱的，而此时西方和北方还要防御匈奴，西南方的司马相如还在疯狂地修路，这几个大项目没有一个不需要花大钱。

于是，汉朝国库中的钱像雪花一样哗哗地往外飘，朝中很多大臣都对汉武帝这种四面花钱的作风颇有微词，但人家花钱干的都是正事儿，你还说不出什么来，只有内史公孙弘隐晦地向汉武帝提出了自己的想法。

那么，问题来了。公孙弘不是被汉武帝给赶回老家了吗？怎么这会儿又出来了？

之前公孙弘确实是被汉武帝所厌弃，自己回了老家，但谁说曾经下去的官员就不能再被起用呢？公孙弘就是其中之一。

那么公孙弘又是如何被重新起用的呢？

让我们把时间再向前移两年（前130年）。

话说在元光五年（前130年，也就是汉武帝派司马相如治西夷那一年）之时，汉武帝再次向天下发布诏令，要求各郡国都要向长安推荐贤良文学之士，而巧的是，当时的淄川国搞学问最好的还是公孙弘，于是再一次推荐公孙弘往长安参加汉武帝的"考试"。

可公孙弘自从上一次的打击以后对官场已经是心灰意冷，不想再回去受罪，便拒绝了淄川国的推荐。

可淄川国当时没有一个人有公孙弘的学问，便坚持推荐公孙弘任往长安。

公孙弘没招，最后甚至说出"过去我就去过京城，但因为无能被赶了回来，实在不想再去那地方受罪了"的话，可淄川国主管这事儿的人就是不听，坚持要让公孙弘代表淄川国往长安参加汉武帝的考试。

公孙弘无奈，只能背起包袱再次前往长安，完全是颓废的状态，只想赶紧对付一下了事。

可这世界上的事儿就是这样神奇，当你踌躇满志地去办一件事情未必会取得成功，可你心中无欲无求，率性而为的时候恰恰会超水平发挥，进而取得成功。

公孙弘就是这样的案例。

到达长安以后，公孙弘直接参加了对策，等对策完毕之后，"主考官"给了他一个预料之中的成绩——最下等。

可当一百来份对策呈交给汉武帝的时候，汉武帝竟然给公孙弘的成绩定为第一，然后急速召唤公孙弘入殿相见。

结果，汉武帝在召见公孙弘以后发现这个人一表人才，便任命其为博士，待诏金马门，看样子他是已经把公孙弘给忘了。

这一个鲤鱼跳龙门直接给公孙弘弄蒙了，可同时他也通过这件事对汉武帝有了一个新的认识，那就是这个表面看起来很励精图治的皇帝同时也是一个好大喜功之辈，对于面子的追求特别执着。

基于此，公孙弘改变了对汉武帝的策略。

自此以后，他学会了察言观色，每当在朝中奏事的时候发现汉武帝的脸色慢慢变得阴沉就会赶紧停止叙述；发现汉武帝的脸色犹豫不决就会坚持自己的想法；感觉汉武帝的脸色特别高兴就会"口水滔天"。

并且，如果没有绝对的必要，公孙弘是一定不会轻易出言奏请的，他会见风使舵，跟着别人上奏，如果别人所奏之事符合汉武帝的心情，他就会大力捧之；反之，他也不会出面反对，而是默不作声。

于是不久，公孙弘就被汉武帝提拔为左内史。

也因此，不管是汉武帝还是朝中的众多大臣都非常喜欢公孙弘，特别是主爵都尉汲黯和公孙弘关系格外好。

因为汲黯性格刚硬，做事公平公正，眼里容不得沙子，同时也是一个很有才能的人，他奏请的事情往往会得到汉武帝的认同，所以公孙弘便总是在朝中力挺汲黯。

而汲黯呢？还傻傻地认为公孙弘与他是同道中人呢。

但有一次，公孙弘的行为却彻底让汲黯改变了对他的看法，两人进而成为朝中政敌。

那日，汲黯、公孙弘等一众大臣打算在朝会上向汉武帝提出一个比较敏感的建议（具体是什么建议无可考），甚至都已经提前商量好到时候要统一口径了。

而公孙弘也在当时认为汉武帝会赞成这个事儿，便答应了他们。

可在朝会的时候，汉武帝却对这个建议没兴趣，且面露反感，见公孙弘一直都没吱声，便当朝询问了公孙弘的看法。

然而公孙弘呢？直接反水，全方位地否决了汲黯等人的建议。

以汲黯的脾气怎么能受得了这个？于是当着满朝文武的面直接站出来指着公孙弘就骂："你们齐人没一个好东西！都是伪诈奸猾之徒！之前和大家说得明明白白要统一口径！如今却又完全背弃大家！你知道这叫什么吗？这叫不忠！你的这种行为不但是对同僚的不忠，同样也是对陛下的不忠！你还有什么脸站于朝堂之上？"

话毕，汲黯就这样愤怒地盯着公孙弘。

而公孙弘呢，脸上没有半点儿惭愧的神情，反倒是"坦然接受"。

见此，汉武帝问公孙弘到底怎么回事儿。

公孙弘却匍匐在地，以一种大义凛然的姿态和汉武帝道："启禀陛下，确实有这么回事儿，但有一点汲黯说得不对。"

汉武帝玩味地道："哦？汲黯说的哪里不对了？"

公孙弘："我的这种行为确实是对他们的不忠，我也没必要没义务对他们忠诚，但说我对陛下不忠这未免太过，因为他们根本就不了解我。而了解我的人，自然知道我对陛下忠不忠诚。"

汉武帝听了公孙弘的话当时就乐了，因为一个皇帝既需要像汲黯这种敢于直谏的臣子，也需要公孙弘这种唯命是从的臣子。

所以，汉武帝不但没有责怪公孙弘，反倒是对他更加重用。

可同时，公孙弘也因为这一举动将之前和他一同前来的官员们都得罪了。但这又有什么关系呢，只要能让汉武帝认同，其他的人就是恨之入骨又能怎么样？

好了，这就是公孙弘之前如何重回朝廷的事了，我们再回到主线。

　　时间匆匆而过，自公孙弘重回朝廷以后，汉武帝开始疯狂地向外撒钱，开发西南夷、设置沧海郡、和匈奴全面开战、往边塞增派驻军，这无一不需要大笔的金钱。

　　因此，朝中很多官员都想劝汉武帝停止某一项目，可汉武帝做的又都是在当时比较有意义的事，所以大家谁都不敢说，也不知道怎么说。

　　也许是公孙弘认为汉武帝现在也在考虑放弃其一，也许亦是想在朝中拉回一些人望，便向汉武帝阐述了当时实在不适合再在西夷进行大型开发活动，希望汉武帝能停止开发西夷。

　　而如同公孙弘所料，汉武帝虽然没有批准公孙弘的这项奏请，但也没有发怒，而是在犹豫、反复思考中拒绝了公孙弘，那就表明了汉武帝在拒绝的同时也是认同公孙弘的建议的。

　　与此同时，很多朝中官员也不像以前那样厌烦公孙弘了，使得他拉回了一些人气。

　　这之后，公孙弘又被汉武帝升为了御史大夫，所以本次公孙弘一箭双雕之计可以说是大获成功了。

　　并且自此以后，基本上大家都看出了公孙弘即将成为下一任丞相，因为现任丞相薛泽实在是太普通、太没有存在感了，说他是摆设一点儿都不为过。

　　可就在公孙弘如日中天的时候，又一名政治明星慢慢出现在了汉武帝的视野之中，此人言辞犀利无双，整个朝中无一人敢与之辩论，因为基本和他辩论的人都被气得口吐白沫，甚至连公孙弘都畏惧并讨厌他，想要除之而后快。

　　这人便是有"毒舌"之称的主父偃了。

　　主父偃，齐国临淄人，最早钻研的是张仪和苏秦等人的纵横之术，并且学得非常精！

　　可就在他学成出山，打算前往长安一展报复之时，当时担任丞相的卫绾却向刚刚登基的汉武帝提出罢黜纵横、法家等"祸国殃民"学说的建议，并得到了汉武帝的批准。

　　于是，在战国最火的法家和纵横家从此在长安销声匿迹。

悲催的主父偃只能"铩羽而归"。

不过他并没有因此气馁，而是从此转而研究儒家学说。

可因为主父偃是个有"前科"的人，所以那些儒生们一致排挤主父偃，也没有老师愿意教导主父偃。

主父偃无奈，便只能走自学的路子，可有一个残酷的现实摆在主父偃面前，那就是钱！

主父偃因为购买书籍和长期读书不从事劳动的关系，家里的那点儿积蓄都快被他花光了，眼看着自己就快吃不起饭了，主父偃便决定前往各个诸侯国先行谋求官职，之后再想办法往长安发展。

于是主父偃的足迹遍布燕地和中山等河北诸国。

但让人尴尬的是，没有一个诸侯王厚待他，一听主父偃之前是纵横家出身，便像打发乞丐一样只给主父偃两个钱便让他滚了，甚至连见都懒得见上一面。

如果是别人，可能早就心灰意冷地回家乡找一个活计来养活自己了。

可主父偃没有，非但没有，反倒是认为这些诸侯王全都是鼠目寸光之辈，不值得自己为之效命。

所以，主父偃打算进行最后一搏。

通过长时间的奔波，主父偃发现，寻找文臣来养活自己是不可能的了，他们也看不上自己，那就只能前往投奔武将，因为身为纵横之士，不但要有惊人的辩才，还要有一定的战略大局观和绝对的外交策略，而这些无不和军事有所关联。

那么现在天下的将军谁是最火的呢？不用说，当然是连续两次痛打匈奴的卫青了。

于是，主父偃前往长安，毛遂自荐地往卫青府推荐自己。

卫青本人从小也是奴隶出身，看的书也是杂七杂八，根本就不算一个儒士，所以对纵横家出身的主父偃非但没有半分鄙视，反倒是有些恭敬。

而主父偃对卫青所说的各种对匈奴战略也深得卫青之心，便多次向汉武帝推荐主父偃（不是书信，而是亲口推荐，还是多次，由此可见卫青有多看重主父偃）。

可无奈的是，汉武帝也是一个儒家的忠实拥护者，一听主父偃曾经钻研纵横之学，便没有召见他。

而卫青呢？认为是金子早晚都会发光，便将主父偃留在了自己府中充当门客，帮主父偃另寻机会。

而这个机会很快就来了。

那天，卫青让主父偃写一封与战争有关的奏策，他会暗中操作为主父偃献上去，并反复强调："机会只有这一次，如果陛下看过你的文章还不召见你，那你就不会再有第二次机会了，还请你好好珍惜这来之不易的机会，将你所有的才能都发挥出来。"

于是，主父偃写了一封关于如何对匈奴作战的奏策，这封奏策虽然不长，但十分精练，着重说明了通过战争会对国家的经济和政治造成多么惨重的损失，然后如何战争才能保证国家的正常运转。

此奏策通过卫青，直接越过了丞相薛泽，进入了汉武帝的奏折堆中。

汉武帝一开始看到奏折里面突然出现了主父偃的文章还有些生气，可主父偃的奏策实在写得太好了，外加汉武帝现在满脑子想的都是怎么和匈奴人打，所以看着看着竟然入神了。

结果，那一晚汉武帝没有批阅一本奏折，而是将所有的精力都集中在了主父偃的奏策之上。

没说的，汉武帝相中主父偃了，想要重用他。如不出意外，主父偃等着第二天被召见就可以了。

但在这之前，汉武帝是需要先召见一个人的，他的名字叫刘安。

这一年（前127年），刘彻在殿中召见刘安，并赐给他几案和手杖，允许他以后不必再来朝拜，并将修成君（修成君：汉武帝同母异父的大姐，为王夫人在民间时与金王孙所生）的女儿嫁给了刘安的世子。

可这和谐和温馨都是表象而已。

实际上，汉武帝赐刘安手杖并不是对他放心，而是想要暂时稳住他，因为现在汉武帝的重心都在匈奴身上，不想在这个节骨眼儿被刘安这种人的造反而破坏。

同理，让修成君的女儿嫁给刘安的世子也是要监视淮南国的一举一动，只要发现刘安有所动作，汉武帝便会在第一时间动手来消灭他。

那为什么汉武帝要怀疑刘安谋反呢？

这里面有三个因素，而他们都是连带的。

首先，刘安的父亲刘长就是汉文帝间接杀死的，所以不管之后中央怎么补救，刘安对汉文帝一脉的汉朝都是心有仇恨的，只不过碍于实力不济，不敢动真格的而已。

然后，武安侯田蚡在发达以前狂拍刘安的马屁，他的那颗皇帝之心被彻底地勾起来了。

最后，淮南国一带出现彗星，刘安对此非常奇怪，便问王府之中的巫官这代表的是什么。

巫官回答道："启禀大王，早先景帝七国之乱以前，天上就曾经出现过彗星，紧接着就爆发了七国之乱，之后整个天下血流成河。如今天上再次出现了彗星，那么只能说明一点，就是这个天下要再次大乱了。"

话毕，刘安陷入了久久的沉思，而那巫官也识相地默默退了出去。

因为那时候刘彻还没有太子，所以淮南王认为，如果真如天象所显示即将天下大乱的话，各个诸侯国一定会群起而反叛朝廷，而到了那个时候也就是自己的机会了。

所以刘安从那天开始就不断增加淮南国的军事编制，并拉拢距离自己比较近的郡县和诸侯国。

这还不止，刘安有个女儿叫刘凌，长得非常妖艳动人，刘安就给了她很多钱，让她往长安结交权贵，打探长安的一举一动。

可他没想到的是，自己的行为全被汉武帝看在眼中（一、大规模增加军事编制；二、自己的女儿都快成长安的交际花了。这两点汉武帝不可能不知道，也不可能没有人不提醒汉武帝）。

但现在为了和匈奴决战，汉武帝不想动刘安，便用了之前的办法稳住和盯住淮南国。

而送走了刘安，汉武帝便将上奏策的主父偃，以及两个新对策上来的徐乐、严安召到了官中，询问他们对治理国家有何见解。

徐乐和严安比较老实，都按照汉武帝所问，大谈了治国的一些理念。

只有主父偃，这个反应速度极快的纵横家，通过卫青的渠道得知了之前汉武帝对刘安的两项措施，所以根本就不谈什么治国之道，而是直切重点，讲了两个比较片面但绝对一针见血的问题。

一个是迁徙茂陵（今陕西省兴平市东北）。

另一个，就是继续削弱诸侯王议题。

茂陵，为汉武帝为自己修建的豪华陵墓，因为是新开之地，所以此地缺少住户，很是冷清，所以就需要朝廷往茂陵迁徙住户增加人口，但古时候的人土地情结非常严重！谁都不愿意背井离乡地去一个陌生的地方居住，所以为了民心问题，汉武帝也没有强令百姓迁徙茂陵，只是让一些犯了罪的人迁往茂陵居住，这事儿也就这样放下了。

但本次主父偃重提此事，并用极为稳妥的办法和犀利的口才说服了汉武帝。

主父偃认为，在汉朝刚刚统一天下的时候，国家荒废的土地很多，基本家家户户的百姓都有田地可以种。

可多年过去了，随着时间的推移，社会上便开始出现了贫富差距，一些郡县土豪甚至买了很多的土地，成了名副其实的地主，这就使得越来越多的土地集中到少数人手中，很多老百姓再也无田可种，进而帮这些"地主"种田，赚取生活所必需的粮食。

这个问题如果还不解决，那么"土地个人化"就会更加严重，进而导致天下动荡不安。

因此，主父偃建议汉武帝将全国地主都迁往茂陵，这样的话，茂陵不但会在短时间内经济人口大增，还会空出许多土地重新交回百姓手中，不可谓不是一举两得的好事。

不过只有一点，那就是这样做势必会得罪整个天下的地主。

不过，土豪地主的数量和这天下的老百姓相比简直是九牛一毛，谁会在乎他们呢？他们又有什么资格给汉武帝带来威胁呢？所以汉武帝非常高兴，直接准了主父偃的奏策，并着令实施。

第二项，继续削弱诸侯王议题。

诸侯王，这个从古到今都是第一统治者下最具权威的人，自战国以后一度被秦朝的郡县制取消，直到刘邦统一天下以后再次启用。

但因为有秦朝的前车之鉴，所以对于韩信等一众异姓诸侯王刘邦非常不信任，基本将他们杀绝，进而换上刘姓诸侯王。

可最后事实证明，同为刘姓的诸侯王也不是那么靠谱，所以自七国之乱以后，汉景帝便开始大力削弱诸侯王的势力。其意基本如贾谊与晁错所奏。

可上有政策下有对策，那些诸侯王们也知道汉廷削弱他们的打算，便在死之前想方设法给第一继承人多封封地，而其他继承人则得到了很少的土地，有很多甚至没有得到封地。

至今，虽然天下诸侯王已经没有高、吕、文、景帝时期那么强大了，但也有很多诸侯国依然强大，比如说淮南国的刘安。

基于此，主父偃建议汉武帝，让他重新向天下颁布诏令，令那些诸侯王们重新洗牌，拥有大部分土地的诸侯王要将土地平均分给其他拥有很少土地或者根本没有土地的兄弟，进而达到继续削弱诸侯王的目的。

汉武帝对于主父偃的提议非常赞同，可要实行此项政策所要涉及的事情就太多太大了，并且势必会在短期内造成天下动荡，而现在汉武帝的重心都在匈奴身上，所以没敢贸然批准此项建议，却真正开始器重主父偃了。

那么主父偃又是怎么威胁到公孙弘的呢？他以后又会不会一帆风顺呢？这个我们后面再说，但在此之前，我们先要把目光瞄向北方，因为匈奴人又来了。

2.3　第一次主动出击——大迂回包围战

自马邑诱击战和关市突袭战以后，汉朝已经和匈奴展开了全面战争。

本年，匈奴再一次对汉朝边境发动了大规模突袭战，军臣单于集大批量轻骑兵于龙城，然后以此为根据地向南奇袭，并在中途将部队分为两批，一批向东寇掠渔阳，一批向南攻击上谷。

然而，还没等匈奴人开始攻击，便有乘坐两匹精良战马的宫中郎卫从两地直奔长安而去。

奇怪了，这活儿一般不都是专门的传令或者斥候负责的吗？什么时候变成郎卫的活儿了，郎卫不都是在宫中保卫皇帝安全的精锐之士吗？

原来，经过了马邑伏击战、关市突袭战及边境攻防战以后，汉武帝发现，对匈奴作战，但凡是防守，最后一定占不了便宜，哪怕汉军再精锐，卫青的作战水平再高，也无法对匈奴造成毁灭性打击。

所以，自从上一年的边境攻防战以后，汉武帝便打算以主动出击的方式来攻击匈奴，其战略打击目标便是对长安最具威胁的阴山山脉。

而想要将阴山山脉拿下就必须先攻下阴山山脉以南的河南之地（此河南非中原之河南，乃如今鄂尔多斯右翼旗界黄河南岸，也是当初蒙恬所攻下之地）。

但此地为匈奴阴山之门户，分别由楼烦王和白羊王一东一西管理，屯兵较重，易守难攻，如果贸然进攻，不要说卫青，哪怕是天神降世都要损兵折将。

所以，汉武帝打算等，等匈奴人再次攻击汉朝边境，主力部队分散到边境以后再行攻击。

可如果要实施此战略，有几点是必须要具备的。

第一，快！汉军主力部队一定要在匈奴人反应过来以前就完成战略目标，因为如果拖延久了，必定会被匈奴人围而歼之，而一旦在匈奴腹地被这群狼给围住，那就完了。

因此，汉武帝从下定决心那一刻开始就不停向长安运送天下骏马，直到凑集了十万匹最优良的战马以后才停止继续运送。

之后，又严格挑选了当时最好的骑兵五万人，给每人配上两匹战马，以方便他们用最快的速度奔袭匈奴。

另外，汉武帝还派遣了宫中许多善于骑马的郎卫前往东北方向的郡县驿站充当斥候，给他们最好的马和最好的军中待遇，并命令他们，只要匈奴有大批量集结的意图就要马上前往长安汇报。

第二，将匈奴下一次劫掠汉朝的方向吸引到距离阴山山脉最远的汉东北边境，因为如果匈奴是在西北侵略的汉朝，势必会堵住汉朝进攻阴山的道路，那就别提主动出击了。

基于此，汉武帝着重增加了西北防线的军事编制，而削减了上谷、渔阳等东北边境的守兵，意图吸引匈奴主力部队寇掠东北边境。

结果很明显，汉武帝成功了。

同年某日，五万汉精锐轻骑兵团威风凛凛地屹立于长安郊外，每个人脸上都布满杀气，而距离他们不远的地方站着两个人，不用说，自然是汉武帝和卫青了。

汉武帝表情肃杀，非常凝重地道："战前准备工作现在均已达成，能否成功把匈奴压住就看你这一次了。"

话毕，卫青对汉武帝深深一拜，然后指挥这五万轻骑兵团策马而去了。

这之后，汉军立即北上太原、马邑，然后西北走云中，对匈奴河南之地展开了亘古未有的超大规模迂回包围战。

卫青认为，现在哪怕是集全汉最好的战马和骑兵，在机动力上依然无法和匈奴骑兵保持对等，所以要想给匈奴以毁灭性打击，就必须要学习战国时期的李牧，将匈奴全部包围以后再行攻击！

基于此，卫青定下战略，派给副将李息近两万骑兵，让他在一日以内从云中突袭，猛攻楼烦所部，卫青则亲率三万多精骑千里奔袭，以雷霆之势杀往五原（五原，属匈奴界，位于匈奴黄河以北、狼山以西、阴山以南），然后在五原渡河，猛攻白羊所部。

时间：公元前127年某月某日。

地点：河南楼烦之地。

这一天，晴空万里。

这一天，风和日丽，大草原上满满的牛羊。

在那帐篷林立的草原上，牧民正在有说有笑地放牧。

可这一片欢声笑语与平和的景象即将被摧毁得支离破碎，被一群他们认为不可能敢主动出击的汉人给击得支离破碎。

轰隆隆，伴随着轰鸣的马蹄声，一群身着红衣黑甲的骑兵在毫无征兆的情况下突然出现在楼烦部落周围，然后以迅雷不及掩耳之势对楼烦所部给予疯狂的打击。

因为事发突然，牧民们全无准备，还因为很多士兵都被调往东方攻击汉朝边境，楼烦大乱，进而崩溃，甚至连像样的组织都没有就被汉军杀入腹地。

惨叫声和啼哭声一瞬间遍布整个部落，但这种声音逐渐在汉军的首环刀之下慢慢消失了……

此时，一名浑身是血的传令兵跑到李息面前兴奋地道："启禀将军！初次战略目标已经达成，该杀的都杀了，只有一小部分骑兵向西逃亡，请问将军是否追击？"

李息阴冷地道："不用管他们，继续向南攻略楼烦部落，直到'肃清'整个楼烦地区之后再想其他的。"

就这样，李息所部继续向南杀去！直到将整个河南东部彻底肃清才转战向西与卫青主力部队会合。

然后我们再将视线转到白羊地区，此时的白羊地区也不比楼烦情况好，一个个帐篷全都被大火所包围，满地的死尸，这些匈奴人何曾想到自己也有今天？

他们哭，他们号，但没有任何作用，汉人的首环刀依然不留情面地穿透他们的身体。

一些侥幸逃脱的匈奴人急速向西奔逃，意图越过河水以后逃回阴山山脉。

可当他们到达河水之时，却发现河的对岸已经聚集了很多汉朝骑兵等着他们，再见后方尘土飞扬，马蹄声阵阵，这些匈奴人绝望、无助，最后只能奋力一搏，强突河水，往阴山撤退。

那天，河水成为红色，匈奴人的尸体遍布。

那天，整个河南地区被全部"肃清"，再也看不到一个匈奴人的身影。

原来，卫青在到达五原以后已提前料定匈奴人的逃跑方向，所以在出击白羊以前便分出一万多骑兵遍布河水以北，彻底堵住了他们的归路，这才有了上述那一幕。

这之后，卫青还朝，汉武帝见卫青的战果以后极为兴奋、极为振奋！

因此，汉武帝失态一般直接在朝堂之上当着百官的面亲自给卫青封赏，他说："匈奴人违背天理，乱世间人伦！他们欺凌尊长，他们虐待老人！他们无恶不作，曾数次残杀我汉朝人民！今天，我大汉将军卫青，渡过了西河，给予这些畜生以沉痛打击！长了我大汉的威风，保了我京城的安全！所以，朕决意，赏卫青食邑三千八百户！封长平侯！"

此役，据《汉书》等史料所载，卫青所统汉军共抢夺匈奴牛羊一百多万头，首俘五千余人（这个数字单指士兵），不管经济上还是人口上都给予了匈奴极大的打击。

更重要的是，此役将整个河南之地全部肃清，当初蒙恬所夺之地再次回到了汉人手中。

而河南的回归，意味着匈奴阴山以南门户尽失，长安西北的威胁尽除，汉西北线的战争主动权也从此由匈奴人掌握变成了相互对等。

但现在有一个问题摆在眼前，那就是怎么处理河南之地。

要知道，此处为平旷草原之地，适合游牧民族生活作战，如果不尽早处理此地，那么结果很有可能会再次被匈奴夺回。

为此，汉武帝很犯愁，不知究竟应该拿这块地方如何处置才是最好。

而敏锐的主父偃一下就看出了汉武帝所愁之事，便立马起草奏书，请求汉武帝在河南地区修建郡县（军事殖民地）。

此议一下就被汉武帝所相中，便想在河南修建一个朔方郡。

可修建一个郡岂是那么容易的？别的不说，单说所需要的花费就是一个天文数字，而现在自己四处花钱，早就被以公孙弘为首的一些朝中重臣所"关注"了。

所以汉武帝相信，如果自己想要修朔方郡，大臣那关他就过不了。

于是，汉武帝找来了中大夫朱买臣，让他准备河南一带的资料，等朝会之时好驳倒那些反对修建朔方郡之人。

这可是一个讨好天子的机会，朱买臣当然不会放过，便在回去以后积极研究对策，准备在朝会之上"舌战群儒"。

当朱买臣准备完毕之后，汉武帝立即召开了朝会，并直接在朝堂之上宣布要修建朔方郡的议题。

果然，此言一说，公孙弘第一个跳出来反对汉武帝的提议，依据无他，就两个字，费钱。

可话音刚落，朱买臣便跳将出来和公孙弘展开了一场惨烈的论战！

朱买臣从修建朔方郡的地理、外交、战略、政治、经济效益等多方面阐述了修建朔方郡所能给汉朝带来的好处，一连说了十条，结果公孙弘一条都无法辩驳。

最后，公孙弘被朱买臣辩得哑口无言、一身冷汗，只能无奈地向汉武帝深深一拜，然后道："陛下，臣本是山东粗鄙之人，实在没想到修建朔方郡会有这么多好处，所以为刚才反对此事向陛下道歉。"

汉武帝："哎，公孙大夫何须如此，快些起身吧。"

公孙弘："可臣有一事却还是要报！"

汉武帝眉头微皱，"哦？什么事？御史大夫还不赞成修建朔方郡吗？"

公孙弘连忙道："不不不，陛下误会，修建朔方郡有这么大的好处，臣怎么会再反对呢？臣想说的是，最近几年，随着修建沧海郡、开通西南夷，现在国家的钱已经消耗很多了，如果再这样不知节俭地消耗下去，臣担心国库会支撑不住啊，而一旦国库没有钱，那陛下非但不能再进行您的大业，反倒会令国家动荡。所以，现在这些大工程虽然都很有用，但臣依然恳请陛下能推迟一二。"

话毕，公孙弘默默地退了出去，汉武帝也陷入了久久的沉思之中。

最后，汉武帝决意将全部精力放在对抗匈奴身上，所以，不但停止了对沧海郡的修缮，同时也停止了对西南夷的开发，只将原来开发之地设为夜郎、南夷两县便草草收工了。

而司马相如重新回到长安以后也再没有得到汉武帝的重用，甚至中间还有一次进了监狱。

一年以后，当司马相如重新从监狱脱身之后，心灰意冷的他再也不愿意留在京城了，便辞去了官职，回到家中做他的富家翁了。

决意修缮朔方郡以后，汉武帝迅速行动，用优良政策迁十万民众于河南之地修建朔方郡这个对匈奴的军事重地。

与此同时，汉武帝亦采纳主父偃之前的建议，将全天下资产超过三百万钱的富户土豪全都迁往茂陵，以增茂陵之人口、经济，空天下之田。

可就在这命令刚刚下达没几天，卫青突然找到了汉武帝。

2.4　汉朝最牛的执法官与恶霸头子

卫青，那是汉武帝现在身边最红的人！汉武帝对他完全没有架子，对他格外好。就比如说这次吧，汉武帝正在如厕，一听卫青前来觐见，直接就对下面的人道："让他来呀！我不是吩咐过嘛，只要卫将军来见不用通报，直接放他进来即可。"

小太监："可是，可是陛下您现在……"

汉武帝："叫他进来！"

就这样，卫青万分尴尬地在厕所前，隔着门"朝拜"汉武帝。

卫青："陛下前两天不是下令天下人超过三百万钱的要迁徙茂陵嘛，那个……有一个叫郭解的，也在其中之一，他家中非常贫困，不应该在迁徙之列。所以还请……"

汉武帝插嘴道："你等会儿。"

说完，汉武帝很快走了出来，并对卫青道："好你个卫青哈，你小子现在也学会扯谎了，他郭解家中要是真的贫困，还能请动你卫大将军？"

卫青赶紧匍匐在地："臣知罪，臣……"

汉武帝："行了行了，不用这样，我又没说怪罪你。"

汉武帝将卫青扶了起来，然后拍着卫青的肩膀道："本来吧，凭着咱俩的关系呢，我是应该给你一个面子，但你也知道，这次所要迁徙的人都是在各个地方有头有脸的豪强，所以办事情必须要公正，要不然容易生变哪，所以这次我真的没办法给你这个面子，还是秉公办理吧。"

卫青还敢说什么，赶紧连声谢恩告退了。

可当卫青走后，汉武帝本来微笑的脸却突然变得阴沉："来人！"

"在！"

"去，给我把张汤叫来。"

不一会儿，廷尉张汤走了进来，汉武帝对张汤道："你去给我查查一个叫郭解的，连卫青都要卖他面子，我倒是对这个郭解有点儿兴趣了。"

张汤："请陛下放心，不久以后便会将郭解的详细情况呈上。"

讲到这儿，我不得不先介绍一下这个张汤。

张汤，杜陵（今陕西省西安市）人，父亲为长安县丞，所以张汤从小便经常接触与法律有关的事情，张父对张汤的管教也是极严，甚至经常用法律手段来管教儿子。

一次，张父有事外出，便留张汤独自在家看家。

而那时候张汤才是个孩子，当然贪玩儿了，一见严厉的父亲走了，便赶紧召集一群小伙伴去玩了，哪里还顾得上什么看家呀。

结果，家里遭殃了，张汤也遭殃了，而某只老鼠也跟着被"五马分尸"了。

因为张父回家以后，发现装肉的袋子被咬破了，里面的肉也减少了一些。通过这些蛛丝马迹，张父断定张汤没有好好看家，一把将张汤拽了过来，拿起鞭子就要打。

张汤惊恐道："阿父为什么要打我？"

张父："为什么要打你？你小子没有好好看家，我当然要打你！"

张汤："阿父凭什么这么说？你有证据吗？"

张父怒哼一声，然后把鞭子往地上一扔，跪坐在大堂之上，以一种主审官的口吻道："证据？当然有，本官回家后，见肉袋破开一个小洞，里面的肉也缺失了一点，从洞口破开的痕迹和缺失的肉来判断，这一定是老鼠所为！而老鼠在作案的过程中一定会弄出一些动静，你当时要是好好在家中看护，是不可能听不到动静的，所以本官可以判定，你小子绝对是看我不在家出去玩了。你认不认罪？"

人证物证俱在，张汤只能认罪了。

于是，噼里啪啦的鞭打声和嗷嗷的哭声响彻府中。

这之后，张汤极为愤恨。当然，他恨的并不是自己的阿父（古人这种鞭打教育虽然严格，但也比较普及），而是那只可恶的老鼠。

于是，张汤没有找一只猫来抓老鼠，而是自己动手。

他用了很长时间制作了一个"袖珍"刑架，然后挖门凿洞将整个老鼠窝全都掘了出来，不但将之前被偷取的肉重新找了回来，连带老鼠也被他活捉。

这要是一般的孩子，估计直接一脚就把老鼠给踩死了。

可张汤没有，非但没有将老鼠一脚踩死，还一边骂一边将它绑在了刚刚做好的刑架上。

这叮叮咣咣的一连串动静，正在内室读书的张父实在是受不了了，拿着一本书就冲出来叫骂："你叮叮咣咣地干……你，你这是做什么？"

看着老鼠被绑在刑架上惊慌失措的样子，张父彻底蒙了。

张汤没有立即回答阿父的问话，而是在绑好老鼠以后迈着官步，之后跪坐在老鼠面前，一本正经地和张父道："干什么？审案！"

张父："嚯！小子好大的官威呀，怎么？来劲了这是？我倒是想看看你怎么审案的，可不可以听审？"

张汤："既然张大人有如此雅兴，下官怎敢否决？"

听了这话，张父跪坐在一旁，还一本正经地做出要记录的样子。

如此，"老鼠偷肉案"正式审理。

张汤用手啪地一拍地，以一种极为威严的口吻奶声奶气地道："堂下罪人姓甚名谁？"

老鼠："唧唧！"

时间定格，张汤没有继续审案，而是以一种疑惑的眼神看着张父，张父被这眼神看得蒙了："你看我干吗？审案呀！"

张汤："坐下可是长安县丞？"

张父怒了："就是你爹我，你小子敢这么称呼我，看我不……"

没等张父冲过来，张汤直接插嘴道："既为县丞为什么本官在审讯之时不记录在案？"

张父："我，我，行！我记！"

于是，张父再次坐了下来，真正干起了师爷的活计。

看自己的阿父听话干活儿了，张汤满意地点了点头，然后继续和老鼠道："本官问你话呢！堂下之人姓甚名谁？"

老鼠："唧唧！"

张汤："好，你不说是吗？不说本官也能办你！今日，你趁张府未有人在，便偷盗府中肉食，此事有或没有？"

老鼠："唧唧！"

张汤："不承认是吗？你看！"

张汤将老鼠偷取的肉食拿了出来，指着肉道："这就是从你府中挖出之物，不管大小和重量都和张府所失之肉相同，你还有何辩解？"

老鼠："唧唧！"

张汤："狡辩也没有用，现在鼠赃并获，你还有什么可狡辩的？你不但偷盗肉食，还间接害其他人被鞭打受罪，依照国家律法，判你五马分尸以儆效尤！县丞可在？"

看着自己儿子审理案件的样子，此时张父已经没有半点儿戏谑，而是非常认真地回答道："在！"

张汤："卷宗可记录完毕？"

张父："回禀大人，已记完。"

张汤："呈上来！"

张父："是。"

拿起卷宗，张汤再次照着卷宗记录对老鼠念了一遍，然后再次对老鼠喝道："你可有异议？"

老鼠："唧唧。"

张汤："好！没有异议，那我就行刑了！"

之后，张汤将卷宗规规整整地整理完毕，之后便拿出小刀，把这个可怜的老鼠肢解了。

通过这件事，张父惊奇地发现，自己的这个儿子非常有审案的天赋，便将家中所有有关刑狱的文书全都拿给张汤看，有不懂的便耐心指导。

所以从这以后，张汤对于法律和审案的流程及精髓都融会贯通。

多年以后，张父去世，因为张汤对于法律极为精通，所以很顺利地便成了长安县吏。

后来，周阳侯田胜（田蚡的弟弟）因为犯了法被关在了监狱里。

但张汤料定，田胜没多长时间一定会被放出来，所以利用自己的职位在监狱里给周阳侯多方照顾，没让他受半点儿委屈。

而事实也果然如张汤所料，田胜没多久便被放出来了，并恢复了侯爵身份。

这之后，田胜将张汤视为生死至交，将他介绍给很多朝中政要，对他法律方面的知识更是推崇备至。

很快，在田胜的作用下，张汤的名声一点儿一点儿地响亮起来，并成为都尉宁城的下属。

一开始，宁城也是因为田胜的推荐，不好意思拒绝，抱着试一试的态度用了张汤，可一段时间以后，宁城惊奇地发现张汤的法律知识太厉害了，甚至自己都和他比不了，便将其推荐给了丞相府。

要知道，宁城虽然不比郅都，但也是一个眼光极高的人，有他的推荐，再加上自己的弟弟在后面推波助澜，当时为丞相的田蚡当然乐得登用，便向朝廷隆重推荐张汤为茂陵尉，负责茂陵的修建工程。

那田蚡为什么要推荐张汤为茂陵尉呢？

土木建筑，还是茂陵那种大级别陵墓，不多说，"油水"自然是很多的。

果然，张汤被封为茂陵尉以后吞了不少，但大部分所得全都上缴给了田蚡。

见张汤这小子如此聪明，田蚡便着力培养，首先将他调到丞相府当自己的秘书，之后将他推荐给汉武帝为侍御史。

张汤通过多年在汉武帝身边，让汉武帝了解了自己在刑狱法律方面的优势。

后来，陈皇后巫蛊案爆发，也是张汤彻查的此案，将曾经在宫中做过法的巫师全部抓获斩首。

汉武帝认为张汤特别能干，便升他为太中大夫，并让他制定各种法令，严格约束宫中官吏，成了汉武帝身边最得力的一只鹰犬。

汉武帝遂升其为廷尉，位列九卿之一。

张汤为人虽然苛刻，但侍奉汉武帝的大方针却和公孙弘差不了多少，每当有大案子难以决断时，张汤就会装作和汉武帝探讨案子的样子，向汉武帝诉说这件案子的来龙去脉，然后察言观色，要是在审案过程中汉武帝偏向"被告"，那么张汤便会惩罚原告；如果汉武帝偏向原告，张汤就会惩罚被告。

并且张汤为人还非常谨慎，不但将皇帝伺候得好，对于三公更是尊敬，不管是严寒抑或酷暑，他每隔十天半月都会前往拜访，并且态度极为恭敬。

所以说，哪怕是张汤办案严酷，有些法家的影子；哪怕是他办的案子并不是都公正公开，却没有得到三公的打压，并且在当时名声还特别好。

好了，张汤就先介绍到这里吧。

话说张汤得了汉武帝的命令以后，不敢有片刻耽搁，直接出动京城官吏前往地方彻查了一遍郭解，一个月出头就将郭解的详细卷宗呈给了汉武帝。

可当汉武帝看到卷宗以后气得是暴跳如雷，当时就要杀了郭解。

为什么呢？因为郭解和他的族人实在是太嚣张了。

郭解，河内郡轵县（今河南省济源市以南）人，他的父亲就是本地有名的恶霸，稍有不顺便动手杀人，后来在汉文帝时期被朝廷所杀。

郭解长大以后，非但没有吸取前人的教训，反倒是操起了父亲的旧业，一有不快就动手杀人。因为下手狠毒，郭解很快就组织了一伙亡命之徒，他们收保护费、霸占市场、抢劫、偷盗、铸假钱、盗墓，其劣迹数不胜数，但因为朝中有人照应，所以每次做大案都是赶在天下大赦以前干的。

后来，随着郭解年龄越来越大，他的势力强了，钱多了，脑子也变得更聪明了。

郭解觉得再这样下去早晚有一天会死无葬身之地，便将自己洗白，用现有的人力和势力从事正业。

不仅如此，他还经常施舍穷人，以德报怨，以此来提升自己的名声，其具体事例如下。

郭解有一个姐姐，他的姐姐有一个儿子，这母子俩仗着郭解的势力横行霸道，本地人都敢怒而不敢言。

一次，这小儿子和朋友喝酒，自己用正常的小盅，而让朋友用小盆来喝，那人当然不乐意，就谦卑推脱。

可这小儿子霸道惯了，竟然学起了春秋战国时期的智伯，拿着小盆强往他朋友的嘴里灌。

而被灌之人很明显没有赵无恤的隐忍，直接抽出刀子照小儿子身上就是一顿狂捅。

结果，小儿子死了，捅死他的人逃了，郭解的姐姐听闻以后大怒，当街怒吼："竟然敢在我弟弟还在世的时候杀我儿子，这还了得？"

然后直接将自己儿子的尸体扔到大道中间不加理会，用意就是要激怒郭解。

于是，郭解派人多方打探杀人者的下落，并下令，抓住此人以后先不要诛杀，一定要生擒过来给自己审问。

郭解的势力实在是太庞大，大到杀人者根本无处遁形。

最后，这个杀人者眼看早晚会被郭解抓获，便主动前往郭解处"自首"，希望郭解能够从轻发落。

可让他没想到的是，郭解不但没有对他进行责罚，反倒是听他叙述事情的经过以后原谅了他，认为整个事件确实是自己的外甥做得不对。

不管郭解是作秀还是怎样，此举确实赢得了很多年轻人的心，从此便有更多的人追随他，并甘心为了他去死。郭解的势力也越来越大，最后整个汉朝的黑道上，不管是规模还是经济实力，郭解都稳居榜首。

郭解不但受到当时年轻人的追捧，甚至很多地方的土豪都对他推崇备至，就是因为他懂得做人、懂得给别人留条后路。

洛阳，这个雄伟的城市从西周开始便是历朝历代的陪都，经济极为发达，同时也是鱼龙混杂之地。

当时，洛阳城中一个势力比较强大的人得罪了另一个势力更加强大的土豪，两人相互争斗没多久，那个势力弱的就逐渐落了下风。

后来，势力弱的那个打算向强大的服软，但人家根本就不理他，一定要将他赶尽杀绝。

势力弱的那人没有办法，只能求本地有头有脸的人从中协调，但去了十几批调节的人依然无法说服对方。

最后，这些人联合在一起前往郭解处请求从中协调，郭解磨不开面子，便答应了，却和这些人说让他们再去调解一次，如果再失败他才去调解。

可当天夜里，郭解却独自一人前往洛阳，目的地正是那个势力强的人的家里。

哐哐哐，伴随着一阵有节奏的敲门声，主人家的下人骂骂咧咧地出来开门了。

"谁呀？这大半夜的！"

"轵县郭解，请见本家主人。"

话音一落，下人先是一个激灵，然后双腿发抖。

下人赶紧开门，客客气气地将郭解迎进大厅，然后上了一壶好茶，飞一般地跑去找主人了。

不一会儿，那主人火急火燎地跑了出来，甚至衣服还没有穿戴整齐。当他一看来人确实是郭解以后赶紧上前一拜："郭大侠能光临，鄙舍真是蓬荜生辉！不知大侠今日前来有何事需要小人做的？"

看着对方被吓得不轻，郭解笑了笑道："呵呵，家主不必多想，本人今日前来主要是为调解你和××之间的矛盾，因为很多朋友都委托我前来调解，我也不好驳了他们的面子，这个你应该懂。"

对方哪敢说一个不字，赶紧道："是是是是，我懂我懂，郭大侠的面子鄙人怎么敢不给？大侠放心，我这就亲自前往××家里向他赔礼道歉，从此以后再也不找他的事了。"

郭解："不必如此，如若这样的话，我郭解就太仗势欺人了，我之所以半夜三更前来打搅就是不想让其他人知道我来找过你，家主你可以等来人调解的时候再答应也不迟，至于××给你的赔礼你照收不误，放心吧，今日我来之事，再不会有他人知晓。"

说罢，郭解便走了，只留下对郭解感激涕零的主人。

果然，当第二日其他人再来调解之时，这人二话没说，收了赔礼便了事了！

而从中调解的人自然也知道这是郭解在背后运作的。

所以，当地有势力的人对郭解也越发崇拜！

不管是民间，还是土豪之间，抑或官场之上，郭解都不缺人，势力相当庞大。

可这次迁徙很不巧，赶上了汉武帝亲自下达命令，甚至连卫青的面子都没给，所以郭解就是有再大的面子也只能老老实实前往茂陵定居。

在郭解搬迁当天，远近那些有点儿势力的人，基本都来相送，每个人都拿出了价值不菲的"份子钱"，少则千钱，多则上万。

一时间，整个轵县车水马龙，极为拥堵。

有一个姓杨的县吏见此看不过去了，便带领着官兵将这些人全都驱散了。

郭解的侄子因此大怒，便在郭解走后于一夜晚将其斩杀，割掉首级以后把尸体扔到了马路中间，他就是要让所有人都知道，哪怕是郭解走了，余威也依然能震慑众人（这里面有没有郭解的指示就不得而知了）。

儿子被残忍杀害，作为亲爹的杨季主无法容忍，便至衙门告状，可一是没有证据，二是县令根本不敢管这件事，所以便没有继续深究。

老头怨恨，便吵着要上京城告御状。

结果，就在当夜，杨季主也被郭解的人残忍杀害。

老伴儿死了，儿子也死了，杨季主的妻子悲痛莫名，便带着剩下的家人于次日夜晚偷偷离开了轵县，前往长安去状告郭解。

而郭解在轵县的势力于次日见老太太一家不见踪影，料定是去长安告御状，便快马加鞭地前往追赶。

那天，老太太紧赶慢赶终于带着剩余的儿女们来到了长安，她仿佛看到了复仇的希望、看到了郭解被弃市的场景。

可就在这时，一群一脸凶相的年轻人默默走到这一家子面前，然后将他们围了起来，并从袖口抽出短刀，对着这一家子人便是一顿狂捅。

结果，老杨家惨遭灭门，男女老少无一生还。外加郭解到了茂陵以后，茂陵新迁来的地方势力无一不以郭解为首。这众多的事情无不触碰汉武帝的底线。

于是，汉武帝怒了，下令张汤亲自往茂陵拿人。

而朝中的保护伞提前将此事告知了郭解，郭解闻风而逃。先是逃到了临晋，后来又逃到了太原。

可当时并没有飞机，想溜出国避难根本就不可能，而只要你在汉朝境内，就别想逃过皇帝的追捕。

所以，没过多长时间，郭解不出意外地被官吏拿获了。

汉武帝为此下令廷尉张汤以国法严惩此人，绝对不能姑息。

结果，张汤郁闷了，心里不知道骂了汉武帝多少次。

要知道，早年郭解杀人犯法都是赶在天下大赦之前干的，所以根本无法惩戒。

老杨家灭门惨案怀疑最大的也确实是郭解，但凶手做得非常干脆利索，根本就找不到半点儿证据证明是郭解杀的或指使的，再加上郭解这个人骨头极硬，屈打成招也不可能。

就在这紧张的当口，郭解在轵县的势力又杀人了，因此彻底丢了郭解的性命。

因为着急找到郭解在大赦以后犯法的证据，张汤特意派人组成调查团往轵县取证，调查团到了轵县以后立即召集本地那些有头有脸的人来了解郭解的为人。

可这些地方势力全都极力地夸赞郭解，说他是贤人，说他根本不可能犯罪，让调查团一定不要冤枉了郭解。

但就在这时，坐在一旁的一名儒生冷笑一声，然后不阴不阳地道："这些人真会胡说八道。郭解，就是个恶霸头子，奸淫掳掠什么他没干过？这种人也配称之为贤人？真是满口胡言。"

话说出来了，这儒生痛快了，可同时也宣告了他的死期。

因为就在当天夜晚，这名儒生被残忍杀害。和以往不同的是，这次他的头没有被砍下来，而是舌头没了。

郭解在轵县的势力本以为这次做得天衣无缝，朝廷依然不能拿他们怎么办。可这回他们错了，他们挑错了时间也挑错了人。

现在是郭解最敏感的时期，稍有不慎便会给他带来天大的麻烦。他们杀的又是什么人？那是身份尊贵的儒生！

所以，当此消息传到长安以后，长安的儒生直接炸了。为了一个郭解，身为三公的御史大夫公孙弘竟然亲自找到了汉武帝，义正词严地道："臣请问陛下，刁民郭解涉案无数，在民间私结党羽滥用权力，甚至在朝廷调查团的眼皮底下杀人，这种人为什么还不处决？"

汉武帝："郭解之前杀人是赶在大赦天下的当口，最近几次杀人又都没有证据，所以一直没动他。"

公孙弘："陛下，郭解在民间的势力已经超越了他身为百姓的身份，这些人仗着郭解的名声在外肆意妄为，残杀无辜不可计数，这种行为已经构成了大不敬之罪，臣请立即处决郭解和他的族人，以正天下法典！"

话毕，公孙弘深深一拜。

汉武帝也早想除掉郭解，可一直没有什么好的借口。如今公孙弘为他带来了口实，那还有什么好说的？

于是，郭解和其家人被汉武帝统统处决。

郭解死后，他曾经的手下们分散各地，组成了比较具有规模的恶霸团伙，可与郭解相比，却还是小巫见大巫了。

2.5　主父偃之死

郭解，这个纵观整个汉朝最大的恶霸头子死了，但怎么说他也只不过是民间势力，甚至顶不上朝中的一个当红的官员。

那么除了卫青，现在汉武帝身边谁最红呢？可以肯定地说，那人就是主父偃了。

那么主父偃有什么厉害的呢？可以这么说，靠着一张嘴就能灭了一个诸侯王！

这时期燕国的国王为刘定国，极为淫乱，当初还未当燕王之时便与父亲的妻妾通奸。

等他成为燕王之后，行为更加肆无忌惮，不但抢夺自己弟弟的妻子为妾，还和三个亲生女儿乱伦。

刘定国手下有一个官员名叫肥如，不知犯了什么罪行，导致刘定国要除掉他，肥如对刘定国的手段十分畏惧，便想"先下手为强"，在刘定国动手抓他以前逃至长安向朝廷告发刘定国的淫乱之事。

可肥如还没跑出燕地就被刘定国派出的鹰犬给抓了回来，之后被刘定国残忍杀害。

肥如的兄弟怨恨刘定国，乃偷跑至长安，终于将刘定国所犯之事报告了朝廷。

汉武帝对如何处置刘定国之事十分犯难，便召开了廷议来集体议论此事。

可诸侯王的处置为帝王的家务事，晁错的前车之鉴又去之不远，所以没有人为这种事发表言论。

可眼尖的主父偃反应极为迅速。

他认为，处理诸侯王之事乃是皇帝的家事，正所谓"家丑不可外扬"，所以一般这种事情皇帝都会私下里解决，不可能因为这事儿弄一出廷议出来，而如今汉武帝不顾皇家的脸面，将此丧尽天良之事拉到明面上来，这说明什么？说明汉武帝已经对刘定国起了杀心，但他不想担这个杀亲的恶名，所以想让别人来替他背这个黑锅而已。

于是，主父偃站出来道："陛下，燕王刘定国此种行为与禽兽无异，他败坏人伦，违反天理，根本不值得同情，必须受到法律的严厉制裁。臣请奏，判处刘定国死罪，将他的封国削除，改为郡县，还请陛下批准。"

此举一可以将刘定国绳之以法。二可以削除燕国，增加汉廷的实力，不管从哪一条出发都是利大于弊的。

所以，汉武帝直接准了主父偃的奏请。

于是，燕王畏罪自杀，燕国被改为汉朝一郡。

迁徙茂陵、削弱诸侯王、修建朔方郡、杀燕王。这哪一项不是主父偃的提议？这哪一项皇帝没有批准？所以，很明显，现在的主父偃绝对是汉武帝身边最红的文臣，就连下一任丞相的第一候选人公孙弘都感到了浓重的威胁。

基于此，各诸侯王畏惧主父偃，生怕下一个被收拾的就是自己。而大臣们为了自己的前程也纷纷溜须拍马主父偃。

所以，一时之间，不管是诸侯王还是朝中大臣纷纷拜访主父偃，送出自己的一份心意。

而主父偃呢？从小穷到大，好不容易有权了，当然要借此机会大捞特捞。

见主父偃如此做派，一些和他比较亲近的人便劝主父偃，说他实在是太肆无忌惮了，应该收敛一下，可主父偃却回答道："收敛？我为什么要收敛？我之前四十多年不得志，父母不把我当儿子，兄弟不肯收留我，朋友也离弃我。我穷困潦倒太久了，如今为官，就是要用五鼎而食，哪怕是死也要死在五鼎里面！"［五鼎：古代的时候大夫用五个装饰精美的鼎分别盛羊、豕、肤（切肉）、鱼、腊五种供品，形容高官贵族的豪奢生活。］

主父偃的友人叹了一口气便走了。

而随着主父偃的家产越来越丰厚，身份地位越来越高，诸侯王越来越畏惧他，主父偃的野心也就逐渐活泛起来了。

因为他是齐国人，所以想将自己的女儿嫁给齐王以彰显自己的尊贵，可对于主父偃这种暴发户，齐王的母亲是绝对看不上的。

所以当主父偃的人前来说明意思以后，这老太太连好脸都没给一个便将主父偃派来的人赶走了。

主父偃因此大怒，便跑到汉武帝面前道："陛下，齐国的都城临淄是千古王都，户十万，市井商税就能达到千金，其繁华和规模比对长安也是有过之而无不及，所以不是天子的血亲近人是没有资格占有此地的。而高皇帝统一天下以后，其子刘肥继承了此地。现在多年已过，陛下和齐王的血缘已经淡薄疏远了。所以臣建议，咱们找个理由将齐王弄到一个小地方做一个小王，然后将临淄给收回来，重新封给陛下的某个儿子便好。"

汉武帝："这倒是可以，但齐王从来没有什么过失，就这样给人家弄走怎么都说不过去吧？"

主父偃："陛下请放心，借口我早就想好了。那齐王和自己的亲姐姐乱伦，这已经不是什么秘密了，一查一个准，咱们就以这个为借口，将齐王弄到其他地方去。"

汉武帝："嗯，可行，但一定要记住，对齐王态度要好一些，一定要宽和劝慰，别给他激怒了，毕竟这并不算什么大罪。"

主父偃："是，臣会把握分寸。"

就这样，主父偃被汉武帝任命为齐相，前往齐国摆弄齐王。

还记得战国时期的四公子中有一个叫孟尝君的，也曾经历过低谷。那时候几乎所有的宾客全都离他而去。可最后他又死灰复燃了，那些宾客又全都回来了。

孟尝君本想吐他们一脸唾沫，但身边的冯谖却劝孟尝君，告诉了他什么叫事物的必然规律，孟尝君也就没有再难为这些门客，又将他们迎了回来。

可很明显，主父偃身边没有冯谖一样的人物，他也没有孟尝君的心胸。

这不嘛，一听主父偃要来齐国做齐相，他的那些亲戚和之前认识他的朋友们全都出动了，来了个千里相迎。

而主父偃呢？在得意的同时对他们极为鄙视，到了驿馆以后没有请他们进入，而是让仆人直接往地上扔了五百金，然后以极为蔑视的口吻道："当初我贫贱的时候，你们这些东西一个个都看不上我。如今我做了齐相，你们就来了个千里相迎，如此丑态真是让我恶心，今天我主父偃宣布，从此和你们这群鼠目寸光的人断交，现在给你们五百金，拿了钱赶紧滚。"

话毕，直接拂袖而去。

这之后，主父偃直奔齐王宫，他没有先去安抚齐王，而是直接将平时负责齐王饮食起居的小太监们统统抓了起来，并连夜审查他们。

最后，这些小太监将齐王乱伦姐姐的事情全部招了出来，并完成画押。

见主父偃如此气势汹汹，齐王畏惧至极，害怕真相被扒出以后会受到残酷的对待，便直接自杀了。

这一下事儿闹大了，汉武帝三令五申让主父偃一定要宽容安抚齐王，可主父偃倒是好，直接把齐王给安抚死了，虽然不是他直接害死的齐王，但间接的罪名他也是跑不了的。

最重要的是，这事儿明面上虽然是主父偃干的，但是谁派主父偃去的？不还是汉武帝本人吗？所以齐王之死很容易让民间联想杀害齐王的真凶究竟是谁，也就会让汉武帝背上一个杀害宗族血亲的恶名。

基于此，汉武帝大怒，直接将主父偃打入牢狱之中，准备审问之后再行处理。

正巧这时候，赵王刘彭祖因为畏惧主父偃，害怕他死灰复燃以后再将目标定在赵国身上，便向汉武帝上奏，阐明了主父偃的受贿之事，企图彻底断掉主父偃"重生"之机。

最后，通过廷尉署的严密审讯，廷尉张汤断定主父偃受贿属实，却没有直接害死齐王，而是在审讯的途中齐王畏罪自杀。便将审讯卷宗交给汉武帝，请其自行决断。

汉武帝怜惜主父偃的才能，再加上主父偃并非真的逼迫齐王，就想小小惩戒一下主父偃，然后将其放了。

可此决断一下，身为御史大夫的公孙弘不干了。

因为公孙弘知道，主父偃经过这件事以后一定会更加成熟，再不会轻易让别人抓住什么把柄，再加上主父偃极有才干，出狱以后一定会对自己的地位形成冲击，所以此人绝不能留。

于是，就在汉武帝打算放过主父偃的时候，公孙弘找到了汉武帝，并和其道："陛下！请恕臣直言，齐王自杀，因为没有后代所以封国被废除，此影响太过恶劣，而这一切的主导都是主父偃本人，和陛下没有半点关系。如果陛下放过主父偃，那么这天下人会怎么想？齐王到底是谁授意杀害的？难道陛下想背负一个'残杀血亲'的恶名吗？后世人又会怎么想陛下？难道陛下想让之前的努力通过这一件事付诸东流吗？"

这话说得太狠，一下击中了历代皇帝的软肋，谁不想名垂青史被后世所尊崇呢？

所以，汉武帝从了公孙弘，将极有才干的主父偃灭族。

主父偃，他就像一颗政治流星一样，划破长空被万众所瞩目，但没落得也非常迅速，不为人所歌颂称道。

他被灭族以后，也只有一个叫孔车的为他送葬，坟墓多年都没有人去清扫打理。

2.6 开拓者的回归

主父偃死了，不管他生前有多么辉煌耀眼，死后也只是一堆黄土而已，后代也没多少人知道此人。

可就在主父偃死后没多久，一个衣衫褴褛、打扮如同乞丐一般的家伙走进了长安。

他的到来，令整个长安朝廷震动；他的到来，掀开了汉朝新的篇章，让汉朝走向了世界。

他，便是张骞，一个让人无法忘记的伟大开拓者。

十年前，汉武帝为了联合匈奴西面的大月氏人共同对付匈奴，便派张骞为使者出使大月氏。

但要出使大月氏就必须要越过匈奴的国境线，而想要越过匈奴而不被发现，说张骞如履薄冰也差不多了。

因此，张骞在百余人的使者团里又加了一个叫甘父的匈奴奴隶，并用其为向导，专走偏僻无人的小道。

可一行人历经千辛万苦，却在要走出匈奴国境的时候被匈奴巡逻兵发现，全都被擒回了中央王庭。

看着下面那位虽然深处敌营但依然昂首挺胸的汉使，军臣单于莫名地产生了一些尊敬，再加上汉武帝那时候还没有对匈奴人进行马邑伏击战，所以军臣单于还算客气地问道："汉使千里迢迢往西而去，不知意欲何为啊？"

张骞不卑不亢地道："我大汉皇帝派我等前往西方进行外交活动，只是听说西方有很多没有交往过的国家，所以想让我去见识见识，并没有什么其他的意思。"

军臣单于冷笑道："西方国家？这里面不会有大月氏吧？"

张骞："大月氏只是其中之一，并不是主要目标。"

军臣单于："哈哈哈哈，汉使这话说得搞笑，那大月氏和我匈奴乃是世仇，你汉朝派人往大月氏竟然还敢说没有什么意图？那我倒是请问了，如果我匈奴派遣使者前往南越，你汉朝会放我匈奴使者通行吗？"

张骞："……"

军臣单于："没话说了？呵呵，所以汉使你也别想着去西域了；同样地，你也别再想着回汉朝了，我挺喜欢你的为人，就在我们匈奴生活吧。"

说罢，转身离去，张骞就这样被留在了匈奴。

多年过去了，当初跟随张骞被擒获的汉朝人早就习惯了匈奴的生活，甚至想不起自己的家乡在何方。

只有张骞，他虽然表面上臣服于军臣单于的淫威，但当初皇帝赐给他的符节却一直完好保存，并从未忘记自己的使命。

也许是因为匈奴人都已经将张骞当作了自己人，也许是军臣单于也认为张骞不会再逃了，抑或当时军臣单于正与汉朝全面开战，所以无暇顾及张骞，负责看护张骞的看守越来越少、越来越放松警惕，使得张骞终于抓住了这个机会，顺利逃出了匈奴国境线。

而这时候，跟随张骞出逃的人只剩下十多个了。

但逃出匈奴就没事了吗？非也。

要知道，想要到达大月氏就必须经过大宛国（中亚费尔干纳盆地），而想要到大宛国就必须经过气候残酷的大漠戈壁。

最早出使大月氏的时候，张骞使者团已经提前将越过大漠所需要的物资准备好了。

可被匈奴人抓住以后，所有的物资全被没收，再加上张骞一行人是仓皇逃出匈奴，所以物资极为匮乏。

飞沙走石，热浪滚滚，物资紧缺。

张骞一行人风餐露宿，极为艰苦，据说汉使团的粮食吃尽了就杀野兽以充饥，没有水了想什么办法并没有说明，总之最后张骞是成功到达大宛了。

而大宛人从来都没有见过汉朝人，所以张骞等人到达大宛以后被当地民众团团包围，好像看神奇的动物一样观看张骞等人。

此种异样也惊动了当地的官兵，其上前问明张骞的来意以后便禀告地方长官。

地方长官也不敢耽搁，赶紧前往通报国王。

大宛国王早就知道在东方有一个非常富庶强大的汉朝，所以亲自接见了张骞一行。

张骞对大宛国王一拜，然后通过翻译道："尊敬的大宛国王，我是汉朝的使者张骞，我本奉我大汉皇帝之命出使大月氏，但在途中遭到匈奴人的拦截，以致如此窘迫。所以，希望尊敬的大宛国王能派出护卫队帮助我到达大月氏，如果成功的话，等我回到汉朝以后，大汉皇帝一定会十分感谢国王，进而赐给您用之不尽的财宝。"

那大宛国王早就想和汉朝建交了，可碍于中间隔着一个匈奴，所以一直未能成功，如今听张骞如此保证，想着举手之劳就能结一个善缘，何乐而不为呢？便热情款待了张骞，还给了他很多粮食、水等生活必需物资，之后派遣护卫队帮助张骞成功抵达了康居国（今乌兹别克斯坦和塔吉克斯坦境内）。

为了减少不必要的麻烦，大宛国王还给张骞派了翻译官。

而到达康居国以后，张骞也和本地国王说了同样的话，康居国王也抱着同大宛国王一样的心理，派出了护卫队护送张骞抵达了大月氏国。

历经千辛万苦，张骞终于抵达了这个做梦都想到的国度，本以为到了大月氏以后一切都会顺利，但此时的大月氏国土肥沃，物产丰富，并且距离匈奴非常遥远，所以早就没有了复仇的心思。

张骞在大月氏整整停留了一年之久，其间无数次地劝说，但都没有任何作用。整个大月氏，不管是国王（或是女王）、五个诸侯，或是普通老百姓都对现在的生活非常满足，再也不想经历战火的摧残了。

所以，任凭张骞如何劝说都没有任何作用。

最后，无奈之下的张骞只能放弃，进而返回汉朝。

因为上一次被匈奴抓获，张骞这一次改变了回归路程，哪怕是绕远路也坚决不走匈奴国境了。

于是，张骞一行人先至塔里木盆地南部，然后走昆仑山北道，至莎车国、于阗（今和田地区）、鄯善（今若羌县），打算通过青海的羌人地区后归汉。

可悲催的是，此时的羌人也已经被匈奴征服，成了他们的附属国。

于是不出意外地，张骞再一次被生擒活捉。

这些羌人将张骞等人活捉以后，直接送往了匈奴王庭。

再次被抓回来的张骞本以为必死无疑，可出乎意料的是，这一次军臣单于还是没有杀掉张骞，而是继续将其软禁，只不过看守要比以前严多了。

此时，别说张骞的那些手下了，就连张骞也认为再没机会回到汉朝了。

可老天眷顾张骞，因为就在张骞被擒获以后没多久，军臣单于竟然魂归西天了，紧接着匈奴爆发了内乱，张骞就趁着这个大乱的时机逃回了汉朝。

当张骞再一次踏上汉朝的土地时，他的眼眶湿润了。曾几何时超过百人的大型使者团威风凛凛地前往大月氏。

但十余年过去了，当初的一百多人现在只剩下两个回来（张骞和甘父，剩下的就是张骞在匈奴的妻儿了），还都是衣衫褴褛如同乞丐一般。

可没有任何一个人敢小瞧这帮"乞丐"，边关郡守听闻张骞回归，对他佩服得五体投地，热情款待一番后便立即派骑兵一路护送张骞返回长安。

当时的汉武帝早就忘记早年出使大月氏的张骞了，甚至以为张骞已经死在了出使的路途之中。

所以当他听闻张骞已经成功回国之后，甚至不敢相信自己的耳朵。

他立即放下手中的工作，在第一时间单独召见了张骞。

那天，君臣二人从白天一直聊到了黑夜，汉武帝可真是涨了见识，同时也为张骞的苦难旅程所感叹，便册封张骞为太中大夫，一直跟随张骞不离不弃的匈奴人甘父也被汉武帝封为了奉使君。

张骞此次出使大月氏，虽然没能达到汉武帝要求的战略目的，却完成了更加雄伟的壮举。

在张骞以前，从来没有任何一个朝代的任何一个中原人到达过西域，而张骞本次出使西域，不但使汉朝的影响直达葱岭以西，还通过大宛、康居、大月氏的本地人和地方官员了解了乌孙（今巴尔喀什湖以南和伊犁河流域）、奄蔡（今里海、咸海以北）、安息（以前的波斯，如今的伊朗）、条支（也叫大食，就是如今的伊拉克一带）、身毒（也叫天竺，便是如今的印度）等地的许多情况，为以后的丝绸之路打下了相当坚实的基础。

2.7 右部歼灭战

张骞说完了，但之前说张骞逃亡的时候曾提到过军臣单于死了，那这是怎么回事儿呢？

原来，军臣单于自从和汉廷全面交战以来，被卫青连连打击，曾经不可一世的匈奴在他手里完全对汉落了下风，这就使得军臣单于整日郁闷，再加上此时的军臣单于年龄也已经不小，所以便积郁成疾，没过多久就魂归西天了。

当时，军臣单于已经有了太子於单，所以按照正常流程，於单会继承单于之位。

但军臣单于在位期间连连败给卫青，使得他在匈奴中威望大减。相对应地，於单的威望也就跟着下降了。

而身为左谷蠡王的伊稚斜是军臣单于的弟弟，同属于老上单于一脉，并且在匈奴威望极高。

所以，只要将於单弄下去，伊稚斜便是当之无愧的新任单于。

于是，几乎是在军臣单于死去的同一时间，伊稚斜抓住於单立足未稳之际发动兵变。

於单根本就不是伊稚斜的对手，最后只能领着一个心腹小王向南投降汉朝（一说於单为军臣单于和汉朝某位公主所生，所以有汉人血统）。

汉武帝一听本该为匈奴单于的於单来投极为兴奋，因为只要将这个於单养在长安，汉武帝就可以通过很多方法来分化匈奴，从而在内部瓦解匈奴人。

因此，汉武帝给於单和那个前来投靠的匈奴小王赐了汉人姓名赵信，并给他们穿最好的、吃最好的、住最好的。

但无奈的是，於单在长安生活没几个月就死了，汉武帝的分化计谋也只能不了了之。（注：关于於单的死因也有两种说法，一说不是只有汉武帝看出了可以用於单来分化匈奴内部，伊稚斜单于同样知道於单的危害，所以派出了匈奴特工前往长安将於单杀了。一说於单虽然投降了汉朝，也受到了款待，但他依然思念匈奴故土，所以整日愁眉苦脸，不久便积郁成疾，病死于"家中"）

再看匈奴，伊稚斜夺取单于之位以后，为增加自己在匈奴的威信力，便开始对汉朝边境发动了连绵不绝的侵略战争。

元朔三年六月（前126年），伊稚斜出奇兵突袭雁门，杀掠千余人，并疯狂抢夺物资。

不过本次伊稚斜出兵不过是对汉廷的一次试探性攻击，主要目的就是想看看汉廷到底是什么反应，并且在攻击的同时，加派阴山山脉的驻兵。

因为阴山山脉下方就顶着一个朔方，如同一把利剑一样掐住匈奴的咽喉，伊稚斜可不想犯当初自己老哥的错误。

可出乎意料的是，这一次，汉武帝并没有哪怕一丝丝的回击。

这是为什么呢？从来都以强势著称的汉武帝为什么这次没有对匈奴展开报

复行动呢？

为此，伊稚斜特意遣间谍往长安打探情报。

原来，汉武帝的母亲，王太后最近病重，眼看就要归西了。

早在西周时期，周公旦（姬旦）创造了《周礼》这部伟大的礼仪典籍，将忠孝仁义等种种有关礼仪的东西与法律挂钩，并强制人们执行，让当时的中原人彻底摆脱了那已经尚存不多的蛮习。

后来，进入了春秋战国时期，礼崩乐坏，《周礼》丧失了权威性。

不过，那时候距《周礼》被创造已经过了好几百年，一些基本的礼仪已经在人们心中扎下了根，不是想改就能改的，其中孝字更是将华夏人民的精神体现得淋漓尽致，所以在当时便有"国丧不伐"之说。

那么什么叫国丧不伐呢？就是国君和国君的父、母、爷爷、奶奶辈的死去以后，新上位的国君不能在国丧期间对外部用兵。

直到汉朝统一天下以后，刘邦开始慢慢地起用文人，并以忠孝为治国之本。

到汉武帝时代，更是重用儒生，所以孝就更为重要，如果当时有谁要是不孝顺的话，那不但要被天下人谩骂，还要受到极为残酷的法律制裁。

而汉武帝又是整个汉朝的领袖，所以他是一定要起带头作用的。

所以，在母亲病重期间，他就得忍着匈奴人的欺辱，憋着一股劲儿无法发泄。

而当伊稚斜探听到具体消息以后大为兴奋，便在国中调兵遣将，准备和汉朝玩儿一把大的。

可此时王太后只是病重，并没有死去，汉武帝可以忍受你小股部队的侵袭骚扰，但绝不可能忍受你大规模的攻打劫掠。

很明显，伊稚斜知道这一点，便在士兵集结完毕以后暂时不动，只等王老太太一死便全面劫掠汉朝。

公元前125年夏季，左盼右盼的匈奴人终于把王老太太给盼死了，一时间，整个北方马蹄声阵阵，伊稚斜出九万匈奴铁骑分三路大军侵袭汉朝边境（每一部各三万）。

代郡、定襄郡（今内蒙古自治区林格尔县以南地区）和上郡（今陕西省绥德县南五十里）几乎在同一时间受到了匈奴的大举进攻。

本次侵袭战，汉廷方面完全采取坚壁清野的作战方略，任凭匈奴人如何劫掠乡镇，汉大军就是不主动出击。

最后，匈奴没有继续深入，而是抢夺了无尽的财物和奴隶以后北撤回国了。

本次，汉朝一共被掠夺了一万余名百姓和不计其数的财物，可谓损失惨重。

可汉武帝并没有动，也没有往北方派出援军。

为什么呢？难道就为了一个守丧连防守都放弃了？

非也，汉武帝就是再迂腐也没有到这种程度。

汉武帝认为，现在自己刚刚夺取朔方地区，掐住了阴山山脉的南方门户，这是对匈奴最大的威胁，使得匈奴从此无法再在西北方向给长安致命打击，反倒时刻有可能丢了阴山。

所以，伊稚斜不管从什么角度考虑都应该优先夺回朔方才对。

但伊稚斜没有，反而将几乎所有的王庭军都派往汉廷北方边界劫掠生事，这就太违反常理了。

所以汉武帝料定，这次匈奴人又使了一次他们惯用的声东击西之计，实际上的攻击目标一定是朔方！

基于此，汉武帝非但没有给北方边境任何支援，反倒是又派了很多士兵前往朔方驻防。

而一切都如同汉武帝所料，几乎在北方匈奴骑兵撤兵的同时，身在西方的匈奴右贤王部几乎出动所有的右部匈奴骑兵团对朔方郡发动了绝猛的攻势（无具体兵数考证，不过按匈奴一共有四十万骑兵来计算，左右贤王部的士兵应该都在十万出头，刨除镇守本部的士兵，估算本次出兵人数应该在八万左右）。

好在之前汉武帝已经有所防备，所以本次右贤王并没有讨得好处便带兵撤退了（汉朔方郡原本就有驻兵十万，再加上汉武帝的援军，估算守军最少不低于十五万）。

但不管怎么说，这次汉朝还是因为匈奴蒙受了巨大的损失。

汉武帝非常生气，但自己的母亲刚刚死去，所以本年是无论如何都不能出兵的，所以汉武帝忍了。

一天又一天，一月又一月，汉武帝无不在憋屈的心态下度过。

终于，时间到了元朔五年（前124年），就在新年"钟声敲响"的同一时刻，一批又一批的精锐骑兵前往长安西郊集结。

整个十月，长安西郊都被马蹄声所淹没。

同年十一月，大军集合完毕，将近十万汉廷精锐骑兵整装待发，汉武帝将这十余万大军分为五部，统统归卫青节制。

一部，卫尉苏建为游击将军，统兵万余。

二部，左内史李沮为强弩将军，统兵万余。

三部，太仆公孙贺为骑骑将军，统兵万余。

四部，代相李蔡为轻车将军，统兵万余。

五部，为卫青直属主力部队，统兵近四万。

另外，在同一时刻，汉武帝还给身在右北平的大行李息、岸头侯张次公发出密信，让他们如此这般……

匈奴人最喜欢的是声东击西。所以，汉武帝以彼之道，还施彼身，本次的总作战方略也是声东击西，看似要攻击匈奴左部，可实际上，手中的钢刀可都是奔着右部去的。

十一月，汉朝最东北的右北平城门大开，将近三万士兵出右北平，往匈奴左部方向而去，这些士兵每个人之间的间距都很大，并且人手一旗，弄得好像十多万人一样。

伊稚斜得报以后，分出大部主力部队急速前往左贤王处，意图待汉军深入境内以后痛击之。

可"声势浩大"的汉军行进速度非常慢，这哪里是打仗，简直就像旅游一般。

与此同时，一支真正庞大的部队，于朔方悄悄出动，他们如同夜猫子一般，在白天休息，于夜间急速行进。

不必多说，这支部队正是卫青所统的主力部队。

他在右北平汉军出动一段时间以后，便每每在夜间偷偷行进，先是从朔方"偷渡"至五原，然后又从五原"偷渡"至高阙塞（今狼山县北），进而走出阴山以西，然后突然发力。

其将大军分为两部，从东西两个方向不分昼夜向右贤王总部奔袭（阴山以北数百里）。

而此时的右贤王在干什么呢？当然在右部王庭饮酒作乐了。

要知道，现在汉军的主力部队都在东北方向进攻左贤王，根本没他什么事儿。哪怕是汉廷想要攻击右贤王部，就算从朔方出动也有千里之遥，汉军怎么可能来一个千里大奔袭呢？

再说，有史以来，就没有哪个中原国家有过千里奔袭游牧民族的记录。

基于此，对于汉廷能够攻击自己这事，右贤王那是想都没想过，就更别提警戒了。

于是，他悲剧了。

一天，右贤王还在帐篷里喝着马奶酒，吃着美味的烤羊腿，可就在这时，如同地震一般的马蹄声响彻草原。

紧接着，震天的喊杀声响起，整个右部王庭顿时一片大乱。两路汉军从东西方向如火一般杀进了全无防备的右部王庭。他们见人就杀，见帐篷就烧，整个王庭被火光和鲜血弥漫。

已经喝得迷迷糊糊的右贤王醉意全被吓没了，想组织士兵战斗，可现在整个场面已经无法控制，匈奴人乱成了一锅粥，这怎么组织进攻啊？

于是，万般无奈的右贤王只能带着百余心腹向北方拼命奔逃，完全放弃了匈奴右部，卫青则一边命轻骑校尉郭成领数千轻骑兵团追击右贤王，一边带着主力部队继续"扫荡"右贤王部。

最后，由于右贤王等人的战马太快，郭成虽追击了数百里，但依然无功而返，使得右贤王逃过了一劫。

卫青等人则俘获了小王十余人，匈奴百姓一万五千多人，牛羊牲畜数十万，杀了士兵和匈奴百姓无数。

纵观此次战役，卫青再一次采用了千里奔袭的大突袭战术成功取得了赫赫战功，几乎将整个匈奴右部打残，对匈奴的经济与人口都造成了惨重打击。所以，当卫青所部凯旋时，京城早已经有使者在城门之下等候，没等卫青进入长安便授予了他一个军人最高荣耀的印信——大将军印！

这也就是说，从此以后，卫青将是整个汉朝军界的最高统帅。

这还不算，当卫青进入皇宫以后，汉武帝直接赏卫青八千七百户食邑，并封他的三个儿子为侯爵。

跟随卫青作战的诸多将领也统统有赏，如护军校尉公孙敖、都尉韩说、骠骑将军公孙贺、轻骑将军李蔡、校尉李朔、赵不虞、公孙戎奴等皆被封为了侯爵。

至于李沮、李息，以及校尉窦如意，中郎将绾等人，也被封为了关内侯。其中李沮、李息、窦如意还被额外赏赐了三百户食邑的奖励。

可以这么说，因为本次的大胜，使得汉武帝在国中的威望更盛，与此同时，卫青也到了人生之中的巅峰。

因为他的胜利，使很多将领得到提拔，很多士兵得到奖赏，所以从这以后，几乎所有的将领和士兵都愿意为了卫青去拼命、去搏杀，卫青毫无疑问地成了汉朝军界的精神支柱，说他是当时的军神也绝不为过了。

而在卫青成为汉朝军界第一人的同一时刻，公孙弘也终于登上了丞相这个梦寐以求的宝座。

2.8　宫廷那点儿事

话说公孙弘自从再次为官以后一帆风顺，官职如同坐火箭一样向上飙升。他为人表面上温文尔雅，不管见谁都是笑呵呵地应对，可实际上却是一个笑里藏刀之辈。只要有反对他的，他便会在暗地里下黑手，或者将其赶走，或者直接弄死。

这不，刚将主父偃弄死没多久，他便又将黑手伸向了董仲舒。

话说自从董仲舒被贬为中大夫以后，再也没有什么作为，除了每日研究学问以外就是在官场上混日子而已。

因为董仲舒极为信奉"天人感应论"，所以只要有什么天灾就总往皇帝身上联系，这也为汉武帝所不喜。

还记得之前长陵的自燃事件吗？就是因为这事儿，董仲舒便开始在家写奏章，主要意思就是说本次的自燃事件全都是汉武帝国政处理得不好才导致的天降灾祸。

可当董仲舒写完以后却感觉这奏章有可能会让汉武帝震怒，进而威胁自己的生命，所以奏章虽然写完了，但并没有递上去，却也并没有销毁，还收藏起来了。这就为自己埋下了灾祸的伏笔。

后来，主父偃前来京城发展，被汉武帝所器重，因为董仲舒是当时大儒的代表人物之一，所以主父偃不管是出于什么都要来拜访董仲舒的。

可巧的是那天董仲舒没在家，主父偃又是汉武帝新进的红人，下人不敢得罪，便将主父偃请到了董仲舒的书房里等候。

主父偃早就知道董仲舒是当代大儒，所以对他的作品非常憧憬，便一件一件地翻看董仲舒的书籍。

可巧的是，翻着翻着主父偃就把董仲舒当初的那篇奏折给翻着了，然后这小子也不再等董仲舒了，而是拿起奏折便前往汉武帝那边告状，以此来换取汉武帝对自己的宠幸。

结果，汉武帝真的怒了，不过他没有第一时间处置董仲舒，而是将在朝中为官的董仲舒的学生全都叫到了一起，并将董仲舒的奏章拿给这些学生们看，让他们发表自己的看法。

这些学生不知道这篇奏章是自己老师写的，所以都说写奏章的人非常愚昧，不知所谓。其中有一个叫吕步舒的还要汉武帝将此人交给廷尉治罪。

汉武帝等的就是这句话。

于是，汉武帝应吕步舒所"请"，直接将董仲舒拉到廷尉署治罪。

那张汤凡事都要看汉武帝的脸色行事，所以看到董仲舒的奏章以后二话不说，直接便请汉武帝将董仲舒判处死刑。

可因为董仲舒怎么说都是天下大儒，所以汉武帝并没有处死他，反而赦免了他，并恢复中大夫的职位（就是警告一下）。

自此以后，董仲舒再也不敢搞什么天人感应了，汉武帝也越来越瞧不上董仲舒了。

按说，如果这样下去，董仲舒大概会在中大夫的位置上干到退休吧。

可多年以后，公孙弘火了，成为大汉丞相，董仲舒受不了了，因为公孙弘和董仲舒都是研究《公羊春秋》出身，董仲舒是这方面的宗师级人物，而公孙弘呢？在董仲舒眼里只不过是一个半吊子而已。这样的人爬到自己的头上，董仲舒怎么可能不生气？再加上公孙弘凡事都要迎合汉武帝，哪怕心中有不一样的主张也不敢坚持，这就更让董仲舒所不喜，所以逢人便诋毁公孙弘，说他是一个奉承献媚的奸臣。

要知道，董仲舒为天下大儒，他的每句话都非常有影响力（这也是汉武帝不敢杀他的原因），甚至都会被天下儒生奉为经典，他说公孙弘是个奸臣，那公孙弘还能好的了吗？

所以公孙弘听闻此事以后极为愤怒，就想借他人之手除掉董仲舒。

那时候，汉武帝的哥哥，胶西王刘端为人特别凶狠残暴，曾经数次派刺客谋杀朝廷派去的两千石高官，汉武帝虽然心中知晓，但一来那是自己的哥哥，二来人家做事情滴水不漏，没有证据，就一直没管。

所以公孙弘认为，只要派董仲舒前往胶西国，早晚会和刘端发生矛盾，然后就可以借刘端之手除掉董仲舒，于是便找到汉武帝奏请道："陛下，胶西王在封国之内屡次犯法，如果再不教化就有可能会发生大错了。"

汉武帝："你说这些我知道，可谁才能教导我那大哥呢？"

公孙弘："中大夫董仲舒为当代大儒，学生遍布天下，教育经验极其丰富，由他前往胶西国担任国相，胶西王定会被他感化。"

汉武帝觉得有理，便命董仲舒前往胶西国担任国相。

而事情果然如公孙弘所料。

一开始的时候，刘端敬董仲舒是当代大儒，对他还比较恭敬，但相处的时间长了，难免会有一些摩擦，刘端对待董仲舒的态度就越来越不是那么恭敬了。

董仲舒当然了解刘端的德行，怕被他派人暗杀，同时知道自己不是公孙弘的对手，便是回到长安也可能被他整死，所以上书汉武帝，请求告老还乡。

汉武帝准了。

于是，自此以后，董仲舒只在家安心读书教学生，从此再也没有涉足官场之事。

主父偃死了，董仲舒被赶走了，公孙弘又把目标对准了汲黯。

汲黯这人之前咱也说过了，他的性格根本就容不得别人犯一点过错，不管是谁，官居何职，只要犯错了汲黯就要参他！

在当时，公孙弘和张汤都是汉武帝身边的红人，而这两个人汲黯一个都没放过，全都参过。

当时，公孙弘虽然高官厚禄，但却为人简朴，除了自己的官服以外，所有的衣服都用低等布料缝制，就连自己的被子也是破布所制。

他的那些穷亲戚们全都靠公孙弘所供养，他自己却吃得非常简单。

最开始，因为汲黯和公孙弘比较要好，所以公孙弘虽然虚伪，但汲黯也没太过放在心上。可自从多年以前，汲黯看破了公孙弘的为人以后，便和他彻底决裂，于是便在某一天朝会上当众叫板公孙弘。

汲黯："启禀陛下，公孙弘身为大汉三公之一，衣服简陋，吃住简单，甚至连盖着的被子都是破布做的，这并不能说明他公孙弘有多么廉洁，只能说明他时刻都在想着沽名钓誉，这是纯粹的伪诈！"

汉武帝也觉得有那么点儿道理，便看向公孙弘，并问道："可有这么回事儿？"

汲黯本以为公孙弘会吓得忙不迭磕头认错，可公孙弘自从做出节约表象的那一天开始便算定早晚会有人因为这事参自己，所以早就准备好了说辞。

只见他对汲黯微微一笑，然后对汉武帝深深一拜，道："启禀陛下，汲黯说的是对的，我确实是沽名钓誉，可我听说在春秋时期，齐桓公的国相管仲娶了好几房女子，其生活也是极尽奢华，甚至都能与齐桓公相提并论。虽然他最后辅助齐桓公成为天下霸主，但我依然不认同他，因为他这属于同国君相比。反过来再说齐景公时代的国相晏婴，此人作为天下最富国家的相，一顿饭只有一份肉菜，他也穿布衣，甚至他的妻子和小妾也都是一身布衣，他为什么要这样做呢？他是在给天下百姓来看，同时也是在向国君表达他的忠诚之意。那么他是不是沽名钓誉呢？是！可是他有错吗？恕臣直言，根本没有。如今，臣公孙弘也是在学习晏婴沽名钓誉，这又有什么可奇怪的呢？"

话毕，汉武帝哈哈大笑，只有汲黯在原地恶狠狠地盯着公孙弘，而公孙弘则是微笑着看着汲黯，但在那眼神深处却是有着无限的杀意。

之后，再让我们看看汲黯是怎么得罪张汤的。

因为汉武帝任用张汤以后，张汤总是喜欢根据汉武帝的喜好而改变国家法律条文，这让汲黯极为不喜。

所以，他经常在朝会上和张汤发生冲突。

一次，汲黯指着张汤的鼻子就骂："张汤！你身为国家正卿！可上不能发扬先帝功业，下不能做好本职工作，一天到晚只知道修改先帝留下的法律条文，让国家的刑罚越来越严苛！你就不怕你死了以后你的子孙们会被这样对待吗？"

张汤是怎么反击的呢？他知道汉武帝喜欢柔美婉转的语言，所以哪怕是和汲黯吵架，用的言辞依然委婉动听。

汲黯心里极为不服，指着张汤便骂："都说刀笔小吏不能让他们担任大臣，这话一点儿没错！"

这里只选取了当时比较有名的两个人来说，实际上汲黯得罪的人可不止公孙弘和张汤这两个人，所以大多士人都不亲近汲黯。

更为夸张的是，汲黯连汉武帝都一样"怼"。

还记得和匈奴全面开战以前，朝廷分为了主和、主战两派，而主和派除了有韩安国以外还有汲黯，他曾多次向汉武帝表明和匈奴开战不如和亲来得实在，可汉武帝最终都没有答应他的提议。

等到卫青数次狂殴匈奴以后，当初那些主和派全都老实了，只有汲黯一个人还在劝汉武帝应该停止对匈奴的战争。

遥记得当初关市突袭战，卫青直捣龙城以后，汉武帝非常开心，在朝会上大谈将来汉朝的美好未来，在那口若悬河地没完没了。

不知道过了多久以后，汉武帝终于说完了，汲黯就在这时候站出来不阴不阳地道："陛下您心中的欲望实际上是有很多的，但为什么总要装作仁义的样子呢？就您这个样子怎么能做像尧、舜那样的圣明君主呢？"

这话说完，汉武帝当时就怒了，但也不好在朝堂之上大发雷霆，所以只能转身走掉。

可回到内殿以后，汉武帝噼里啪啦地一顿砸东西，然后几乎是咆哮着对身边左右怒吼道："太过分了，汲黯太愚直。"（《汉书》："甚矣，汲黯之戆也！"）

就这样，长安的几个巨头连带皇帝都被汲黯给得罪遍了，甚至连汉武帝都对汲黯起了杀心，所以公孙弘掐准这个时机下手了。

长安，这个表面上看起来繁华安定，可实际上是各种盘根错节的关系城市，一直都是全国最为难搞的地方，所以凡为长安市长（原内史）想要管好长安，要么就要有郅都或宁城的雷厉风行，要么就要有非常庞大的后台，但这种人何其难寻。

所以，自从郅都和宁城之后，长安再也没消停过。

基于此，汉武帝将治理长安一带的内史分为了右内史（后京兆尹）、左冯翊、右扶风让他们各司其职，其中右内史管理的事情和地方也是最多的。

所以，公孙弘向汉武帝推荐汲黯为右内史，让他管理长安最为复杂的一部分地区。

公孙弘相信，凭汲黯的德行，肯定会把整个长安的权贵都得罪个遍，进而葬送了自己。

可让公孙弘想不到的是，这些京城权贵子弟别看一天天嚣张跋扈，但真碰到不要命的他们也害怕，所以汲黯刚刚上任，这些人就全都老实了，京城也因此得以安宁，真是偷鸡不成蚀把米。

可汲黯这人心胸狭窄，公孙弘等"后来居上"者在他脑袋上一天他都难受，不把这些人弄下去他寝食不安，所以总在向汉武帝汇报工作的时候顶撞汉武帝，说："陛下用手下的臣子就像堆柴火垛一样，经常后来者居上，毫无先后顺序。"

按照汲黯的意思，那就是官场应该是一个论资排辈的地方，谁先来的谁就应该是高官，不管能力高低。

汉武帝对他这种理论嗤之以鼻，可碍于这老小子脑袋总是少一根弦，所以也懒得搭理他，可等汲黯告退以后，武帝身边的小太监非常气愤，没忍住问了一句："陛下为什么要允许汲黯如此放肆呢。"

汉武帝只是笑一笑，然后道："知道吗？愚蠢是可以传染的，你要是和他说多了，只怕这种病也会传染到自己身上了。"

由此可见，当时汉武帝已经是非常讨厌汲黯了。

那汲黯以后又会怎么样呢？难道公孙弘、张汤等人就真的奈何不了他了吗？这是后话了，我们以后再说，还是先将目光瞄向北方吧。

2.9　龙之爪牙

自从和汉武帝开战以来，匈奴一败再败，军臣单于因为屡次被卫青突袭得手，在国中丧失了威信，以至于死后让自己的弟弟夺取了单于之位。

可伊稚斜夺了单于之位又能怎么样呢？虽然在汉朝边境线大大地劫掠了一把，可最后还是被卫青连本带利都弄回去了，整个匈奴右部都被卫青给打残了。

伊稚斜恨，伊稚斜怒，他恨卫青，恨汉武帝，更恨所有汉朝人。

于是，在同一年，几乎卫青前脚走，伊稚斜后脚便继续集中兵力，于同年秋季攻击了北方的代郡，并斩汉都尉朱英，掳掠一千多人，以此为报复。

又是小打小闹，汉武帝听闻以后只是一声冷笑而已。

次年二月，汉军修整完毕，针对上一年的匈奴报复行动，汉武帝决定再次给予匈奴大规模军事打击。

其于定襄（汉北国境线一地，处于云中和雁门之间）集结十余万精锐骑兵部队，命大将军卫青为三军统帅，公孙敖为中将军，公孙贺为左将军，苏建为右将军，赵信为前将军，李广为后将军，李沮为强弩将军（属卫青本部），然后领兵直扑匈奴王庭。

看到这次前、后、左、右将军的布置，这是要和匈奴正面硬打了。

没错，汉武帝确实是这样想的。

因为之前所有的战役基本都是以突袭取胜，并不是那么光彩，所以汉武帝此次打算换一个策略，那就是在正面以碾压的方式彻底摧毁匈奴王庭，让这个北方最大的威胁从此消失，成就他"千古一帝"的伟大功名。

汉武帝为什么对自己这么有信心呢？

首先，经过卫青多次的突袭成功，使得汉武帝天真地认为，匈奴也就那么回事，所以产生了轻敌之心。

其次，随着汉朝炒钢技术的发明，整个汉朝的兵器制造发生了一场大革命，使得汉朝的兵器、甲胄科技在这一时间领先世界千年之多！

所以凭着将领的优秀，科技的遥遥领先，汉武帝这才有了正面打击匈奴的想法，那么汉武帝会成功吗？我们拭目以待。

定襄集结军队完毕以后，卫青统领大军向北推进，其声势无比浩大，兵锋直指匈奴中央王庭。

与此同时，伊稚斜也在此时集结了几乎所有的中央王庭军，并将大军化为多股部队，打算在本地夹死汉军。

这还不算，伊稚斜单于还在向南迎击汉军的同一时刻向左贤王部发出援助命令，让左贤王迅速领兵前来中央王庭钳击汉军。

于是，汉匈第一次大集团军正面对决即将展开。

几日以后，当汉军推进至定襄以北数百里的时候，前将军赵信突然遭遇伊稚斜亲率的主力部队。

伊稚斜根本没有丝毫犹豫，直接命主力军团一部攻击赵信正面，其他游击部队奔至赵信左右，攻击它的侧翼。

那赵信原本就是匈奴人，对匈奴的战术极为了解，所以他根本没有任何慌乱，直领兵向前迎战王庭主力部队，并只分出少数部队守护两翼，牵制匈奴游散部队。

因为赵信知道，只要他这里开始战斗，后面的卫青部队马上就会前来支援，所以赵信根本没有后顾之忧。

就这样，两军迅速厮杀在一起，一时难解难分。

与此同时，卫青大营之内，"报，报告将军！北方出现匈奴大股部队，现和前将军交锋之中。"

卫青："好！左、右将军！"

公孙贺、苏建："在！"

卫青："现命你二人迅速领一部前往支援前将军，从左右两个方向打击匈奴侧翼。"

"是！"

"强弩将军！"

李沮："在！"

卫青："现命你分出两部士兵于左右军，做好准备，以防伊稚斜突袭我军侧翼。"

"是！"

"散了！"

然而，就在卫青要散会之时，突然冲出一个年轻人。

这年轻人步伐矫健，一身戎装，两眼英气逼人，只见他火急火燎地对卫青吼道："舅舅！舅舅！我呢？你不给我派点儿任务啊？"

卫青："我都说多少遍了，这不是在家，你要称呼我的军职！"

年轻人："啊，大将军，那我呢？你总得让我干点儿什么吧？"

卫青："你是第一次从军出征，没有统率士兵作战的经验，再说你只有八百多人，能干什么，还是乖乖地在军中给我学习吧。"

年轻人："可是我……"

卫青："还不给我下去！"

"是……"

就这样，这求战不成的年轻人非常失望地回到了自己的营中。

营中的士兵甲一见自家将军回来了，赶紧围过来道："将军！将军！大将军给咱派了什么任务啊？我要赶紧建功立业！"

士兵乙："是呀将军，我的大刀已经跃跃欲试了！"

年轻人一脸不耐地道："去去去，都给我滚一边去，我舅舅没答应！"

士兵丙："将军，不是我说你，你说话得讲究点儿策略，咱就八百多人，你可倒好，一上来就大包大揽的，人家大将军能答应你才怪呢，你信我的，再去求战，你就这样这样……"

年轻人："那怎么能行？照你那么说如何才能建功立业？"

士兵丙："你看看，说一套做一套你还不会吗？只要能飞出去，到时候咱们干什么大将军还能管得了？他是你舅舅，还能真收拾你吗？"

年轻人一想也对，便听从了这士兵的建议，打算下一次依言而行。

那么这年轻人是谁呢？

这人正是长途奔袭之神霍去病。如果将汉朝形容成一条龙的话，那么汉武帝无疑就是龙的头部，卫青和霍去病则是龙的左爪和右爪，负责撕碎敢于挡在巨龙身前的任何敌人。

霍去病，乃是卫青的姐姐卫少儿的儿子，在卫子夫还没有成为皇后的时候，卫少儿曾和一个叫霍仲儒的人私通，这就生下了霍去病。

但霍去病并没有遭受卫青当年的苦难，因为他一直都是卫少儿所抚养，甚至连自己的亲生父亲见都没见过一面。

等霍去病长大以后，恰巧卫子夫成了皇后，因为是皇后姐姐的孩子，所以霍去病年仅十八就当上了侍中。

并且霍去病从小就喜欢骑马射箭，看书也只喜欢看兵书，所以汉武帝很喜欢这孩子，便让他跟随卫青出击匈奴历练历练，看看以后能不能有所发展。

这就是霍去病之前的一些事儿了，我们言归正传。

话说卫青派左右各一部前往前线驰援赵信，使得赵信一下子压力大减，可伊稚斜也不是省油的灯，不仅再次派出部队攻击支援左右部，还另外遣数支小股部队绕过前线战场，突袭卫青本部。但见卫青防守甚是严密，乃弃中军而攻汉后方两翼。

匈奴骑兵虽然来得突然，但汉军都是经过多年训练的精锐之师，乃弓马步俱精之卒，所以原本为骑兵的汉军迅速下马，将长枪架阵前，成枪阵防骑，前来支援的弩兵则或于士兵之间，或于士兵之前，上好箭矢，只等匈奴骑兵。

弩兵，为步弓手之延伸，不管是穿透力还是射程都远远在匈奴骑弓之上，唯一不足之处就是上箭矢要比弓箭慢不少，弩兵在战国时期得到充分发展，当时的韩国为天下弓弩之最，曾有凭借弓弩便大败宋国的震撼记录。

所以，当匈奴骑兵还没有进入自己射程的时候，汉军弩手便已经向匈奴人发动了攻击。

砰！伴随着整齐划一的破空声，成群的箭矢冲向匈奴部队，匈奴骑兵应声而倒，但匈奴人和汉朝为敌多年，知道弓弩上弦慢的弱点，便趁着汉弩兵上弦的空隙急速冲到四五十米左右（匈奴骑弓的有效杀伤范围）对汉军毫不停歇地疾奔狂射。

如此，箭矢、弩矢相互交替，不管是匈奴骑兵还是汉朝步兵都死伤连连。

那这是为什么呢？不是说现在汉军的甲胄非常先进吗？

虽然自汉武帝时代发明了炒钢技术，汉朝士兵不管是武器还是盔甲都在世界上遥遥领先，可全具装极重骑兵依然没有出现，甚至连马上的士兵也是一身皮甲，因为想要在草原大漠中痛殴匈奴人，最重要的就是机动力。

基于此，只有强弩将军手下的弩手为汉朝最新型号的重装材官才身着铁甲，其他的士兵还是如同春秋晚期、战国初期一样的全身皮甲。

所以，在对射中，这些轻装士兵可就遭殃了，再加上匈奴人是不断地游动射击，所以哪怕弩的准度要高于弓箭，也不是那么容易射中的。

卫青一开始以为一向畏惧汉朝箭弩的匈奴部队看到汉弩以后便会直接冲击，然后自己凭借枪阵重创匈奴人，之后再开"阵门"出动骑兵给匈奴人致命一击。岂料匈奴人根本不按套路出牌，直接玩起了对射戏码。

卫青见部队损失越来越多，便紧急下令，命弩手迅速后撤，并打开阵门出动骑兵和匈奴人捉对厮杀。

如此，两方士兵陷入了近战搏杀的战况。可因为近战相拼匈奴人不管是在甲胄上还是兵器上都不如汉人，所以逐渐落了下风。

见此，伊稚斜在伤亡继续扩大以前果断下令撤退。

匈奴骑兵闻讯作鸟兽散。就此可以看出，伊稚斜的战略就是打打退退，以游击突袭的方式拖垮汉军。

本次战役，汉匈双方各损失数千士兵，而卫青很明显是看出了伊稚斜单于的作战意图，乃撤军回定襄修养，并于一个月后再次出定襄往中央王庭方向行进。

再出定襄，卫青改变了之前集点攻击的战略战术，令前将军赵信和右将军苏建率领本部兵马于主力部队右侧迂回前进，只要主力部队和单于军交战，赵信和苏建就马上带领大军包抄至单于军后方，断了他们的归路，进而前后夹击，一举消灭单于军。

此为卫青又一奇袭战略，只要运用成功，匈奴军队将无处遁形。至于卫青这次的计谋到底能不能成功我们暂且不说，先看看霍去病吧。因为就在卫青开完军事会议以后，急于出战的霍去病又站出来了。

不过这次他没有像上一次那样火急火燎，而是装得非常沉稳对卫青道："启禀大将军，末将愿意带领本部兵马前往大军左翼充当斥候工作，以防匈奴狗急跳墙。"

这话说完，卫青陷入了沉思。按照卫青所想，这次攻击匈奴本就是让霍去病来学习的，是不应该让他走出自己的视线的，可玉不琢不成器，如果只让他看不让他做也没有多少效果，再说充当斥候应该没有什么危险，只不过是传送个情报而已，他总不能领着八百来人就去和好几万的匈奴人死磕吧。

基于此，卫青答应了霍去病的请求，让他前往部队西北方探察敌情。

霍去病得了卫青的将令以后几乎连休整都没有，直接就带着八百多人溜了，生怕卫青会改变主意一般。

此时的战场。

卫青主力大军继续向北方行进以后，伊稚斜单于也再次带领部队向南方挺进，一切进程都在卫青的预料之中。

可就在汉军和中央王庭军展开捉对厮杀之时，东北方向马蹄声阵阵，左贤王的援军竟然在此时进入了中央王庭境内，并自作主张向西南急速行进，意图从侧后方将汉军拦腰截断，然后和伊稚斜以两面夹击之势彻底摧毁汉军。

可当左贤王距离汉军主力部队还有一段距离的时候，很巧地遇见了有同样意图的赵信所部。这两个善于偷袭的将领弄一块儿去了，那还有什么说的，打吧！

但左贤王的部队实在太多，赵信一个前军根本无法抵挡，遂遣使者急速往卫青方面求援。

然此时的汉军主力部队已经同单于所部展开正面对抗,为了不让单于所部逃脱,这一次卫青见到单于便如同拼命三郎一般狂攻不止,紧紧地拖住了单于所部。

因此,他也是分身乏术。

于是,卫青让这使者回去告诉赵信,让他尽可能地拖延左贤王的攻势,主力部队打败伊稚斜的部队以后便会前往增援。并在赵信使者走了以后连忙派使者往苏建方向,告诉距离赵信有一段距离的苏建迅速驰援前军,务必拖住左贤王的步伐。

之后,卫青不敢有半点儿耽搁,直接吹响了总攻的号角,汉主力部队如同下山的猛虎一般冲向单于军,也不管那漫天的箭雨,就是全速冲向匈奴所部,力求近战肉搏!

那么单于所部有没有机会脱离游击汉军呢?有!可是他没跑,因为伊稚斜知道,凭左贤王之众,绝对有能力将汉军的前、右两军彻底摧毁,进而从两路夹击汉军。

所以,现在双方都是在拖,伊稚斜在等着左贤王获胜,而赵信同样在等着卫青获胜。

首先来看赵信方面,自从左贤王对他发动攻击以后,赵信率领汉前军拼死抵抗,可因为人数差距太甚,所以越打人越少,越打人越少,到最后只剩下八百多人!

照此下去,汉前军被匈奴全歼也只是时间的问题了。

可赵信不想死,再加上他本是匈奴小王,这就有了投降的念头,而通过这么长时间的抵抗,左贤王也怜惜赵信的军事才能,便派使者往赵信处,劝赵信重新回到匈奴人的怀抱。

于是,二人一拍即合,赵信率八百汉军投降了匈奴人,而慢腾腾的苏建右军直到这时候才赶到赵信所部。

左贤王一看又来一个,那还有什么说的,直接打!

于是,两军又展开了激烈厮杀。

可从苏建带领士兵的速度来看就知道这小子统兵水平不怎么样，再加上现在赵信投降，匈奴的兵力还大大地多于苏建所部，所以苏建很快便陷入了极为被动的局面。

可苏建也是个硬骨头，竟然率部同匈奴部队死战，一直战到全军覆没才带领着几个亲随往卫青处逃去。

而全歼了汉前、右两军的左贤王按理应该马上继续向西南攻击卫青后部才对，可这厮竟然直接领兵向北方撤退了。

这是为什么呢？很简单，因为伊稚斜单于也撤了。

话说卫青下达了总攻命令以后，汉军就如同疯了一般向单于军发动凶猛至极的攻势，而伊稚斜为了拖住汉军，便接了卫青的招，和他近战肉搏。

汉军轻骑兵虽然都是皮甲，可中华大地历经夏、商、西周，以及春秋战国大革命之后，不管是皮制品、铜制品还是铁器都已经发展到了极致，皮甲更是到达了所能企及的最高峰，根本就不是匈奴那粗劣"铠甲"所能比的，再加上炒钢技术被汉朝人发明以后，汉朝人的兵器（首环刀）也要比曾经的剑不知锋利好用多少倍，所以在近战较量中，匈奴人被汉朝人砍得连连后退，直到已经被汉军砍死两万多人以后，伊稚斜再也撑不住了，遂领全军向后撤退。

正巧这时候汉军前、右军也被左贤王所部全歼，左贤王一见伊稚斜都撤退了，随即也直接向北撤退，与伊稚斜单于合兵一处了。

本次战役，汉军一共砍下了一万九千多颗人头，除了那些已经被砍得不成人形的匈奴人，估算此次共杀掉了两万余匈奴士兵，而匈奴方面则将汉前军和右军全部歼灭，所杀卫青主力部队史书则未有记载。综合来看，本次战役，两方的损失应该是不相上下的。

卫青两部尽失，失去了继续向前挺进的勇气，本部主力也损失不少，乃领军向长安方向撤退了。

按说，本次的汉军侵袭战战略目标完全没有达成，还损兵折将，伊稚斜应该高兴，卫青应该生气才对，可到最后，效果却完全反过来了。这是为什么呢？

因为当伊稚斜往王庭方向撤军的时候，却在途中看到了很多匈奴人的尸体，这些尸体有老百姓、士兵，甚至还有很多的牛羊牲畜。

更让伊稚斜崩溃的是，几乎到王庭途经所有的部落皆如此。

所以，这次看似是伊稚斜获得惨胜的结果却完全颠倒，成了伊稚斜惨败收场。那这是怎么回事儿呢？这到底是谁干的？呵呵，当然是霍去病了。

原来，霍去病带领八百人出了卫青的"视力"范围以后，早就把什么劳什子的斥候任务给丢到一边去了。

霍去病认为，现在伊稚斜正在同卫青决战，所以战力一定都集中在前线，相对地，庞大的部落一定非常空虚，所以霍去病便抓住了这个巨大的空子，带领这八百余人直奔王庭方向！

这一奔就是好几百里，沿途只要看到匈奴部落便清一色地"三光"，因为自己的部队只有八百人，虽然都是最精锐的宫中郎卫，但也是太少了，所以霍去病并没有玩儿什么生擒活捉，就是杀！不停地杀！他所统率的八百士兵就好像地狱的恶魔、血红的旋风，直接席卷了至王庭沿途所有部落。

因为霍去病所部实在是太快！所以不管是王庭还是伊稚斜皆没有得到及时的报告。

最后，战争嗅觉极为灵敏的霍去病感觉自己做得差不多了，如果继续往王庭方向奔袭，极有可能会被伊稚斜所堵截，便带着一些重要俘虏返回了卫青本部。

本次霍去病的数百里长途奔袭可谓是战果累累，不但有效地打击了匈奴的人口和经济，还杀死正规匈奴士兵两千零二十八人，生擒匈奴相国当户、单于大父行，以及藉若侯，军功冠绝整个汉军。

所以，当大军回归长安以后，汉武帝对霍去病极为赞赏，乃封霍去病为冠军侯，赐两千五百户，并着力培养，使得汉朝又多出了一名大将，终结了卫青独霸大汉军界的时代。

之后，卫青本次出击匈奴虽然斩杀了两万余匈奴士兵，可同时也折损了汉军前、右两部，并没能达到汉武帝给卫青规划的战略目标，所以功过相抵，不赏不罚。

至于苏建，虽然拼死抵抗匈奴人，但因为行动迟缓导致两军溃败，所以过远大于功，乃将其打入死牢，等待秋后问斩。

后来，苏建的家人花了大价钱将他从死牢之中赎了出来，当了平民。

再后来，汉武帝重新任用苏建为代郡太守，一直到死官职都没有再变动过。

汉军再一次胜利了，可经过常年的战争以及和匈奴全面开战以前汉武帝的各种折腾，现在汉朝的国库已经快要"告竭"了。据《资治通鉴》所载，只算这几年对匈奴作战，汉朝就损失了十几万匹精壮战马，赏给将士的黄金就有二十多万斤，这还不算甲胄兵器的维护费用以及所消耗的粮草费用。

所以，国库实在没有办法再维持汉武帝继续对匈奴发动大规模攻击了。

可现在只是对匈奴战争的初步胜利，远远没有达到汉武帝的战略目标。所以，为了增加国库的金钱以便用到攻击匈奴方面，汉武帝再次启动了爵位买卖。

他将可以买卖的爵位分成了十七级，分别为一级造士、二级闲舆卫、三级良士、四级元戎士、五级官首、六级秉铎、七级千夫、八级乐卿、九级执戎、十级政戾庶长、十一级军卫，之后一直到十七级，价钱明码标价，一级造士十七万钱，每长一级多两万，以此类推。

并且每一级都有每一级的特权，其中对最低贱的商人帮助是最大的，比如说可以多娶媳妇和用奢侈品穿华服啥的。甚至当爵位到第七级千夫的，还可以优先出任下级官吏。

于是从这以后，西汉做官的途径变得很多且杂乱无章，不管什么层次的人，只要有钱都有可能做官了。

可就当汉武帝打算再次出击匈奴的时候，国内却发生了微小的动乱，导致次年整整一年汉武帝都腾不出手来攻击匈奴。

那为什么说这次的动乱是微小的呢？因为造反还在萌芽阶段就被扼杀了。

2.10 造反未遂淮南王

公元前122年十月，当汉武帝巡视到雍地祭祀的时候，整个汉军后部突然陷入一片混乱之中。

汉武帝见状大惊，对郎卫说："怎么回事儿？这是有谁造反还是匈奴人打过来了？快去给朕探探！"

不一会儿，之前那个郎卫慌忙跑回汉武帝处，并惊慌失措地道："报、报告陛下，那、那边发现了一个怪物！"

"怪物？"

汉武帝蒙了，什么怪物能将精锐的汉廷郎卫惊成这副模样？好奇心极强的汉武帝带着一众文武匆匆赶到事发地点。

结果到场一看，见多识广的汉武帝都被眼前这个怪物给惊到了。因为这东西太吓人了，不但长了一只角，还长了五条腿。

极为迷信的汉武帝见此神奇的生物兴奋异常，赶紧问左右道："这是个什么玩意儿？有谁知道？"

话毕，只见太常（原奉常）跑过来道："恭喜陛下，贺喜陛下，因为陛下祭祀之心虔诚，所以上天特意降下独角怪兽以供陛下祭祀，臣估摸着这应该就是传说中的麒麟吧。"

汉武帝一听大喜，赶紧对左右吼道："来人！给我把这麒麟给绑了！"

之后，汉武帝将这"麒麟"和众多畜生一同放在祭坛上给烧烤了，以此祭奠先人。

至此，汉武帝的心情格外好，甚至闲着的时候都哼几句小曲儿。有的官员见汉武帝心情这样好，不介意来一个"锦上添花"，便和汉武帝道："陛下，帝王的年号是上天所赐，如今，上天垂青陛下，所以赠给了陛下麒麟，陛下何不迎上天之意，将年号改为'狩'呢？这样既表达了对上天的虔诚，同时也向天下人表示打击匈奴的决心。"

汉武帝感觉此大臣的建议非常靠谱，便应此言，改年号为元狩。

可就在汉武帝决心顺应上天旨意继续和匈奴作战的时候，东边的淮南王却开始蠢蠢欲动了。

原来，早先陈皇后当道的时候，汉武帝并没有儿子，外加各种"天意"和前丞相田蚡的怂恿，淮南王刘安便开始积极增加军事编制，时刻准备造反，并派女儿刘凌和各种间谍往长安探听消息。

后来，汉武帝将自己同母异父的姐姐修成君嫁给了刘安的太子刘迁，可当时正是刘安和刘迁密谋造反最高潮的时候，所以害怕消息被修成君所知，便想了一个法子将修成君"赶"回了长安。

首先，刘安让刘迁假装非常讨厌修成君，别说上床睡觉了，连吃饭都不和修成君在一个桌子上。

之后，刘安假装非常生气，强将刘迁和修成君锁在一个屋子里。可刘迁呢？依然对修成君不冷不热。

那修成君可是汉武帝的姐姐，人家也是有自尊心的，便请刘安放她回长安。

刘安在"万般无奈"之下，也只能答应了修成君，并将其送回了长安。

现在军事力量也有了，修成君也被送走了，正是"万事俱备，只欠东风"之时。这个东风是什么呢？当然是朝廷的腐败和汉武帝有没有儿子。

但多年过去了，虽然朝廷的经济是没有汉景帝时候发达，可依然富庶，再加上匈奴屡次被汉廷所破，所以汉武帝的威望在国中说是如日中天也不为过。最重要的是汉武帝有儿子，并且被立为了太子。因此，刘安只能将造反的行动再一次向后拖延，以待最佳时机。

可还没等到最佳时机呢，刘迁就差点儿将自己老爹给逼反了，并令朝廷从此对淮南国更加警戒。

那刘迁非常喜欢剑术（当时汉军虽然用首环刀取代了剑，但剑从有商以来便一直是贵族所必有之物，是身份的象征，所以在民间大家都还是喜欢用剑），自认为整个淮南国无人能出其右，但当时在淮南国有一个叫雷被的号称剑术冠绝天下。刘迁非常不服，便强召雷被到王宫和他比剑。

正所谓行家一出手便知有没有，那雷被一见刘迁起手就知道他技术不怎么样，所以处处留情忍让。

本以为刘迁打一会儿就能看出两人之间的差距，进而认输。岂料这小子越打越来劲，且处处直奔要害。雷被被迫反击，只一下便将刘迁弄伤了。

这一下可将雷被吓坏了，刘迁这身份，真要弄出什么事端，自己还不得死无葬身之地啊。

所以，雷被赶紧跪下向刘迁认错。

可刘迁当时正是愤怒的时候，所以对雷被又打又骂。雷被不敢还手，只能跪在地上承受侮辱。

打够了，打累了，刘迁骂骂咧咧地走了，雷被也被放回家中。

可自打这以后，雷被没有一天能够安心地过日子，既害怕哪天刘迁再次找他比剑，又怕淮南王收拾他。正巧当时汉武帝正在出全力打击匈奴，同时也在搜罗天下强悍之人，准备组织一支特种部队，便宣各地出名的剑客往长安报到。雷被正在其中。

可雷被在淮南国也是有头有脸的人物，对刘安这些年在本国的"作为"也很有一些了解，再加上前一段时间太子曾经羞辱过雷被，所以刘安害怕雷被到长安以后乱说，便阻止他前往长安报到。

可刘安的这一举动让本就是惊弓之鸟的雷被更加畏惧，料定刘安早晚一定会除掉自己。所以在一个深夜举家逃亡长安，并向有关单位检举了刘安筹备造反的意图。

朝中的那些官员也早就听说刘安近些年极不老实，所以都建议汉武帝趁着这次机会直接将刘安端了得了。

可现在汉武帝所有的心思都在匈奴身上，再加上汉武帝根本就没瞧得起淮南王，认为淮南王行事优柔寡断，只是一个书生而已，便暂时没有动他，只是象征性地削去淮南国两个县而已。

那么这时候淮南王在干什么呢?

话说雷被逃走两天以后刘安才发现异常，料想此人一定会将自己这些年的动作全都报告给朝廷，便打算起兵造反，可一是现在天下都在汉武帝掌控之中，自己并没有什么太大的机会；二是刘安也的确是废物，所以谋划了十多天也没谋划出什么来。

刘迁见刘安磨磨叽叽的，并且眼见汉朝使者就要来了，便劝刘安道："父亲，现在朝廷的使者眼看就要来了，您怎么还没有动作呢？"

刘安："怎么动作？为父我弄了十多套造反方案都没有什么用处。"

刘迁："哎哟我的父王！造反就是造反，弄那么多样干啥，咱就等朝廷使者来就把他杀了！然后再将国中所有两千石以上的官都弄死，紧接着调动国中精锐直接西进长安，进而谋得天下不就完了吗？"

刘安见事已至此，所以只能依照刘迁所言，并备足士兵准备行事。

可汉廷使者来了以后并没有什么太大的举动，只是斥责了刘安阻止当地剑客从军，削去了淮南国两个县就完事儿了。

这大大地出乎刘安的意料，便认为汉武帝并没有听信雷被所言，又将造反的事情放下了。

可一段时间以后，刘安又按捺不住内心的冲动了。

刘安认为，现在汉武帝之所以没动自己是因为北方匈奴的关系，一旦匈奴臣服，汉武帝下一个目标便是淮南国。而按照现在汉廷对匈奴的战绩，匈奴早晚有一天会被汉廷给打趴下，所以再一次筹划谋反。

这一次，刘安并没有找自己的儿子商议对策，而是找了中郎伍被商议。

伍被，楚国人，为春秋时期伍子胥的后人，因为此人非常有才能，在楚国境内名气极旺，所以刘安便将其征召至自己国中担任中郎。

伍被也知道淮南王的那点儿小心思，可他是明白人，知道现在的汉朝根本不是淮南王所能撼动的，所以不止一次明里暗里地提醒淮南王，让他不要造反。

可淮南王不听啊。这不，这次将造反的图谋明明白白地和伍被说完以后伍被直接急了，他也不顾语气了，直接和淮南王道："大王哪里听来的如此亡国之言？再说了，谁说当今皇帝陛下没有儿子了？那皇后的儿子是什么？大王您不可能不知道陛下现在已经有了儿子，何必自欺欺人到如此程度？"

话毕，刘安大怒，直接将伍被扣押了起来，硬生生地囚禁了他三个月。三个月以后，感觉伍被应该老实了，所以将伍被放了出来，并问道："先生现在该从我了吧？"

伍被："我对大王从来都是忠诚的，所以不存在听不听从这一说，只是不想大王走错了路而已。大王啊，造反不比其他罪行，是没有退路可走的，一旦做了就必须要成功，不然九族皆诛，到时候就是后悔也没有任何办法。现在汉朝富足，军力强大，贸易往通四方，四方异族蛮夷除了匈奴以外没有一个不臣服在大汉脚下。而近些年来，匈奴也被大汉连连攻击挫败，在这种情况下，你怎么能够成功呢？想当初吴王刘濞纵七国之兵起事，声势何其浩大，而那时候的汉朝还没有现在这样强大，可最后吴王怎么样了？还不是完了？现在大王的淮南国实力不及当初吴国的一半，还没有同盟国帮衬，汉朝又如此强大，您怎么可能会成功呢？"

刘安："你说的虽然有一定道理，但那是刘濞能力不行，怎能和我相提并论？本王打算先派兵扼制住成皋，控制整个荥阳防线，然后发颍川之兵挡住伊阙通道，再发南阳之兵弄下武关，进而拿下洛阳，控中原之地，再占据三川的险要之处召集天下精兵，这天下还不被我所得？哈哈哈！"

这简直就是不知所谓。因为淮南国大概为现在安徽的大半部，被楚、梁、淮阳、吴地四面所围，所以在地理条件上极为不利，不被打就不错了，就别提主动攻打别人了。

再者说，哪怕是刘安这些年来扩充军事编制，但再怎么扩充淮南国也充不出十万之数，还要分兵略地，汉朝就是站那不动都够灭掉你了。

所以，听了刘安这愚蠢的计划以后伍被都懒得说了，直接甩了一句"我只看到这样做的灾祸，却看不到这样做的好处"。

这话生硬无情，差点儿给刘安噎住。可刘安这脾气还算挺好，硬是忍住怒气继续道："那我向南攻击衡山，进而攻击庐江郡，占寻阳船只，坚守下雉，驻兵九江岸，断绝豫章，封锁长江，然后东面保住会稽，南面结交越国，在江、淮之间拼死抵抗，这样还不行吗？"

伍被："嗯，比刚才的计谋好点，但也就坚持个一年半载您就会被诛族了。"

这下，刘安彻底怒了，他指着伍被骂道："本王这些计谋不管是左吴还是赵贤都认为会成功，怎么就到你这啥都要失败？本王今天就要你小子拿出一个可行的计谋，如果没有，今儿个本王就要了你的命！"

伍被一看刘安真是动了真火，也就尿了，毕竟命只有一条，受之父母，谁能不爱惜呢？所以伍被只能无奈地道："大王如果一定要反叛的话，那就必须要做到两点，否则必败无疑！"

刘安："先生请说。"

伍被："第一，现在朝中最强将军为卫青，其统兵不管是奇袭作战还是正面对抗都无人能出其右，大王如果真要起兵就必须将此人铲除！否则全无胜算！而皇帝陛下对卫青的宠爱我也不多说，所以设计陷害根本不可能成功，那么要他死大王就必须派遣刺客前往长安刺杀之！卫青一死，大王便可实行第二步计划。"

刘安："什么叫第二步计划？"

伍被："寻找外援！请恕臣直言，大王您虽然对自己的能力比较自信，可但凡起事则必须有盟军，不然凭借一个小小的淮南国想要造反那简直就是痴人说梦，可现在诸侯王对朝廷不敢有半点儿反心，天下百姓也对现在的朝廷特别满意，所以，想要靠现在的形势让各诸侯王和您结盟也是不可能的。"

刘安："那怎么办？"

伍被："那我们就自己创造机会！如今，雄踞北方的朔方郡刚刚建成，因为是抵御匈奴的第一前哨重郡，所以大部分都是朝廷派去驻守的士兵，百姓非常稀少，我们就可以在这方面做文章！大王可伪造丞相、御史大夫的文书，然后用这些假货强制郡国豪强、罪犯以及家中钱财在五十万以上的，让他们立即前往朔方定居，并多派铠甲卫士以武力的方式逼迫他们赶紧走人。这样，天下百姓便会对皇帝产生不满的情绪，大王再想起事也就方便多了。然后，再伪造皇帝命令，逮捕各诸侯国的太子以及诸侯王的亲信大臣。这样，他们一定会认为朝廷将再一次深化削藩之策，进而生出反心，到时候大王在第一时间前往说服他们，组成反汉联军，再加上百姓对长安方面的不信任，人和就彻底在咱们这边了。"

可刘安什么反应呢？《资治通鉴》说是嫌麻烦，所以没有采用。《汉书》上说是跟自己心中计划不符，所以没有采纳。总之刘安最后就是没能采纳伍被的建议。

可还没等安生几天，淮南国内又出事儿了。

那刘安有一个庶子名叫刘不害，是众多王子中年龄最长的。可刘不害从小就老实巴交，毫无野心，所以刘安非常讨厌这个"愚笨"的儿子，根本就不拿他当儿子看，甚至刘迁也经常欺负这个同父异母的大哥，像指使奴隶一样指使他。

刘不害不敢反抗，只能逆来顺受。可老子窝囊并不代表儿子也窝囊，那刘不害有个儿子叫刘健，和他老子正好是两个极端，既有才干又有野心。

刘健认为，自己父亲一脉不受刘安得意，自己的叔叔（刘迁）更是对父亲非打即骂，料想刘迁继承淮南王以后自家绝对吃不了兜着走，所以便想弄死刘迁，让自己的父亲成为太子。

于是，刘健上报朝廷，将刘迁企图谋杀淮南国两千石以上官员的事报告给了朝廷。汉武帝对此高度重视，便将此案全权交给丞相公孙弘亲自审问。

公孙弘断定此事为真，便遣人前往淮南国捉拿刘迁。

淮南国方面，刘安闻听朝廷要遣使来捉拿自己的太子，便假装召开淮南国行政大会，邀请所有淮南国两千石以上官员前来开会，意图在开会的时候将他们全都斩杀，之后起兵作乱。

可谁承想，开会当日，除了一个只有行政权却无兵权的淮南相到了以外，没有一个人前来。所以本来下定决心造反的淮南王又蔫儿了。

见父亲如此窝囊，儿子刘迁实在受不了了，便如置气一般和刘安道："既然父王如此犹豫不定，那就把我交给朝廷得了，反正没有证据朝廷也不能把我怎么样！"

本来是一句气话，可谁知淮南王竟然答应了。

这给刘迁气得，料想跟着这么个爹也弄不出什么成就来，与其到长安受辱，不如自行了断来得痛快，便抽出腰中宝剑架到脖子上准备自刎。

刘迁拿着宝剑在脖子上慢慢地划，动作优雅，这哪里是自杀，简直就是跳舞一般。

结果刚刚将脖子抹出一道浅浅的血印就听刘迁一声大吼："啊……"

然后便捂着脖子赶紧找大夫去治疗了。

伍被见二人如此德行，估算就是老天帮忙他俩也成不了什么大事，便连夜前往长安向汉武帝报告去了，希望能因为自己的"自首"换取身家性命。

伍被可是淮南国的中枢人物，刘安有什么图谋他不知道啊？所以当伍被将刘安的各种计划统统告诉汉武帝以后，汉武帝怒了，直接派本地汉军将刘安一族全都给擒获了。

本来杀了刘安一族也就完事儿了，可经过审讯以后才知道，这些年来刘安让自己的女儿刘凌不断在长安城内贿赂朝中命官，竟然连严助都牵涉在内。

于是，但凡有关系的人全部斩杀，以儆效尤。

于是，整个元狩元年，汉朝都在查处和刘安有关的人，弄得整个中央人心惶惶。

最后，与刘安谋反有牵扯的列侯、两千石以上高官、各地土豪加起来竟然有数千之众！此种规模简直都可以和西周初期的"三监之乱"相提并论了，所以汉武帝下令只要犯了罪的绝不姑息，罪大的直接诛全族，罪小的也要严惩不贷。

并且，在审理案件的过程中，汉武帝还发现了当初田蚡溜须拍马刘安的话，所以非常感叹地道："幸好啊，幸好我舅舅现在已经死了，他要是还活着，估计他全族的人都要遭殃喽！"

另外值得一提的是，汉武帝一开始本来没想杀伍被，可是张汤却说："伍被虽然最后投降了汉朝，可一开始却给淮南王造反出谋划策，如果不将他斩杀，国家法律将置于何地？"

所以伍被就这样被秋后问斩。

严助也是一样，汉武帝最开始也没想杀他，可同样是张汤。因为严助当初在朝堂之上顶撞过田蚡，而张汤又是田蚡一手提拔起来的，所以哪怕田蚡已经死好几年了，可两个人的关系一直不怎么样，张汤便在此时落井下石："启禀陛下，严助虽然只是收受贿赂，但他是陛下身边的心腹重臣，经常出入皇宫，怎么能和一个诸侯国王如此亲近，如果陛下这次饶了他，那以后陛下身边将会有越来越多的重臣和诸侯王相互勾结，陛下以后的人身安全应该怎样保证？"

于是，悲催的严助也死了。

一晃半年过去了。在这段时间里，汉朝都在查查查、杀杀杀，直到本年四月，该查的终于查完了，该杀的也都杀得差不多了，为避免这种情况再次发生，汉武帝乃提皇子刘据为太子，一是稳住天下人心；二是让卫青和在培养中的霍去病对汉朝更加忠心。

当这一切都做完之后，汉武帝又把目光瞄向了北方，"匈奴，该你们了。"

（注：张汤也在这一年被升为御史大夫）

2.11　河西走廊扫荡战

失败！无尽的失败，自从汉武帝登基以来，和汉军的大型冲突匈奴就没有胜利过！伊稚斜以为这都是因为汉人采用狡诈突袭所致，可自上一次再次败给汉军以后，伊稚斜痛定思痛，开始重新审视起汉朝这个强大的敌人（如果没有霍去病就打平了，不过匈奴人口少，和汉朝军人死的人数差不多也应该算输了）。

正巧在汉朝军界已经待了几年的赵信重新回到了匈奴的怀抱，伊稚斜便赶紧将赵信召至帐下，询问他汉朝的底细和商量如何才能对付汉朝人。

赵信认为，现在的汉朝早已经不是当年被匈奴欺负而不敢还手的汉朝了，现在，汉朝不管是军事、人口、经济甚至是将领统兵作战的水平都远在匈奴之上。

所以，如今的匈奴对付汉朝再也不能像当初那样无所顾忌了。赵信建议伊稚斜，应该越过大漠，将单于王庭向更北方迁徙，这样的话，汉朝如果再想攻击王庭就要穿越大漠，而大漠白日气候极其干燥酷热，晚上又相当寒冷，只要汉军越过大漠，那必是疲惫之师，到时候匈奴人只要趁着汉军人困马乏之际发动攻击，必一举而破之！

大妙！大妙啊！伊稚斜对赵信之计连连称善，遂依计而行，将整个单于王庭迁至大漠以北以御汉军。

为了奖励赵信对匈奴的贡献，伊稚斜封其为自次王（自次王：明面意思为仅次于单于的尊贵王爵，可实际上并无实权，和左、右贤王根本无法相提并论），并为其建造赵信城以示尊崇。

那么赵信这个自以为聪明的战术有用吗？呵呵，如果将匈奴比作一个人的话，那么左贤王就是左胳膊左腿，右贤王就是右胳膊右腿，单于王庭就是身体和脑袋。

现在，整个单于王庭都向北迁徙，就等于是将身体削去一半给安到脑袋上了（因为一旦向北迁徙便等于丢失了整个阴山东部和大片肥美草原）。

脑袋是大了，可有没有想到，胳膊和腿还都在外面露着呢。

基于此，汉武帝将重点打击目标全都放在了匈奴右部上，意图将整个阴山山脉全都掌握在自己手中，进而拿下祁连山，肃清整个河西走廊，断了匈奴和西方的联系，在军事和外交上占据绝对的主动权。

汉武帝虽有此宏大战略，但也没想短时间之内达成，只想循序渐进，可万万没想到，这个目标在极短的时间内就达成了，这一切都是因为汉朝有狼将，还有狼兵。

还记得之前的雷被吗？那时候汉朝不是正在召集天下著名剑客组成特种兵

吗？没错，这支特种部队现在已经组织完毕，人数有一万之众！他们全都是汉朝拿得出手的当地武学名家，并且这里面不只有汉人，还有其他投奔汉朝的少数民族，所以士兵所用武器杂七杂八，虽然大多都是剑客，但用的都是类似于剑的首环刀，可也有很多人用的斧头、吴钩、胡刀等不一而足。

最要命的是，这些大侠全都是眼高于顶之辈，一般人根本无法镇抚。按照当时朝中诸将的想法，这些人的统帅除了卫青以外无一人能够担任。但是汉武帝没有采纳这些将领的建议，而是选择了另一个人，他的名字叫霍去病。

那为什么要选择霍去病呢？

第一，因为之前霍去病有过一次长途奔袭的优异战绩，所以汉武帝对他非常器重。

第二，试探霍去病统率大集团军的作战才能，看看他能不能担起这个重任，如果能率领这一帮自负的恶霸取得一定的战果，那以后汉武帝便会放心地让霍去病统兵作战了。

第三，避免卫青一人独大，功高盖主，虽然卫青和霍去病都是一门中人，但两个人分别统治汉朝军界总要比一个人好得多。

那么霍去病有没有能力统治这支"杂牌军"呢？答案是很轻松。

首先，霍去病拥有之前数百里奔袭战的光辉事迹，而这些恶霸最喜欢什么？刺激！

其次，这些老江湖都是摸爬滚打多年的"老狐狸"，收买人心那一套在他们这根本不好用，所以像李广那种爱惜士兵的做派人家根本就不领情，而霍去病做事干脆利落，他不会像李广一样爱惜士兵，并且只要士兵做错了事，他罚得比谁都狠，但同时，只要有功劳，他赏得又比谁都重。

综上所述，一个既能给你带来刺激，又能让你杀敌立功的年轻统帅他们当然喜欢。

同时，霍去病也确实没让汉武帝失望，甚至大大地超乎了汉武帝的意料。

元狩二年（前121年）三月，霍去病所部组织完毕，这一万超级强大的汉朝骑兵团便从长安出发，一路马不停蹄地到达西北陇西，然后在此地休养三日以后直接开始了千里大奔袭。

本来，按照汉武帝的作战方略，陇西是要给霍去病提供补给线的，可霍去病完全效法匈奴人和之前卫青千里大奔袭的战法，不需要任何补给线，只随身携带肉干等风干食品，秉承了匈奴人和卫青"出门全靠马，吃的全靠抢"的优良作战传统。

出了陇西以后，霍去病立即命部众全速前进，以突然袭击的方式攻击皋兰所部（今甘肃省兰州市稍南），因为皋兰临近陇西，属于匈奴对汉之最前线聚集地之一，所以守兵很多，并且警戒性极强，霍去病对此心知肚明，乃将军团分为两部，第一部为自己亲自率领，并向东迂回，做出要偷袭皋兰的样子；第二部则向西急速大迂回，绕过匈奴警戒线，在自己和匈奴拼命的时候偷袭匈奴背后，进而前后夹击之！

果然，当霍去病以不快不慢的速度向东迂回的时候被匈奴人所发觉，整个皋兰所部的匈奴骑兵全都急速向东集结，准备和汉军决战。

可出乎匈奴人意料的是，以往汉军骑兵看到匈奴人就会上前冲杀，但这次却没有这种情况发生，反倒是一直后退，始终和匈奴人保持一定的距离。

可就在匈奴人丈二和尚摸不着头脑之时，后方突然喊杀声震天，汉军如同神兵天降一般突然出现在匈奴人的身后，然后以雷霆之势杀进了匈奴部队的正中心！

这些汉骑兵进行了一波突击以后马上扔掉了手中的冲锋长矛，之后"飞"下战马，抽出了手中的短兵器就开始上下翻飞。

首环者，劈刺如雷霆闪电一般迅猛，但凡被此凶器刺中者无不应声而倒。

胡刀者，手中胡刀好像一条夺人性命的银蛇，路子极为刁钻，出手必中咽喉等要害之处。

在这群极为精悍的汉军攻击下，匈奴所部残肢横飞，成片成片的匈奴人被夺取了生命，顿时大乱。

霍去病抓住此绝佳战机，令本部全军突击，给予匈奴人致命一击。

现在匈奴人本就乱作一团，如何抵挡如此突击？所以在霍去病到来之时便溃散而逃。

汉军见匈奴人奔逃，便要上马追击。可霍去病果断下令所有人不得追击，并以最快的速度宰杀匈奴牛羊，狂吃一顿饱饭以后，霍去病领军继续向北疾奔，兵峰直指匈奴休屠王之焉支山（今甘肃省张掖市山丹县东），因为霍去病的速度实在太快，快到让匈奴人都无法相信，所以匈奴人还来不及得到前方奏报，霍去病便已经杀到了焉支山以南的大片草原地带。

杀杀杀！不停地杀！汉军只要见到匈奴人就是不停地杀，整个草原在一时之间被鲜血所染红，直到汉军整整屠杀了将近二百里的时候匈奴人才知道汉军已经突进到了如此地步。

休屠王大恐，乃仓促集合兵力布置防线。

可还是那句话，霍去病的速度实在是太快，那边还没等休屠王防线布置妥当，霍去病已经冲到了此地。

见匈奴人如此仓促，霍去病二话不说，直接将军队集中一处，以奔雷之势单点突击匈奴左翼。

匈奴人何曾见过如此不要命的突击打法，整个匈奴左翼在瞬间被霍去病冲击得七零八落。

然后，汉军并没有像以往那样跳下战马残杀匈奴人，而是继续向前突袭，直奔后军的休屠王所部。

休屠王吓蒙了，他从没见过如此勇猛的军队，也从没见过如此"虎"的将领，哪里还敢接招？跑吧！再晚点命都交代了。

于是，主将落跑，匈奴指挥系统崩盘，霍去病迅速命大军迂回，猛攻后方大部匈奴骑兵。

呼呼呼，伴随着无尽的破空之声，汉军的"家伙"不断向匈奴人脑袋上"招呼"，本来就已经混乱至极的匈奴人再也顶不住汉军的攻击，遂四散而逃。

和之前一样，霍去病只命大军追击几里便撤军而回，然后继续北上扫荡匈奴右部。

一路杀，一路烧，汉军就如同凶魔一般跨越焉支山，继而继续向西扫荡。

而这时候，汉军已经进入了浑邪王的地界。

经历了之前休屠王的惨败，浑邪王哪里敢有半点儿轻敌大意，几乎将所有的部队全都集中在了焉支山以西百里之地，意图在霍去病奔袭于此，正是疲惫之时予以凶狠打击。

对于本次作战史料没有太多记载，只知道浑邪王被霍去病彻底打败了。

那么问题就来了，霍去病有没有像浑邪王预料的那样全速前进呢？

是的！霍去病绝对是全速前进的。按照《汉书》的说法，霍去病从陇西出击开始，整个战役奔袭数千里只用了六天时间。

按照《中国战争史》和《中国历代战争史》的说法，则是霍去病在突破了焉支山以后用了六天的时间转战一千多里。

但不管采用哪种说法，霍去病都是没有时间休整的，所以说他一定是全速前进和浑邪王决战的。

那在全力奔袭以后还能打败浑邪王，只存在两种可能。

第一是霍去病采用了某种奇策。

第二是霍去病所统率的士兵实在太过精锐，可以以一敌十。

而现在，匈奴右部再也没有能抵抗汉军的力量了。前路可以用畅通无阻来形容。

于是，霍去病再次长途奔袭，纵横扫荡了整个浑邪王的领地，彻底打通了河西走廊，行军至敦煌（过焉支山一千多里的酒泉之地）才回京。

本次战役，霍去病所统汉军打通了整个河西走廊，将匈奴右部打残，损毁匈奴物资与人口不计其数，并斩杀了折兰王、卢侯王、生擒了浑邪王的儿子以及相国、都尉若干，还有匈奴的祭天金人也被霍去病抢回了长安。

并且从此以后，匈奴的南方屏障——阴山山脉彻底为我大汉所有，这也就是说，从此以后，大汉在大漠以南将占有绝对的战争主动权，霍去病的功劳绝对是空前的。

当霍去病返回长安以后，汉武帝隆重地接待了他，并加封了霍去病两千二百户食邑。

与此同时，匈奴右部的惨败也使得伊稚斜大为惊恐，乃从中央王庭迅速调兵前往补充右部之损失，意图重新巩固右臂之备，可汉武帝是不会给他这个机会的，不但如此，汉武帝还要将匈奴右部彻底毁灭！

2.12 右部歼灭战

这一年夏季，汉武帝再次集结数万骑兵于长安，然后将这些士兵平分给霍去病和公孙敖（当然了，那一万"黑社会"骑兵团还是归霍去病指挥），让公孙敖从陇西出发，霍去病从北地（今甘肃省庆阳市宁县西北）出发，两路大军一起扫荡匈奴右部，兵峰直指祁连山山脉！

这还不算，为了牵制匈奴王庭伊稚斜所部，汉武帝还命博望侯张骞、右北平太守李广（一说李广现在已不是太守，而是郎中令）领一万四千士兵伴装攻击匈奴左部。

我们先来看东方战况。

因为上一次自己的军队就是从陇西出征，然后一路过关斩将打残的匈奴右部，所以霍去病在出击以前便料定，右贤王本次一定会将大军团都集中在河西走廊最南端防止汉军的寇掠。

基于此，战略思想天马行空的霍去病又想出了一个前无古人的数千里大迂回奔袭闪击法。

霍去病决定改变汉武帝原定的战略措施，不是一条线直奔祁连山，而是穿越大漠，然后以突然袭击的战法突袭祁连山脉，只要祁连山脉一丢，匈奴人的士气定然崩盘！

到那时候，想怎么打就全都在霍去病的掌握之中了。

说实话，霍去病此谋有点儿损人利己了，因为只要他潜入大漠，匈奴人就肯定不知道有这么一支军队（谁都不会认为汉军能在穿越大漠之后向南攻击祁连山），所以兵力一定都会放在抵抗公孙敖的身上，公孙敖的压力也就很大了。

那么等待公孙敖的命运到底是什么呢？呵呵，没什么，因为公孙敖根本就没碰到匈奴人。

为什么呢？

因为他迷路了。

话说公孙敖出兵陇西以后只行军了一百余里就迷路了，根本无法判别方向，只能像无头苍蝇一样左右乱飞，不过这也有效地牵制了匈奴右部的主力兵团，让他们始终堆在河西走廊以南无法动弹。

再看霍去病方向。

霍去病自从出了北地以后向北直接消失在沙漠之中，其随身携带的风干食品只够部队使用十余日左右，但对霍去病来讲，这足够了。

沙漠！那可是沙漠！完全没有方向，只能凭行进的距离来掌握方位。可霍去病所统的汉军呢？纵观整个军事行动，他们没有走哪怕一点儿冤枉道，定位能力真的强悍至极。

进了沙漠以后，霍去病立马向西北方向狂奔，绕过了沙漠的中心位置，然后进入青玉湖，在此地补充粮草食用以后继续向北狂奔千里，然后在到达居延海以后迅速改道南走，又奔袭了千里，霍去病终于到达了小月氏地界。

然后，汉军在小月氏补充了粮草以后以全速向东南侵袭，兵峰直指祁连山。

直到霍去病所部到达了祁连山稍北的张掖之时，匈奴方面才发现汉军的动向。由于之前一直都没能掌握汉军的具体动向，所以霍去病所部在匈奴人眼中如同神兵天降一般。

匈奴人大为惊慌，乃仓促布置防线，但这又有什么用呢？

第一，祁连山山脉的匈奴人见汉军神兵天降，早就未战先怯，再加上主力部队现在正在河西走廊东南部，所以祁连山并没有什么太大的抵抗力量。

霍去病当然知道战机稍纵即逝的道理，遂迅速将大军分为左右两军同时进攻祁连山匈奴人的左右两翼。

攻击左翼者为霍去病所部的普通士兵（这里的普通是指和那一万特种部队比），而攻击右翼的皆为汉军之最精锐者！

可匈奴人哪里知道谁才是最强大的，所以将仅有的那些士兵平均分配为两部，一同抵抗汉军的侵略。

结果战事刚一开启，祁连山右部便被霍去病所统汉军突破，阵形乱作一团。霍去病趁此时机，当即命士兵跳下战马和匈奴人展开近战肉搏。

那匈奴人近身战本就不是汉朝人的对手，再加上现在所对的还是汉朝最精通近战的搏击者，所以一溃再溃，没抵挡多长时间便被全线击溃。

而此时正在拼尽全力抵抗汉左军的匈奴所部一见另外一支部队已经被歼灭，直接丧失了抵抗的意志，掉转马头便向北奔逃。

霍去病岂能如此轻易地放过他们？便亲自率领左军追击落跑之敌，同时命右军扫荡祁连山山脉，命令除身份高贵者生擒以外，其他一律诛杀。

如此，整个祁连山都被鲜血所染红。

之后，完成追击的霍去病再次返回祁连山，和左军整合为一，补充休息了一天以后向南疾奔，兵锋直指匈奴主力部队。

面对突然从后方杀来的汉军部队，匈奴人就是再蠢也知道祁连山被端了，所以还没等开始交手士气就输了一大截。

然后，整个战场成碾压之态势进行，没打多长时间匈奴人便开始全线崩盘。

而现在，整个匈奴右部只剩下这些部队了，霍去病再无顾忌，乃将部队分成好几股小部队，从四面八方追击匈奴逃兵，不杀绝匈奴人誓不回营。

斩斩斩！杀杀杀！面对后面如同疯魔一般的汉人，他们无处可逃、无处可躲。

最后，这些匈奴人被汉军残杀殆尽，整个匈奴右部除浑邪王与休屠王领残部向更北方之偏僻地带躲藏以外再无半个匈奴人的身影，祁连山和焉支山也彻底划入了汉朝领域。

当中央王庭的匈奴百姓听闻此消息以后，无不伤心落泪地悲歌："亡我祁连山，使我六畜不番息，失我焉支山，使我妇女无颜色。"

以上，便是汉军征伐匈奴右部的经过了。我们再将目光转向东北方向，看看李广和张骞又进行到哪一步了。

话说李广与张骞在右北平会师以后，二人分兵两路向北方进击，其中李广统四千骑兵呈直线前进，用于吸引左贤王主力部队，在两军交战之时，张骞就从侧翼偷袭匈奴人，进而打乱其阵形，取得胜利。

之后局势的发展确如二人所料，因为李广飞将军的名头，匈奴左贤王亲自领大军攻击他，但结果却出乎二人所料，因为博望侯张骞根本不是带兵的料。

烈日当空，北风阵阵，李广所部正有条不紊地向北行进。突然，马蹄声响，尘烟四起，轰隆隆的马蹄声如同地震一般摄人心魄。拥有多年战斗经验的汉军一听此声就知道即将面对的是数倍于自己的匈奴骑兵（左贤王本次共出动四万人前来阻击李广），遂面露惧色。

此战势头极为不好，因为李广本次的任务就是牵制匈奴骑兵，等待张骞从侧翼打击，所以汉军一旦未战先怯，必然会导致双方交手瞬时崩盘，那样就无法完成拖延的任务，甚至会降低张骞军团的士气，进而被匈奴人逐个击破。

为了避免此种情况的发生，李广迅速给其子李敢使了一个眼色。

李敢会意，直接领数十精锐骑兵冲向黑压压的匈奴人群。

因为当时匈奴人还没有结阵，所以阵形比较松垮，再加上李敢是突然袭击匈奴左翼，便造成了匈奴局部混乱，被李敢一冲而破。

冲破匈奴左翼之后，李敢直接带领这数十骑兵改横向疾奔，横穿了整个匈奴部队，后又从右翼杀出，回到了李广的主力部队。

此时，一身是血的李敢走到李广身前，哐当往地上一跪，极为轻蔑地道："启禀父帅！匈奴人非常好对付！"

这一幕被汉军将士看得一清二楚，结果，汉军军中爆发出如雷一般的欢呼声，士气也因为李敢的勇猛得以重振。

见此，李广迅速令所有士兵下马，并摆巨型防骑圆阵（一排圆盾配首环刀，二排冲锋长枪配首环刀，以后皆为重装材官弓弩手配首环刀），以待匈奴所部。

而经过了之前的李敢羞辱事件，左贤王暴跳如雷，当即命大军呈四围之势将李广所部团团围住。

本来，见李广所部只有区区四千士兵，左贤王是想直接命匈奴骑兵出击冲锋的，但李广是出了名的会打防守战，巨型防骑圆阵被他布置得井井有条，再加上汉军那寒光闪闪的鱼鳞甲实在让人不寒而栗，所以左贤王没敢妄动，而是采用了匈奴人最擅长的"帕提亚射击术"，令成千上万的匈奴骑兵不停地在汉军四周游走，一边走一边骑射汉军。

砰砰砰！砰砰砰砰！

见匈奴骑兵向己方奔来，汉军弓弩手率先发力（汉军弓弩射程要比匈奴骑弓远出很多），零散的箭矢冲向匈奴部队，换来的则是战马不断的哀号和匈奴人的惨叫之声。

可等到匈奴人进入自己的射程之后，只听砰的一声巨响，如同乌云压顶的箭矢瞬间将汉军淹没，但一是汉军的甲胄太过坚挺；二是李广的圆阵确实滴水不漏，所以虽然被匈奴箭矢淹没，汉军损失依然有限，但匈奴人可没有因此而放过汉军，而是不停地跑，不停地射，汉军也是顶着箭雨予以回击，双方就这样陷入了远程互射战。

匈奴人多，箭雨极为密集，汉军人少，但是胜在装备优良，所以双方损失都差不多。

一个时辰过去了，两个时辰过去了，一天过去了，直到第二天，汉军和匈奴人还在这样不停地射，战斗从早晨一直打到将近黄昏，其间匈奴虽然一直没敢突击汉军，但照这样下去，汉军早晚会被匈奴人给耗死。

此时，匈奴又一波骑射完毕，乃回军补充休息，以待再次攻击汉军。汉军好不容易得到了一次极为难得的休息时间。

李广中军大帐中……

砰！李广一脚踹翻了几案，怒声咆哮道："张骞这个废物！我都挡了匈奴人快两天了，他为什么还没到？"

见父亲如此动怒，一旁的李敢赶紧劝道："父帅！现在不是生气的时候，我军士卒已经损失一半有余，再不想对策，我恐怕明日撑不到午时便会被匈奴人全歼！还请父帅赶紧琢磨应对之法。"

李广怒道："应对之法，现在跑跑不了，战又……"

"报……"

还没等李广说完，一声报告声将他的话打断。紧接着，一名传令兵匆忙地跑到中军大帐，急对李广下拜道："启禀将军！我、我军的箭矢快用完了，请问将军接下来该如何应对。"

话毕，场中所有的将军都站了起来，每个人脸上都遍布惊慌之意。

没错，现在汉军之所以还能够拖延匈奴，那都是因为可以在远处阻击他们，可箭矢要使用光了，匈奴人便再无顾忌。

所以每个人都慌了，因为他们知道，一旦让匈奴人得到这个消息，汉军绝对撑不到天黑。

可就在大家都慌乱的时候，本来气急败坏的李广反倒是不慌了，而是异常镇定地道："别慌！传令下去，待下一次匈奴进攻之时大家都不要上箭，只要做出拉弓的动作就可以了。"

传令兵虽然不明就里，但见李广如此坚定也只能照办。

待传令兵走后，李广一言不发，直接取出了自己的宝弓，然后走出大帐，上了宝马便直奔前线。

如此，又过了大概半炷香的时间，匈奴人又卷土重来了。

刺啦，随着汉军整齐划一的拉弦声，所有的弓弩都对准了这些准备上来的匈奴人，这着实将这帮匈奴人吓了一大跳，因为汉军弓弩的射程和穿透力他们真是见识到了，并打心底害怕。所以见汉军弓弩再次拉开，这些匈奴人全都吓得小心谨慎地向前缓行。

可就在这时候，只听砰的一声巨响，然后伴随着令人恐惧的箭矢破空之声，一名匈奴指挥官直接被射飞了出去。

这，这不是还没到汉军的射程范围吗？怎么会这样？

匈奴人一时开始恐惧起来，可还没等他们反应过来，又是砰的一声巨响，又一个匈奴将领被射飞了下来。

匈奴人回头一看，这不就是飞将军李广在挑他们的将领射击吗？

根本不给这些匈奴人反应的时间，砰砰砰！又是好几箭射出，每一箭下去都会有一个匈奴将领被夺去生命。

因为已经连续不断地攻击汉军将近两天，所以匈奴人极为疲惫，再加上李广的"夺命箭"，使得匈奴人大惧，遂生畏战之心。

见此，左贤王不敢再继续攻击汉人，只能令士兵退回修养，等养足精神以后明日再战！

李广通过自己个人的实力和聪明才智躲过了一劫，可躲得过初一，躲不过十五，如果今夜张骞的援军还不到达，那么明日便是李广和所统汉军的死期。

很明显，这个道理不但李广和将领们懂，汉军每个士兵同样清楚。

夜已深，随着时间一点一滴地过去，天边渐渐透出那令人绝望的亮光，整个汉军大营则寂静一片，其间还不断传出阵阵哭泣的声音，汉军士兵有的面无血色，有的瑟瑟发抖，有的目光呆泄，有的……

因为他们知道，自己短暂的一生即将宣告终结。

可就在这时，在所有人都绝望的时候，咚咚咚三声集结鼓响，这些如同行尸走肉的士兵缓缓地站立起来，拖着颓废的步伐走到了校场中央。

当这将近两千士兵都集结完毕以后，李广打了个呵欠，满脸不在意地走到高台之上。

看着李广如此满不在乎的表情，下面的士兵简直不敢相信自己的眼睛，现在都什么时候了，李广怎么还这个德行，他的心到底是什么做成的？

于是，这些颓废的表情逐渐变得惊奇。

而李广呢，则是看了看下面的士兵，然后一愣，哈哈笑道："怎么？众位昨日晚上都没睡觉不成？怎么眼圈都黑了？"

下面寂静一片。

李广："我知道你们想的是什么，我也不打算欺骗你们。没错，张骞的部队是没有及时赶来，我们今天死定了，但难道这样你们就要放弃吗？你们，都是我汉朝最杰出的勇士，你们，凭借四千人抵挡四万匈奴人整整两天！你们，是汉朝的骄傲！哪怕今天战死，你们也一定会被载入史册，受万人敬仰！你们的妻儿也会因为你们的壮烈牺牲而得到一辈子的衣食无忧，甚至你们的子女还会因为你们的壮烈牺牲而被推荐到宫中担任郎卫，这难道不是你们最想要的吗？呵呵，我不管你们怎么想，但我可因为统率你们这群勇士而感到骄傲，哪怕是今天战死沙场，我也可以含笑九泉了。"

话毕，场中的士兵逐渐精神了起来，本来颓废的神色也消失不见。

见此，李广继续道："并且，男儿战死沙场难道不是我们从军之人的梦想吗？在死前拉几个匈奴狼垫背不是我们的希望吗？"

话毕，场中士兵热血沸腾，每一个人都在不停地嘶吼："杀！杀！杀！"

又过了一会儿，喊叫声罢了，李广却又装作很遗憾地道："唉，就是到死都没整个侯儿当当，老子真是死不瞑目啊。"

场中士兵一愣，然后齐声大笑。

汉军在李广的激励之下士气重新回到了巅峰，并且每个人都抱着马革裹尸的心态准备继续与匈奴人作战。

次日，清晨。

伴随着轰隆隆的巨响，无数养足精神的匈奴骑兵再一次跨上他们钟爱的战马，准备继续重复昨日的互射之战。

可就在这时，汉军那银光闪闪的圆阵却不见了踪影，取而代之的则是轰鸣的马蹄声。

无他，李广见匈奴人已经准备完毕，知道等待张骞的援军再无可能，遂直接命所有士兵骑上战马，对匈奴四万骑兵展开了不要命的冲锋。

由于汉军完全是以必死之心冲向匈奴人，所以战斗力大大增强，再加上匈奴人不知道汉军箭矢已经用完，根本没想到他们会采用如此不要命的打法，所以在战争初始阶段，汉军轻易便冲进了匈奴人的前锋部队。

一时间，喊杀声震天，整个匈奴前锋部队血雾弥漫，汉军如同疯魔一般左砍右杀，竟将匈奴前锋部队打得连连败退。

可经过短暂的呆滞，左贤王立即看出汉军现在的状态，迅速命左右两翼急袭汉军，并命围住汉军营南部的匈奴军团迅速占据焚烧汉军大营绝其后路，然后从南包围汉军。

如此，汉军被四面围攻，匈奴人如同潮水一般狂攻汉军，而汉军将士悍不畏死，他们劈，他们砍，他们不死不休。

无奈双方兵力差距太大，汉军就如同海水中的小沙丘一般，一点一点被波涛汹涌的大海所淘掉。

最后，整个汉军只剩下一百多人，甚至就连李广的弓箭都射完了。

可就在李广抽出首环刀，打算上去和匈奴人拼命的时候，突然战场西方尘烟滚滚，马蹄声轰鸣，如同一群铁甲怪兽一般的汉朝骑兵从侧翼奔袭而来。

左贤王听声见烟，断定此汉军绝不少于一万人！那李广的四千人就如此难以应付，再来一万人可如何对付？左贤王一个哆嗦，当即命士兵马上撤退！意图待汉军彻底进入匈奴腹地以后再行围歼。

本以为必死的李广也因此捡回了一条性命。

可同时，李广所部也十不存一，再加上霍去病已经在西方取得了超辉煌战绩，所以张骞和李广便撤兵了。

那本次战役以后汉武帝是怎么处理的呢？

首先，霍去病方面，本次匈奴右部歼灭战，霍去病采用前无古人之数千里大迂回闪击战，夺了匈奴祁连山、焉支山，彻底断了匈奴人和其附属西羌之间的联系，再加上之前阴山山脉也被汉廷所夺。

所以，现在的匈奴对汉朝不管是在战略上还是外交上都陷入了绝对被动的局面。

之后，霍去病又突袭匈奴主力部队的后背，将右部匈奴主力残杀殆尽。综合以上，本次霍去病所部汉军共取得完整首级和匈奴俘虏三万二百人，其中俘获的匈奴大员有匈奴单桓、酋涂、稽且、遬濮、呼子耆五王、伊稚斜老娘、王子五十九人，还有相国、将军、当户、都尉六十三人，外加相国、都尉所率匈奴投降者两千五百人。

综合以上，实乃对匈奴冠绝古今之伟大战绩！

为此，汉武帝龙颜大悦，增封霍去病五千四百户食邑（综合之前封赏，现在霍去病已经有食邑一万零三百户，成了地道的万户侯），其从属之将也统统有赏，其中赵破奴被封为从票侯；高不识被封为宜冠侯；仆多被封为辉渠侯；至于其他校尉从属者，皆赐爵左庶长（秦二十等爵第十级）。

之后，合骑侯公孙敖，因为在出征以后便迷了路，所以被打入死牢，等待秋后问斩，因为花钱赎罪，所以贬为庶人（这已经是公孙敖第二次被贬为庶人了）。

再之后，博望侯张骞因为行动迟缓延误战机，被汉武帝打入死牢，最后花钱赎罪，被贬为庶人。

最后，李广方面。

按说李广凭借四千人抵挡了匈奴四万骑兵整整两天之久，是应该奖励的。可军界没有人情可言，汉武帝也不会看你的过程，他看的只有结果。

所以本次李广虽然成功拖延了匈奴大部，但最后也是几乎全军覆没，所以功过相抵，不赏不罚。

这就是战后的处置了。

现在，匈奴右部只剩下休屠王和浑邪王所统的一众残余还在隐秘之地躲藏，整个右部几乎没有了抵抗之力。

然而，就在霍去病取得了辉煌战绩的同时，已经七十九岁的公孙弘归西了。

与此同时，匈奴中央王庭的大帐之中……

2.13　再无右臂——匈奴浑邪王之降

砰！砰！伴随着打砸之声，伊稚斜单于此刻如同疯了一般咆哮："啊……啊……这些废物！一次次地让汉人屠杀我匈奴人，我的右部，我的右翼！我大匈奴的右臂全都被汉人给斩掉了！来人，来人！"

"在，在，请问大单于有何吩咐？"

伊稚斜："你！去！现在！马上！让休屠王和浑邪王这两个天杀的猪狗给我滚到王庭，我要把他们两个脑袋拧下来祭旗！"

就这样，匈奴使者带着伊稚斜无尽的怒气与杀意前往休屠王与浑邪王处。

二人听闻伊稚斜的诏令，全都认为本次前往伊稚斜处必九死一生，所以根本不敢动地方，但现在又能怎么办？南边汉朝"红色警戒"，把他们盯得死死的，东方伊稚斜还满身杀气地等着两人回去送死。

向西南跑？那更不行，西南是西羌的地盘，西羌现在属于匈奴的附属，如果跑到那地方去最后还是会被送到王庭。

那往西北边跑呢？这不失为一个办法，因为西北属于西域地区，那里有众多小国，并且大多数都是战斗力只有五的弱国，现在二王虽然只有将近五万的士兵，但拿下一国还是没有问题的。

可关键就是拿下一个国家也不行啊。因为不管是匈奴还是汉朝，任何一方取得胜利都会拿他们开刀，除了逃到更远的西方，但那就必须要穿过大月氏的领地，而大月氏和匈奴的仇恨，想想二王都心惊肉跳。

所以，休屠王和浑邪王心一狠，直接派使者前往长安面见汉武帝请求投降，如果汉武帝接受投降的话，那就跑到长安去养老，如果汉武帝不接受投降，那就直接往西跑，打出自己的一片天地。

就这样，二王的使者到了长安，并受到了汉武帝的接见。

当汉武帝听说休屠王和浑邪王想要率部投降汉朝以后，那心里简直乐开了花。

第一，匈奴右部虽然基本被汉军肃清，但二王那五万骑兵如果下定决心和汉朝人游击作战的话怎么说都是一大威胁。

第二，匈奴和汉朝乃是百年宿敌，两方为了打击对手无所不用其极，但如同右贤王一般尊崇的休屠王和浑邪王这等实权大王投降汉朝却是从来都没有过的，如果将二人接纳至长安并好生养之，那么对匈奴的精神绝对是毁灭性的打击。因为有了这个出头的，以后谁不想和汉朝人为敌就都可以前来投降了。

第三，休屠王和浑邪王为匈奴中枢人物，匈奴各种军情、布置、经济、地理他们都了如指掌，如果将二人伺候好了，那匈奴以后对汉朝还有什么秘密可言？

基于此，汉武帝当即便答应了二王投降的请求，但害怕这二人是诈降，为了以防万一，乃命霍去病统数万骑兵前往朔方以北之黄河南岸受降二王。

可就在两方都到达黄河南北，霍去病即将受降之时，二王中的休屠王突然反悔了。

休屠王认为，己方现在只有五万骑兵，汉朝如果真心受降的话是绝对不会派这么多骑兵来的，这是受降吗？这绝对是要除掉自己，所以便找到了浑邪王，劝他赶紧向北逃亡，然后直入西域创建自己的政权。

可浑邪王却不这么认为。

他认为，自从刘邦死后，汉朝从来没有背信弃义过哪怕一次，所以这次虽然有数万骑兵前来受降，那也是害怕己方诈降，所以才如此的。

但休屠王坚决认为自己的观点是对的，并说出"你不撤我撤"的狠话，所以浑邪王无奈，只能答应了休屠王的观点，可等休屠王转身准备离去之时，浑邪王突然抽出腰中宝刀，对着休屠王的脖子就是狠狠一下。

噗！鲜血如注，休屠王人头落地。浑邪王直接火并了休屠王的部队。

可部队是那么好火并的吗？原休屠王部下裨王见浑邪王斩杀了休屠王，断定浑邪王是想用这些士兵的生命换取自身富贵，便带领本部兵马向北奔逃，意图返回中央王庭，反正现在休屠王已经死了，伊稚斜是绝对不会惩罚自己的人民的。

此禆王所部一跑，瞬间产生了骨牌效应，原本那些休屠王的部下全都跟着逃亡，人数瞬间便飙升至八千。

浑邪王手足无措，根本无法阻止，只能看着休屠王的这些军队溃散。如果继续这样下去，不说余下的那些休屠王部，估计浑邪王的部队也要逃跑了。

可他们跑不了，部队也不会继续溃散了，因为现在他们河对面的是汉军，而汉军的统帅叫霍去病。

霍去病见匈奴阵营之中发生异变，料定二王定是真心来投，为避免异变继续扩散，便直接对手下副将吼道："传令下去！所有人不得妄动！"

话毕，策马便要向前冲。

副将慌忙将霍去病的马绳牵住，就要发声阻止，可霍去病好像知道他要说什么，直接对其吼道："现匈奴人溃散，正是惧我汉军之故，我军待或进都会让匈奴人进一步溃散，只有我一个人去方能打消其疑。"

话毕，一马鞭子便冲副将手上招呼。

副将吃痛将手松开，霍去病如同离弦的弓箭一般直奔匈奴大营之中。

那匈奴守卫见一身穿精装鱼鳞甲的汉军将士前来，赶紧阻拦询问，可霍去病根本不回他的话，只说："吾乃大汉骠骑将军霍去病，浑邪王和休屠王呢？让他们出来见我！"

这话一说可把这个匈奴看守吓蒙了。霍去病，这个名字在匈奴现在已尽被人所知，特别是在匈奴右部，声威简直盖过了卫青和李广。

于是这名守卫连滚带爬地去找浑邪王，并说明一切。

而那些本来想逃走的匈奴士兵一听骠骑将军霍去病单枪匹马前来受降，无不打消了逃亡的念头。

浑邪王一开始也是短暂一愣，然后飞速前往大门面见霍去病。

霍去病懒得客套，直接问浑邪王："你是休屠王还是浑邪王？"

浑邪王："回禀霍大将军，小王就是浑邪王。"

霍去病："休屠王现在何处？那些逃走的骑兵又是怎么回事儿？"

浑邪王："休屠王临阵反悔，已经被小王所杀，至于那些逃跑的，都是休屠王旧部，小王实在没有能力留住他们。"

话毕，霍去病点了点头，然后道："浑邪王听令！"

浑邪王一紧，赶紧对霍去病深深一拜："在。"

霍去病："现在，本将军命你马上带一百以内的心腹赶往长安，以此来向我汉朝表达你的忠心，之后，留下副将，让他率领其他人向长安缓行。"

浑邪王："是！遵命！"

屠杀了所有的逃兵以后，霍去病先命传令兵疾奔长安，向汉武帝汇报进度，然后亲领汉军跟随投降的匈奴大部，以防有变。

当汉武帝得到匈奴四万多人前来投降的消息以后极为兴奋，为了充大汉的脸面，同时让投降的匈奴人从此畏惧汉朝，汉武帝便打算从国库中抽调一些钱出来买马，组成一支由两万辆战车组成的庞大队伍来迎接浑邪王和他的匈奴部队。

可尴尬的是，近些年汉武帝不断对北方用兵，一方面国库里面的钱捉襟见肘，另一方面马市上的马价也水涨船高了，所以汉武帝一时之间还真凑不出这么多闲钱来买马。

所以，汉武帝直接命长安县令往本地百姓手中借马。

但这些百姓生怕朝廷有借无还，所以一个个全都将马藏了起来，使得充门面的战马无法凑足。

汉武帝因此大怒，便要斩杀长安县令。

可就在这时候，右内史汲黯找到了汉武帝。

汉武帝一听汲黯来了，这心里没由来地忐忑起来。要知道，汉武帝最烦的就是汲黯，因为他总是讲大道理来制约汉武帝，让人不胜其烦。

按说右内史是长安县令的上司，汉武帝当初就应该将命令下达到汲黯身上，可汉武帝怕汲黯阻止，便直接下令给长安县令，可没承想，事情最后让长安县令给办砸了，还没等自己惩罚长安县令呢，汲黯便又杀过来了。

汉武帝还能说什么，只能整理衣冠，坐得直直地接见汲黯。

（注：《汉书》表："大将军青侍中，上踞厕视之。丞相弘宴见，上或时不冠。至如见黯，不冠不见也。上尝坐武帐，黯前奏事，上不冠，望见黯，避帷中，使人可其奏。其见敬礼如此。"）

只见那汲黯进入偏殿以后对汉武帝一个跪拜，然后直入主题："听说陛下想要杀掉长安县令，可是有此事？"

汉武帝："嗯，确有此事。"

汲黯："哦，原来如此，可我却不赞成陛下这样做，因为长安县令根本没有能力在这么短的时间内将马匹凑足，所以您就是杀了他也没有用。臣认为，只有将我杀了才能让百姓惧怕，从而献出马匹。况且我认为陛下这么做也是非常不明智的。"

汉武帝："……我哪里不明智了？"

汲黯："陛下所为根本就是劳民伤财，如果陛下不这样在乎脸面，而是让沿途各县依次接待这些匈奴人，根本就不会弄得如此被动，如今可倒好，整个长安被这些匈奴投降者弄得鸡犬不宁，陛下呀，为了这些投降的匈奴人弄得整个长安一带劳民伤财的，您觉得合适吗？"

这顶大帽子给汉武帝扣的，按照汲黯这么说，汉武帝要是还这样继续下去，那他简直就成了桀纣之君了。

所以，汉武帝虽然气得浑身哆嗦，但也没有反击，而是忍了汲黯，就按照他的说法，沿途照顾这些匈奴人。

可不久以后，又发生了一件事使得汉武帝对汲黯忍无可忍。

因为自从匈奴降者进入汉朝境内以后，那些汉朝的商人们认为匈奴人都是没见过世面的蛮子，所以趁机前往这些人的部队之中兜售手中的商品。

商人，始于夏朝末期，从西周开始逐渐成为最低贱的存在，汉武帝一想到那些商人向匈奴投降者兜售商品时的嘴脸，便臊得满脸通红，认为这些商人完全给大汉朝丢了人，便下令本地官员将这些商人统统抓住，并判处死刑。受牵连者竟然有五百多人。

可又是汲黯，在汉武帝下达命令没多长时间便求见汉武帝，并对其道：

"启禀陛下，这些匈奴狼贪得无厌，曾经断绝我汉朝和亲，继而残杀我无数百姓，使我汉朝百姓家破人亡。之后，陛下倾尽国力同匈奴数次大战，其间消耗的钱财要以几百个亿来计算。所以，我汲黯愚蠢地认为，这些匈奴人都不是什么好东西，不将他们弄成奴隶就不错了，怎么还能这么友善地招待他们呢？直到现在，陛下还因为他们要杀死我汉朝五百名百姓，这简直让我无法接受。所以，我认为陛下这么处置百姓是非常不合适的。"

对汲黯积压了许久怨气的汉武帝再也无法忍耐了。

以往，当汲黯说完以后汉武帝都会马上恭敬地回复，可是这一次，汲黯说完以后汉武帝却没有任何动静，已经稍有不耐烦的汲黯抬头一看，可这一看差点儿没把他给吓"死"。

那汉武帝这时候正用一种极为淡漠的眼神看着他，他就这样不停地看着。然后来了一句："汲黯哪，朕已经好久没听到你的胡言乱语了，本以为你岁数大了，长了点智慧了，可没想到你还是'老样子'，又开始到我这胡说八道来了，我不想再和你说话了，请你现在马上离开。"

就这样，汲黯被"请"出了皇宫，然后在几个月以后因一个莫须有的罪名被贬为庶民，从此生活在乡村之中。

当然了，凭汲黯之才，以后还是会得到重用的，但那是以后的事，我们还是书接上文。

"匈奴大爷奔千里，万水千山总是情"，历经了数千里，沿途耗费了许多钱财物资的汉军总算是把匈奴的这四万多人给弄到长安郊外来了。

为了安抚这些匈奴投降者，同时为了打击北方匈奴人的"爱国主义情操"，汉武帝封浑邪王为漯阴侯，并给他一万户食邑，让他安享晚年。

同时，其麾下裨王呼毒尼、雁疵、禽黎也都被封了侯，这还不算，汉武帝还赏赐了这四万匈奴投降者价值数十万的生活必需品，让他们分别前往陇西（今甘肃省临洮市）、北地（今甘肃省庆阳市西北）、上郡、朔方（今内蒙古自治区鄂尔多斯西北）、云中（今内蒙古自治区托克托县）五郡以外继续以游牧的方式生活，以充当汉廷边塞之屏障，对他们的政策也是大大的好，所以号称汉廷边塞五属国。

因为霍去病此次的果断，汉武帝再次赏给了他一千七百户食邑。

直到现在，匈奴右部彻底被汉廷所占（清空右部以后，汉武帝再次设置武威、酒泉二郡），已经很少有匈奴人出没了。

值得一提的是，休屠王的妻子和当时年仅十四岁的儿子金日磾因为休屠王临阵逃跑的举动成了汉军的俘虏，最后被汉武帝大笔一挥沦为官奴，被送到黄门替汉武帝养马。

估计当时谁都没想到，金日磾这个年纪轻轻的匈奴小伙子以后会成为汉武帝最器重的重臣！

不过这是后话。

2.14 汉朝第一朴实人

公元前120年，长安方面减北边塞一半戍卒往长安集结，并开始大规模修建昆明池训练水军，准备征伐昆明夷。

汉武帝现在不是和匈奴人打得正欢吗？为什么还要修什么昆明池呢？还有，昆明在西南方向，之前汉武帝不是已经放弃了修缮西南夷了吗？怎么又将目标盯在昆明夷身上了呢？

这个确实比较混乱，我来和大家解释一下。

第一，现在匈奴右部已经被汉廷完全摧毁，这些年来的不断打击使得匈奴不管是人口、经济还是地盘都严重缩水，所以汉武帝天真地认为匈奴人不敢再和汉朝人较劲了。再加上攻击匈奴就必须要用战马，而这些年对匈奴不断作战，使得汉廷战马锐减。所以综合以上，汉武帝打算暂时先放下匈奴。

第二，那就是昆明夷的首领狠狠地打了汉武帝的脸，让这个对面子极为重视的皇帝非常恼怒，这才决定攻击昆明夷。再加上昆明夷地区多江湖，所以才开始打造昆明池训练水军。

那么这个昆明夷的首领是怎么打了汉武帝的脸呢？

话说张骞历经千辛万苦，终于回到长安以后，汉武帝亲自接见了他，并和他彻夜长谈了西域的风土人情。可当聊到西南夷的时候（那时候汉武帝已经放弃对西南夷的开发），张骞却告诉汉武帝，在汉朝西南一带有一个叫身毒（古印度）的国家，这个国家虽然比不上汉朝富庶，但也是一个非常发达的国家，如果汉朝能和身毒建立外交，那不管是从经济上还是军事上都会给汉朝很大的帮助。

汉武帝觉得张骞说得非常有理，便重新启动修路工程，计划从西南夷一直修路修到身毒去。

且不论修这么长的路要花费多少钱，就说沿途的各地土民估计就不能答应。

这不嘛，汉朝修路还没修出西南夷呢，就被其中的昆明夷挡住了，人家说得很有道理，你汉朝是一个独立国家，难道我昆明夷就不是吗？你凭什么要到我家门口修路？你想干什么？

于是，就将汉朝的工程队挡了回去。

所以，汉武帝不乐意了，就开始大兴土木修建昆明池，用以训练攻占昆明夷的水军。

自从汉武帝继位以来，大型工程、大型战役不计其数，汉朝威风了，匈奴人也终于被打成劣势了，可是汉朝这国库也已经渐渐不支了。

就在汉武帝大兴土木修建昆明池的时候，崤山以东地区突然暴发超大水灾，房屋被淹没，田地被毁坏，死伤者不计其数。很多的老百姓因此陷入饥饿、困苦之境，这要是在文景时代，抑或汉武初期的时候不算什么难事，长安方面多花点儿钱也就过去了。可是现在不行，长安方面根本拿不出钱来赈灾，哪怕是动用全国各地粮仓中多余的粮食也不够。

汉武帝无奈，只能发布诏令向天下富豪寻求资金帮助，并向这些富豪们保证，只要汉朝度过了这次危机，以后一定会一点一点地将钱还清。

按说汉武帝这么爱面子的人现在都拉下脸来管商人借钱了，那么汉朝的商人是不是应该出一点儿力呢？

这么说好像是应该出力的，可真正帮助汉武帝的商人实在是太少了。

那些举国闻名的大富商（比如说卓王孙等级的）因为名头太大，所以无法逃过此劫，不得不捐出一部分钱来给长安方面。而那些没有什么名气的商人则将家中的钱全都藏了起来，但凡有人问起就说自己最近赔本了，家中都穷得揭不开锅。

那难道汉朝所有的商人都这么没有爱国情操吗？也不是这样，这其中就有一个叫卜式的，他就很有些爱国情操。

卜式，河南人，家族祖辈以养羊贩卖为生。据说卜氏家族的牧羊水平非常高，有他们独到的地方，所以卜家养出来的羊都很肥美。而到卜式这一代，只有他和小弟两个人，因为从小家里就有钱，所以卜式小弟从来就不愿意学习牧羊之术，只想读书以后做大官，所以卜式的父亲就将所有的"秘术"都传给了卜式。

最后，卜式的爹死了，卜式的弟媳在老爹刚过丧期就吵吵着要分家，并在分家产的时候指手画脚。

卜式是长子，按照道理应该是他继承大头，给小弟一个零头，可卜式这人非常重感情，不想和自己的小弟闹不愉快，所以只领了一百多头羊出来，其他所有的田产、宅院等等全都交给了自己的弟弟，基本可以说是净身出户了。

分家以后，卜式置办了一个非常粗劣的房屋，然后就带着百多头羊开始了自己的畜牧业发展之路。

因为卜式的养羊技术非常独到，所以他的百多头羊很快就发展到了千头羊，并且因为这些羊被卜式养得非常肥美，所以当地人都买他的羊。

就这样周而复始，卜式一点一点地富了起来，最后甚至成了当地的畜牧业大王。而这时候，卜式弟弟却倾家荡产了。

于是，卜式的弟弟携带着自己的妻子前来找卜式寻求帮助。

而卜式呢？根本不在乎自己的弟弟、弟媳曾经对自己怎样，只要是家人有困难来寻求帮助了，他都会倾尽全力地给予帮助。

然后，一次又一次地帮助，一次又一次地倾家荡产。

最后，这个厚脸皮的弟弟也不好意思再找卜式要钱了，终于放下手中的书籍，开始和自己的哥哥学习起了放羊之术，之后也成了地方的一大畜牧业商家。

就这样，又是多年过去了，汉武帝决定和匈奴全面开战，于是北方边境整日被喊杀声所笼罩，汉朝的钱也像流水一样哗哗往外淌。

卜式力弱，又没有什么文化，所以既不能上阵杀敌，又不能安邦定国，但这不妨碍他支援国家的爱国之心。于是他将一半的家产全都捐赠给了朝廷，就是希望自己也能尽一份力。至于向朝廷捐赠了多少钱史书上并未记载，但一个地方商人竟然有如此爱国情操，这深深地打动了汉武帝，于是汉武帝便派人前往卜式处，问卜式想要什么官职。

可卜式却微笑着和来人说："大人说笑了，咱从小就是个放羊娃，从来没读过书，要什么官爵啊。"

不要官爵？那你给朝廷这么多钱干什么？就纯纯地为了支援朝廷抗击匈奴？不但这名使者不信，甚至连汉武帝都不信。

于是，这名使者接着问："那你可是有什么仇家？想要让朝廷替你教训他？"

卜式回答道："非也非也，小民自小与人无争，从来都秉承着和气生财的道理，我周围的人几乎都是我的朋友，哪里来的仇人呢？"

这使者也不耐烦了，直接问："那你为什么捐给朝廷这么多钱？你说吧，到底想要什么？"

卜式最开始一愣，然后深深对使者一拜，非常严肃地道："启禀大人，我是不是汉朝子民？"

使者："当然是。"

卜式："那就对了。现如今，我大汉皇帝为了保护汉朝臣民的安全，不断与匈奴人在北方搏杀，我身为大汉子民，无时无刻不在为不能上阵杀敌而懊悔，所以，只能用钱来支援大汉，这难道不是我身为大汉子民应该做的吗？难道做这种理所应当之事也要陛下的奖赏吗？"

这话一说，此使者对卜式的情操肃然起敬，然后再三确认他没有要求以后才返回长安向汉武帝报告。

汉武帝简直不敢相信自己的耳朵，这世界上难道真有这种贤者不成？

于是，因为这事儿，汉武帝特地召开了廷议，想听听大臣们的意见。

那时候，公孙弘还没有死，他根本就不相信这世界上有这种付出而不求回报的人，所以直接站出来道："陛下！这种人的钱绝不能用！"

汉武帝："此话怎讲？"

公孙弘："老朽已经活了七十多年了，读过的书也不知道有多少，但从来没听说过有这种只付出而不求回报之人，那么既然天下没有这种人，他为什么还要这样做呢？那就是证明他在演戏！他是通过这种方式向陛下您赚取政治筹码，让陛下一步将他提升为朝中大员！似这种哗众取宠之辈，绝对是大奸大恶之徒，陛下万不能用之！"

听罢，汉武帝觉得很有道理，便没敢用卜式的钱，所以就把钱给退回去了。

卜式大概也猜到了汉武帝所想，所以没再向朝中献钱。

书接上文。

公元前120年，伴随着特大水灾的发生，汉武帝实在是没有预算了（军费不能动），所以便向天下富豪借钱。而这次卜式也学乖了，也不再往长安送钱了，而是直接将家中二十万钱交给了河南本地官员，委托他送往长安。

卜式本以为汉武帝已经将自己给忘了呢，可谁知道汉武帝一看卜式这个名字，当即便跳起来对左右道："就是他，这就是前些年坚持要资助我一半家产的人！看来他是真心想帮助朕啊，朕岂能再次薄了他的爱国之心！来人！"

"在！"

"现在，你马上从宫中抽出四百名官奴给卜式送过去，记住！男奴一定要年轻的，身体强壮，女奴一定要长得有些姿色的，咱不能薄待了人家。"

"是！"

就这样，汉朝使者拉着四百多名官奴前往卜式家中。这可真是汉武帝的厚赏了，因为这四百名官奴全都是从长安出来的，男的身强力壮，女的姿色貌美。保守估计，把他们都卖出去的话价格绝对不会低于二十万。

可是呢，卜式见朝廷给他送来这些官奴以后脸一下就拉下来了，他对使者深深一拜，然后道："启禀大人，请代小民转告陛下，陛下的心意小民收到了，但是绝不能要的！现在，国家正是用人之际，小民之所以献上二十万钱都是心甘情愿的，绝对没有任何企图，陛下能收下那就是对小民最好的赏赐了，希望使者大人能将这些人都带回去。"

使者虽然多番劝告，但卜式就是死活不收。最后，使者没有办法，只能带着这些官奴重新回到了长安。

这一下，汉武帝彻底被震撼了，心中仅存的那一点儿怀疑也烟消云散了。

于是，汉武帝将卜式召到长安，当着众人的面尊称卜式为长者，并任命他为郎中，赐爵左庶长，官田十顷，并将卜式的所为昭告天下，以示尊崇，并鼓励百姓效法。

可卜式呢，就是不肯接受汉武帝的赏赐，用他的话讲："我有挣钱的本事，永远都不会饿肚子，怎么能让朝廷在多事之秋还破费钱财来赏赐我呢？"所以怎么样都不肯接受封赏。

至于郎中之职，卜式就更不想当了，因为他自认为读书少，如果像他这种人都能当官的话，那不是给大汉朝丢人吗？所以，坚决不肯接受，还请求告退。

见此，汉武帝急了，直接走到殿下，拽住卜式的袖子道："哎，先生，我和你说，现在我在上林苑也养了很多的羊，但是怎样都养不好，希望先生你能到上林苑帮助我养羊，读书你不行，那养羊你总能养得好吧？"

一听能替皇帝陛下养"御羊"，卜式别提多高兴了，这可是养羊之人的最高荣耀啊。

于是，听着这话以后卜式眼睛直接亮了，当即跪下给汉武帝磕头谢恩。

这一幕可真是让场中大臣和汉武帝哭笑不得，给你赏赐你不干，想要提拔你你也不干，让你养羊反倒是这么开心，你卜式就这么点出息？

汉武帝从此记住了这个朴实的"养羊人"。

打这以后，汉武帝每次到上林苑打猎都要去卜式那溜达一圈，名为观羊，实际上就是想和卜式这个老实人叨叨家常。

然而呢，自从卜式到了上林苑以后，经常会接触到一些文人，而因为卜式的朴实，那些文人也都很愿意和卜式交朋友。久而久之，卜式被这些文人所吸引，也开始读起了圣贤之书，甚至将自己养羊那一套都结合到治理地方上去了。

一次，汉武帝又来上林苑看卜式了，见卜式的羊养得健壮肥美，遂对其大加赞赏。可卜式却和汉武帝说："陛下，最近臣经常觉得，这牧羊和治理地方也有很多的相似之处。"

一听这话，汉武帝来了兴致，忙问道："何以见得？"

卜式："臣在牧羊的时候会时刻关注羊群的一举一动，一旦有羊出现疾病的症状，臣就会马上将它隔离开来，这样便可做到万无一失。而在治理地方方面不是也可以采用这种方法吗？首先，身为地方官应该像看守羊群一样认真负责，时刻关注本地细节，了解本地民生，发现坏的政策就要及时根除改正，出现贪官恶霸就要及时铲除，这样的话，相信地方也会被治理得井井有条了。"

汉武帝感觉卜式这种方法特别新鲜，便任命卜式为缑氏县令，让他前往地方试一试。

还真别说，那卜式到了缑氏以后，把缑氏治理得井井有条，没多长时间此地便得到大治。汉武帝便又将卜式调到了皋地为县令。

而卜式到了皋地以后，不但沿用之前的方法治理，还修建漕运，让皋地在短期之内也得到大治，到年终考核的时候，卜式治理地方的政绩竟然排在全国首位。

此能力真是让汉武帝叹为观止，而因为卜式的朴实，还因为他的能力，汉武帝便提拔他为齐国国相，辅助齐王治理齐国。卜式从此步入政坛中心。

那他以后会怎样呢？我们暂且按下不表，还是先回到主线吧。

2.15　垄断时代

向天下富豪借款以后，虽然得到了一定数目的筹款，但对于天灾所留下的祸患简直是杯水车薪，崤山以东依然有太多的灾民得不到救助。

汉武帝无奈，只能将这些得不到赈济的灾民迁徙到关西，抑或新秦中地区（新秦中：纵向从长安以北一直到云中地区，横向从云中一直到朔方地区的广大地域），总计七十二万五千人。

由于人口众多，外加都是贫困潦倒的灾民，所以一切基本生活用品都要由国家给予。所以，未来这几年之中，长安往新秦中运送的物资是一批接着一批，耗费资金都要以亿来计算，总消耗根本无法计算，使得汉朝更加贫困。

而直到这时候，汉武帝还没有将哪怕一点儿军费拿出来支援灾民的意思。朝廷官员有的甚至还在背后戳汉武帝的脊梁骨。那么汉武帝真的应该将军费都拿出来支援灾民吗？这个，还真不一定，不过这是后话，我们后面再说。

灾民算是暂时赈住了，不过又有新的麻烦等待着汉武帝。

近些年，由于汉武帝不断发动大规模工程和大型战役，再加上天灾作祟，使得天下百姓畏惧至极，纷纷倾家荡产地花钱购买爵位到能够免除劳役、兵役的等级，使得天下可用之役越来越少。

可下有对策，上有政策，基于此，汉武帝和张汤重新调整法律条文，使汉朝的法律条文越来越苛刻，并且只要有谁犯了罪，就要马上服役，不管你是什么爵位。

可以这样说，当今的汉朝已经慢慢向曾经秦始皇时代的秦朝所靠拢了。

也就是在这段时期，张汤经常和汉武帝讨论政策到很晚很晚，甚至连丞相应该管的事情张汤也一并和汉武帝商议决策，弄得丞相李蔡就和一个摆设一样。

不仅这样，张汤还在经济上插手。他推荐大盐商东郭咸阳、大炼制商孔仅、洛阳巨商桑弘羊等善于经济计算者组成"经济顾问团",来给汉武帝研究弄钱的办法。

"经济顾问团"认为,自从汉文帝允许百姓私自造四铢钱以后,天下假币越来越多,以至于钱币贬值,通货膨胀,而这些靠着制造假钱发家致富的商人们却眼睁睁看着国家陷入危机而不肯掏腰包来帮助国家。所以必须严惩他们。

他们建议汉武帝,应该重新改变货币样式,让以前的货币变得没有任何用处,然后由国家完全垄断货币的制造权,并颁发新的法律,严格监督民间私自制造货币者,只要发现,便直接处死。

于是,汉武帝在货币方面全面大改革。

首先,向全国发布命令,从今以后禁止民间私铸货币,发现者一律处死。

之后,改货币之样式,先改四铢钱为三铢钱,然后又制造白鹿皮币(面值四十万钱)、大白金币(面值三千钱)、中白金币(面值五百钱)、小白金币(面值三百钱)。

汉武帝自认为这些钱的铸造之法为国家所掌握,民间百姓一定不会制造,可汉朝人的造假本领完全颠覆了汉武帝的认知,这些"大钱"上市没多久便流通出了很多假币(注:白鹿是个稀罕物,所以白鹿皮并没有被大规模假造,造假的只有三种白金币)。

由于差价太大,如果任由这些假的"大币"被制造,那么等待国家的将会是更为严重的经济危机。所以汉武帝当机立断,立即禁止了这些"大币"在市场上流通,专心经营三铢钱。

而自从汉朝彻底垄断了钱币制造业以后,通货膨胀的态势果然消失不见。尝到了垄断甜头的汉武帝遂再次和"经济顾问团"商议,进而又垄断了盐业与铸铁业,使得国家财政又有了复苏之景象。

张汤还为此再次增加法律条文,那就是敢于私自煮盐和冶铁的,国家就会没收他所有的财产,并给他戴上脚镣,发配到边疆。

这还不算,张汤还要求天下商人的资产都要向地方官府和长安方面汇报,让资产透明化,钱多的就增加赋税,钱少的相对少增加一些。而小康家庭也不能豁免，那些家里有马车的，拥有五丈以上规格船只的，都需要向国家缴纳相对应的赋税。不管是商人还是百姓，但凡有敢藏匿隐瞒资产不报的，都要没收全部家产，并流放边塞一年。有告发私藏钱财的，朝廷便会将被没收者一半的财产全都赏赐给告发者。

综合以上，汉朝从此开始进入了一个全面垄断的新时代，虽然因此得罪了天下富人，但是国库也因此而充盈了起来。对于此，张汤绝对是功不可没的，所以从这时候开始，张汤便成了汉武帝身边的第一红人。可也因为如此，张汤得罪了这天下的富商，汉朝的富商们一提到张汤，没有不恨得咬牙切齿的（尤其是卓王孙一族，他们可是被张汤给坑惨了）。

可就在汉朝经济逐渐转好，汉武帝即将对昆明夷动兵之时，北方草原上那只已经被华夏龙打残了的草原狼，又开始露出它那已经不怎么锋利的牙齿对华夏龙嘶吼了。

2.16 汉匈大决战

公元前120年秋，大概是为了发泄对汉朝的愤恨，或是为了报之前丢失右部之仇，伊稚斜的中央王庭军和左贤王在同一天各率数万骑兵劫掠汉北边境的右北平和定襄郡，共斩杀千余汉人而去。

本来都已经不想在近期再和匈奴人纠缠的汉武帝彻底被伊稚斜的愚蠢举动给激怒了，你不是一起攻打我的定襄和右北平吗？好，好得很！我也来两路共同出击，不过我可不是杀你一千人就走了，我要直接灭了你！

集结集结，不停地集结。粮队、材官、精锐骑兵如同长龙一般向边塞驶进，纵横百里而不绝。这次出击，汉武帝是下了大决心的。所以，同时动用了汉朝军界双星的卫青和霍去病各统一部同时攻击匈奴，可到底派谁为"双星"

的部将呢？这可要酌情选择了。

然而就在这时，已经白发苍苍、年过六旬，但却依然老当益壮的李广找到了汉武帝。（注：李广本为右北平太守，但汉武帝心疼这个一辈子为汉朝打仗的老将军，不想再让他在边境受苦，所以就将他调回长安，让他担任九卿之一的郎中令，一是可以让李广富贵地安享晚年；二是李广的忠诚毋庸置疑，让他保卫自己的安全也是不二人选）

李广太久没上过战场了，打了一辈子仗的李广实在手痒得很，再加上李广这一辈子什么都有了，就差一个侯爵了，所以就想通过本次打仗来赚取军功，进而封得侯爵，所以当李广听说汉廷要打击匈奴的时候便前来汉武帝处毛遂自荐。

可汉武帝认为如今的李广已经太老了，不再具备一名将军所需的必要素质，便没有答应他。

可打这以后，李广有事儿没事儿便在汉武帝面前炫耀他的箭术和武技，这让汉武帝哭笑不得。

最后，大概是汉武帝心软了吧，实在不想让这个老将军有所遗憾，便将他安排进了卫青的部队当中。

可在卫青出发以前，汉武帝却暗示卫青，让他不要让李广直接与匈奴人接触，怕因为这名老将坏了整个大局。

好了，我们言归正传。

本次，汉武帝决意对匈奴展开空前的军事打击，彻底将这个北方之患灭掉。

公元前119年春，整整半年，汉军终于完成了军事整合。这一次，汉军共出动左右两大军团共同出击匈奴。

右军方面：

主帅为大将军卫青；

前将军为郎中令李广；

左将军为太仆公孙敖；

右将军为主爵赵食其；

后将军为平阳侯曹襄；

右军兵力：骑兵五万，步兵二十万（此二十万为后部跟进部队，辅助军事打击，主要负责粮草的运输），备用战马七万匹，新型武器——武刚车多辆，河西太守和云中太守亦率本部兵马辅助卫青。

左军方面：

主帅为骠骑将军霍去病；

所从将领：从票侯赵破奴、武昌侯安稽、北地都尉卫山、校尉李敢、匈奴降将复陆支、匈奴降将伊即靬。

兵力：之前一直跟随霍去病的特种部队一万，汉朝军方最精锐的骑兵五万（单兵作战能力要高过卫青所部骑兵），步兵二十万（职能和卫青的二十万一样），备用马匹七万。右北平太守路博德和渔阳太守解某某亦率本部兵马协助。

本次作战任务：

左路霍去病大军皆为最精锐之汉军组成，所以出定襄，向北越过大漠直袭伊稚斜匈奴王庭。

右路卫青大军则出代地北上，将整个匈奴左部全部歼灭。

我们再来看看匈奴方面。

伊稚斜听闻汉廷出两路空前规模的大军团攻击自己，忙将所有将领召集在一起商议对策。

赵信对伊稚斜道："大单于，汉廷出两路大军团攻击我匈奴，其意不言自明，那就是要彻底灭亡我匈奴，并且让我匈奴无法相互支援。所以，现在唯一的办法便是先利用大漠拖疲汉军，然后在汉军疲惫之时发动突击，一举灭之！待灭汉军一部后立即向西支援左贤王，将来犯之汉军尽数消灭。如此，长安方面必受毁灭性打击，短期之内绝对无法再对我大匈奴发动大规模军事行动，那时候，我们不但可以将祁连山和阴山重新收回来，甚至还能反攻汉朝，获得巨大的利益。"

伊稚斜："你说得倒是轻巧，但汉朝此次发动如此大规模的侵攻行动，用的必是霍去病和卫青二人，这二人哪有一个是好对付的？尤其是那霍去病，在沙漠中的位置感就像狐狸一般灵敏，我匈奴人在沙漠对上他也占不到半点儿便宜啊，而如果我没料错的话，本次直袭我王庭的定是这个霍去病！"

赵信："这好办，只要将霍去病和卫青的位置换一下不就好了吗？"

伊稚斜难以置信地道："换？怎么换？刘彻小儿决定了的事我们怎么改变？"

赵信："我在长安的时候听说过间谍有五，其中一种叫死间，如果运用得当绝对可以改变战局，我们不如这样这样……"

如此，伊稚斜集几乎王庭所有战力于大漠以北之边境，等待卫青的到来。那么卫青来了吗？

来了。

为什么？

话说卫青和霍去病大军出发以后，霍去病在刚出定襄之时便擒获了很多零散的匈奴骑兵。在霍去病的质问下，那些匈奴人都说伊稚斜和其主力部队现在都在匈奴左部，而不在王庭。

霍去病闻言大惊，赶紧派使者前往长安汇报情况。汉武帝也相信此情报，因为现在霍去病的大名已经响彻匈奴，再加上他擅长在沙漠中长途奔袭，所以伊稚斜单于绝对有可能和左贤王互换位置，意图先消灭卫青，然后再钳击霍去病。

基于此，汉武帝迅速下达命令，令霍去病和卫青互换位置，改由卫青从定襄出击，霍去病从上郡讨伐匈奴左部。

可这一切都中了伊稚斜的诡计。

当卫青出了定襄数百里，过了阴山山脉，到达大漠南边境之时（原匈奴中央王庭稍北），突然又抓到好几拨匈奴游散骑兵。这些骑兵可不是伊稚斜的死间了，而是非常怕死的普通士兵。

当他们被卫青抓到以后，将伊稚斜现在所在的位置如实说出。众将一听伊稚斜倾整个王庭的主力部队于大漠以北以逸待劳，无不惊恐交加，乃劝卫青原地不动，将情报汇报给汉武帝再作计较。

可卫青根本不听，因为他非常了解汉武帝的脾气，现在虽然计划有变，但是己方战力并不是不能和伊稚斜一拼，甚至还占有优势，可如果自己停止前行就必然会贻误战机，凭汉武帝的脾气，别说大将军这个位置了，甚至连自己的性命都有可能不保。

所以，卫青一面派使者前往长安方面向汉武帝汇报情况，一面马不停蹄地向北直入大漠，准备和伊稚斜展开一场生死对决。

但卫青不傻，料想就这样一头撞进伊稚斜的部队定然极为被动，所以命前将军李广与右将军赵食其分别统本部兵马走东道，以六比四的速度比同卫青主力部队迂回前进，意图在卫青与伊稚斜决战的同时突然从侧翼杀奔匈奴所部。

就这样，三支部队共同前行，按照道理来说，李广和赵食其应该是先一步到达目的地，然后对伊稚斜发动攻击的，可就当卫青即将穿越大漠，到达赵信城之时，伊稚斜的主力部队却突然杀到了卫青所部的正前方！而现在正是汉军最为疲惫之时，早就该出现的李广和赵食其又不知所踪，所以汉军在此时陷入了一片恐慌之中。

但这其中并不包括卫青，卫青没有想这些有的没的，见伊稚斜主力部队像一窝蜂似的冲向自己，他临危不乱，迅速布置。

只听咚咚咚几声有节奏的鼓响，那些还在恐慌之中的汉军迅速恢复了镇静，紧接着，轰隆隆的声音响起，一众汉军步兵极为熟练地推出卫青的新武器——武刚车，然后以这些武刚车结成超大圆阵，将汉军全都套在圆阵之内。（注：武刚车，为大将军卫青的新武器，专为对付匈奴人所用，由于匈奴人非常善于突然袭击，所以成群结队的武刚车可以迅速结成防御壁垒以防止敌方冲锋，车的把手两侧安有长矛，所以只要敌方骑兵强冲壁垒，前排部队就会受到毁灭性打击。如此，剩下的办法便只有匈奴人最擅长的"帕提亚射击术"了，可为了应付此法，武刚车上还安有一个竖起来的巨大盾牌，可以有效挡住匈奴人的箭矢，盾牌上还有两个箭孔，可以让弓弩手在巨盾掩护下射击敌方）

紧接着，每两个汉军弓弩手占据一台武刚车，半跪在武刚车上，藏在大盾之下，透着武刚车的箭孔将弓弩瞄向匈奴骑兵。

砰砰砰！无数的箭矢飞向匈奴骑兵。一时间，马嘶声、惨叫声此起彼伏，可匈奴人已经习惯了，他们知道，汉人发射一轮弓弩以后的上箭速度特别慢，而这时候绝对可以冲到自己的射程之内了。

可当匈奴人的弓箭射出以后，他们尴尬了，因为武刚车上那令人绝望的大盾将这些箭矢大多数挡在了外面。

然后，里面汉军弓弩手还在大盾的掩护之下不停射击。

见此，匈奴人收起了他们最为依赖的骑弓，拿出了冲锋长枪冲向了汉军阵营，准备同汉军肉搏。

而汉营之内的汉军反应同样迅速，武刚车上的弓弩手迅速下车，冲向后排，而后排的汉军则手持首环刀跳到武刚车之上，以待匈奴人的进攻。

哐！伴随着让人恐惧的巨响，匈奴骑兵与武刚车碰撞到了一起。

可匈奴骑兵那恐怖的冲击力基本被武刚车卸去，前排冲锋的战马也被武刚车上的长矛刺穿大半。

见匈奴骑兵的冲击力已废，车上的汉军直接跳了出来，在空中抡起首环刀就往匈奴人脑袋顶上砍，而在后方的汉军也手持长矛冲了上来，在前方汉军背后空隙处不停扎、不停刺。

一时间，整个前排残肢、鲜血漫天飞舞，惨叫声此起彼伏。而不管是在肉搏能力上还是兵器甲胄上都完全落后于汉军的匈奴人根本就不是汉人的对手，没战斗多长时间便向后开始溃退。

见此，汉军大声喊叫，士气旺盛至极，匈奴则产生了畏敌之心，因为地利所形成的优势在此时彻底被汉军扳平。

此时，卫青有两个选择。

第一，趁着现在汉军士气高昂，直接杀出大阵与匈奴人决战！

第二，在原地死守，等待着李广和赵食其的夹击。

可不管选择哪一项都是赌！如果选择第一项，现在李广和赵食其均不在军中，不但兵力上是劣势，亦无法对匈奴人形成夹击，便只能面对面硬打，这样就存在败的可能，哪怕就是最终胜利了，损失也绝对小不了。

如果选择第二项的话，就必须要赌李广和赵食其的部队能在短时间内抵达战场，那样就可以成功对匈奴进行夹击，可如果短期内到不了呢？那时候好不容易得到的士气又会被匈奴人耗尽，匈奴人完全可以在此时一边和你拖延一边断了你的粮道，那时候就万事皆休了。

而结果很明显，卫青信不过李广和赵食其，遂在第一时间就下了进攻命令。

一时间，中军令旗挥舞，咚咚咚的鼓声雷动。汉军大营前部的武刚车被汉军迅速扳开，空出一条通道，五千余汉军前部骑兵在此时奋勇杀出，紧跟着往回奔逃的匈奴人冲向伊稚斜本部。

见此，伊稚斜大恐，因为汉军跟在溃逃的匈奴人身后，使得主力部队无法对其进行射击，可一旦让这些已经杀红了眼的疯子冲进自己的主力部队，那大阵便会在瞬时之间被其捣毁，那时候，卫青再命所有汉军全军出击的话，就万事皆休了。

所以，伊稚斜当机立断，派出了匈奴最精锐、最擅长近战搏击的一万匈奴骑兵前往正面抗衡汉军骑兵，因为他知道，之前已经在攻击汉军的阵营中被挫败了一场，如果这次马上战斗再次被汉军挫败，那对于匈奴的士气绝对是巨大的打击。而匈奴人在装备上和近战技术上虽然比不过汉军将士，可这波匈奴人是军中最善于近战搏击的，外加有人数优势，所以一点儿都不输汉人。

于是，喊杀声震天！红色火浪（汉军）和灰白狼群（匈奴）互相冲向对方。

在汉人眼中，对面的土匪就是残杀我边境百姓的畜生，是绝对要赶尽杀绝的。

在匈奴人眼中，对面这些狗东西就是残杀了无数右部匈奴同胞的恶徒，是天神所唾弃的人间败类，对于这种人，绝对不能有半点儿留情，一定要砍下他们的脑袋以告慰死去同胞的在天之灵。

越来越近……越来越近……随着哐的一声暴响，两军拼杀在一处。

太深了，两个种族积怨已经太深了。在这种民族仇恨下，他们不死不休。

一个时辰，两个时辰，黄沙被鲜血染红，遍地的尸体残肢，而场中的汉人和匈奴人还在拼尽全力地搏斗。

在他们的后方，那些看着战友搏杀却不能上前帮助的人都浑身颤抖，相信如果现在不是卫青或者伊稚斜没有下命令的话，他们早就上去拼命了。

五千装备精良的汉军对一万擅长近战肉搏的匈奴人，这场惨烈的战斗一直从午时杀到黄昏，其间不管是伊稚斜还是卫青都没有下命令。

伊稚斜知道，现在自己已经派了一万精锐骑兵，如果这都要先行支援的话，那就是承认自己的士兵不如汉人士兵，士气上就落了下风，所以他不能动。

而卫青却对自己的五千汉军有着绝对的信心，因为不管是从近战搏击方面还是兵器甲胄方面，汉朝都要领先匈奴太多了，所以哪怕比例是一比二卫青也对汉军有着绝对的信心！

所以他们都在等，等对方先行溃败，然后就发动总攻击。

可是就在一万匈奴军与五千汉军困兽犹斗之时，大漠之中突然刮起了大风，进而演变为沙尘暴，这沙尘暴如同一条超级庞大的土龙，将所有的匈奴军和汉军都给包了起来，整个战场的能见度竟然不到两米！

伊稚斜彻底愣了，一时间竟不知如何应对此突发情况。

这也怪不得他，毕竟如此情景并不常见。并且，装备精良的汉军面对这种情况会更加不利。

所以，卫青应该比伊稚斜更加惊慌才对！

不过，卫青没有！非但没有，他还在沙尘暴到来的第一时间命左将军公孙敖与右将军曹襄（由于右军赵食其不在，所以曹襄暂代右将军之职）率本部"盲"从两翼疾奔迂回至后方伊稚斜主力部队，然后钳击之！

卫青自己则亲率主力部队向前方猛冲，意图以主力中军配合五千汉军全歼一万匈奴军，然后直接向前突击，生擒伊稚斜单于。

卫青的果决和反应真是快得不能再快，但伊稚斜是那么好抓的吗？当然不是。

此时，匈奴后军主力部队，伊稚斜还在思考究竟如何在风暴中战斗，突然听到左右两翼杀声震天！

坏了！沙场经验丰富的伊稚斜一听此声音就知道自己的部队已经被汉军给包围了，而现在沙尘暴肆虐，根本看不清前方的道路，匈奴只能被迫与汉军近身厮杀，伊稚斜害怕被汉军生擒，也不管余下的部队了（因为伊稚斜对匈奴人的逃跑本领有着绝对信心），骑着自己的六騄（六騄：为匈奴研制的驴种马，不管是耐力还是奔跑速度都极为强悍）便往西北大后方遁去了。

而此时不管是匈奴人还是汉军都不知道伊稚斜已经仓皇逃走，还在不断厮杀，并且因为沙尘暴的关系，将领根本无法在战阵之上指挥，所以汉军和匈奴军便陷入了最原始的战阵搏杀。

可沙尘暴来得快去得也快，当沙尘暴过去以后，见主帅已经跑了的匈奴后部主力部队再也没有了继续战斗的心思，便也四散奔逃了。

卫青一面命一部向西北追击伊稚斜，一面命左右两军回军攻击已经被围得死死的那一万匈奴勇士。

最后，伊稚斜没有被追上，一万匈奴勇士被全歼，至于汉军损失兵力，史书上只说由于双方在能见度极低的条件下作战，所以汉军同样损失惨重，却没有报告具体数字。

胜利了，卫青则带着部队穿越了沙漠，并占领了沙漠上方的军事要塞——赵信城。

可直到这时候，李广和赵食其的部队依然没有踪影。卫青因此气得七窍生烟。

虽然汉军占领了赵信城，可因为缺乏两军的协助，卫青不敢再继续向北深入，也不敢拖延。要知道，如此庞大的军队拖延一天就是一笔天文数字啊。所以，卫青只能在赵信城补充一天以后，将城内所有的物资都掠夺一空便率众南渡大漠，往长安折返了。

那么赵食其和李广究竟去哪儿了呢？为什么这么长时间都没能与卫青会师呢——这两人迷路了。

要详细说这事儿，我们得再将时间往前移到卫青分兵前进之前。

话说本来分兵前行的任务应该是交给左军和右军才是正理，这也是设置左右军的重要因素之一（自古中原迂回作战都是左右二军所为），所以不管怎么说都轮不到前军。可是因为汉武帝曾经暗示自己，说李广现在已经老了，不能再让他和匈奴人直接接触了。再加上卫青的铁哥们儿公孙敖曾经两次被削为平民，现在好不容易又在自己的强烈推荐下做了左将军，怎能不让公孙敖跟着主力部队拿军功呢？所以，这个迂回的任务就落在了李广这个前军的头上。

李广听闻此事以后极为愤怒，跑到中军大帐和卫青理论："大将军！你什么意思？"

卫青："什么我什么意思？把话说明白了。"

李广："老夫所率的是前军！前军是干什么的？那是冲锋陷阵的！你怎么能让我干侧翼的活呢？这根本就不符合军法！"（注：还有一点李广没好意思说，那就是他最擅长的便是正面作战，不管是组织防守还是组织进攻都是他的强项，可长途迂回作战就是他的短板了）

卫青狡辩："战术战阵没有常用之法，应该因时而异，老将军你行军打仗多年不应该不知道这个道理。"

这满满的大道理说得李广哑口无言，他又不好说自己不擅长长途奔袭，只能打感情牌。

只见原本气势汹汹的李广突然变脸，对着卫青一躬身，然后道："大将军哪，老夫从年轻的时候便和匈奴作战，虽然交锋无数，但从来没和匈奴单于正面硬打过，所以真的不想放弃这个好机会，大将军您就成全我这个武夫吧，我发誓，如果碰到单于的部队我李广不拼死一战便自己斩掉头颅！"

那么卫青有没有答应李广呢？当然是没有，反而微笑着和李广道："老将军想多了，你的部队如果行进得当的话，是绝对会比我主力部队先行到达战场的，那时候还愁不能揍伊稚斜一顿吗？所以啊，老将军你就去吧。"

见卫青如此软硬不吃，李广愤怒至极，转身就出了大帐。然后，回到本部的李广却拒不执行命令。

卫青也是怒了，这回也不和李广好说好商量了，直接派人前往李广处，着令李广立即前往东路，按计划行事！

见卫青如此"无情"，李广无奈，只能向东和赵食其会师，然后迂回北上。

可是大漠之地根本就没有方向，并不是每个人都具备霍去病和卫青的才能。所以……李广和赵食其迷路了，他们在大漠中来回乱转，就是找不到应该往哪里走。

再这么耗几天，估计都不用匈奴人来打，他们自己就会让这大漠给折磨死。幸好，在汉军快要绝望之时，他们被折返的卫青所部找到了。

给前军和右军补给以后，卫青立即将李广和赵食其招到军中，询问两人迷路的原因。

赵食其哪里敢怠慢，将其中的缘故和盘托出。只有李广紧闭双眼，一言不发。

见李广如此，卫青心中也有些惭愧，所以没有逼李广说话。可不说话也不行啊，因为这次战斗基本上和无功而返也差不了多少了，你李广不说话，难道罪责让我卫青承担不成？于是，卫青在李广走后没多久叫来一名副官，让他带着一壶好酒去好生安慰李广，然后让他写详细的报告。

可李广面对卫青派来的使者依然一言不发，就是坐在原地闭目养神。他愤怒，他惭愧，他不甘！

见李广一言不发，这副官也不敢再强迫，而是转而询问李广的部将们，让他们写出详细的报告。

可就在这时，李广睁开了双眼，愤恨地对卫青派来的使者道："你不要问他们！我手下的将领没有任何罪责，之所以迷路都是因为我一个人的原因。现在我就写下情况说明，听候审问就是！"

话毕，李广迅速地写出了情况说明，然后交给了卫青的使者。

得到自己想要的，使者开开心心地走了，大帐内只剩下一个没落的老人和一众低头不语的将领。

沉默片刻，李广渐渐转回了身，他一步步地走上主位，然后跪坐而下，微笑着和下面的将领们道："我李广从年轻的时候便开始和匈奴人战斗，到现在来来回回地已经打了七十次大小战役了，这一次我有幸跟随大将军的部队讨伐匈奴，本以为能够建功立业，却被大将军派出迂回作战，进而迷失了道路。这难道能怪大将军吗？呵呵，我也不知道，要怪就怪老天吧。如今的我已经六十多岁了，无法再忍受审讯官吏的侮辱，我也不是公孙敖，无法接受连续两次的大贬，所以……"

说到这儿，李广以迅雷不及掩耳之势拔出腰中佩剑，在在场众多将领还没反应过来的时候抹了脖子。

噗……鲜血从李广的脖颈中喷出，这个威震匈奴、在本国也享有无尽声望的一代骁将就此含恨而终。

我们再来看看霍去病方面。和卫青所部相比，霍去病的右军简直就可以用势如破竹来形容。

首先，在地理上，左贤王部没有伊稚斜的大漠作为屏障，所以只能在平原地带和霍去病会战。

其次，兵力方面左贤王也没有伊稚斜强大。而霍去病呢？几乎汉朝所有的精锐全都集中在这边，战斗力不知比卫青强了多少。所以，用霍去病来攻击左贤王绝对是杀鸡用牛刀了。

话说霍去病和卫青互换位置之后，还没到达代郡便遣使往右北平太守路博德与渔阳太守解处，让二人迅速领兵向西北的兴城狂奔（察哈尔多伦地区）。

二人知道霍去病的所部速度有多快，所以不敢有丝毫迟疑，急速执行军令。而等霍去病所部到达代郡以后，直接抛弃了大后方的辎重，让所有骑兵只带些许风干食品便向北轻装疾奔。

而当霍去病所统汉军到达兴城以后，路博德和解的部队也即将到达此处。

但此时，左贤王亦统率其绝对主力于兴城以北地带养精蓄锐，并架设防线等待霍去病驾临。

这所有的一切都在霍去病的意料之中，霍去病对自己的统率进攻能力和手下汉军的单兵作战能力有绝对信心，料定匈奴必败！乃命即将到达目的地的路博德和解不要前来与自己会师，而是命令他们率本部兵马从东路绕过左贤王主力部队，堵在他们的后面，一旦左贤王撤退，便拼尽全力拦住他们。

二人不敢怠慢，更不敢让士兵休息，赶紧统率所部按霍去病的命令向东方迂回。

此次战役，霍去病依然采用自己最擅长的集点闪击战术，将所有的部队都集中在匈奴左翼猛攻之。

轰轰轰，马蹄声震动大地，五万余汉军铁骑在匈奴发现他们的第一时间便疯狂对其冲击，其中一万多特种部队以锥形阵全速冲击匈奴左翼，剩下的四万精锐骑兵则以稍慢的速度在后方跟进。

当霍去病所部出全军之力攻击匈奴左翼之时，左贤王根本就来不及反应，整个左翼便被汉军特种部队冲破。

之后，这些特种部队还是按照老规矩，直接冲向左贤王的中军大帐！而后方的四万汉军骑兵则在特种部队离开以后进入匈奴那已经溃散的左翼之中肆意砍杀。

如此，整个匈奴左翼溃散，进而影响到全军，导致匈奴大阵整体混乱。而霍去病根本就不给左贤王任何反应补救的机会，兵锋直指中军大帐，要的就是你左贤王的项上人头！

见此，左贤王哪里还敢再战，撒腿就溜了。

估计左贤王在逃亡的时候也是一边跑一边哭的，因为他这辈子什么时候败得这么快这么惨过，真是碰到霍去病，晚节别想保啊。

而霍去病方面，在左贤王逃走以后立马回军配合主力部队前后夹击匈奴人。

一时间，惨叫声连连，漫天弥漫着匈奴人的血气。主帅跑了，汉军还如此凶残，这仗还打个什么，赶紧溜吧！

于是，剩下的这些匈奴人跟着左贤王的步伐向北仓皇逃窜，汉军则在身后拼命地追击。

按说，凭借匈奴人的骑术和匈奴战马的素质，汉军想追上匈奴人是非常困难的，可霍去病早就防着匈奴这一手了。

所以，当匈奴人向北逃亡十多里以后，突然在他们前方杀出一支汉军部队，这些汉军是从哪来的？从天上来的不成？

于是，匈奴人被这些突然出现的汉军弄得大乱，完全拦住了他们撤退的步伐。而这时候，霍去病所部又从后方疾奔而来。

基于此，匈奴人的部队更是乱上加乱，向前跑不了，向后退不了，匈奴人人挤人马碰马，就这样毫无组织地被汉人残杀。

杀杀杀！汉军不停地杀，不停地斩，匈奴部队人仰马翻，遍地的尸体血肉，此地瞬时之间变成了人间地狱。

主力部队在本次战役中损失殆尽，整个匈奴左部在这时候已经完全丧失了抵抗的能力。

而很明显，霍去病也知道这一点。于是，他开始纵兵向北狂奔杀掠，一路走一路杀，霍去病之汉军跨过难侯山、越过济弓庐之水，直到军队到达狼居胥山，朝廷突然派遣使者来报，说卫青左路大军已经撤退，着令右路大军也班师回朝，霍去病这才停止扫荡，率军返回长安。

因为此时的左贤王已经带领匈奴左部仅存的军队和人口向北逃回了匈奴中央王庭。所以自此以后，匈奴再无左右部，遂完全丧失了对汉廷在漠南的战争资本，伊稚斜也龟缩在大漠以北很远的地区，再也不敢轻易向南劫掠了。

于是，漠南再无匈奴人。

值得一提的是，霍去病此次大胜回军的过程中正好路过自己生父的家，也许是想尽点儿孝心，也许是想羞辱从小抛弃自己的父亲，或者两者之心皆有，霍去病便派人前往父亲家中让他前来相见（《汉书·霍光传》："遣吏迎霍仲儒"，《资治通鉴》："遣吏迎霍仲儒而见之"）。

那霍仲儒在霍去病小时候就断绝了和他的关系，所以等霍去病出名以后也不敢找他，只求能活命而已，可如今霍去病来找他了，他还能怎么办？只能硬着头皮去见霍去病了，并且是携一家老小前去的。

本以为霍去病见了他的面以后最坏的情况也要连番数落，可谁承想，当霍仲儒一家老小跑到霍去病面前，还没等霍仲儒反应，霍去病就先给霍仲儒跪下了，并道："早先并不知道大人您是我的父亲，所以未曾拜见。"

看着霍去病淡漠的表情，又听其冷漠的声音，霍仲儒当然知道，霍去病并没有真正原谅自己，给自己下跪也只不过是做做样子而已。

所以，霍仲儒赶紧将霍去病扶了起来，并下跪叩头道："不敢！老臣不敢啊，老臣能托命于将军，这全是上天给予的保佑啊。"

霍去病也没说什么，只是将霍仲儒扶起，然后给他买了很多的田产奴婢便走了。

可霍去病刚走没几步，他突然猛地回头看了站在霍仲儒身后的孩子一眼。当霍去病和此孩子对视一阵之后，霍去病便问："这孩子是谁？"

霍仲儒赶紧道："启禀将军，这孩子是您的弟弟，叫霍光。"

霍去病点了点头，然后道："让这孩子跟我去长安发展吧。"

一听这话，霍仲儒兴奋得差点儿跳起来，霍去病现在是汉武帝身边的红人，有他的提携，霍光以后还能差得了吗？而等到霍光出息了，那自己的好日子不就来了吗？所以，霍仲儒赶紧让霍光跟着霍去病到长安去了。

那么霍去病为什么让霍光跟着自己呢？

第一，霍去病想在朝中培养自己的人。

第二，霍光也确实是个人才。因为这孩子自从随父亲来见自己以后，一直都是低着头。表面上看着确实是畏惧霍去病。可实际上呢？霍仲儒，连同他的家人都害怕得瑟瑟发抖，只有这个孩子，不但没有颤抖半分，连每迈一步的长度都好像丈量一般，没有丝毫偏差，这就让霍去病惊异了。所以，当霍去病作势转身离开之时突然一个回身，死死地盯着这个叫霍光的孩子，而霍光这时候也认为霍去病是要走了，所以将头抬了起来，正好与霍去病四目相对。这要是一般的小孩儿早吓坏了，可霍光并没有，只是在四目相对一刻迅速将头低下，不见半点儿失态。可霍去病却发现了这孩子一双明亮的大眼睛在盯着自己的时候没有半分畏惧，所以，霍去病料定这孩子以后必有出息，这才将其带到长安。

好了，霍光究竟是怎么发展的暂且不提，我们还是看看战后汉武帝对左右两军的赏罚情况吧。

首先左军，卫青并没有完成左路军应该完成的任务，但因为卫青怎么说也算是打败了伊稚斜的主力部队，将其王庭逼退至大漠更北方，所以功过相抵，不赏不罚。

右军将军赵食其因为迷路而贻误战机，以至于原定军事计划无法顺利实行，所以判处死刑（后赵食其花钱赎罪，贬为平民）。

右军方面：活捉伊稚斜左部大臣章渠，诛杀北车耆王，活捉屯头王、韩王等三王，匈奴将军、相国、当户、都尉八十三人，活捉匈奴俘虏七万零四十三人（斩杀具体人数未表，只说歼匈奴左部十分之八），将匈奴左部清空。

基于此，汉武帝加封霍去病食邑五千八百户（连同之前的封赏，现在霍去病食邑总数为一万七千八百户），并设左右大司马，让霍去病和卫青总统太尉之职。

之后，几乎右军所有将领都受到了汉武帝奖赏，其具体奖表如下。

封右北平太守路博德为邳离侯；

北地都尉卫山为义阳侯；

复陆支为杜侯；

伊即轩为众利侯；

从票侯赵破奴，昌武侯赵安稽，各封食邑三百户；

渔阳太守解、校尉李敢，皆赐为关内侯，赏解食邑三百户，李敢二百户。

其他随军校尉皆赐爵左庶长。

这之后，汉武帝趁着匈奴远遁漠北之际迅速布置，全侵其旧地（今宁夏回族自治区及甘肃省北部地区），建立光禄（今内蒙古自治区巴彦淖尔市乌拉特中旗）、居延（今宁夏回族自治区居延县西南）、令居（今甘肃省民勤县）三城（即武装殖民地，主要作用为保护汉人开发匈奴旧地之庄稼和再次以其为据点攻击匈奴），并分别移关东贫民以充实之。

汉武帝本想再继续对漠北用兵，直到彻底将匈奴消灭在视线以外再罢休，可无奈的是，现在国家财政已经被汉武帝浪费得太多了，再加上长年累月对匈奴作战，使得国家战马数量急剧下滑（本次出征匈奴，两路大军损失战马总数就有十万之多）。

基于此，汉武帝只能暂时停止对匈奴作战，准备以后再行用兵。

第三章

东亚之主

3.1 李敢之死

伊稚斜彻底被汉武帝打服了，已经成为"狼螒"的匈奴狼再也不敢对汉朝龇牙咧嘴了，这回该消停了吧？

不，历史就像一台大戏，你方唱罢我登场。

这不，匈奴狼刚下台，李敢又出来了。

话说自从讨伐匈奴回归后，大概是汉武帝也感觉自己有些对不起李广，便封李广之子李敢为郎中令，接替了李广之前的位置。

可得知父亲李广的死因后，李敢认定是卫青将自己的父亲害死的，所以对他深恶痛绝，有好几次在宫中相见都想上去打卫青，但碍于卫青的身份和当时所处的地点，李敢还是忍住没动手。

可随着时间的推移，以及李广每天晚上都频频去梦中"骚扰"李敢，使得李敢再也忍不住胸中怒火，便找了一个时间躲藏在大将军府周围。

那一日，卫青出了府邸，可就在卫青刚刚登上马车之时，李敢突然冲了出来，对着卫青就是一个飞踢。那李敢不说是当时最猛的猛将也差不了多少了，卫青怎能是其对手，所以直接被李敢踹下了马车。

然后，李敢跳下马车，骑在卫青身上就给卫青一顿揍。

这一切来得太快，等大将军府卫兵反应过来的时候卫青的脸已经被李敢给打肿了。他们一个激灵，哪还敢有半点儿拖延，赶紧就跑了过去。

此时的李敢也感觉揍得差不多了，便逃脱而去。

卫青手下的士兵本想追上去抓住李敢，可卫青却挣扎着制止了他们，因为卫青确实对李广的死负有一定的责任，虽然这个责任是间接的，但也难免有些愧疚之情，就不想再对此事有所深究，并让府中的下人管好自己的嘴巴，不准暴露此事。

因为卫青已经被李敢给揍得鼻青脸肿，所以他不敢再到宫中拜见汉武帝，便对外宣称自己有病，打算伤势痊愈后再行入宫。

汉武帝也没当回事儿，有病就养着，等养好再来。可霍去病不行，那可是自己的舅舅，没有卫青也没有自己的今天呀，所以霍去病一听卫青病了，便在第一时间前去拜访。

可一见卫青以后，霍去病直接怒了："舅舅! 怎么回事儿? 这是谁给你打的? "

看着霍去病气得全身哆嗦，卫青哪里还敢对他说实话，只说自己不小心摔伤的，让霍去病不要担心。

那霍去病作为一个统兵打仗的将军，个人武艺又十分高强，当然看得出是被揍的，但见卫青不愿意透露，霍去病也不追问，只等走出大将军府以后连威逼带利诱地问守门士兵到底是怎么回事。

大将军府的每个人一提这事儿都非常气愤，再加上人家霍去病威逼利诱的手段都上了，所以守卫便知无不言了。

霍去病听了大怒，李敢的命运也就在此时注定了。

这之后，汉武帝组织百官往甘泉宫去打猎，身为骠骑将军的霍去病和郎中令李敢也在此中，并且距离汉武帝很近（因为郎中令和卫尉都是皇帝身边的安全负责人，所以距离汉武帝一定不会远，不说是贴身保护也差不多了）。

那天，汉武帝打猎打得很舒畅，正在休息进食，周围人虽然很多，但没有一个人敢大声喧哗。

可就在这时，刺啦一声弓箭拉弦的声音响起，然后，在人们还没有反应过来的时候就听扑哧一声，一支箭矢穿透了李敢的胸膛，李敢应声而倒。

汉武帝蒙了，周围的郎卫们蒙了，侍者们蒙了，宫女们也蒙了，只剩霍去病手拿弓箭站在已经死去的李敢身后，带着冷漠的目光看着这具冰冷的尸体。

过了一会儿，不知哪个宫女反应迅速，大喊一声："杀人啦，杀……"没等此女喊完，汉武帝疯了一般冲过去，啪的一个耳光将此女扇坐在地上，如同野兽一般看着此宫女低声闷吼："你喊什么!"

宫女吓得再不敢发出一点儿声音。周围的人见汉武帝如此，无不闭紧自己的嘴，一个字都不说，场中顿时陷入了一种极度安静诡异的氛围。

之后，汉武帝直对霍去病冲了过去，上去就给了霍去病一脚。

霍去病被汉武帝一脚踹倒在地上，然后迅速单膝跪地，却一字不言。

汉武帝还想攻击霍去病，可是忍住了没有动手，而是气得哆哆嗦嗦地问："为什么？"

霍去病："李敢无故打伤大将军！我气不过！所以……"

汉武帝："所以你就杀了李敢！所以你就杀了朝廷九卿！"

霍去病："臣自知触犯了律法，还请陛下处罚！"

汉武帝气得再一个飞踢踹翻了霍去病，霍去病再次爬起来跪在汉武帝面前。汉武帝也没工夫再去追究霍去病了，急得来回踱步，完全丧失了平时的沉着与稳健，现在满脸都是惊慌与惧怕。

郎中令，这是九卿之一，而杀了郎中令的霍去病就是诛了他的全族也不为过。可是汉武帝能吗？不能！因为霍去病是汉武帝手上最大的王牌，就像一把利刃一般好用，最重要的是霍去病不仅行军打仗厉害，关键是他现在才二十一岁啊，大好年华，不知还能为汉朝所用多长时间，如果这时候将霍去病按法诛杀，那对汉朝损失实在是太大了，根本就不是汉武帝能够承受得起的。

于是，汉武帝几乎语无伦次地道："来！赶紧来人！"

"在，在，陛下有何吩咐？"

汉武帝："去！赶紧给我告诉在场所有人！所有人！告诉他们，李敢是被突然出现的雄鹿撞死的，这是真话，这才是事实，有谁敢给我瞎造谣我诛杀他全族！让他们全都给我管好自己的嘴巴！"

"是！"

就这样，霍去病射杀李敢一事被汉武帝以绝对的武力逼迫所隐瞒。李敢，就这样白白死去了，一代骁将竟然最后死于"雄鹿"之手，这简直叫人唏嘘。

3.2　汉武帝＝秦始皇?

李敢就这样死了，可他的死如同一滴水落在庞大的湖泊之中，除了带起一点涟漪之外没有任何作用，逐渐被人们所忘却。

而过后的汉武帝可是忙坏了，又是用酷吏又是迷信鬼神的，简直就成了秦始皇的翻版。

首先我们来看汉武帝又用了哪些酷吏吧。

话说自从张汤当道以后，改变律法，使得汉朝的法度越来越向当初秦始皇时代的秦朝靠拢。

然而，所谓"酷法"的增加也为国家带来了时效利益，使得国库资金充实，民间犯罪率大减。

见此，汉武帝更加喜欢用那些酷吏来充当自己的爪牙，这里面有很多人，这里不一一列举了，只说一个比较有代表性的人吧，他的名字叫王温舒。

王温舒开始为广平都尉，为了有力地打击犯罪分子，他采用了一种以暴制暴的执法方略。

王温舒在本地挑选了十几个穷凶极恶之徒来充当自己的爪牙，这些人不但了解本地黑社会势力的人员布置，还有很多的犯罪记录在身。

王温舒就是通过这些来威胁手下爪牙，只要能给他用心办事的，王温舒便包庇他们的罪责，甚至给他们洗白。

但如果和他耍心眼，或者不听从他命令的，王温舒便会加大他们的罪责，杀掉他们全家人。

所以，他手下的这些爪牙没有一个不拼命替王温舒办事的，本地的恶霸团伙在很短的时间便被彻底肃清。

因此，王温舒的大名彻底打响了。齐国、赵国一带的恶霸都不敢去广平作案，广平一时之间有"路不拾遗"的美誉。

因为这都是王温舒的功劳，所以很快他便被张汤相中，将此人上报给了汉武帝。

汉武帝也喜欢这样的官，便将其调到了河内任太守。

王温舒在前往河内赴任以前便命手下爪牙前往本地调查当地恶霸涉及的人员，并在调查结束以后立即派人前往长安请奏朝廷，请朝廷批准将罪大的诛杀全族，罪小的除本人处死外还要没收所有家产。之后便前往河内郡上任了。

而在王温舒上任的第一天，便绕过郡尉，将所有的县尉全都聚集在一起，并给了他们一份名单，让这些县尉按照名单抓人。

于是，整个河内郡哭喊声一片，不到两天，本郡所有的恶霸团伙全都被抓捕一空，受牵连者竟然有一千多家。

当然了，这些恶霸在本地横行霸道多年，也不是好惹的，有很多在长安也是有保护伞的，于是有人便遣人急速往长安，务必赶在汉武帝的处决批准之前求汉廷的大官们疏通。

可让这些恶霸崩溃的是，他们刚被抓进去一天，汉武帝的批准令便下来了。

于是，河内郡血流成河，流淌之血竟长达十多里。

这种神一般的速度与恶魔一般的狠辣让整个河内郡都震撼了。从这以后，河内郡几乎没有一个人敢作奸犯科，甚至在白天不敢大声议论朝政得失，夜晚不敢轻易出门，乡村中时常因为小偷出没而引起的狗叫也全都不见了。

此种执法手段在儒家当道的汉朝简直是不可想象的，所以朝中士人都对张汤任用的"酷吏"不断弹劾，王温舒更是首当其冲。

但这有什么用呢？汉武帝追求的是时效性，谁能给他带来利益他就用谁。所以，汉武帝不但没有处罚王温舒等"酷吏"，反而更加重用他们。

正所谓上行下效，一时间，汉朝的地方法律也开始向严酷靠拢了，直到张汤死后才渐渐开始改变。

以上就是当时汉朝所用酷吏的状态了。那汉武帝又怎么迷信鬼神了呢？

众所周知，汉武帝在众多汉朝皇帝中差不多是最迷信的了，所以在汉武帝时期，各种神棍越来越多，甚至有很多还混到了汉武帝身边。

汉武帝之前最喜欢哪位妃子？毫无疑问，卫子夫。可随着时间的流逝，卫子夫已经不再年轻，现在汉武帝最宠爱的是李夫人。

不过红颜薄命，这个李夫人受宠爱没过多久便病死了。汉武帝当时特别伤心。

见汉武帝如此伤心，一个叫少翁的神棍料定汉武帝一定会在近日因为思念之情而梦见李夫人，所以，他抓住了这个机会，自告奋勇地说能召唤李夫人的鬼魂回来同汉武帝相见。

汉武帝还是头一回听说这种理论，于是便让少翁负责具体操作。

那少翁得到汉武帝的批准以后，在汉武帝居室里面挂满了黄符，然后装神弄鬼地一顿跳大神。

完事后，便同汉武帝道："陛下放心，近些日子李夫人的鬼魂就会前来与陛下相会了。"

本以为能给汉武帝增加精神回忆，让他梦到李夫人也就够不错的了，可少翁却完全低估了汉武帝信奉鬼神的程度。

那汉武帝不但梦到李夫人了，还在半夜中惊醒，于神志不清之时仿佛看到了李夫人，其容貌与生前几乎一模一样。所以从这以后，汉武帝对少翁特别恩宠有加，不但赏了很多金银财宝，还以客之礼相待。

少翁没有见好就收，反而继续留在汉武帝身边装神弄鬼。

可随着少翁的法术越来越不灵，汉武帝也就对他慢慢冷淡了。

少翁不甘心就这样失败，不甘心离开他的富贵，所以铤而走险，整了一段丝绸，在上面写满了字，然后放到了宫廷中一头牛的饲料里。

过后，少翁陪汉武帝溜达，"很巧"地路过这头牛附近，少翁便故作震惊地指着那头牛吼道："陛下！这牛肚子里有东西！"

汉武帝就喜欢这新鲜事，所以直接命人将牛杀死，然后剖腹取出肚中丝绸。

少翁得意了，他以为自己要飞黄腾达了，可他错了。那汉武帝虽然极度迷信，但是只看了一眼就看出了这上面是少翁的笔迹。但汉武帝没有作声，只是默默地转身走了。

通过这件事汉武帝清楚地认识到，之前的招魂事件也绝对是少翁弄出来的鬼把戏，一代帝王被一个神棍如此反复欺骗，这事传出去不会被天下人笑掉大牙吗？

于是，汉武帝回宫以后派人秘密地处决了少翁，并将此事隐瞒。

始皇时期的徐市，文帝时期的新垣平，武帝时期的少翁，这无不说明所谓的鬼神之说都是无稽之谈。但汉武帝呢？虽然经过这一次的打击，可对于鬼神之事的信奉程度依然如故。

因为杀死少翁后不久，汉武帝突然在一天头疼了一下，这本不是什么事儿，谁还没有过大脑阵痛呢？可他认为这是少翁回来向他索命来了，所以非常害怕，因此患上了心理疾病，便找来巫师驱鬼。

可经历了不久前的少翁事件，现在有谁还敢糊弄汉武帝呢？所以一个个都说没有鬼神附身，只不过是汉武帝得了一场小病。

汉武帝又招来御医看病，可汉武帝根本就没有病，所以也没看出个所以然来。

于是，汉武帝一天到晚地喊头疼难忍，可把宫中的巫师和御医折腾坏了。

但就在这时，有一个宫中巫师向汉武帝推荐，说上郡有一个鬼神术士，专门通过驱鬼给人看"外科"病。

汉武帝如同抓住了一棵救命的稻草，立即派人前往上郡去请。而上郡那位神棍并没有在第一时间前来长安，而是问清楚了事情的缘由以后才充满信心地来到了长安。

因为这神棍料定，汉武帝这病完全是自己吓唬自己，只要给他一点儿精神上的治疗就可以了。

所以，当这神棍快要到长安的时候，突然装模作样地看了看天空，然后故作惊讶地对跟随他的官吏道："不好！现在鬼神已经占据中宫，成了气候，漫天遍布妖气。"

官吏吓了一大跳，"那，那怎么办？仙人你可要想想办法。"

神棍："此事虽然棘手，但并不是没有办法，不过你必须请奏陛下，为我设置一个巨大的祭场，我将会用此祭场请厉鬼上界，驱它前往撕碎困住陛下的鬼魂。"

一听这话，官吏撒腿就跑。而汉武帝也对此深信不疑，直接把甘泉宫交给了这神棍，让他前往召唤鬼神。

这神棍到了甘泉宫以后好一顿布置，将好好的甘泉宫弄得乱七八糟，到处都能看到鬼符、纸人等召唤鬼怪的东西。

然后，这神棍在甘泉宫中央设置了一个几丈高的祭坛，每天都在上面作法，并让手下的徒弟们搭设"招鬼棚帐"，这棚帐一天到晚都传出呜呜的鬼叫声，弄得好不瘆人。

然后，在鬼叫声消失以后，这神棍迅速跳下祭坛，然后吼道："来人！快来人！"

陪同官员哪里敢有半点儿怠慢，赶紧跑了过去。

只见这神棍满头大汗地对官员道："幸不辱命，厉鬼已经被我成功召唤，现正飞往陛下居所，请赶紧告诉陛下，让他这几天什么都不要做，只安心静养，因为鬼神相斗很容易在无形中伤到陛下，可只要陛下安心休养，鬼神就伤不到他。另外，请转告陛下放心，本人此次召唤之鬼为九渊恶鬼，根本不是一个小小的少翁所能抵抗的，只要陛下安心静养就什么问题都没有。还有，一定要和陛下说明，此鬼极为高傲，它在斩杀少翁之魂以后并不会立即离去，而是会返回我周身游荡，等待陛下前来感谢，如果陛下一个月内不来拜见此鬼，它便会飞回到陛下身边纠缠，到时候就算是大罗神仙来也救不了陛下了。"

话毕，官员一溜烟地跑了。

汉武帝听得此言以后吓坏了，什么公文奏折他通通不管了，赶紧让御医给自己送来安神催眠的药。

这之后，汉武帝在居所之中整整睡了一天一夜。

醒来之时，已经神清气爽的汉武帝突然发现，哎？头不疼了！看来这九渊恶鬼真是厉害非常。

这之后，汉武帝是一刻都不敢耽搁，赶紧收拾行装前往甘泉宫拜见九渊恶鬼。

为了表示自己的虔诚，汉武帝到了甘泉宫便命官员和守卫们不准进入，只身前往神棍处拜见鬼神。

呜呜呜，伴随着无尽的类似于鬼叫的风声，汉武帝忐忑地走到了神棍的"招鬼棚帐"之前，对此帐深深一躬："民间皇帝刘彻拜见九渊之鬼，感谢您不辞辛苦前来救助，以后本人必虔诚供奉您的英灵，还请您安心。"

话毕，呜呜呜的风声突然消失。紧接着，那正在祭坛前的神棍也随之倒下。

见此，汉武帝赶紧跑过去将此神棍半抱在怀里询问他是否安康。

那神棍此时已经面容憔悴（好几天故意没吃饭，再加上化妆所致），哆哆嗦嗦地道："陛下费心了，草民之所以如此都是召唤九渊恶鬼所致，不过现在九渊恶鬼已经满意而走，相信过几天我就能恢复如初。"

话毕，汉武帝感动得一塌糊涂。

等此神棍痊愈以后，汉武帝特别将其召唤到宫中，并请此神棍在宫中担任巫职。可这神棍聪明得很，知道宫中是非之地不可久留，乃同汉武帝道："唉，能得到陛下的垂青是草民这辈子最高的荣耀，草民也乐意为陛下效劳，可、可大概是不行了。"

汉武帝急切地道："先生为什么这样说？"

神棍："启奏陛下，草民本次召唤之鬼层次极高，现虽已成功送走，却大伤了草民之元气，恐怕以后再也召唤不了鬼怪了，别说高级的，就怕是连普通的小鬼也无法再行召唤了。所以，草民就是留在宫中也是一个白吃饭的废物，不如归隐田林，从此改以种田为生吧。"

听了这话，汉武帝又是感激又是愧疚。

于是，汉武帝赏赐了这神棍几辈子都花不完的钱。

所以从此以后，这神棍再也不用招摇撞骗了，过上了幸福美满的生活。

3.3　血染的五铢钱

自"恶鬼治病"后，汉武帝神清气爽，感觉做什么事都更加顺畅了，而紧接着来的这件事更加让汉武帝意气风发。那到底是什么事呢？

伊稚斜彻底尿了。

自从汉武帝和匈奴全面开战以来，匈奴连失阴山山脉、祁连山山脉等重要据点，不管是经济还是人口都受到了汉朝毁灭性的打击。

再后来，汉朝军界"双星"一起出动，将匈奴左部也彻底打残，使得匈奴完全崩溃，再也没有跟汉朝叫板的资本。

伊稚斜畏惧汉朝，从此迁移漠北，不敢再轻易跟汉朝叫板，可汉武帝侵蚀速度何其快速，刚刚将匈奴势力赶跑，就在其旧地建立军事殖民地，将两把钢刀顶在了匈奴身后。

伊稚斜惧怕汉武帝再次对其发动攻击，便听从赵信之计，遣使往长安，求汉朝和匈奴再次恢复以往的和亲，实际上就是主动向汉武帝低头求和了。

本次出使长安，匈奴使者再也没有了以往的张狂，而是跪在汉武帝面前，只求汉朝能和匈奴结成亲家。

汉武帝好生招待了匈奴使者，但并没有立即答应他，而是将其安排在驿馆休息，然后与大臣商议对策。

对此，朝中大臣分为两派。

鸽派认为，现在朝廷经过多年和匈奴的战争，已经人困马乏，经济萎缩，不如趁此机会和匈奴和亲，安心发展国内经济。

鹰派认为，当初的大和亲时代已经过去了，现在的汉朝实力胜匈奴百倍，伊稚斜此番派人前来祈求和亲不就是一个示弱的表现吗？不如派遣使者往匈奴，让匈奴从此对汉朝称臣。如此，才能将公主嫁给伊稚斜。因为如果这样的话，大汉的声威就会传遍四方，从此再也不会有任何势力敢和汉廷对抗。

最后，"好大喜功"的汉武帝采用了鹰派之提议，派遣丞相长史张敞前往漠北王庭劝伊稚斜从此向大汉臣服。

匈奴，这个强大的游牧民族，从冒顿统一草原以后便开始占据中亚和西北亚的霸主地位，也是当时全世界最强的轻骑兵战斗集团。

他们张狂，他们高傲，虽说现在已经被汉武帝打残了，不管是经济、版图还是人口都无法同当初冒顿时代的匈奴相提并论，但依然有漠北大片领土，不是一个会轻易向其他势力低头的民族。

所以，当伊稚斜听说张敞的来意以后直接怒了，便将其扣押在匈奴不放回长安。

而汉武帝一听伊稚斜如此举动也怒了，遂将匈奴使者也扣押在长安不放回匈奴。

但与伊稚斜不同的是（伊稚斜只扣押使者，并没有向汉朝发兵），自此以后，汉武帝再次加大力度发展兵力，准备彻底养精蓄锐以后命霍去病为三军统帅彻底消灭匈奴。

不过可惜的是，最后汉武帝却没能发动这场战争，至于为什么，咱们次年再说。先来看看汉朝的货币情况吧，因为整个汉朝又开始通货膨胀了。

记得之前汉武帝废四铢钱改三铢钱吗？因为汉文帝时代"使民自铸"的政策，使得天下越来越多的人制造假币，四铢钱贬值，便产生了通货膨胀。

之后汉武帝将民间所有四铢钱销毁，然后改由官方制造的三铢钱问世。

可悲催的是，宣布此命令以后，依然有民间刁民偷铸三铢钱，再加上三铢钱过轻，这就使得此钱再次贬值，汉朝又经历了一场通货膨胀。

汉武帝大怒，再次收民间三铢钱销毁，改用五铢钱为通用货币。

这回，为了制止民间盗铸五铢钱，汉武帝还起用了很多早已不用、却很有原则的大臣，让他们到地方去任职，一定要将民间盗铸这档事杜绝，这里面就有汲黯一个。

因为当时天下盗铸属楚国最为严重，而楚国之中的淮阳郡又是此中之最，所以，汉武帝派使者前往汲黯家中请他出山任淮阳太守，查处此地百姓盗铸五铢钱。

可汲黯认为，现在国家最重要的不是控制通货膨胀，而是赶紧把御史大夫张汤弄下去，因为汉朝属于忠孝治国，而张汤这个披着儒家皮的法家分子不断改变法律条文，使得国家言政一点一点转向法家，不管张汤的法律如何管用、如何具有时效性，汲黯都认为这是天理不容的行为，所以便想回到汉廷去找机会打击张汤，而不是窝在一个小小的淮阳管什么劳什子的五铢钱。

所以，汲黯说什么都不肯接受朝廷给他的任命。

最后，汉武帝也是真急了，再次派官员前往汲黯处强行任命他为淮阳郡太守。并说明，如果这次汲黯再不答应，就直接处理了他。

没办法，再不答应命都没了，汲黯无奈只能接受了汉武帝的任命。

可就这样前往淮阳郡他实在是过不去心里那一关。所以，汲黯打算最后搏一次。

他在前往淮阳郡上任以前，不远万里来到了长安拜见汉武帝。说实话，汉武帝是真不想见这个不知好歹的东西，可汲黯即将要到地方上任，还是自己强逼的，不见也说不过去，所以只能拉着一张黑脸召见汲黯。

那汲黯见到汉武帝以后，还不等汉武帝问话，咣当一下就给汉武帝跪下了，然后一边叩头一边哭着说："陛下，罪臣汲黯本以为这一辈子都没有缘分再侍奉陛下了，实在没想到陛下能再次开恩录用我一个没有用的罪臣。罪臣本该为了陛下分忧至死，可现在罪臣老了，精力已经大不如前，恐怕无法胜任一个郡的工作，所以还请陛下另派他人前往淮阳郡。至于我，哪怕陛下只让我当一个近侍人员，只要能无时无刻不陪在陛下身边，帮助陛下补救过失，提示疏忽事项我就满足了。"

本来汲黯前几句说得还挺中听的，汉武帝以为这老小子在家里待几年终于开窍了，可等后两句"帮助陛下补救过失，提示疏忽事项"一说出口以后，汉武帝直接愣了，等缓过神以后立即决定，以后不管出现什么事都不能再用汲黯了。

所以，汉武帝直接和汲黯道："你不用说这些没有用的，你是怎么想的朕还不知道吗？你不就是想回到汉廷而轻视地方吗？我告诉你，你这个淮阳太守去定了！你不是有病吗？行呀，反正我要的也只是你的名声而已，你到淮阳任职以后不用干任何事情，只给我躺着就行了，这你还不能做到吗？"

汉武帝都已经把话说到这个份儿上了，汲黯还能怎么办？

可就这样走汲黯又不甘心，于是他拜访了大行令李息，并语重心长地怂恿李息趁早弹劾张汤将他弄下去。

可李息又不傻，此时张汤正是极受恩宠之时，现在去弹劾张汤不是拿自己的命往枪口上撞吗？

所以，李息根本就没听汲黯的怂恿。

汲黯前往淮阳上任了。这只不过是众多官员中的一人而已，其他的就不说了，反正汉武帝是下了决心整治"民间偷铸"行为的。

可这有用吗？在绝对的利益面前，除了绝对的暴力，是没有任何手段能够制止这种偷铸行为的。

所以，这以后的民间偷铸依然猖獗，照这样下去，汉朝还会继续承受通货膨胀。到时候汉武帝又能怎么办？再改货币？那太不现实了。

汉武帝也不愿意再折腾了。所以，在御史大夫张汤的建议下，汉武帝用了重刑。下令只要是抓住谁偷铸五铢钱的，直接诛族，不用等到秋后！

这还不算，汉武帝还遣中央官员下到地方去监督地方官吏有没有用心来查处百姓偷铸问题。

如此，哪还有官员敢不拼命抓人？

一时间，鲜血横流，尸横遍野，光在这一年被斩杀的偷铸钱币者就达到了数十万之多！

从这以后，再也没人敢偷铸五铢钱了，这个无法铲除的巨大经济隐患在此残酷手段下得以根除，汉朝经济也重新归于稳定。但这，到底是对还是错？

3.4 把我的丞相还给我

令人头痛的民间偷铸案终于在重典之下烟消云散了，张汤又立功了。而李蔡自从为丞相以来一直都是一个摆设，没有什么突出政绩，再加上李广、李敢这些在朝中颇有势力的骁将也全都告别了历史的舞台，他李蔡还有什么资格坐在这个位置上？

所以，张汤从此时便开始派人二十四小时紧盯李蔡，其用意便是抓住他犯罪的证据，进而将其赶下丞相之位。

没过多长时间，张汤就抓住了李蔡的把柄。罪名就是侵占国家土地。

侵占国家土地其实也没有什么，这些朝中大官多多少少都钻过这种法律的空子，如果张汤只以此来指责李蔡也弄不死李蔡，可李蔡千不该万不该侵占汉景帝陵园附近的空地。

张汤就是抓住此点火力全开，什么不尊重汉景帝，想要颠覆国家政权的罪名全都安上了。

于是，李蔡被移交廷尉署查办。

那廷尉署是张汤的崛起之地，里面几乎都是其爪牙，李蔡进去还能好得了吗？所以，李蔡不愿前往受辱，便在家中自杀了。

李蔡死了，张汤得意了，信心满满地等待着汉武帝任命他为丞相的诏令。

可当第二日上朝之时，张汤彻底傻了，因为新任丞相并不是自己，而是身为太子少傅的庄青翟。

庄青翟，汉高祖刘邦时代武强侯庄不识的孙子，到汉文帝时代世袭了爵位，后来因为为人谨慎，不树政敌，再加上政绩突出，所以被汉武帝任命过御史大夫。

但不久以后，张汤崛起，挤掉了庄青翟，汉武帝便命庄青翟为太子少傅，教授太子学问。

而庄青翟呢？本该十分生气的他也没有什么抵触情绪，反而尽心尽力地教授太子学问，如此气度让汉武帝十分喜欢，这便给他以后能登上丞相之位打下了一个良好的基础。

再加上当时满朝上下的儒家官员们全都对张汤同仇敌忾，所以说张汤是一个孤臣也不为过了。

而丞相是什么？用陈平的话来说就是，"所谓丞相，对上辅佐天子，理通阴阳，顺应四季的变化而制定政策；对下则使万物各得其所；对外安抚四夷和诸侯；对内使百姓安居乐业，使卿大夫能够各展所长。如此，从宏观的角度控制全局，并对陛下直接负责便是丞相的责任"。

照此定义来推敲，丞相是必须要有一个好人缘的，这样才能完美辅助皇帝日理万机。

张汤就是一个孤臣，"人缘"这个词和他压根不沾边。所以，不管从哪个角度来考虑，汉武帝也不会任用张汤的。

可张汤却不这么认为，他觉得庄青翟之所以能当上丞相，全都是因为其私下里搞的小动作，再加上现在张汤想当丞相也确实是想疯了，便复制当初整李蔡的办法，派遣各路人二十四小时盯梢庄青翟，意图找到他的罪证，进而打击之。

可让张汤崩溃的是，这庄青翟从小家里就有钱，再加上人家确实有清廉之心，所以张汤根本抓不到庄青翟的把柄。

但这并不妨碍张汤打击异己，进而警告庄青翟。

当时，虽然所有的儒家官员都讨厌张汤，但碍于张汤的权势和他在汉武帝身边受恩宠的程度，所以都不敢发声硬顶，只有九卿之一的大农令（前治粟内史）颜异经常在朝廷中和张汤叫嚣。

所以，张汤将黑手伸向了颜异。

曾经，汉武帝为处理通货膨胀，发行了白鹿皮币这种货币，颜异当时就对此提出了异议，可是汉武帝根本就没理会他。

之后，白鹿皮币等大额货币发行失败，颜异便经常在家中与客人闲聊时以此事取笑张汤等人的愚昧无知，这让张汤怀恨在心。

直到李蔡死，庄青翟上位以后，张汤为了打击庄青翟的支持者，同时也为了在庄青翟面前树立自己的权威，震慑朝中大臣，便决意除掉颜异。又派遣手下爪牙搜罗颜异的"罪证"。

最后，还真让张汤找到了"罪证"。

什么罪证呢？那就是颜异的一名宾客在颜异面前诋毁当朝的某项制度，而颜异呢，虽然没有回应，嘴角却微微地撇了一下。

张汤便以此事大参颜异，他是这样对汉武帝说的："颜异身为九卿之一，却放纵别人诋毁当朝政策，哪怕是某些条令有些错误，难道不应该提醒陛下吗？而如今可倒好，那颜异不但不提醒陛下，反倒在心里对政策加以诽谤，似这种大奸之人必须惩罚，以儆效尤！臣建议，直接将其处死！"

说实话，这样定罪实在是有些牵强了，可汉武帝竟然同意了张汤的请求，直接将颜异处死了。那汉武帝为什么要这样做呢？

其实，汉武帝也明白张汤的想法，但最关键的是他也想除掉颜异，因为这颜异经常在大殿之上顶撞汉武帝，汉武帝研究出的政策只要带有半点儿法家色彩，他的嘴就像机关枪一样不停。

所以，汉武帝才答应了张汤的判决提议。

张汤再一次抓住了汉武帝的心理，成功地完成了自己震慑朝中大臣的目的。从此以后，汉朝就有了"腹诽之法"，朝中大臣畏惧张汤如虎，渐渐地，越来越多的大臣通过对张汤"阿谀献媚"来保全自己的性命，张汤的势力也越来越大。

那么张汤的势力强大了，是不是就要开始总攻庄青翟了呢？

是的，但张汤还需要再隐忍一段时间，这期间汉朝发生了两件大事是不得不提一下的。

公元前117年九月（元狩六年），汉武帝正在批阅公文，可就在这时，一名小太监慌慌张张地跑了进来，对汉武帝说着什么。

这小太监话毕以后，汉武帝的脑袋嗡的一下，一时间听觉、触觉全都丧失了，脑子里面一片空白，他怔怔地看着这个小太监，手中的笔掉到了自己的衣服上都全然不知。

少顷，汉武帝如同疯了一般跑出宫去，直奔骠骑将军霍去病的府中。

汉武帝为什么会这样失态呢？无他，长途奔袭战之神、汉朝之利刃、汉武帝最器重的将军、冠军侯、骠骑将军霍去病在这一年病故了，死时年仅二十三岁。

汉武帝，这名铁血皇帝，因为霍去病的死哭得死去活来，但霍去病的死却是伊稚斜，甚至可以说是整个匈奴的万幸。因为本来打算同匈奴进行千里大决战的汉武帝在霍去病死去以后至少在一段时间内完全没有了这种想法。汉匈双方也在这段时间陷入了不战不和的状态。（注：关于霍去病的死因历来众说纷纭，古人认为霍去病是被李敢索去了性命，现代人则认为霍去病是在当初征伐匈奴的时候饮用了毒水抑或肺结核所致）

一年无事，时间很快到了公元前116年。

这一年五月，有人在汾水之上发现了一个大鼎，此人认为这是吉兆，便将此鼎奉献给汉武帝。汉武帝也认为这是上天给他的肯定（鼎盛），便从本年开始改国号为元鼎。

时间很快又到了公元前115年（元鼎二年），而这一年，一件又一件的大事接踵而至，让汉武帝好不忙活。

我们先来看看第一件事，那就是张汤和庄青翟终于决出胜负了。

这些年来，张汤无时无刻不在想尽办法打压庄青翟，剪除他的羽翼，而此举也都在庄青翟的眼中。为了保命，他也只能被迫反击，但一直都处于下风。可这一年，随着李文谋反案件，庄青翟终于有了反击的机会。

李文，御史中丞，儒家人士，属于庄青翟一党，平素便与张汤不和，经常在朝堂之上和张汤对着干，因为自身素质过硬，所以张汤没有治他罪的机会。

但御史中丞属于御史大夫张汤手下最大的辅助官员，等于是副御史大夫，这么一个官员不但不帮着自己，反倒是经常阻挠自己上奏的改革变法条文，这不但丢张汤的脸面，还是一大祸患，绝不能留。

所以张汤便暗中授意手下心腹鲁谒，让他想一个办法诬陷李文，要是此诬陷能将李文直接弄死就太好了。

张汤办事雷厉风行，他手下人也自然差不了多少，所以鲁谒得到张汤的授意以后直接命手下上书告发李文谋反。按说，这种只有一面之词而没有证据的事情汉武帝是不应该交给同李文有仇的张汤来做的，可汉武帝依然习惯性地将这案子交给了张汤来做。这也就等于是宣判了李文的死刑。

果然，张汤得到汉武帝的任命以后二话不说，直接处死了李文。

此举令朝中的一些儒派人士极为愤怒，他们联合参了张汤，说他滥用私刑，排除异己，并再三说明李文根本就没有谋反。

大概是汉武帝也感觉这事不正常了，所以又派人前往调查此案。结果事实证明，李文确实没有参与谋反之事。

这一下汉武帝不高兴了，直接将张汤叫到内殿，眯着眼阴冷地问他："李文谋反一事到底是怎么回事？"

张汤一惊，赶紧跪在地上道："这、这大概是和李文有仇的人诬陷了他吧。"

汉武帝就这样默默地看了张汤好一会儿，之后也没有再细问，就这样放张汤离开了，可他心里真正怎么想的大概只有他自己知道了。

张汤出了皇宫以后冷汗唰唰地往下掉，估计如果继续这样下去早晚会被人抓住把柄。所以，张汤没有回家，直接往鲁谒家中而去。

这次前往，张汤本想嘱咐鲁谒，让他务必管好自己的人，不要将事情泄露出去，可当张汤到达鲁谒家中以后，下人竟然说鲁谒患了重病。

一听这话，张汤赶紧跑进了鲁谒的居室，一看这老家伙确实病得很重，甚至感觉快不行了。

张汤见状，赶紧让下人去弄了一盆热水，然后亲自给鲁谒按摩双脚。

御史大夫，三公之一，竟然给一个小吏按摩双脚，这事儿简直快把府中的下人给惊死了，所以当他们出了府邸以后全都极为高傲，见谁都和谁说："嘿，认识张汤不？那可是咱汉朝的御史大夫！他竟然给我们家大人按摩双脚，由此可见我们家大人的能耐有多大。"

于是，张汤给鲁谒按摩事件迅速传开，结果一传十，十传百，变成了全国皆知的秘密，而赵王刘彭祖也畏惧张汤（因为凡是法家之人，从来没有一个人会放过地方权贵，早晚会将他们层层扒皮地削弱，远至李悝、商鞅、吴起，近至晁错等人，无不如此），便致信汉武帝说御史大夫张汤贵为三公之一，竟公然给下属鲁谒按摩双脚，而上奏李文的人又和鲁谒关系甚密，所以怀疑李文之死就是张汤和鲁谒一手策划的，希望汉武帝能够认真对待此案。

此信到达长安以后立马引起了轩然大波，一干儒家人士借势发力，目标直指张汤。

大概是扛不住舆论压力了，汉武帝在无奈之下只能命廷尉审理张汤案，而廷尉就是张汤的人，所以汉武帝此举很明显是要保住张汤，案情也一直没有进展。

但巧的是鲁谒却在这时候病死了，那些儒家官员再次给朝廷施压，参廷尉不好好断案，有意包庇张汤。

廷尉无奈，只能象征性地将鲁谒的弟弟囚禁到廷尉署，但一直都没有对其严刑逼供。

按说事情就这样拖下去，凭张汤的能耐，早晚能将此事大事化小，小事化了，可事情坏就坏在了鲁谒的这个弟弟身上，因为他的智商太低，心理素质太差。

有次，张汤去廷尉署听审一个犯人，正好路过了鲁谒弟弟所在的牢房，鲁弟一见张汤这个大救星，本来颓废的脸一下子焕发出了光彩，他快速冲到了牢房前，死死地摇晃着关着自己的牢门，"张大人！张大人！你可要救救我呀！我不能就这样死啊。"

这鲁弟也不看看现在是什么场合，朝廷中有很多大小官员都跟着张汤呢，张汤敢回应他吗？所以张汤像不认识鲁弟一样，径直走了过去，但心里却无时无刻不想着怎样将鲁弟救出来。

可张汤此举令鲁弟大失所望，他认为张汤一定是要卸磨杀驴，所以也不管三七二十一，直接便将张汤私通鲁谒陷害李文一事在大庭广众之下全都抖搂了出来。

此举使得朝野震动，那些儒派的官员们继续发力，上奏汉武帝，说现在已经"人赃并获"，希望汉武帝判处张汤死刑。

可张汤是汉武帝手下最好用的官员，就是因为他和他一手建立的"经济顾问团"，才使得汉朝摆脱了经济危机；就是因为他改革的法律条文，才使得天下百姓越来越安分守己。这么一个好用、有用的忠实鹰犬，汉武帝怎么舍得将其处死呢？

所以，汉武帝并没有答应这些大臣，而是以"证据不足"搪塞他们。

可这些儒派大臣已经将事情做到了这种地步，那就是要和张汤拼到底了，汉武帝这种态度当然无法令他们满足，所以再次请奏汉武帝，说廷尉办案根本不认真，希望汉武帝能将调查张汤的案子移交给减宣处理。

汉武帝也不好将这些儒家人给得罪得太彻底，迫于压力，只能将张汤案移交给减宣审理。

那减宣和张汤本就有仇，所以接了张汤案以后没有丝毫懈怠，开足马力调查此案，并在调查完以后没有第一时间上交卷宗，而是在等待，等待一个能一击置张汤于死地的机会，而这个机会很快就来到了。

一天夜晚，伴随阵阵挖掘声，汉文帝刘恒的陵墓大门被一群盗墓贼偷偷撬开，然后这群盗墓贼进入了汉文帝的陵墓中疯狂扫荡，几乎将里面值钱的东西全偷走了。

第二日，伴随着一声"来人呀，文帝陵墓被盗啦！"，地方官大恐，立即向中央汇报情况。

汉武帝大怒异常，着令廷尉署全面彻查此事。

先皇陵墓被盗，丞相和御史大夫也脱不了干系，（注：丞相在每一季度都要巡视一次皇帝的陵墓，确保守卫工作的严密，所以陵墓被盗，第一关系人只能是霸陵县的县令，和丞相并没有太大的关系，但也属于工作失误范畴之内的，不算什么罪。至于御史大夫，是丞相的第一辅助，丞相有罪，御史大夫也有辅助不当的责任，所以勉强也算工作失职）所以庄青翟在第一时间找到了张汤，想要和他一起往宫中向汉武帝谢罪。

那庄青翟不是和张汤不死不休吗？怎么这事儿都要找张汤商量呢？那是因为和张汤比较的话，庄青翟的罪责要更严重一些，他害怕自己谢罪以后张汤不谢罪，反倒是用此事来攻击自己，所以要拉着他一起去找汉武帝。

而张汤呢？也答应了，但庄青翟不知道的是，他完全被张汤给骗了。因为就在庄青翟谢罪以后，张汤却站在一旁不言语，根本没有一点儿谢罪的意思。而汉武帝当时非常愤怒，便将这股怒气全部迁移到了庄青翟身上，竟然让张汤来审查此事。

此举也正好说明了汉武帝确实有将庄青翟弄下去的心思，让张汤取而代之，因为庄青翟的能力和张汤确实无法相提并论。

可汉武帝是这样想的，庄青翟却没有他那般"天真"。之前的李文在毫无证据的情况下张汤都敢直接杀了他，那自己这个顶在张汤头上多年的丞相还能好得了吗？到时候就不是下不下台的问题了，而是会把老命给搭上了。所以必须反击！

庄青翟知道自己的三个长史和张汤有仇，便将他们全都召集在了一起，问有没有什么办法能置张汤于死地。（注：三个丞相长史分别是朱买臣、王朝、边通，这三个人仗着自己的资格老，所以非常骄横。当初张汤曾兼理丞相职务，三个人就仗着自己的资历不服从张汤，所以被张汤极尽羞辱，便从此结下了梁子）

这三个长史自从和张汤结下梁子以后无时无刻不想着报仇的事，如今有这么个机会当然不肯放过，便和庄青翟连夜密谋了一出惊天大冤案。

次日，一个名叫田信的长安商人被三个丞相长史抓获。

几个时辰以后，从丞相府传出来一个谣言，那就是朝廷每每对外宣布什么政策之前（比如禁止卖酒、某些东西涨价、朝廷垄断什么东西等），田信都会在第一时间知晓，然后囤积货物，以此发了大财。而田信之所以能预先知晓这些事，全都是张汤泄露的。

这则谣言传得飞快，最后连汉武帝都听说了，结合之前张汤诬陷李文一事，汉武帝单方面断定这事儿和张汤绝对脱不了干系，所以便将张汤召进宫中，微笑着对他道："我说御史大夫啊，朕怎么发现每次在朕打算做点儿什么的时候商人们总会提前知道呢？好像有人告诉了他们一样。"

说完，汉武帝就不作声了，默默地看着张汤。

汉武帝这很明显就是想让张汤主动承认错误，可张汤根本就没有做过这些事，凭什么要向皇帝承认错误呢？所以只说了"好像有"这三个字就不再言语了。

等了半天，看张汤没有再继续说下去的意思，汉武帝非常生气，便让张汤退下了。

可等张汤走了以后，汉武帝正是最愤怒的时候。减宣知道，除掉张汤的时候到了。

于是，他几乎是在第一时间找到了汉武帝，直接将调查张汤案的卷宗交给了汉武帝。这卷宗上面写的是什么史料并没有记载，只说汉武帝看过这卷宗以后极为愤怒，在当时认为张汤就是一个奸诈之徒，便遣使者拿着证据前往张汤处询问张汤到底是怎么回事。

有关李文之死，张汤当然不会承认，那不就等于自杀吗？而田信一案，张汤根本就没有做过，当然更不会承认，所以面对朝廷派来的使者，张汤拒不交代。

于是，汉武帝再次派遣一个叫赵禹的找到了张汤，指着张汤的鼻子就骂："张汤！你怎么如此不识得自己的身份，皇帝陛下宠幸你，你是个大官，如果陛下有一天不宠幸你了，你还算个什么东西？你这些年灭门绝族的有多少家了，现在轮到审判你了，你却推三阻四，你这样也算个汉朝官员吗？你对得起陛下对你的期待吗？明白告诉你吧，陛下是不想惩罚你，所以才拖延到现在，陛下如果想要弄死你的话，我现在手上这些证据就足够你死八次的了！到底怎么回事？还不从实招来！"

这话说完，张汤的心死了，因为他明白，这些都是汉武帝让这赵禹说的。

张汤，一个法家人，一个酷吏，自问这一辈子从没干过对不起汉朝的事，哪怕是他打击异己让自己上位，可所做的事情也全都是对国家有利的，他想让如同废物一般的老实人庄青翟下台，那也是想要站得更高、做得更多，难道要把所有的事情都交给这些没有用的儒家人来做吗？

可最后，自己得到的是什么？除了无尽的羞辱还能有什么？

所以，听完赵禹的话以后，张汤的心死了。

他惨笑一声，然后蔑视地对赵禹道："话都已经说到这个份儿上了，我还能说什么呢，你在这儿等着吧，我这就将我所犯过的罪全都写在信上，请你转交给陛下吧。"

说完，张汤转身而去。

没一会儿的工夫，张汤走了出来，将手中的信件交给了赵禹，然而就在赵禹转身离去的那一刻，张汤回到了卧室，搬出了一个几案……

大概一个时辰以后，汉武帝正拿着一封信端详：

尊敬的陛下：

小人张汤本是一文书小吏，没有尺寸之功，幸得陛下宠爱，这才坐上了三公之位，小人自从跟随陛下以来，从来不敢有半分懈怠，哪怕是吃饭睡觉，心中想的也都是如何替陛下分忧。可如今，使我致死的罪名实在是太多了，小人无力辩解，只能默认，可哪怕陛下您不信，我还是要说，陷害我的，就是丞相庄青翟和他手下的三个长史！

张汤绝笔

公元前115年×月×日

本来，汉武帝看到张汤前面所说非常生气，因为这说来说去不还是替自己开脱吗？可当他看到最后那"绝笔"两个字以后，直接慌了！

汉武帝一下蹿了起来，怒吼道："来人！快来人！"

听到汉武帝如此怒吼，侍奉的小太监慌忙跑了进来，"在，在，陛下您有何吩咐？"

汉武帝："快！赶紧！赶紧给我去御史大夫的府邸，将他给我带过来！"

"是！"

不一会儿，小太监回来了，却是满脸惧色，结结巴巴地对汉武帝道："启、启禀陛下，张、张御史大夫他，他……"

汉武帝："他怎么了？你快说！"

小太监一个哆嗦，赶紧道："他，他在家自杀了。"

咣当，汉武帝失神一般跪坐下来："我没想杀他，我没想杀他呀！"

然后，汉武帝就像丢了魂儿一样跪坐在原地一动不动。下面的人噤若寒蝉，没有一个人敢吱声，整个内殿在一时之间安静得令人毛骨悚然。

大概过了半炷香的时间，想起张汤信中的后几句话，汉武帝如同泄了气的皮球，无力地道："去，告诉廷尉，让他亲自领人前往张汤府中，去查查张汤家中现有多少资产。"

"是！"

廷尉领着一群人前往了张汤府中。

而此时，张汤的老母亲正跪在儿子冰冷的尸体前不停地抚摸着，却没有掉一滴眼泪，眼中只有无尽的愤恨。

这时，廷尉默默地走到张母身后，非常客气地道："张母，下官奉命前来查明御史大夫的家财，您看……"

身为九卿之一，廷尉如此客气实属少见，可张母却连头都没有回，只是冷漠地道："查吧。"

就这样，廷尉动用了所有人手彻查张汤府，最后只搜到了五百金，并且全都是汉武帝所赏赐，都能对得上号。而除了这五百金以外再没有任何多余的钱财。

结果不言自明。

事后，廷尉对张母深深一拜，没有动这五百金一分一毫就转身走了。

见此，张母的其他儿子都很高兴，喊着要厚葬张汤。可张母呢？却依然是一副冷淡的模样。

她看着自己那些张牙舞爪的儿子，冷冷地道："厚葬他？为什么？"

儿子甲："当然是因为大哥他是清白的，所以要厚葬啊。"

儿子乙："是呀是呀，我们老张家可不接受这种冤枉。"

只见张母阴冷道："哼！我儿张汤对得起我们张家！更对得起他皇帝陛下！如今，却遭受冤屈而死，怎么能让我们厚葬呢？要葬也是应该他皇帝陛下葬！"

于是，张母直接命人将张汤的尸体放在牛车上，然后亲自驾着牛车走到了皇宫门前。

看守官门的郎卫谁不认识张汤，所以没有一个人敢赶走张母，直接飞速跑到内殿汇报汉武帝去了。

此时，汉武帝正在内殿之中疯狂发泄，他一边砸着东西一边不停地叫骂着庄青翟和那三个长史，可就在这时候，看门的郎卫跑进了内殿之中，将张母之事如实向汉武帝汇报。

听罢，正在狂怒状态的汉武帝如同被人当头浇了一盆冷水，一点儿火都没了，然后长叹一声道："不是这样的母亲生不出这样的儿子，去，将张汤的尸体收回来，厚葬！"

"是！"

这之后，朝廷先是厚葬了张汤，然后将朱买臣等三个长史全部诛杀，丞相庄青翟也畏罪自杀。

最后，这个丞相的大位谁都没捞着，张汤和庄青翟两个人双双去世。

3.5　猎骄靡传

短短的两年内，汉武帝在军界失去了长途奔袭之神霍去病，在政界失去了"鹰犬干将"张汤，这对汉武帝都是非常致命的打击，使得汉武帝不敢再轻易深入大漠讨伐匈奴，也不敢再轻易改革法律条文，因为他根本就不知道怎么改才能万无一失。

但时间之轴还在飞速转动，汉朝也在不停运转，丞相和御史大夫这两个大员是必不能缺的。

于是，汉武帝任命两个太子太傅赵周和石庆分别为丞相和御史大夫。

此二人都是儒家的老牌人物，曾经都是太子刘据的老师，虽然都没什么能耐，但胜在二人关系都不错，不会再发生类似庄青翟和张汤的事了，因为汉武帝实在是折腾不起了。

时间：公元前115年十二月（元鼎二年）。

地点：皇宫内殿，汉武帝不停地盯着面前的偌大地图，看着现在已经被打到漠北的匈奴却有满满的无力感，他不自觉地道："要是霍去病还在就好了。"

可就在这时，汉武帝看到匈奴的西方有一个紧挨着他的大势力，上面写着"乌孙"二字。

见此，汉武帝眉头紧皱，不一会儿便叫来了大行令询问这个势力的详细信息，可让汉武帝无语的是，这个叫乌孙的势力崛起没有多长时间，大行令并不了解。

无奈，汉武帝只能将现在已经被贬为平民的张骞招到宫中，询问他这个叫乌孙的势力到底是怎么回事。

张骞回答道："启禀陛下，这乌孙本是一支小势力，之所以有现如今的版图全都是因为乌孙昆莫猎骄靡。"

汉武帝："哦？这猎骄靡又是什么情况呢？"

张骞便从头开始讲起。

那时候，刘邦没有崛起，冒顿同样没有崛起，北方的草原还是东胡和大月氏主宰的天下。而在大月氏的地盘附近（祁连山、敦煌一代），有一个小势力也仰仗着大月氏的威仪而"苟活于世"，它的名字就是乌孙了（那时候叫不叫乌孙并没有史料证明，为了承前启后就称之为乌孙吧）。

一天，乌孙的昆莫难兜靡（昆莫：为部落首领之意，等同于匈奴的单于）

正抱着自己夫人刚生下的孩子（猎骄靡）逗弄，可就在这时，大帐之外突然杀声震天，一名传令兵仓皇奔进了大帐，气喘吁吁地道："报，报告昆莫！大月氏的军队突然对我军发难，我方根本无法抵挡，该何去何从还请昆莫下令！"

话毕，难兜靡大惊，可想了想又充满了无力感。是呀，大月氏那么强大，一个小小的乌孙拿什么来对抗人家？

可难兜靡并没有放弃希望，他深深地看了一眼尚在襁褓之中的猎骄靡，然后突然对身旁的一个老人道："布就翎侯！"

布就翎侯："在！"

难兜靡："我估计乌孙这次是保不住了，大月氏既然攻击了我们，那就是想要兼并我们的土地了，而我曾得到天神的启示，天神告诉我，这孩子以后定能重新振兴我乌孙部族，你是猎骄靡的傅父（傅父：等同汉朝的太傅，是难兜靡为猎骄靡定下的老师），我希望你能抱着这孩子逃走，教导他学问，让他不要忘记自己是乌孙的后代！"

说完，难兜靡披上兽皮，拿起自己的骑弓便对手下道："去！集结所有兵力，我们乌孙人就是死也要奋战而死！"

就这样，难兜靡带着乌孙的男人和大月氏侵略者展开了殊死搏斗。

最后，难兜靡战死，乌孙的男人和女人都沦为了大月氏的奴隶。可令大月氏王没有想到的是，一个老人这时候正抱着一个嗷嗷待哺的孩子逃出了他们的追踪范围。这老人就是傅父布就翎侯了。

布就翎侯抱着猎骄靡逃走以后便在大草原之上四处游荡，不知何去何从。而这时候，小猎骄靡饿了，便哇哇大哭起来，布就翎侯逃得匆忙，也没有准备给孩子喝的奶，所以只能暂时将其放入草丛，然后前往寻找食物。

可当布就翎侯回来以后，却见到了让他极为震惊的一幕，因为此时在猎骄靡面前正站着一头极为庞大凶猛的母狼，它正在用自己的乳汁喂食着小猎骄靡，不仅如此，在小猎骄靡上方，还有好几只乌鸦盘旋，每只乌鸦嘴里面都叼着一块肉，准备喂食正在喝奶的小猎骄靡。

这些动物一见布就翎侯来了，都在第一时间散开了。而见此情景的布就翎侯这会儿真的将猎骄靡当成下凡的天神来看待了。

现在乌孙已经被灭，布就翎侯无依无靠，最后只能投奔那时候还不是很强大的匈奴。

而此时，冒顿刚刚杀掉自己的父亲，统一了匈奴，还没有对东胡开战，听了布就翎侯对猎骄靡的描述，冒顿感觉这孩子很有些意思，便将其二人收留。

（注：一说狼和乌鸦事件根本是子虚乌有，完全是布就翎侯为了让冒顿收养他们而想出来的诡计）

一年、两年……随着时间的推移，猎骄靡慢慢地长大成人，而长大的猎骄靡生得威武雄壮，练得箭术高超，冒顿单于感觉这小子是个人才，便将很多当初逃窜至匈奴的乌孙人民交给猎骄靡，让他统一带领这些人冲锋陷阵，充当匈奴人的炮灰。

而猎骄靡这小子好像天生就会打仗，他没读过什么兵书，没有过什么实战经验，但每次都能将敌人打得抱头鼠窜。

最后，随着猎骄靡的战功越来越多，冒顿单于便给了他很多士兵，让他替匈奴开疆拓土。

而猎骄靡也没有让冒顿失望，他先是攻击塞国，俘虏了无数的塞国人民，然后一路追击，最后将塞国打出了北方草原才算告终。

然后，他又将目标指向了与他有杀父之仇的大月氏。

当时东胡已经被匈奴所灭，大月氏也和匈奴征战多年，早已疲惫不堪，猎骄靡就是抓住了这个机会，联合右贤王疯狂攻击大月氏，俘虏了大批的大月氏人民。

为了奖励猎骄靡的英勇奋战，冒顿单于不但允许猎骄靡拥有自己抓获的奴隶，还将大月氏原来的旧地都赏给了猎骄靡，让他带着自己的人民在原来的大月氏生活，并且允许猎骄靡复国，不过还要向匈奴称臣纳贡就是了。

结果，猎骄靡治国有方，乌孙在他的带领下很快便强大了起来，为了不让冒顿单于怀疑自己有二心，猎骄靡几乎每隔一段时间都会亲自前往王庭向冒顿上供，一是因为猎骄靡是冒顿从小看着长大的，冒顿对他有养育之恩；二是冒顿认为凭借匈奴之强大，想要扫平乌孙就是弹指一挥的事情；三是凭借多年替匈奴的奋战，冒顿相信，这个如同自己孩子的猎骄靡一定不会背叛自己。

基于以上三点，冒顿并没有对乌孙采取应有的防御措施。而猎骄靡也确实没有让冒顿失望，一直到冒顿单于死前都没有半点反叛或是独立的迹象。

可等到冒顿单于死后，这一切都不一样了。

强壮的老狼已经死了，猎骄靡这头凶狠阴毒的年轻壮狼怎么可能还会服从自己的兄弟呢？

所以，打这以后，猎骄靡就彻底和匈奴划清了界限，再也不给匈奴上供朝拜了。这等同于给刚刚上任的老上单于一记响亮的耳光，老上单于当然受不了，便出重兵攻击乌孙。

对于这场战役各类史料都没有给出丝毫线索，所以无法还原战场，只知道匈奴败了，以极多的兵力败在了实力远不如自己的乌孙手上，而顶在猎骄靡的头上还有那天神转世的光环，所以打这以后，匈奴人认定了猎骄靡是天神转世，进而士气大跌，老上单于身边的智囊中行说也认为，当时并不应该将攻击重心放在乌孙身上，因为哪怕是灭了乌孙，也得不到什么，还会平白失去很多兵力，不如攻击汉朝利益大。

所以，老上单于秘密同猎骄靡达成了停战协议。

好了，猎骄靡的事迹就先介绍到这吧，我们再回到长安皇宫。

3.6　出使乌孙

张骞继续对汉武帝道："以上，便是乌孙到现在的发展史了。"

汉武帝点了点头道："嗯，那现在乌孙的战力、到我国的距离以及综合国力又是如何呢？"

张骞："启禀陛下，现在乌孙昆弥（某年某月，乌孙昆莫的称号被改成了昆弥）的国都为治赤谷城（今中亚伊赛克湖南），距离长安有八千九百里的路程，国内有户十二万，人口六十三万，军队十八万八千八百人，官爵有相一人、大禄一人、大将一人、左大将一人、右大将一人、侯三人、都尉一人、大监二人、大吏一人、舍中大吏二人、骑君一人。其国内风俗基本和匈奴人相同，马产丰富，那里的富人就有四五千匹马。乌孙的民风非常好战，属于少耕多游牧民族，但没有礼义廉耻，背信弃义，且极为贪财，国内多有强盗。"

汉武帝："哦，极为贪财，朕有这么个想法你看行不行？"

张骞："陛下请说。"

汉武帝："既然他们这样贪财，那朕想给他们一些财宝，让他们向东迁徙，然后和朕一起打击匈奴，只要能将匈奴消灭，朕就将汉朝的公主嫁给他们，还将现在匈奴以西之地全都给他们治理。"

张骞想了想道："请恕臣直言，陛下的这个想法成功概率并不算很高，但可以一试，因为哪怕乌孙不和我汉朝结盟也可以结一个善缘，到时候我还可以出使其他国家，那样的话，西域就不会有人再帮助匈奴了，这同样可以打击匈奴人。"

汉武帝觉得张骞的话说得很有道理，便任命他为汉朝使者，中郎将官职，率领三百精锐骑兵，带上万牛羊，价值数千万的金银和礼物出使西域各国。

而这第一站，便是乌孙国了（整个河西走廊已经都被霍去病打通了，所以再也没有匈奴人拦截汉朝使团了）。

按说现在汉朝都已经把匈奴人给打怕了，猎骄靡也应该知道汉朝的强大了吧，可人家猎骄靡偏偏就"不知道"。

还记得当初刘邦派陆贾第一次出使南越时赵佗是什么态度吗？没错，这次猎骄靡见张骞也是这个态度。

见猎骄靡如此蔑视自己，张骞大怒，也没管是不是在别人的地盘，当即便对猎骄靡怒道："早就听说乌孙人不懂得礼仪，之前我还不信，现在看到昆弥你都是这个样子，也不由得我不信了，既然这样，我大汉天子和乌孙结交的诚意也没有必要表达了，走！"

话毕，张骞转身便要离开。

那猎骄靡知不知道汉朝的强大呢？当然知道。他虽然没去过汉朝，但汉朝都能将匈奴给打到漠北去了，能弱得了吗？之所以以极为蔑视的姿态见张骞，那都是因为想给张骞一个下马威，以占据外交的主动权而已。

可现在倒好，张骞根本不接招，还转身就要走，这简直就是偷鸡不成蚀把米，如果真因此得罪了汉朝，将汉朝的军队引入到本国境内，那可就真是将好事变成坏事了。

所以，猎骄靡赶紧上前，并对张骞微微一拜，然后嬉皮笑脸道："哎，汉使哪里话，我当然是要感谢大汉天子的心意了，只不过我们乌孙不了解汉朝的礼仪，这才触犯了汉使，还请汉使不要见怪。"

张骞当然知道猎骄靡是怎么想的，如今已经将面子给扳回来了，也没有必要再得罪猎骄靡，所以借坡下驴，直接和猎骄靡展开了会谈，其具体议程便是希望乌孙国东迁，和汉朝一起打击匈奴。

可猎骄靡并没有答应张骞的请求。

第一，虽然他知道汉朝比较强大，但是猎骄靡还没有遣使到过汉朝，并不知道汉朝的详细情况。

第二，瘦死的骆驼比马大，现在匈奴虽然被汉朝给打到大漠以北了，可还是有一定底子的，如果汉朝不具备一举荡平匈奴的实力，那么等待乌孙的便是灭顶之灾了。

第三，哪怕是猎骄靡想要举国动兵，他现在也是心有余而力不足了，因为现在的乌孙表面上看着虽然风光无限，实际上却已经和分裂差不多了。

为什么呢？

想当初，猎骄靡共有十余个儿子，其中能力最强的是老七，被猎骄靡任命为大禄，带领一万骑兵驻扎在边境，而太子自然便是长子了。

可因为猎骄靡太长寿（一说比赵佗还长寿，因为到张骞出使乌孙的时候他已经九十四岁了，可依然精神矍铄），最后竟然将太子给耗死了。

太子有个儿子叫岑陬，很得太子欢心，便在弥留之际对猎骄靡说，希望让猎骄靡立岑陬为太子。

那猎骄靡也没多想便答应了儿子的请求，等长子死了以后直接宣布任岑陬为太子。

然而猎骄靡的这一举动却将老七彻底激怒了。

最早，老七就因为能力胜过大哥却没有被立为太子而心怀怨恨，经常对左右说些要不是晚生了几年等大逆不道之言，本以为大哥一死自己顺理成章就能当太子，可谁料到这中间又杀出一个程咬金，老七当然受不了。再加上他这几年主宰一方，势力早就稳固，遂起兵造反，意图杀掉岑陬而逼迫老猎骄靡立自己为太子。

这时候猎骄靡也老了，慈爱之心越来越重，实在不想杀自己的儿子，也不想自己的百姓遭到战火的荼毒，便和老七商量，将整个乌孙分为三部分，一部分给岑陬，一部分给老七，自己治理一部分。但不管是老七还是岑陬都要受自己的制约，如果这老七还不答应，那就战场上见吧。

老七琢磨着，自己的父亲虽然老了，但军事能力依然不可低估，再加上真要和老爹打起来，自己的兵力也不占上风，便答应了猎骄靡，乌孙从此名为一国，实则分裂。

所以，基于以上三点，老猎骄靡实在是不能也没有办法让乌孙国举国东迁。

张骞得知这些内情以后，也理解老猎骄靡的难处，便也没有为难，而是转而继续出使了大宛（今新疆维吾尔自治区以西）、康居（今中亚细亚地区）、大月氏（今咸海东至阿富汗地区）、安息（今伊朗至波斯海），于阗（今新疆维吾尔自治区和田县）、身毒（今印度），和他们建立了友好的关系。

不过本次出使乌孙也并不是全无收获，猎骄靡为了感谢汉武帝对他的情谊，同时也想了解汉朝的详细情况，便同时派出使者团跟着张骞出使他国，并返回汉朝拜见汉武帝，献上乌孙的好马，同时受到了汉武帝的隆重接待。

最后，在汉朝逗留了一段时间的乌孙使者团算是彻底地了解汉朝国力的强大和版图的辽阔了，便启程回国向猎骄靡汇报。

从这以后，猎骄靡对汉朝更加尊重，两国建立了友好关系。

可猎骄靡依然没有帮助汉朝同匈奴开战，他想两边都讨好，谁都不得罪。这种外交策略在华夏从来不少见，春秋的郑国、宋国等，战国的韩国、魏国等，不都用过这种策略吗？可他们最后谁的结果是好的？

3.7 过渡（4）

和乌孙共同夹击匈奴的大策略失败了，这就使得汉武帝在一段时间内放弃了北渡大漠对匈奴作战的想法，汉朝和匈奴在好长一段时间内都得以休养生息。

可时间之轴还在不停地转动，大汉朝也在不停地运转，我们就来看看在没有战争的一段时间汉朝都发生了什么吧。

公元前115年十二月（元鼎二年），有情人终成眷属，汉武帝的姐姐平阳公主终于是嫁给了曾经的骑奴，现在的大将军卫青。

原来，在多年以前（卫青到皇宫以后没多长时间），平阳公主的丈夫曹寿死了，汉武帝便将自己的姐姐嫁给了开国功臣夏侯婴的曾孙夏侯颇，可令人无语的是，到了这一年（前115年），夏侯颇也因和自己父亲的小妾通奸而先平阳公主一步归西了，怎么死的呢？那就是和自己父亲的小妾通奸，被平阳公主给发现了。

平阳公主当时特别生气，我一个大汉公主下嫁给你，你不珍惜也就算了，怎么还能找自己老爹的小妾私通呢，所以就一天到晚将自己锁在屋子里面。

把当今皇帝的亲姐姐给得罪了，夏侯颇极为恐惧，害怕会受到万般凌辱而死，竟畏罪自杀了。

如此，平阳公主再一次成了寡妇。

而这一次对平阳公主的打击要比上一次大，因为她和曹寿的儿子曹襄也去世了，孙子也是在她嫁给夏侯颇以后出生的，所以没见过几次面。可以这么说，现在的平阳公主绝对是一个孤寡老人了。

而汉武帝是绝对不会让自己的姐姐如此凄凉地过完一生的，便打算再给他找一个丈夫。

可这一次的平阳公主没有答应弟弟的提议。

第一，自己现在已经不再年轻，花容尽失，就是再嫁一个又能怎么样呢？不还是再重复一次夏侯颇的故事吗？

第二，平阳公主早就心有所属，不想再找其他人了。而这个心有所属的人便是卫青。

从卫青到平阳公主手下当骑奴那时候开始，平阳公主便已经对年轻英俊的卫青心有所属了，不过碍于双方身份和辈分的差距，平阳公主并没有向卫青表白过什么。可如今，自己的两任丈夫先后离世，平阳公主再也无法违背自己的本心了。所以，汉武帝提了一个又一个年轻俊杰平阳公主都拒绝了，直到汉武帝提到卫青以后，平阳公主没有作声。于是，汉武帝明白了，便找来卫青和他商讨此事。

对于卫青心里到底是怎么想的不得而知，但汉武帝既然提出来了，卫青就没有权利拒绝，于是，就在这一年的十二月，平阳公主终于如愿以偿地嫁给了卫青。

同年夏季，汉朝再次发生了超大水灾，整个潼关以东地区一片狼藉，房屋被摧毁，良田被淹没。饿死、淹死的老百姓都要以千来计算。可自从漠北大决战以来，汉朝休战已经有五年之久，再加上桑弘羊等理财专家的辅助，汉朝逐渐恢复生气，不再像当年那样赈灾都拿不出钱了。所以汉武帝当机立断，从蜀地和长安运送了大批粮食前往灾区赈灾，有效地制止了灾情进一步恶化。

公元前114年（元鼎三年）四月，关东十余郡国遭受了雨雹之灾，庄稼都被摧毁，那些奸商们趁机抬高米价，让百姓们没有吃的，最后竟出现了人相食的现象。

见此，汉武帝立即从长安以及江南运送粟米北上赈灾，将天灾消于无形。

同月，常山王刘舜去世，其子刘勃继承了常山王之位，可现在的汉武帝正在秉承前人（贾谊、晁错）的思想，不断地削弱周围强大诸侯王的实力，很不巧，常山国就在被削弱的名单之中。

所以，汉武帝暗中授意小吏上报，说新任常山王刘勃在刘舜病重之时未能及时尽孝，守孝时又未能遵守相关规则，所以应该斩杀此人以示正法。

汉武帝多"仁慈"的人哪，当然不能杀了刘勃，便废除了他的王爵，流放到偏远地区，将常山国改为郡。于是，从这以后，整个五岳全都归入到了朝廷的直辖范围以内。

同年某月，纵观整个匈奴历史，运气最背的单于——伊稚斜（即位以后就赶上汉武帝的全面反击），终于结束了他郁闷的一生，其长子继承了匈奴单于之位，是为乌维单于。

而几乎是在伊稚斜归西的同时，伟大的探险家、外交家、丝绸之路的开拓者——张骞，也离开了人世，前往西方极乐世界去了。

公元前113年（元鼎四年），这一年汉武帝经常"突击"巡查各郡县地方（一说是不想让地方一把手花钱准备，所以才以突击的方式巡查地方，一说汉武帝就是想下到地方以巡视的名头游山玩水），弄得各郡国的一把手极为恐慌，甚至河东郡太守因为来不及准备迎接汉武帝的仪式而畏罪自杀。

巡查地方都巡查出人命来了，这还怎么往下进行？汉武帝也没有了兴致，便草草回京了。

不能出巡，战争也没了，汉朝现在的经济也在稳固回升中，这些年也没有什么重大的事件发生，汉武帝闲得发慌，于是，又和那些跳大神的混到一起去了。

那么这次的神棍又是谁呢？他的名字叫栾大。

话说自从汉武帝杀死少翁以后非常后悔，这少翁死了以后都需要九渊恶鬼来整治，那证明什么？证明人家灵魂力量强大，是有真才实学的。

所以汉武帝整日唉声叹气。

而这时候有一个人看出了汉武帝的心思，便给汉武帝推荐了一个叫栾大的法师，说这个法师和少翁乃是同门，法术更胜过少翁。

汉武帝听后极为高兴，便命人将栾大招到了皇宫之内。

众所周知，但凡神棍，那都是骗子，在人前装得和大仙一个样，而这个栾大呢？更是骗子中的"佼佼者"，甚至做到了骗子的最高境界，那就是说出去的话自己都信以为真！（《资治通鉴》载："敢为大言，处之不疑。"）

所以，当汉武帝问及栾大长生不老药的时候，栾大"装"出一副仙风道骨的模样道："我常常往来于大海之中，曾经见过很多的神仙，但因为本身是凡人，所以身份低微，没能求得长生不老药。可是，我的师父乃是半人半仙，身份十分高贵，只要有他在陛下身边，何止能得到长生不老药，甚至还能修道成仙，排山倒海……"

见栾大越说越邪乎，汉武帝本来滚烫的心突然冷了下来，他止住了栾大的话，冷冷地道："演示一下，你师父真要是像你说得那么厉害你就给我演示一下。"

栾大怔怔地道："演示什么？"

汉武帝冷笑一声："当然是法术，既然你师父都这么厉害，那你一定同样精通法术。"

话毕，栾大并没有丝毫慌张，而是从行李中抽出两杆旗帜放到地上（似乎都带着机关），然后对汉武帝道："既然陛下想看，那小道就献丑了，我现在要给陛下表演一个叫斗旗的法术！"

话毕，只见栾大张牙舞爪地一顿乱蹦。然后，那两杆旗帜竟然相互斗了起来！

这"法术"一经施展，汉武帝震惊了。

过了一会儿，满头大汗的栾大手顶丹田，完毕收功。

就在栾大收功的同一时刻，汉武帝砰地一下跳了起来，抓住栾大的手兴奋道："栾先生，哦不，栾大仙，请快快去寻找你的师父，事成后朕重重有赏！"

栾大擦了一下额头上的汗，停了一会儿才对汉武帝道："陛下，我恐怕师父不会来帮助你啊。"

汉武帝大惊，忙问为何。

栾大道："陛下要想求得长生不老药，心必须要诚，可恕我直言，陛下求仙得道的心并不是那么诚。"

汉武帝："开玩笑，我都不算诚心，那怎么才算诚心？谁才算诚心？"

栾大："秦始皇。"

汉武帝："……"

栾大："想当初，秦始皇信任徐市，给了他一次又一次的机会，到最后虽然怀疑都没有杀他，依然给他机会，可所托非人，遇到了骗子。但陛下则不一样，我和师兄都是有真才实学的。可陛下呢？最后竟然因为怀疑就杀掉了我师兄，这样您怎能感动神仙，我的师父又怎么可能来帮助您呢？"

话毕，汉武帝尴尬一笑，"这个……这个少翁是吃了马肝死的，和我没有什么关系，行了行了，这事就不要再提了，我这回的心肯定是诚的，只要大仙你能将师父请到长安，我刘彻就没有什么舍不得的。你就放心大胆地去！"

话毕，栾大寻思了一会儿，然后好像下定决心一样，狠狠地点了点头道："好吧！既然如此，那我就辛苦一趟，可我的师父已经长生不老了，所以无欲无求，不会轻易出山，如果陛下想请动他，那就必须要付出相应的代价。"

闻言，汉武帝二话不说，当即便封栾大为五利将军，乐通侯，食邑两千户，赐豪华府邸及男女仆役一千人，赏赐的车马、帷帐、家具器物更是不计其数。

这还不算，汉武帝还将自己的女儿嫁给了栾大为妻，陪嫁黄金竟达到十万！

一时间，栾大成为整个京城的风云人物，"威名"远扬。

当时，几乎沿海地区所有的神棍全都将栾大当成表率来效仿，全都声称握有长生不老药的药方。

于是乎，"骗子多如狗，方士满地走"的盛况再一次席卷了华夏大地。可这种盛况没有持续多长时间便被栾大之死给淹没了。

那栾大当初骗汉武帝其实就是想捞一把就走，可他万万没想到事情会闹得这么大。这下可好，连公主都嫁给自己了，门口的汉朝大兵一天到晚地"保护"自己，就是想溜都溜不成了，自己那尊贵至极的老丈人还一天到晚明里暗里地暗示自己赶紧去把师父请到长安来。

栾大被逼得实在没有办法了，只能铤而走险，想出了一个权宜之计。

一日，栾大找到了汉武帝，说自己和师父已经神交完毕，请求汉武帝让自己一个人去泰山之巅迎接师父。

汉武帝表面上虽然答应了栾大，可实际上却偷偷地派人跟随前往。

结果那栾大上泰山逛了一圈儿就回来了，松鼠都没抓回一只来。

而当栾大回到皇宫以后，汉武帝已经尽知栾大的把戏，他戏谑地看着栾大道："大仙回来了，你的师父呢？"

栾大不慌不忙地道："启禀陛下，微臣此次前往泰山，确实见到了师父，可是师父却说陛下您的心还是……"

汉武帝："胡说！你这个大骗子，我告诉你吧，你前往泰山的时候我已经让人跟着你去了，事实证明你根本没见到你的师父，你的所作所为全都是在欺骗朕！来人！"

"在！"

"给我把这个骗子拉出去杀了！"

就这样，盛极一时的栾大就这样被斩杀了，汉武帝求仙得道的心再一次受到了重创。

3.8　兵出南越

然而，屋漏偏逢连夜雨，就在汉武帝极为郁闷的时候，南方的南越又开始躁动起来了，汉武帝便将这满腔怒火全都发泄到了南越身上。

南越不是一直都对汉朝俯首称臣的吗？怎么就反了呢？

要详细说起南越之反，我们还要回到二十二年前了。

公元前135年，汉武帝帮助南越王赵胡击退了闽越国的入侵，赵胡为了感谢汉武帝的帮忙，便遣其太子赵婴齐前往长安侍奉汉武帝，实为人质。

时间久了，赵婴齐便娶了一个邯郸的摎姓女子为妻。

不久后，摎姓女子给赵婴齐生了一个孩子，名叫赵兴。

时光飞转，又是十多年过去，南越王赵胡的身体一天不如一天，恐怕大限已至，便请求汉武帝让赵婴齐回南越继位。

那赵婴齐十多年都是在汉朝度过的，对汉朝感情深，还有一个汉朝的媳妇，所以让他回国对两国邦交有百利而无一害，汉武帝当然没有理由拒绝。

所以，赵婴齐很顺利地回到南越继承了南越王的宝座，并在继位后不久便封摎姓女子为王后，儿子赵兴为太子。

看上去一切都很美好，汉朝和南越的关系看似将会达到一个巅峰。

可是，这都是汉武帝和世人一厢情愿的想法，因为赵婴齐将政权巩固以后，立马便将汉朝当初赐给南越王的印信全都藏了起来。

赵婴齐认为，南越身处极南之地，地形易守难攻，气候也不是北方的汉人能够适应得了的，哪怕是汉朝来打自己，自己也完全有信心将汉军给打回去，为什么还要像臣子一样继续听命于汉朝呢？

所以，打这以后，赵婴齐再也不去长安朝拜了，独立之意已经很明显。

汉武帝曾数次遣使者往南越，暗示赵婴齐往长安朝拜，可赵婴齐依然我行我素，就是不去长安拜见汉武帝。直到汉武帝将匈奴赶出漠北，彰显了自己强大的军事力量，赵婴齐才知道害怕，但依然不去长安朝拜汉武帝，只派自己众多儿子之中一个叫赵次公的前往长安侍奉汉武帝。

此举让汉武帝极为恼怒，但一是当时刚刚与匈奴休兵，汉朝正在恢复国力中；二是汉武帝当时还是将军事打击的重心放在匈奴上面没工夫搭理南越，所以也就没有出兵攻击赵婴齐。

时至本年（前113年），南越王赵婴齐魂归西天，其子赵兴继承了南越王之位，摎王后也变成了摎王太后，可她这个王太后当得可真不怎么高兴，因为当时的朝政大权全在一个叫吕嘉的人手中掌握着。

吕嘉，出生地不详，他爷爷那时候便是赵佗的心腹，在南越立国之初便为南越丞相了。一直到吕嘉这一辈，吕家已经是连续三代为南越的丞相了。

吕氏一族在南越稳固了三代丞相，树大根深，照《汉书》的说法，南越王室所有的女子全都被吕氏男子娶回了家，而这些吕氏男子有七十多人，几乎将南越所有的重要官职全都牢牢掌握在手里。

可以这么说，当时吕嘉在南越的威望是绝对超过了南越王的，只要他想造反，南越十有八九是要换主了。

那他为什么不造反呢？当然是畏惧汉朝的缘故了。所以，摎王太后如坐针毡，每日都害怕吕嘉篡夺大权。

而正在摎王太后想"睡觉"的时候，还真就有人来"送枕头"了。这个人不必多说，便是汉武帝了。

那汉武帝听说赵婴齐死了以后，立马便派出了一名叫安国少季的臣子出使南越，希望新任南越王能重新前往长安朝拜。

那安国少季又是什么人呢？汉武帝为什么要派他出使南越呢？难道他也具备和当初陆贾、严助一样的外交才华吗？

非也，汉武帝之所以派安国少季出使南越，并不是因为他有多少才华，而是因为他和摎王太后有私情。

原来，早些时候，摎王太后还不认识赵婴齐，她实际上是和安国少季在一起的，可后来赵婴齐看中了她，摎王太后便"义无反顾"地抛弃了安国少季，投入了赵婴齐的怀抱。

可要问摎王太后真正爱的是谁，那必是安国少季这个"初恋"无疑了。

所以，因为这层关系，汉武帝才派安国少季前往南越面见赵兴，抑或是摎王太后。

摎王太后再次见到当初的情郎，心脏怦怦直跳。于是，二人自然而然地旧情复燃。

因为吕嘉，摎王太后也想凭借汉朝震慑他，便请求安国少季通报汉武帝，想让南越也跟内陆诸侯国一样侍奉汉朝。

这完全就是将南越国拱手送上啊。安国少季干什么来了？不就是想让南越王重新朝拜汉武帝吗？这下摎王太后，直接把南越国送过来了，这还有什么说的。

于是，安国少季迅速遣使前往长安向汉武帝汇报情况。

闻讯，汉武帝欣喜若狂，立即命人新做印信，然后送往南越。（注：南越王金印，吕嘉银印，南越的内史、中尉、太傅等重要大臣也皆有赐印）这说明南越的官职从今以后也要由汉朝来任命了。

这还不算，汉武帝趁热打铁，又让南越国变法，国内必须完全效仿汉朝法律和文化。如此下去，相信过不了多久南越便会被汉朝彻底同化。可事情真的会那么顺利吗？

当然不是，因为南越权力最大的吕嘉第一个就不认同！

南越，虽说从赵佗开始便归顺了汉朝，可是谁不知道此归顺只不过是表面上的，实际上人家该怎么样还怎么样。他们认为南越是一个独立的国家，凭什么要受汉朝节制？

基于此，吕嘉拒不接纳汉朝所受印绶，甚至连汉使都不见了。

因为吕嘉在南越的势力实在是太大，摎王太后惧怕他狗急跳墙、阴谋造反，所以便和安国少季商议，想在吕嘉造反之前弄死他！

安国少季答应了。

于是，摎王太后以送汉使回国为名，举办了一场盛大的宴会，邀请了安国少季等一众汉使和丞相吕嘉，并再三嘱咐吕嘉，说"现在汉使已经要走了，你哪怕是生病了，也要来送一送"。

吕嘉也不好太过推脱，便前往赴宴了。

可吕嘉也是个老狐狸，他也怕汉使在酒席中突然发难，所以让自己的弟弟率领军队在外等候，料定万无一失才进入王宫。

此时，王宫之中，见宫外刀林剑雨，本来决定在宴席中斩杀吕嘉的安国少季尿了，哆哆嗦嗦地向摎王太后道："亲爱的，这、这吕嘉的人也太多了，我们能有下手的机会吗？"

见平时"威武雄壮"的情郎如今这个德行，摎王太后心中恼怒非常，恨铁不成钢地道："你怕什么？事已至此，我们今日不杀老贼，来日便要受老贼屠戮，再者说，这些军队全都驻扎在宫外，宫内都是我们的人，怎么就杀不了老贼呢？"

安国少季："可、可是……"

摎王太后："可是什么？你这个尿包，我以前算是看错你了，我告诉你，他吕氏一族看着貌似有很强的凝聚力，可那都是吕嘉老贼的缘故，只要老贼一死，他吕氏便会彻底玩完，到时候我们当众宣布吕嘉的罪责，在门外的那些士兵还敢杀进王宫不成？他们还敢杀了本宫和我儿不成？你身为大汉使节，他们还敢杀了你不成？"

这一阵连珠炮给安国少季轰得是头晕眼花，他便没有再说什么。于是，酒席开始了，当众人坐定以后，摎王太后先是敬了在场众人一杯酒，然后突然厉声质问吕嘉："吕嘉！南越内附汉朝，那是对整个国家有利的举动，可你却不接受汉朝的印绶，这到底是为什么？"

这就是摎王太后给安国少季等汉使的信号，只要此信号一出，安国少季等人便要在第一时间冲上前去，将吕嘉砍成肉酱。

可是安国少季又尿了，根本就没敢动手。其他汉使本就害怕，如今一见主事人都尿了，那他们还动个什么手啊，所以一个个地也都低下头不吱声了。

如此，整个场面陷入了一种极其尴尬又诡异的气氛之中，安静得可怕（摎王太后指着吕嘉等待，吕嘉发愣，一众汉使全都低着脑袋）。

过了一会儿，吕嘉见一众汉使的样子，终于发现事情不对劲，站起来就要往宫外走。

摎王太后知道，只要吕嘉走出了这个宫殿，那她以后便要成为吕嘉的囚徒了，所以对安国少季爆吼一声，让他赶紧出手。

可是安国少季就好像没有听见一般，依然低着头。

摎王太后怒骂了一声安国少季，然后随手夺过一柄长矛，如同疯了一般嘶吼着扎向吕嘉。

吕嘉大恐（难道我的老命今日就要葬送在一个妇人之手吗），甚至连躲都没有机会。

可就在这时，南越王赵兴突然冲了出来，拉住了自己的母亲，让她不要冲动，吕嘉终于趁着这个空隙逃了出来。

那吕嘉出来以后是不是就要带着自己的部队回头屠杀摎王太后和一干汉使了呢？

看似应该是这样，但吕嘉却没有这样做，因为他想得很明白。

第一，想杀自己的是摎王太后和一干汉使，与赵兴没有什么关系，如果自己此时将摎王太后诛杀，那势必会得罪赵兴，得罪赵兴也没什么，无外乎就是失去舆论的主动权，可在现在这种至关紧要之时，失去民心就等于失去了和汉朝叫板的资格。

第二，杀掉汉使就等于给了汉武帝一个响亮的耳光，而汉武帝是天底下最要面子的人，怎么可能继续对南越无动于衷呢？吕嘉可没有信心能对付汉朝这个庞然大物。

基于以上两点，吕嘉并没有将摎王太后和一干汉使诛杀，只不过从此以后再也不见汉使和不准汉使回长安而已，其意便是扣押这些汉使充当人质。

此消息很快便传回了长安，汉武帝大怒，痛骂安国少季窝囊无用，又恨吕嘉此等权臣反抗汉朝，便在朝会之上命庄参带领两千汉朝士兵前往南越诛杀吕嘉。

那么问题来了，那南越就是再弱，汉朝士兵就是再精锐，难道两千人就能搞定吗？汉武帝到底是怎么想的？

其实这也不能怪汉武帝，因为他根本就不知道吕嘉在南越的真实实力，所以错误地认为南越的主力部队都掌握在赵兴和摎王太后手中，这才只派两千人前往南越配合本地"政府军"与吕嘉的"反军"交战。

汉武帝轻视吕嘉，可庄参没有，他听到汉武帝的任命以后吓了一大跳，说什么都不领这两千人出征，他对汉武帝道："如果陛下本次前往南越是处理外交问题的话，那几个人就足够了；可如果陛下这次是去打仗的话，那恕我直言，这两千人是办不成什么事的。"

庄参说得对不对呢？对！可汉武帝极为固执，只要是他认定的事，谁都改变不了，所以他根本就不听庄参之言，当着满朝文武便问："有人愿意代替庄参出战南越吗？"

话毕，一名叫韩千秋的大臣站了出来，他对汉武帝深深一拜，然后极为霸气地道："启禀陛下！区区南越，又有南越王和王太后做内应，哪里用得着两千士兵？末将只请三百精锐，必斩吕嘉狗头！"

何其霸气的宣言！汉武帝听罢信心大振，当即便改命韩千秋为本次南征的统帅，领两千精锐士卒出征南越。

并且，本次出征，汉武帝给这两千士卒皆配备了超过千片的精细鱼鳞甲，不管是甲胄还是兵器都用了当时新创造的"百炼钢"技术所炼制的钢铁，他们的战马也都配备了当时最先进的皮甲。所以，这支部队绝对是当时世界上拥有最尖端军事装备的部队。

"科技就是力量"，此话真乃至理名言，因为韩千秋的部队到了南越以后，吕嘉直接发动叛乱，斩南越王赵兴、摎王太后及一干汉使，另立一个叫赵建德的人为新任南越王，然后大规模集结部队，打算和汉军决战。

可就在这时，前方探子来报，说汉军本次出击南越的士兵只有两千人。

吕嘉猖狂大笑，当即便派一名将领率领一支将近一万士兵的部队攻击汉军，他以为，凭借数倍于汉军的兵力，本次战斗绝对没有任何悬念。

可吕嘉错了，错大了。

因为汉军的单兵作战能力实在是太强了。这些重装骑兵在见到南越军以后毫无畏惧，如同两千辆坦克一样直接向他们碾压过去。（注：解释一下，这里讲的骑兵配重甲，战马配皮甲属于重装骑兵；而骑兵和战马皆配重甲则属于极重装骑兵，抑或称之为全具装重战骑兵，而在东汉以前并没有极重装骑兵，但

也不是吕嘉的"野人"兵团所能抗衡的）

砰！伴随着整齐的弓箭离弦声，黑压压的箭矢群冲汉军奔杀而去，可令南越军团震惊的是，箭矢这种"骑兵杀手"面对对面的重骑兵团根本毫无作用，全被坚硬的甲胄给挡在了外面，惊呆了的将领一时之间不知如何是好。

可汉军根本就不给越军思考的机会，这两千辆"坦克"直接"碾压"进了越军之中，整个越军阵形在这一时间被冲得七零八落。

然后，汉军直接跳下战马，抽出首环刀，对着越军就是一顿疯狂砍杀。

但越军胜在人多，越军将领很快便重新组织了士兵开始反扑，这些士兵就好像丧尸一般如潮水地冲向汉军，两军就这样厮杀在一起。

可渐渐地，本来占据人数优势的越军开始出现了溃散的局面。因为两方的装备等级相差实在是太过悬殊。

汉兵一刀就能要了越兵的命，可是越兵往往需要两三刀才能对汉兵造成一定的伤害。面对这一群钢铁怪兽，谁还能提得起继续作战的勇气呢？

所以，越军有人溃逃了。然后，多米诺骨牌效应发生。

没过多久，越军便撤得一干二净。

胜利了是不是就应该继续前进了呢？可这个时候，韩千秋却听说南越王和摎王太后的死讯，但韩千秋立功心切，再加上初战告捷，便生出了凭此两千人扫荡南越的心思。

于是，他率领这两千汉军继续深入南越，其间一连攻下几个村落，竟然无人可挡。

此消息传到番禺，令吕嘉无比震惊。最后，他干脆令沿途村落放弃抵抗，然后集全部家当，大约数万南越兵埋伏在番禺以北四十里处，一等汉军路过便从四面狂攻。

数万对两千，还是突然性的四面而攻，换了谁估计都挡不住。

本次战斗细节史书上并没有任何记载，但从后面汉武帝的反应以及吕嘉对汉军的畏惧程度来看，本次汉军一定是拼了命地和南越军抵抗的。并且，南越军一定付出了相当大的代价。

战后，汉军全军覆没。但通过本次战争，吕嘉对汉军的战斗力可真是畏惧至极了，一个两千人的军团都如此强大，那等汉军大军团过来以后南越还能好得了吗？

所以吕嘉将剩余还活着的汉人全都放还给了汉朝，然后赶紧派兵驻守要害之地，并派遣使者前往长安拜见汉武帝，向他表示自己的歉意，但说来说去还是不想归汉朝统治。

可关键是，事情都已经到了这一步了，哪怕再想回归汉朝也晚了。

所以，汉武帝先是赏了韩千秋的儿子韩延年为成安侯，以表韩千秋军锋之冠的功劳。（注：《汉书》载："韩千秋虽亡成功，亦军锋之冠。"）然后直接集结大军，准备一举荡平南越。

经过了之前韩千秋的失败，汉武帝彻底重视起了吕嘉在南越的力量。这回，他再也不敢对吕嘉有半点小看了。

所以，汉武帝直接出动十万大军，主帅为卫尉路博德，兵分四路同时攻击南越。

第一路主力大军为路博德率领，作战目标为出桂阳下湟水，突破南越防御线，然后兵锋直捣番禺。

第二路为主爵都尉杨仆率领之楼船水军，作战目的为出豫章下横浦，然后与路博德主力会师，进而南下番禺。

第三路为归义侯和越侯共同率领，战略目标为出零陵以后兵分两路，一路与路博德主力大军会师，另一路与第四路大军会师南下。

第四路为驰义侯统率，其作战目标是顺牂牁江直下南越苍梧，对其发动突然袭击，然后兵锋直指番禺，和路博德主力大军会师。

南越方面，通过上一次和韩千秋的对决，吕嘉料定自己的南越军不是汉朝大兵的对手，乃放弃野战决胜之念，专心于防守反击，遂制定超大型防御线，以挡汉军侵袭。（注：南越防御线为广庚岭、骑田岭、越城岭，几乎贯穿广西全地）

让我们看看汉四路大军是怎么行军作战的。

首先第四路，此路为汉之奇兵，一旦成功进击苍梧，势必会对南越的士气造成毁灭性打击，所以吕嘉不敢怠慢，送出了无数的金银财宝怂恿夜郎、且兰等西南夷反叛汉朝。

而这些蛮子根本就不知道汉朝的强大，还都是一些见钱眼开的井底之蛙，再加上惧怕汉朝第四路统帅征发他们的人民去打仗，所以当即便收了吕嘉的贿赂，宣布同汉朝划清界限，并封锁牂牁江码头，不准汉军渡江。

驰义侯大怒，遂领兵同且兰等部展开了交战。

不过这些夷人人数众多，还有地理优势，所以汉军一时间竟然处于下风。

长安方面，汉武帝闻听第四路奇兵受阻，当即便派出了刚刚组建不久的八校尉统领自己的特种兵部队增援西南夷方向，意图用武力的手段将西南夷彻底打服，不过这是后话，我们等南越之战结束再行叙述，现在还是先看看汉朝其他的三路大军。

首先看主爵都尉兼楼船将军杨仆所统率的第二路汉朝水军。

第二路汉军从豫章出征以后简直可以用势如破竹来形容，先是攻陷了寻陕，然后沿北江而下，突袭石门，进而继续南侵，破掉了越峰，然后在此驻兵等待路博德和归义侯的军队会师。

多日以后，归义侯的军队顺利到达此地，同杨仆会师，可却始终不见第一路路博德的主力部队。

原来，因为路博德所部人数最多（并不都是汉朝正卒，也有很多的商人、罪犯和入赘者），是汉朝的主力部队，所以吕嘉将主力部队全都布防在汉一路大军的必经之路上，对其展开了顽强的阻击。

路博德虽然多次组织部队冲锋杀敌，但越军防线布置得甚是严密，根本就不给路博德机会。而长安方面汉武帝的军令可不是闹着玩儿的，如果在限期之内没能率兵前往同二三路军会师，那可是要掉脑袋的，虽然最后可以用赎金将自己赎出来，可那时候已经变成普通百姓了，活着还有什么意思？

所以，路博德发狠了，他将所有部队全都交给了副将统率，让他继续牵制越军，自己则率领一千多军中最精锐的汉兵从小路"偷渡"到了越峰一代，成功同第二路、第三路汉军会师。

完成会师以后，路博德当即下令，命楼船将军杨仆先行一步，率领汉朝水军走北江，绕到番禺的东南方向，等陆军到达以后再行攻击。（注：此时汉朝水军的船舰应该是抢南粤人的，或是自己重新建造的，因为按照现在的地理来考证，汉军的楼船是不可能从赣江到达南越北江的）

之后，路博德统领汉朝第一路、第三路大军直奔番禺西北，到达目的地以后便对番禺进行了凶猛攻势。

吕嘉畏惧汉朝陆军，所以几乎将近七成的兵力全都布防在番禺西北部，只有三成多一点的兵力布防在东南部。

可让吕嘉万万没想到的是，汉朝的水军也一点儿都不比陆军差。

黄昏之时，汉陆军和水军协同作战，几乎在同一时间对番禺城发动了疯狂攻击。首先，汉水军对番禺城内的越军发动了如同蝗灾一般的箭岚攻势，在这密集的火力掩护之下，越军根本就抬不起头来，汉水军则立即抢占主动权，迅速登上了番禺城墙，然后见人就杀，见房屋就烧。

西北角方面，正在和汉陆军厮杀的越军见城中起火，料定汉军已经突入城内，遂士气大失，没过多长时间便被汉军杀进了城中。

番禺，这个南越最坚固的城池，在汉军水陆双重打击下竟然不到黎明便被攻破，由此可见，汉朝当时的军事实力达到了什么样的高度。

吕嘉见兵败如山倒，再也没有获胜的可能，便挟赵建德等心腹数百人趁着夜色逃亡江中往南逃窜，企图在更南之地同汉朝打游击战。

可路博德岂能给他如此机会。当他从番禺城内的俘虏口中得知了吕嘉的逃亡方向以后，当即便派出了部队从后方追击。

结果，吕嘉、赵建德等百余人没走多远便被汉军全部擒获。而在汉军的有意宣传下，此消息很快便传遍了整个南越，使得南越人的抵抗情绪降至冰点。因为惧怕汉军来攻，南越苍梧王赵光第一个宣布向汉军投降。

紧接着，南越揭阳县（今广东省揭阳县西北）宣布投降，南越实权将军毕取也率本部投降汉军。南越境内群龙无首，陷入一片恐慌之中。

南越监御史居翁趁此天赐良机更是一举劝说瓯骆四十多万南越人投降汉朝。

至此，大半南越之地已全在汉朝掌控之中，其他的零散地方见势不可为，便统统投降了汉朝。

如此，本次征伐南越完美落幕，汉朝成功占据了整个南越，这个由赵佗一手建立，历经五代九十三年的南越国彻底宣告灭亡。

南越灭亡了，我们再看看西线第四路汉军的战况。

本来，第四路汉军同且兰、夜郎等联军是处于胶着状态的，可长安方面的八校尉一进入战场，就好像八把尖刀一般，将且兰扎得全身都是窟窿，使得整个战局发生了根本性的扭转。

那什么叫作八校尉呢？它为什么如此强大呢？

《武经总要》载："凡战者必用奇，自古不世出之名将无一不是此中高手。"

汉武帝深知此道，再加上之前霍去病为什么能够横扫大漠？除去他本身的军事才能以外，最大的依仗便是他拥有一支超级精悍的特种部队。

所以，汉武帝对于特种部队的培养非常上心，这便创造出了八校尉，专用于在大军交战的过程中充当奇兵之用。他们分别是中垒校尉、屯骑校尉、步兵校尉、越骑校尉、长水校尉、胡骑校尉、射声校尉、虎贲校尉。

八校尉之统帅皆两千石之高官，有丞和司马，每校尉共七百人。

中垒校尉所部：士兵从长安北军中挑选最精锐者充之。

屯骑校尉所部：士兵从长安南北军中挑选出最擅长骑马作战的骑兵充之（一说是从全国选拔）。

步兵校尉所部：士兵从长安西郊上林苑的驻兵中选取最精锐材官充之。

越骑校尉所部：这个历来争议最大，一般有三种说法。

1. 士兵从归降越族的骑兵中抽取（主流说法）。

2. 士兵从全国战斗技能最优越的骑兵中抽取（包括各种少数民族）。

3. 士兵全都是从官员后代，或者有钱人的子弟中选取，装备都是自己配备，清一色精炼首环刀。精致鱼鳞战甲，选作特种部队只不过是他们以后升迁的一个跳板而已。

长水校尉所部：士兵从长水和宣曲胡人骑兵中最精者选取。

胡骑校尉所部：这个同样有两种说法。

1. 士兵从池阳里的胡人骑兵中选取最精锐者（主流说法）。

2. 士兵从全国优秀骑兵中选拔，战马清一色为胡人上供来或者汉人抢夺来的优秀胡马，因为随着汉匈之间关系的不断变化，所以此马时有时无，胡骑校尉也就不常置了。

声射校尉所部：士兵都是从全国最优越的弓弩手中选拔，他们普遍具备一个能力，那便是听声断位，不用指挥官指挥便能知道敌军现在是不是在有效杀伤射程之内。

虎贲校尉所部：士兵都是从南北军中挑选出来最擅长战车搏击的优秀士兵。

以上便是八校尉的具体职能。

当然了，八校尉所统之兵并不一定就是七百人，一般都是在一千人到一万人之间。所以，这些强大的特种部队到了战场之上，且兰和夜郎的军队还能有好果子吃吗？基本上可以说是一触即溃。

按照汉武帝最早的谋划，八校尉需要在协助第四路大军扫清障碍以后和第四路大军一起渡过牂牁江，然后协助第一路、第二路、第三路大军平灭南越。

可汉军的作战水平何其高，八校尉刚刚扫平障碍，南越那边的汉军就已经将整个南越都给灭了。

见此，八校尉遣使者往长安向汉武帝汇报战况。

汉武帝大笔一挥，直接命八校尉狠狠地"教育"一下那些胆敢阻拦汉朝大军的异族人。

得令，八校尉兵锋直指第一个攻略目标——且兰。

于是，且兰悲哀了。因为且兰的士兵不管是从装备上还是从作战能力上都要比八校尉落后太多，所以整个战况呈碾压之势。

最后，八校尉击败且兰军，深入且兰腹地，疯狂屠杀好几万人，且兰国君也被八校尉砍掉了脑袋。

之后，八校尉马不停蹄，连灭邛、莋，并斩其国王，至于这次汉军到底斩杀了多少异族人、多少士兵，多少百姓，史书上没有记载。

一连灭了三个强大藩国，汉军的战斗力令周围的方国胆寒至极，曾经的他们还以为汉朝也就很普通，曾经的他们以为汉朝的版图也就和自己差不多。可如今，见识了汉军的战斗力，他们再也不敢"夜郎自大"了。

夜郎首先行动，他没等八校尉杀到自己的境内便以"八百里加急"之速冲向长安，亲自朝拜汉武帝，表示从此以后真心归附汉朝，再也不敢造次了。

汉武帝向夜郎侯表示了自己"博大的胸怀"，答应了夜郎君的投诚，并赐给他夜郎王的封号，依然让他管理旧地。

而夜郎王一投降汉朝，其他的小方国就更没有抵抗的勇气了。

于是，一个个地全都投降了汉朝。

就这样，汉朝通过血腥的手段，彻底震慑了南夷众部。

西夷最开始抱着侥幸的心理，并没有向汉朝投诚，可在两年以后依然在汉朝这个庞然大物的压迫下投降了汉朝。

至此，南越和西南夷全部被平定，汉朝西南之疆域已尽有如今四川、云南、广西之地，正南也尽有如今越南全部地方。汉武帝在西南夷分别设置了牂牁郡、越巂郡（郡治今四川省西昌市东南）、沈黎郡（郡治今四川省汉源县东南）、汶山郡（郡治今四川省茂县北）、益州郡（郡治今云南省昆明市晋宁区东）。

在原南越之地则设置儋耳郡（郡治今广东省儋州市西）、珠崖郡（郡治今海南省海口市琼山区东南）、南海郡（郡治今广东省番禺县）、苍梧郡（郡治今广西壮族自治区苍梧县）、九真郡（今越南河内以南顺化以北）、郁林郡（郡治今广西壮族自治区贵县东）、日南郡（今越南中南部）、合浦郡（郡治今广东省雷州市）、交趾郡（今越南北部红河流域）。

大汉之雄伟，已如日中天。

3.9 羌族的发展史

公元前112年（元鼎五年）十月，为彰显自己的伟大功绩，汉武帝驾临雍县，祭祀五帝庙。这时候，一名叫公孙卿的巫官来到了汉武帝的身旁和汉武帝道："陛下，您之前得到了上天所赐的宝鼎，这和当初的黄帝很像。而最后黄帝怎样了您是知道的（驾龙而去，成仙了），何不虔诚地向上天祷告，请求上天也让陛下您成仙呢？"

汉武帝呵呵一笑道："我当然愿意成仙，如果上天也有一条龙来接引朕的话，朕宁愿放弃一切跟它走。可龙是那么容易来的吗？"

公孙卿："陛下不试试怎么知道？"

汉武帝："呵，天下还有那么多事情等着我去做，我可没有时间将精力都放在这上面，我看就由你帮我祈祷上天吧。等有龙或者神仙来之后你再启奏我得了。"

就这样，汉武帝回到长安，命公孙卿到太室山等待天神降临。

回到长安以后，汉武帝再次驾临甘泉宫，建太一神庙，早晨祭拜太阳，晚上祭拜月亮。

公元前111年（元鼎六年）九月，汉武帝下令天下诸侯携带黄金往甘泉宫共同祭拜天地，却令宫中官吏在人员到齐之时突击检查所进献之黄金，但凡成色不好的，或者以假乱真的，全都要以"大不敬"论罪。

最终，被查办的一共有一百零六人之多，经过审讯，汉武帝得知，这种事情已经不是第一次了，曾经也是这样的，凡是诸侯"助祭"的时候，很多人都以假乱真，所以此事让汉武帝非常生气。

而就在此时，有官员参丞相赵周"明知道列侯所献黄金不足，依然包庇他们"，赵周因此被汉武帝下狱。最终不堪受辱，在狱中自杀，御史大夫石庆接替了赵周的丞相之职，而齐相卜式则被汉武帝召回了长安，任御史大夫。

老石家从石奋开始就秉承着中庸守身之道，从不轻易得罪人。石庆当然也继承了这个优良传统。所以，从这时候开始，地方和朝中的大员慢慢地轻视丞相，有很多人向中央汇报工作的时候甚至直接绕过丞相，而石庆呢？则不闻不问。

同年秋，汉朝某地发生了癞蛤蟆和大虾成群结队斗殴事件。紧接着，在北方便传来了令人惊异的噩耗——西羌竟在此时暗中勾结匈奴，共同发兵攻击汉朝边境。

匈奴越过大漠，直接对五原发动了突然袭击，不但劫掠了很多物资与汉人，还杀了五原太守，之后飞速撤退回漠北。

西羌更是可怕，竟然出动了十余万大军，先是攻陷了故安（今河北省保定市易县东南），紧接着直接包围了枹罕（今甘肃省临夏市东北）。

匈奴我们都熟悉了，那这个西羌是怎么回事呢？

西羌最早的祖先可以追溯到尧、舜、禹时期，他们的祖先就是三苗一族。

后来，鲧、共工、讙兜、三苗等"四恶"被流放，三苗的族人就迁徙到了三危山一代。

那时候，华夏联盟和以后夏朝的版图还不是很大，所以羌人就在这里发展壮大。

人口开始兴盛以后，羌人中就开始出现了很多的部落，力量大的便开始吞并力量小的。

羌人不会种地，以游牧为生，可培养出来的战马还没有匈奴的好，所以军队属于步兵和劣等轻骑兵混编部队。

由于缺乏粮食，所以这些人经常到中原抢劫。

羌人非常重视繁衍，所以父亲死后儿子就要娶非亲生之母，哥哥或者弟弟死后就要娶嫂子或者弟妹，所以羌人没有守寡之人，繁衍很快。

羌人没有什么法律，除了杀人者偿命这一条以外一点儿其他的约束手段都没有。

羌人从来都是以力量为尊，谁的武力强大，能轻易将其他男人打趴下就能得到女人的青睐和价值不菲的奖赏。

他们对于武力的崇拜已经到了无以复加的地步，以战死为荣、病死为耻。这些野蛮人比匈奴人还要有兽性，他们只以兽皮为衣，且极为抗冻。据说女人在分娩的时候都不畏惧室外严寒。

并且，因为气候以及风俗的原因，他们战斗时极为坚韧刚强、勇猛凶残，用中原的一句话说就好像接受了西方金星的元气一样。

他们的步兵格外强悍，极擅长在山地、林地和河川浅滩战斗，可因为科技极不发达，所以被中原民族越甩越远，从夏朝开始一直到春秋末期，很多朝代的一把手都收拾过他们（这其中以春秋时候的秦国为最），使得他们从此不敢再到中原抢劫，而是转而同周围的少数民族互相争斗掠夺。

秦厉公的时候，秦国曾抓到了一个叫无戈爱剑的羌人，让他在秦国参与苦力工作。

一天到晚没完没了的重体力劳动，让无戈爱剑知道，如果这样下去，他早晚有一天会饿死。

于是，无戈爱剑逃走了。

那些秦兵当然不会放过他，便开始拼命追击。无戈爱剑无奈，只得跑进一个洞穴里。

因为洞穴太小只能容纳一个人，再加上无戈爱剑个人的武力又十分高超，所以秦兵进来一个被无戈爱剑杀死一个。最后竟然没有一个秦兵敢进去抓无戈爱剑了。

无奈，秦兵往山洞里放了一把大火就走了。本以为这把大火可以烧死无戈爱剑，可谁料无戈爱剑命大，竟然没被烧死。

之后，无戈爱剑顺利地逃回了西羌，大家都为无戈爱剑没被烧死感到惊奇，甚至有人传说无戈爱剑之所以没被烧死是因为秦人在放火的时候上天突然降下一个好似老虎的怪物为无戈爱剑挡住了烈火。

这话一说，无戈爱剑所在部落的羌人都认为他是上天派下来带领他们的大人，所以公推无戈爱剑为本部落的豪（豪：首领）。

因为无戈爱剑在秦国待过好长一段时间，所以熟知秦国的文化和一些比较大众的科技。所以，他便带领部族的人民耕地、饲养牲畜，无戈爱剑的部族越来越强大富庶。

这世界没有人愿意受苦，所以周围那些常年受饥饿困扰的羌族人统统来投靠无戈爱剑的部族，此部族越来越强大。

然后，人数众多的无戈爱剑部落便开始进行吞并，一个又一个羌族部族被无戈爱剑统一。

后来，无戈爱剑病死了。可因为羌族人民对于无戈爱剑实在是太过爱戴，再加上他们认为无戈爱剑是上天派下来的使者，所以他的儿子也具有上天的血缘，乃立其子为新任羌豪。

再后来，羌豪的位置传到了无戈爱剑曾孙忍的时候，秦献公即位。

秦献公雄才大略，不但一次又一次地挫败三晋对秦的侵略，还能有精力来带领秦军向西北扩张。

因为春秋时候秦穆公的关系，所以羌人极为惧怕秦人，便打算向其他地方迁徙。

可忍认为，现在的羌族已经强大起来，不应该像以前那样畏惧秦国了，便打算和秦国打一下，哪怕最后输了，也不能丢了羌人的勇气。

于是，忍向所有羌族发布信息，决意同秦国一决死战，不过想要走的部落他也绝不阻拦。

最后，一些部落的首领实在太过害怕秦国，也不管丢不丢脸了，便带着自己的部众向其他地方迁徙了，从此和忍率领的西羌不相往来。他们分别是越巂羌、广汉羌、武都羌。

不过大部分羌人部落还是选择同忍站在同一阵线上，从此和秦国展开了长时间的游击战。

直到秦孝公即位以后，主要在国内改革变法，增强国力，也就不再关注西羌那一边，遂撤回了兵力。

正巧此时，强势的忍也死了，其子研继承了豪位，立即改变对秦的强硬政策，借着这个空隙向秦国称臣，秦国便从此不再攻击西羌。西羌也得以休养生息。

后来，匈奴兴起，连破东胡、月氏等部，成了北方霸主，再加上那时候秦朝已经灭亡，所以西羌便转而附属了匈奴。

因为西羌和匈奴是站在同一条战线上的，所以汉武帝也将西羌视为敌人，虽然主要攻击目标在匈奴身上，但顺攻打西羌也是少不了的。所以西羌非常痛恨汉朝，再加上现在匈奴已经被汉朝给打到漠北去了，其惧怕汉朝下一个攻击目标是自己，便同匈奴结盟，从两个方向共同攻击汉朝。

但让西羌人没有想到的是，曾经强大至极的匈奴人如今却是如此胆小，只袭击了一下五原便撤兵回国了。

基于此，汉朝将所有的攻击力全都集中在了正在围攻枹罕的西羌人身上。

公元前111年（元鼎六年）十月，汉武帝集结十万大军，以李息、徐自为为主将，兵进枹罕，攻击正在围攻此地的西羌人。

本次战役的过程史书上没有记载，只用"荡平"二字来形容，那就是说，本次汉军应该是摧枯拉朽地结束了战斗。

击败西羌以后，汉武帝命李息为护羌校尉，率汉军继续进击，势必让这支不知死活的势力尝尝当初匈奴人所尝到的苦头。

可经此一败，西羌势力算是彻底了解汉朝的战斗力了，再也不敢和汉朝的军队叫嚣了，便出了湟中，向更远的西海和盐池方向迁徙定居。

汉武帝为了保证河西走廊的安全，乃在武威和酒泉二郡的基础上兴建了张掖和更向西方的敦煌二郡，是为河西四郡。

3.10　闽越扫平战

公元前111年春，身在太室山等候神仙的公孙卿竟突然派人前往长安，向汉武帝汇报，称在缑氏城看到了神仙的脚印。

对于这些有关神仙的事情，汉武帝是宁可被骗一千次也不肯放过一次的。所以，他相信了公孙卿，前往缑氏城去看了所谓的神仙脚印。

这神仙脚印到底长什么样史书中也没有记载，反正汉武帝看完以后并不是那么高兴，而是不阴不阳地对公孙卿道："呵，你小子不是想学少翁和栾大吧？"

这明显是警告公孙卿，让他不要欺骗自己，否则前面的两个骗子的下场就是他的下场。

可公孙卿则脸不红，心不跳，斩钉截铁地道："信则有，不信则无，这神仙脚印绝对不是下官自造，如果陛下不相信，那么就当臣下什么都没看到好了。"

汉武帝："行了行了，朕就是这么一说，并没有什么意思，那你继续往下说吧。"

公孙卿："启禀陛下，所谓神仙，那都是无欲无求的天上之人，如果心不够诚，那是绝对请不出来的。"

这话汉武帝听得耳朵都快出茧子了，哪一次不是被别人骗得晕头转向？所以一听公孙卿这样说，直接冷笑道："哦？诚意？那朕需要拿出什么诚意呢？"

公孙卿："首先，增加人间道路的宽度，因为神仙想要下凡间，必须要有足够的地方让他行走，如果地方太小，身为神仙的他们是不屑于下凡间的。其次，接引神仙的观宇必须要装修豪华，不然就属于没有诚心，而没有诚心，神仙是一定不会下凡间来的。最后，一定要有耐心，因为神仙之所以是神仙，那就是因为他们无欲无求，并不是那么好请的，所以陛下一定要等。这样，在有生之年才有机会请到神仙下凡。而如今，在缑氏城已经发现了神仙的脚印，所以我相信，如果陛下继续保持下去的话，神仙早晚有一天会主动来找陛下您。"

因为公孙卿所说的这三点没有一个是向汉武帝伸手要钱的，所以汉武帝选择相信了他，并在回到长安以后命全国各地的官员们修缮本地道路，装修庙宇、神观。

这还不算，为了能让神仙感受到自己的诚意，汉武帝还命宫中乐师李延年创作了祭祀各种神灵的专用音乐。

综合以上，汉武帝为了求仙所花费的钱财根本无法计算。

可就在汉武帝求仙求得正起劲的时候，突然从南方传来了令汉武帝扫兴的消息，那便是东越王余善反了。

那这是怎么回事儿呢？我们先将时间往前再推个几年。

话说汉武帝命繇王丑和余善分地而治闽越以后，闽越便陷入了分裂状态。余善当然不想看着闽越一点儿一点儿地衰败下去，这对他一点儿好处都没有，所以便想再次统一闽越地界。

可要是攻击丑的话，汉朝一定会出兵干预，那么如何攻击丑才能让汉朝不干预呢？那就要从战争方面击败汉朝，让他损失人力和物力，无暇再将力量放在南方。

可只凭自己东越一块地方根本就不是汉朝的对手，所以余善只能先行隐忍。

多年以后，南越丞相吕嘉被迫造反，汉廷出动四路大军讨伐南越。余善感觉时机已到，便遣使者往长安方面，请求在汉军攻击南越的时候，自己率领八千水军协助汉军。

一听余善这话，汉武帝还挺高兴的，便准了余善所求。可谁知道余善是醉翁之意不在酒，他表面上说是帮助汉朝，可实际上却秘密联系南越，打算同汉军会师的时候对汉军发动突然袭击，让汉军大败，进而自己攻击丑，全夺闽越之地。

可谁知汉朝军队连战连捷，竟然以摧枯拉朽之势将番禺包围。余善感觉风头不对，便停止了进军，持观望态度首鼠两端。

等番禺被攻破以后，楼船将军杨仆立马报汉武帝，说余善不是什么善类，希望汉武帝给他权力，让他立即攻击余善的部队，进而携胜之威，彻底扫平东越。

听了杨仆的报告，汉武帝也觉得余善这老小子不是什么善类，可当时经历了多日的战斗，汉军已经疲惫，所以汉武帝没有答应杨仆的奏请，却让大司农张成、山州侯齿就屯兵驻扎在大庚岭一带，那意思便是有进攻东越的打算了。

聪明如余善者岂能看不出汉廷的打算？所以他在本年先下手为强，命本国将军驺力为"吞汉将军"，统领东越士兵寇掠了白沙（今江西省鄱阳县西）、武林（今江西省余干县东北的武陵山）以及大庚岭。

而当时的张成和齿就就屯兵驻扎在此地附近，他们非但没有和东越军抗争，反而畏惧敌人，向北退到了安全的地方。

经此一役，余善更加嚣张，竟自立为东越武帝，然后在本国集结士兵，打算再次北上攻击汉朝。

这对汉武帝来说绝对是天大的耻辱！一个庞然大物竟然被小小的东越给打得鼻青脸肿。汉武帝闻讯大怒，将张成和齿就召回长安，直接斩杀了二人。

然后，汉武帝动员十余万大军，兵分五路，共同出兵东越。其战略部署如下。

第一路大军为横海将军韩说，其部从句章（今浙江省余姚市东南）出兵，从东方进攻东越。

第二路为楼船将军杨仆所部，从武林出兵，在西方打击东越。

第三路为中尉王温舒所部，从大庚岭出发，在西南方打击东越。

第四路为戈船将军所部，从如邪（今浙江省绍兴市南）出发，在北方打击东越。

第五路为下濑将军所部，从白沙出兵，在西北方打击东越。

汉武帝本以为这次的攻击不管是人数上还是装备上都大胜东越，战役会是势如破竹一般，可汉军整整征战了一年多才相继攻破险要，杀到东越腹地，损失相当严重。［因为东越人占据天时（气候）、地利（地理优势）、人和（汉军属于进攻方）。］

因为汉军损失很大，汉武帝怕攻下东越也十不存一了，所以便让现在正在长安任职的东越人吴阳回到东越劝说余善投降，并承诺只要他余善能够带领东越从属于大汉，那汉军就会马上撤退。

吴阳也认为照现在的局势发展下去，东越一定会被汉军所灭，便从汉武帝之意，前往东越劝说余善投降汉朝。

可余善这回好像是吃了秤砣铁了心，就是不投降汉朝，哪怕一座城池都没有了，打游击战也要和汉朝干到底。

可这消息还没等到长安呢，就传遍了东越各地。本来东越的百姓就不想和汉朝开战，只是因为余善的游说和前一段时间的胜利才使得他们跟着余善。

可如今，汉军已经深入东越腹地，东越已经再无险可守，早晚会被汉朝消灭。之前不知道汉朝让他们投降的消息也就算了，现如今汉武帝已经亲自下令东越投降，并会给东越的人民一条生路，他们怎么可能还会和余善拼命呢？

于是，东越人心思变，士气极低。

并且，就在这人心最为脆弱之时，吴阳率领本族七百多人反叛余善，起兵造反响应汉军。

一石激起千层浪，很多部族见此也都跟着吴阳起兵造反了。

东越建成侯熬也在此时同繇王丑合兵一处，共同攻击余善。

如此，东越内部和四面八方到处充斥着反对余善的部队。

最后，没等汉军出手，余善就死于自己人的手中，整个东越全都被汉人拿下。

按照以往的套路，汉朝紧接着是要在此地建立郡县，之后彻底同化此地的人民了。

可一是修建郡县需要无数的钱粮；二是汉武帝认为，东越之地险要太多，再加上东越的人民反复无常，如果他们再行独立或者反叛，汉朝可就麻烦了。

所以，汉武帝将所有的东越人全都迁徙到江淮之间，使得原本东越之地再也无人居住。

3.11　武帝求仙记

东越投降了，南越被灭了，西南夷附属了，西羌被打跑了，匈奴被打残了，敢和汉武帝叫嚣的势力现在已经全部摆平了，汉武帝认为自己的功绩已经史无前例了。

于是，汉朝在灭掉了东越以后制定了封禅的法律。

没错，汉武帝要准备封禅了。

可就在汉武帝兴致勃勃准备封禅事宜的时候，又有人来扫兴了。这人不是别人，正是卜式。

卜式就是通过放羊理论来治理地方的那个能臣，因为政绩突出，所以被任命为齐国的国相。

后来，齐国在他的治理下越来越繁荣，汉武帝便调他回京担任御史大夫。

可卜式在回京以后做的第一件事竟是请奏汉武帝废除各郡国对盐、铁等物资的垄断经济政策，他对汉武帝道："陛下，现在各郡国地方的百姓对于盐铁等生产物资由政府垄断的政策多有不适，因为这些商品由政府垄断的话就没有商人贩卖，而缺少诸多商人就会导致商品缺乏多元化，毫无竞争力，所以产品的质量要比以前相差很多，以至于商人减少，市场萎靡，希望陛下能够尽早废除盐铁等国有垄断的政策。"

汉朝自从汉武帝继位以来，不断的战争、扩张、建设以及各种封建迷信活动，使得国库的钱财如同雪花一般呼呼地往外飞，如果不是张汤、桑弘羊等人为汉武帝制定出的垄断经济政策，相信汉朝经济早就崩溃了。

再说，古人以农为天，至于商人，少一点并没有什么坏处，甚至还有好处。所以基于以上两点来考虑，卜式这番建言对于汉武帝来讲简直就是不知所谓。

本来，汉武帝很喜欢卜式，让他回来当御史大夫就有立他为下一任丞相的心思。可卜式这话一说，立即让汉武帝对其能力产生了相当的质疑，认为卜式根本看不出事情的本质，这样的人不适合做御史大夫，更不可能做一个合格的丞相。

所以，刚刚成为御史大夫的卜式在几个月之内就被汉武帝安排进了东宫，成为太子太傅，御史大夫则由儿宽代之。

儿宽，字仲文，千乘（今山东省广饶市）人，自幼便极为好学，可因为家里面太穷，买不起书，便到学校帮忙做饭，借由子偷听先生们讲书。

他还帮人家做苦力，所赚取的钱财除了填饱肚子以外全都买了书籍。

长大以后，儿宽对于《尚书》的研究已经是非常精通了，在本地也十分有名，便被当地官员推荐到长安为博士，后来被安排进廷尉署做廷尉文学卒史。

张汤凡事都喜欢简单有效，用人也喜欢用雷厉风行的官员。可儿宽呢？这人从小就宽厚善良，长大以后更是不改本性，所以张汤非常看不上他，便把他排挤到北地放羊。

一次，朝廷有一个大案，张汤等廷尉署的官员送上去好几次判决卷宗都被汉武帝驳回，这使得廷尉署都陷入恐慌之中。正巧这时候儿宽回来上报畜薄，得知了张汤的难处，便重新修改了卷宗。

儿宽的文笔好，大家看完以后都对儿宽称赞有加，并将修改之后的卷宗交给了张汤。

直到这时候，张汤才真正发现了儿宽的才能，立即将他召到自己身边谈话，并将重新修改的卷宗送给了汉武帝。

果然，汉武帝在看完的第一时间便认可了这次的卷宗。

之后，张汤提拔了儿宽，让他做廷尉署奏谳（专门为廷尉署起草奏章的文笔官吏）。

而儿宽身为廷尉署奏谳的这段时间，廷尉署送上去的卷宗少有驳回，不管是张汤还是其他同僚都对儿宽非常满意。

这还不算，儿宽认为张汤做事虽然非常快速有效，但审讯犯人却过于残酷，所以建议张汤多用圣人之术来审讯犯人。

张汤虽然不认同儿宽的方法，却喜欢这个人，所以虽然不抱希望，但也让儿宽去试了一试。

结果，儿宽用《尚书》中的很多典故来感化犯人，使得张汤不用动用私刑便能让他们如实招供。

这让张汤大为震惊，廷尉署也在儿宽的作用下名声越来越好。

能不挨骂谁还愿意做"酷吏"呢？要不是这样行之有效，张汤也不喜欢成天给人"舒筋活骨"，所以从这以后，张汤更加重用儿宽。

后来，张汤做了御史大夫，因为之前和儿宽一直配合得非常默契，所以直接将儿宽提拔为侍御史，成了自己的左右手。

因为儿宽的政绩卓越，汉武帝便给他连续升官，一直升到了京兆尹，负责长安所直辖的关中地区民政。

儿宽上任以后，用儒家"仁孝治国"，并结合张汤务实的方式治理地方，使得关中农业兴盛，犯罪率大减，儿宽也因此深得关中百姓的爱戴。

这还不算，儿宽还带领百姓们扩建战国时期的郑国渠，在郑国渠原有的基础上又修筑了六条渠道，让高地也得到了有效的灌溉，使得关中连年丰收，史称此杰作为"六辅渠"。

当然了，儿宽还运用了相当多的手段来治理地方，这里就不再一一介绍了，反正自从儿宽为京兆尹以后，关中地区连年丰收，赋税成为全国最快最好的，政绩连续排名全国第一。

所以，汉武帝在"罢免"了卜式以后直接任命儿宽为御史大夫。

西羌已经被打跑了，汉武帝又要拿匈奴开刀了，不过这一次汉武帝并没有直接攻击匈奴，而是向匈奴大阅兵，展示了汉朝卓越强大的军事实力。

公元前110年（元封元年）十月，汉武帝出动八校尉、南北军，各地方精锐共十八万，分十二路大军浩浩荡荡向北方行进，自云阳向北，经上郡、西河、五原，然后出长城，进入曾经的单于台，再至北河，将大军屯驻于此。

鱼鳞战甲、精致皮甲，各种汉军甲胄在阳光的照耀下如星璀璨。

首环刀等先进兵器散发着阴森冷气，配合着慑人的甲胄，使得汉军神圣而不可侵犯。

咚咚咚的鼓声雷动，指挥旗在空中飘扬，喊杀声充斥千里而不绝。

好家伙，汉武帝跑这么远秀肌肉来了。

汉武帝的这一举动使得更北方的匈奴人极为恐慌，一个个地都以为汉武帝这次是要御驾亲征灭了他们，所以赶紧布防，研究抵抗措施以及撤退路线。

可汉武帝并没有继续向北，而是遣使者往匈奴乌维单于处求战，其态度极为嚣张："乌维单于，现在，南越国王和东越国王的人头都已经悬挂在长安城楼之上，没有自知之明的西羌人也畏惧大汉雄风，逃亡到更远的地方，你匈奴还等什么呢？如今，朕已经统领我汉朝之精锐驻扎在边境之上，你还在等什么呢？不如和朕痛痛快快地大战一场！如若不敢战的话，不如早早投降，臣服于我大汉，这样的话，朕也会给你匈奴一条活路，让你们回归到本来的家园，何必跑到漠北那寒冷困苦而又缺乏水草的地方呢？"

乌维单于在听到汉武帝如此言论以后气得浑身发抖。如果，这时候的匈奴还具有冒顿单于时期的力量；如果，这时候的匈奴还没有丢失阴山与祁连山；如果，这时候的匈奴还有左右两部大军……

如果，如果，太多的如果，可历史没有如果，现在的匈奴已经完全不具备和汉朝决战的实力。

所以，乌维单于虽然不甘，虽然愤怒，但依然不敢和汉朝决战，甚至连劫掠汉朝的地方都要小心翼翼。

所以，他现在唯一能做的便是保持守势，甚至要提前制定好逃跑的路线。

等候多日，见匈奴全无动静，汉武帝向更北的方向极为轻蔑地嗤笑一声便统领大军返回了，匈奴人也在汉军撤退的同一时间松了一口气。

之后，汉武帝统率大军到了桥山黄帝陵，在此将大军遣散，只留八校尉与南北军中的精锐护驾（粗略估计一万余人）。

祭拜了黄帝以后，汉武帝对身边的公孙卿道："爱卿啊，朕听说黄帝是长生不死的，可为什么人世间还有他的陵墓呢？"

公孙卿说："黄帝成仙以后，天下的百姓都想念他，所以才为黄帝立的陵墓，并不是说黄帝死了。"

汉武帝："真希望等朕成仙以后，我汉朝的百姓们也会自发为我修建陵墓啊。"

同年春正月，汉武帝离开了黄帝陵墓，巡行到了缑氏城，希望能在这个曾经有神仙出没的地方见到神仙。

可就在汉武帝到达太室祭祀的时候，却突然隐隐约约听到林中有三声万岁传来。

汉武帝大惊，以为是神仙在呼唤他，忙不迭地命人前往寻找。

可寻找了好久，什么都没找到。汉武帝又是无奈又是高兴。无奈的是没有找到神仙，高兴的是神仙现在呼唤他了，那就证明他有机会得到神仙的长生不老药了。

于是，汉武帝下令祝官，命其扩建太室祭祀，并禁止民间砍伐太室山的树木。

这之后，汉武帝又来到了东边的大海边缘，祭祀了传说中的八位神仙。

三齐之地的那些神棍们一听汉武帝来了，一个个乐翻了天，全都跑到汉武帝的居所报告各种鬼怪之事和炼丹之法，其数以万计。

汉武帝虽然没有全信，但他和秦始皇一样，认定东海为神仙的发源地，便命数千人出海寻找蓬莱神仙。

一个多月之后，公孙卿率先回归，说见到了一个巨人，可到近处一看，巨人却不见了，只留下了一个巨大的"脚印"。

后来，那些出海寻找神仙的人全都回来了，各种神鬼之说五花八门，但汉武帝统统没有相信。只有一个不知名的神棍和汉武帝道："启禀陛下，臣起初出海并没有找到神仙，可是在回来的时候突然在码头见到了一个遛狗的老翁，自言自语说想要见天子。臣感觉这老翁仙风道骨，很是不凡，便走上前去搭话，可就在这时，老翁却不见了。"

汉武帝相信这人的说法，认为他口中所谓的这个老翁一定是神仙无疑。便留宿于海边好一段时间，希望神仙能来与其相见。

可等了一天又一天，神仙还是没来找他。汉武帝恍然大悟，认为神仙是不能主动来找你的，应该是你去找他才是正理。

于是，汉武帝下令，凡是三齐之地的法术师都可以征用国家的马车前往寻找那所谓的老翁。

基于此，整个三齐之地到处都是寻找老翁的方术士，不可计数。

然而，一个多月以后，老翁还是没能找到，而汉武帝还有更重要的事要去做，所以就放弃寻找老翁，前往泰山封禅了。

汉武帝认为，现在自己的功绩比当初的秦始皇都已经是有过之而无不及，既然他能够封禅，那自己为什么就不能封禅呢？

再说，现在仙人已经出现，之所以还不来找他不是因为别的，就是差一个封禅。

所以，汉武帝直接出发前往泰山进行了封禅。

公元前110年四月二十日，泰山被封锁，精锐的汉军甲士守护着泰山的各处要道，整个汉朝最有名的权贵全会聚于泰山，他们排成了长长的队伍，而在队伍最前端的便是汉武帝了。

那天，汉武帝没有穿汉朝传统的红黑相间的皇袍，而是换上了一身黄色的皇袍。他在泰山之巅祭祀上天，然后威风凛凛地和众官员道："朕以渺小的身躯继承了至尊之位，从继位之初便兢兢业业，不敢有半分懈怠，幸得上天垂青，让我大汉一路顺畅。如今，匈奴之威胁已不在，南越、东越、西南夷皆已臣服，国内风调雨顺，正是天赐我大汉之时矣。所以，从今年开始，改年号为元封，本次巡行途经之地皆免历年来百姓所欠之赋税，并大赦天下，赐天下有爵者各增一级。"

封禅结束了，是不是该回去了？要知道，这次庞大的队伍出行了这么长时间，耗费的资金实在太多，再加上国中还有那么多的事情等着汉武帝去做。

当时大多数大臣都是这样想的。

可是汉武帝根本没有回去的意思。

汉武帝觉得，现在封禅已经完事儿了，该有的全都有了，神仙也应该出现了吧。

所以，汉武帝再次率领庞大的队伍东至海边，寻找传说中的遛狗老头。

可让汉武帝崩溃的是，哪怕是他举行了封禅大典，那个遛狗老头依然没有出现。

于是汉武帝便打算亲自率领船队渡海去寻找神仙。

大臣们一听汉武帝有这念想，一个个地都劝汉武帝赶紧回长安，国不可一日无君。

可汉武帝什么都不听，就是执意要出海寻找神仙。

就在众臣都没招了的时候，久未出现的东方朔站出来了。

一看东方朔出来了，汉武帝这心没由来就是一紧，然后冷冷地道："你这老小子要说什么？我告诉你，今日谁都不用劝！朕就是要出海找神仙！"

东方朔："陛下言重了，您看臣什么时候阻挡过陛下求仙了？"

汉武帝想想也是，便逐渐放松道："那你什么意思？"

东方朔："臣只是想提醒陛下，哪怕陛下这次出海找到神仙了，神仙也绝对不会搭理你。"

汉武帝怒道："你这乌鸦嘴，为什么这么说？"

东方朔："因为陛下一时糊涂，已经忘记了求仙的基本前提。"

汉武帝："什么基本前提？"

东方朔："凡成仙者，必出于机缘，纵观古今，从来没有一个人能够强求成仙的。当初的秦始皇心诚不诚？可最后求到神仙了吗？所以有缘人哪怕是走在大马路上神仙也会找到他，无缘的人哪怕是跑到神仙家里去也见不到神仙。而能让神仙寻找的，无一不是对国家、对人民有功绩的人。陛下现在已经做得很好了，如果不出意外，神仙早晚会驾临长安。可陛下这么一去，不知道什么时候才能再返回长安。那样的话，国家将会无人治理，使得大汉不能正常运转，老百姓也会因此而生活困苦。您认为，那样的话神仙还会来找您吗？"

汉武帝："这，这……"

东方朔："所以，陛下只要像以前一样，回到长安积极处理公务，不要懈怠，一直让百姓们安居乐业，那神仙早晚有一天会来长安寻找陛下的。"

这之后，汉武帝一点儿都不敢耽误，次日便动身返回长安了。

不过这次汉武帝所花费的金钱真是无法计数了，使得本来就不充裕的国库再次捉襟见肘。

如果这时候再遇到多年以前的大水灾，估计汉朝又要重复当年的事情了。而一旦发生灾害，朝廷又没钱可用的话，身为大司农的桑弘羊就一定要首当其冲担负责任。

可自从桑弘羊担任大司农以来，大搞垄断经济，平物价，该用的招数都用了，现在国家又缺钱了，这可怎么办呢？正道已无路，那就只有歪门邪道了。

于是，桑弘羊在无奈之下向汉武帝禀明，希望汉武帝批准，能在一定的时期内实行一个法度，此法度批准全国的小吏通过献给国家一定数额的粮食或者财物来换取一些官职（注：换取的官职不能是大官），民间犯罪被抓进监狱的人也可以通过此种方法来抵消自己的罪责。

汉武帝也知道自己花钱大手大脚的毛病，体谅桑弘羊的难处，便批准了他的这一奏请。

所以，只一年的时间，太仓和甘泉仓就全都储满了粮食，甚至连边塞地区的粮食都有剩余，国库中的金钱也急剧增多，汉朝再次富有了起来。

可与此同时，弊病也开始显现了出来。那些有钱人家的子弟全都成了某些小地方的长官，大肆受贿是肯定避免不了的。民间的一些穷凶极恶之徒开始放肆作恶了，反正自己有钱，就是被抓进去又能怎样，大不了花点儿钱就行。

所以，汉朝的治安在这一时间段开始出现严重衰退的现象，贪官的腐败之风也开始严重，甚至有的地方都已经有了小规模暴动的苗头。

此现象彻底激怒了太傅卜式，卜式便找到了汉武帝，痛说了桑弘羊此种政策就是祸国殃民，不杀难以平民愤，正巧这时候汉朝经历了一些干旱，所以卜式连干旱都扯出来了，说之所以会干旱，就是因为桑弘羊的政策所致。

那么卜式说得对不对呢？除了"天人感应"这一说法，他说得还真对，因为确实是因为执行了桑弘羊的政策才导致的汉朝治安下降，汉朝很多地方官的质量下降也确实是因为桑弘羊的政策。

可难道桑弘羊就是有罪的吗？恐怕也不一定，因为他确实也没有别的办法了。

所以，汉武帝并没有管卜式的上奏，这事儿直接就不了了之了。

但卜式和桑弘羊自然在这以后成了政治上的死敌。

同年，太史令司马谈去世，死时并不瞑目，因为他所著的《史记》只完成了一半，其子司马迁为了完成父亲的梦想，接过了《史记》，开始了他的写史之路。汉武帝感其孝心，封其为太史令，接替他父亲的官职。

3.12 朝鲜歼灭战

公元前109年四月，上一年桑弘羊最怕的事情来了！

这一年，黄河在瓠子（今河南省濮阳市北）决口，数以万计的百姓家破人亡。

汉武帝行动迅速，立即命汲仁和郭昌率数万正卒前往灾区赈灾，并赶工修补大坝。

可瓠子这地方从很久以前便是黄河经常决口的地方，怎么修都修不好。今年堵住了过后还是会塌陷。

而这一次汉朝虽然出动了庞大的队伍，但依然收效甚微。汉武帝大怒，亲自率领群臣至瓠子指挥修缮大坝。

并且，汉武帝到了大坝之后脱了衣服便要往河水里走。

此举把这些大臣给吓坏了，一个个地死谏汉武帝，让他爱惜身体。

也许是为了阻止汉武帝亲自下河，也许是真的被汉武帝感动了，也许是为了配合汉武帝的"表演"，这些王公大臣们竟然自发地组成了队伍帮助官兵们修缮大坝。

当然了，他们是不下河的，可也一个个背着修缮大坝的材料往河边送。

当朝皇帝竟然亲自来冒着风雨指挥修缮大坝，平时那些权倾朝野的长安权贵竟然在这一时间充当起了苦力的角色，还有谁敢不用心干活？于是，瓠子的百姓和官兵拼了命地修缮大坝。

最后，终于将这个祸害了百姓许久的大坝给修缮完毕了。

可是，就在瓠子大坝刚刚修缮完毕没过多长时间，朝鲜又和汉朝打起来了。

朝鲜，这个由燕人卫满创造的王朝历经两代人的努力一点点地发展壮大了起来，和汉朝的关系也一直不错，可当朝鲜传到卫满的孙子卫右渠手中的时候，大概是卫右渠感觉自己有实力了，能和汉朝叫板了，便以一种高姿态和汉朝外交，甚至禁止其他的藩国前往汉朝朝拜。原因很简单，它们只需要一个老大就够了。

那时候，汉武帝正在和匈奴全面战争，无暇顾及朝鲜。

可如今，匈奴和西羌都被汉武帝打跑了，南越、东越、西南夷全都臣服了，汉朝进入了一个空前强大的时期。

于是，汉武帝打算对朝鲜下手了。

最开始，汉武帝并没想要对朝鲜动武，因为汉武帝认为，现在的汉朝如此强大，四周部落蛮夷谁不臣服于汉朝？一个小小的朝鲜，只要派出一个使节也就搞定了。

基于此，汉武帝派出了涉何出使朝鲜，希望卫右渠能够臣服于大汉。

卫右渠现在确实没有以前那么嚣张了，因为汉朝实在是太强大了，可要他心甘情愿地臣服也不可能。所以，卫右渠拒不向汉朝称臣，但他也没得罪汉朝，而是对涉何好吃好住好招待，还让一个叫卫长的小王护送涉何返回长安。

这做得其实也挺低姿态了。可涉何不甘心，要知道这次汉武帝派自己到朝鲜是有任务的，如今任务没完成，就这样回长安去，那汉武帝会怎么对待自己？罚自己都是轻的，搞不好小命都容易交代了。

所以，不甘心的涉何在到达浿水以后，于一个夜晚同这名朝鲜小王喝酒，在酒席间同自己的车夫直接刺杀了小王，然后趁着夜色，拎着这个小王的人头便渡过浿水，逃回长安去了。

回到长安以后，涉何对自己本次出使大吹特吹，竟然说自己在朝鲜的宫殿之上直接杀了一名将军，卫右渠因为畏惧汉武帝的天威，根本就不敢动自己半根汗毛。

汉武帝信以为真，认为涉何为大汉朝长了脸面，便升其为辽东郡东部都尉。

辽东郡就是现在丹东一带，紧挨着朝鲜，而辽东郡以东就更加挨着朝鲜了。

这对卫右渠来说简直是赤裸裸的羞辱。

卫右渠因此大怒，派兵突袭了辽东郡，斩杀了涉何。

而身在长安的汉武帝闻讯大怒，乃出兵攻击朝鲜。

于是，汉、朝之战正式拉开序幕。

当时的汉、朝以浿水为分界线，而朝鲜东西又都是大海，再加上之前汉武帝水陆并进攻击东越的成功战例，使得卫右渠断定，本次汉朝攻击自己一定是水陆并进，乃将本国兵力以六、四分之，六成守都城王险（朝鲜平壤），四成守浿水以抵汉军。

而事实也确实不出卫右渠所料。汉武帝决定同朝鲜开战以后，立即命楼船将军杨仆统率五万齐国水军从之罘港出发，意图横渡大海，直扑王险，然后迅速控制制海权，封锁朝军海上要道，等待左将军荀彘的陆军到达以后一起对王险发动攻击。

陆军方面，汉武帝则命左将军荀彘为第一统帅，统领大约六万左右的燕代猛士出辽东，过浿水，然后和杨仆的水军会师王险，对其发动攻势。

汉武帝，这个战略大师，每每布置战略都是那么完美大胆。这次同样不例外，如果杨仆和荀彘能按照汉武帝部署的战略方针行事，那么战局大概率是碾压式的。

可是，楼船将军杨仆和汉武帝想的却不一样。

杨仆认为，卫右渠根本不会想到汉朝会从水路进攻，所以其主力大军一定都在浿水防着汉朝陆军，使得王险城兵力空虚。如果这时候我汉朝水军对王险城发动突然袭击的话，王险城一定会在第一时间陷落。

而都城一落，身在前方的朝军定然军心大乱，到时候自己再和荀彘前后夹击，朝鲜便可一举而定，而那时候的功劳……

想到这儿，杨仆美滋滋地，便令船队急速行进，抵达列口（韩国珍南浦境内的河口）以后迅速登陆，然后命主力大军在后跟进，自己则亲领七千骑兵狂奔至王险，随即展开进攻。

可战着战着，正在攻城的杨仆感觉不对劲儿了。

正在守城的卫右渠也感觉不对劲儿了。

杨仆本以为守王险的人很少，可攻城以后才发现，这怎么满城全都是朝鲜兵呢？

卫右渠本以为汉朝会出动最少十万大军来攻打他，可这怎么才来七千呢？

所以，当杨仆发现事情不对以后立即命大军停止攻城，打算率军后撤以后和主力会师，再行汉武帝之部署。

可王险四周平坦，根本没有藏伏兵之地，汉军急匆匆地攻了一遍城以后又急匆匆地撤退了，这说明什么？说明此汉军必定是错估了王险的实力。

所以，卫右渠当机立断，即刻命一将军率领王险城中全部家当攻杀这七千汉军。

王险城中大概有多少士兵史料上没有记载，可整个朝鲜发展了这么多年，估计最少也有个十万士兵吧？所以，王险城中的士兵数绝对不低于六万！

六万对七千，还都是水军，并且是急来急去的疲惫之师，所以此战毫无悬念。

杨仆的部队被迅速冲散，后路亦被朝鲜骑兵断去。

无奈，杨仆只能率心腹部队逃往山中布防，然后一边防守一边收拾散卒。

而朝军方面在打退了杨仆所部以后，通过逼供汉军俘虏得知，本次败退山中的就是汉水军主帅杨仆，便大为兴奋，立即向卫右渠报告，寻求下一步作战方略。

现在摆在朝军面前有两条路。

第一条，立即攻山，争取在汉军主力部队开过来之前杀死杨仆！那样的话，汉水军没有节度之人，必定大溃！

第二条，不管山中杨仆，而是率军直扑汉军主力部队。因为汉水军现在没有统帅指挥，各部不能协调统一，一旦遇到突然攻势，定然溃败！

而不管选择哪一条，都是对朝军有利的。

那卫右渠思索再三以后毅然决定选择第二条战略，因为汉军的守备能力天下第一（得益于汉朝弓弩的强劲和甲胄的坚实），如果在短时间内无法杀死杨仆，等汉军主力部队一来，那朝军就会陷入被前后夹击的窘境。

而这一次，卫右渠再次算中了。因为杨仆不在军中，所以遇到朝军的突然攻击以后汉军立即陷入了恐慌，进而被朝鲜骑兵冲得四散溃逃。

不过朝鲜骑兵很明显没有匈奴骑兵的骑射和追击能力，所以汉军主力虽然损失惨重，但一大半都成功逃脱了敌军的追击。

杨仆闻讯以后迅速派出斥候下山联络溃散散卒，让他们全部到自己所在的大山中集合。

之后集合完毕（粗略估计，那时的杨仆所部应该还有三万人左右），杨仆继续在大山周围架设防御壁垒，等待荀彘救援。

而朝鲜军队则将大山团团围住，意图困死杨仆所部，两军就这样僵持起来。

再来看朝鲜西北战线汉陆军的战报。

话说荀彘集结完士兵以后，没有片刻耽搁，直奔浿水而去。因为部队人数众多，所以前、中、后三军之间隔有数十里之多。

按说，前锋部队到达浿水岸边以后，应该立即整顿布防，等主力大军到达以后再一齐攻击对岸的朝军。可汉军前锋所部为辽东军团，统帅为辽东本土人——多。

荀彘没有带过这个多，多也不知道荀彘治军如何，再加上辽东人长处边境，多有战事，自以为战阵经验丰富，轻视朝军。

所以，为了求得首功，这个叫多的将领不等大军集结便率领本部兵马强攻浿水对岸的朝军。

结果因为兵力相差悬殊，再加上朝军在岸边布防，占据绝对地利，所以汉前锋部队遭受到严重挫败，遂撤兵而回。

首战便告负，这对汉军的士气无疑是一大打击。荀彘闻讯大怒，待主力部队到达以后直接将多斩杀，以正军纪。

之后，荀彘再次规整大军，对浿水对岸的朝军展开了猛烈的攻击。

可一是因为之前多的惨败导致了汉军士气受损，朝军士气大胜；二是因为汉军人数不占优势；三是因为朝军占据有利地形，只防守，不进攻。

综合以上，荀彘虽进攻多次，但依然无法"抢滩登陆"成功，士卒反倒是折损了不少。

无奈，荀彘只能改攻为守，和朝军僵持了起来。

海、陆两线受挫，这使得汉武帝大为恼火，同时也开始重新评估了朝鲜军队的战斗力，遂命卫山统五万步兵增员荀彘的陆军，然后借着兵威之势出使朝鲜，让卫右渠赶紧投降。

卫山将部队交给了荀彘以后，立即奔赴王险城，并传达了汉武帝的意思。

本以为极为强势的卫右渠根本连搭理都不会搭理自己，可没想到，卫右渠听完以后竟然小跑过来，哐当一下给自己跪下了，然后以极为恭敬的态度道："尊敬的大汉使臣，请原谅小王的无知。我一开始以为荀彘和杨仆两位将军是想置我于死地，这才拼命抵抗。可如今见到了大汉皇帝的符节，这才断定汉朝是真心接受我的投降。所以，我愿意投降，并为大汉贡献五千匹战马，派我的太子前往长安侍奉汉皇，并给现在在山中的杨仆将军送上军粮。"

因为此时的朝鲜军连战连捷，士气正旺，所以根本不会这么轻易便投降汉朝，哪怕是投降，也绝对不会如此谦卑！各种苛刻的条件那是少不了的。

所以卫右渠此举让卫山极为震惊，并有一种极其强烈的不真实感。而次日，这种不真实感越来越强了。为什么呢？因为卫右渠竟然要派一万多名朝鲜士兵护送朝鲜太子渡过浿水。

这是要干什么？如果这一万多朝鲜士兵在渡过浿水以后直接对汉军进行突击，那汉军定然会发生混乱，到时候浿水对岸的朝军士兵再来一个两面夹击，汉军必定玩儿完。

所以，当即将渡河的时候，卫山犹豫了，没有让朝鲜军队渡河，而是自己先渡过浿水，找荀彘商议对策去了。

那荀彘一听卫右渠如此布置，断定这是一场惊天阴谋，说什么都不答应让那一万朝鲜人渡过浿水，除非他们在渡水以前将所有的兵器全都扔掉，抑或只让朝鲜太子一个人渡水，这样才能接受。

卫山感觉荀彘说的不无道理，便依言而行，找朝鲜太子商议去了。

而事实也确如卫山和荀彘所料，朝鲜这次的行动十有八九是"醉翁之意不在酒"，所以当朝鲜太子听闻卫山的要求后，什么都没说，转头便令军队回去了。

无奈，卫山只能来也空空、去也空空地回到长安向汉武帝报告。

汉武帝听闻此事以后大怒！因为汉武帝认为，现在汉军差就差在地利，如果能让朝鲜军队主动攻击的话，那无疑会大胜！

所以，卫山应该将计就计，让汉陆军在营中做好战斗准备，一旦朝军发难，直接便在营中给他们吃掉。

而一旦两军一交手，河对岸的朝军必定倾巢而出，那时候他们没有地利，和汉军在野决战无疑是死路一条。

可卫山竟然这样老老实实地撤回来了，这怎能不让汉武帝大动肝火？所以，汉武帝直接斩杀了卫山，然后迅速下令荀彘，让他抓紧执行攻击任务，再拖拖拉拉的，那就提着自己的脑袋回来吧！

见此，荀彘哪里还敢再拖，便领三军拼命地攻击浿水对岸的朝鲜军队。

如今，得到了武帝援军的汉朝陆军人数占了优势，声势大振。所以，一波接一波的攻击如同潮水一般连绵不绝。

最终，朝军无法顶住汉军的攻势，转而退回王险城坚壁清野。荀彘则率军紧随其后，兵峰直逼王险城。

那边围困杨仆的朝军听闻西北线战事不利，也在此时退回了王险城，同另外一部朝军共守之。

杨仆见敌军撤退，料定荀彘的陆军必临王险城，也率部前往王险城与荀彘会师。

至此，两军终于成功会师，那后面的战争是不是就会如同"一马平川"般顺利呢？

答案是，不是。

现在的水军刚刚经历失败，正是需要鼓励之时。可当水军和陆军成功会师以后，陆军却是用无比鄙视的眼神来对待水军，更有甚者当众叫骂，使得水军连头都不好意思抬。

士兵之间的矛盾咱先按下不表，杨仆和荀彘两个主帅之间也在此时发生了矛盾。

杨仆认为，现在汉军连战连捷，士气极盛，朝鲜内部的主降派必占大多，如果此时派遣使者招降，朝鲜必不战而定。

可荀彘的想法恰恰同杨仆截然相反。

荀彘认为，既然汉武帝已经明确下令强攻，那必须要一攻到底。再说，如朝鲜这等边地之蛮基本都是一些反复无常的小人，如若他那边答应投降你，等你走了以后再行反叛怎么办？那时候战机不就全没了吗？

基于此，两位将军各自坚持自己的办法，谁都不让谁，闹得非常不愉快。最终，还是荀彘"战胜"了杨仆（一是兵多；二是手中有汉武帝的诏令），决意强攻王险城。

荀彘的主力大军攻击王险的西北方向，而杨仆的水军则攻击王险南门。

可因为水军士气极低，再加上杨仆心中有气，所以表面上虽然答应和荀彘一起攻击王险，实际上却是消极怠工，往往只冲杀一阵便退回来了。

荀彘的主力大军见水军如此德行，也不好好攻城了。

整个王险城的攻略行动过去一个来月也没有丝毫的进展。而身在王险城中的卫右渠也看出了汉军两将失和的状态，乃采取反间之计，不停派出使者前往杨仆处，向杨仆表达了愿意投降汉朝的意愿，可又不知道用了什么办法，一直拖延，不停地拖延。

而此时的荀彘也发现了卫右渠派往杨仆处的那些使者，料定卫右渠是想向杨仆投降了。而卫右渠一旦投降杨仆，那所有的功劳不就全都被杨仆抢去了吗？他荀彘最后还能捞得着什么？

所以，荀彘为了和杨仆抢夺功劳，同样派出了使者前往王险城中，希望卫右渠可以向汉廷投降，这样的话他立即便将大军撤走。

岂料此举正中卫右渠下怀，他和荀彘的使者道："尊敬的使者啊，其实我也是想投降左将军的，可现在我们朝廷内部出现了分歧，我的大臣们全都让我向楼船将军投降，而我是想向左将军投降的，所以事情一直无法敲定，还请贵使回去禀告左将军，让他再给我一些时间，我一定会将我的大臣们劝服的。"

就这样，卫右渠成功地拖延了汉军攻击王险城的时间，也成功令荀彘和杨仆的关系进一步恶化。

眼看着朝鲜左一天打不下来右一天打不下来，汉武帝可真是看在眼里急在心中。无他，那都是钱哪！那都是大汉朝的粮食啊！十多万的军队，不算维护甲胄兵器所需要的钱财数目，光说军粮那也是一笔天文数字了。可这俩人倒是好，直接待在王险城不动弹了。汉武帝气得直想把这俩人给换下去，但临阵换将乃是兵家大忌，汉武帝深谙此道，所以不能在这时候换将，只能想办法让二人放下成见，协调统一，赶紧拿下王险城了事。所以，汉武帝命济南太守公孙遂前往王险城，充当朝廷特使，让这两个意见不合的将军赶紧攻击王险城。

结果，那边公孙遂刚刚抵达王险城，荀彘便跑来进谗言了。

他对公孙遂道："大人，您可听我说，其实这王险城早就该拿下来了，之所以到现在都没有进展，那全是因为楼船将军不肯和我协调统一，经常延误攻城时机，导致我军进取之心匮乏，一直到现在都拿不下王险城。并且，朝鲜王卫右渠经常派遣使者前往杨仆处，末将怀疑，俩人已经达成了某些不可告人的秘密，只等我大军进行攻城活动的时候便要对我汉军进行包夹之策啊。"

杨仆会反吗？当然不会，因为现在汉廷的军队已经占据了绝对的优势，王险城早晚都会被攻破，杨仆根本犯不着在这种时候反叛汉朝，再加上杨仆在汉朝声望非常高，一家老小也都在中原，他一旦投降，一家老小毫无疑问地要被斩杀。试问杨仆怎么可能自弃锦绣前程，而将一家老小都送往屠刀之下呢？所以说，杨仆是不会谋反的。

可不知道是荀彘的口才太过了得还是公孙遂的思想太过简单，他竟然信了，并且深信不疑！

于是，公孙遂以大汉特使，三军总指挥的身份召杨仆前来中军大帐商议军务。

杨仆根本就没想过投降，也没想到一个刚刚上任的"统帅"会抓自己，所以不疑有他，直接便去中军大帐拜会公孙遂了。

可杨仆刚刚进入中军大帐，一旁两个刀斧手便将杨仆擒住，直接囚禁起来。

紧接着，公孙遂吞并了杨仆所部水军，都交给荀彘指挥，命其立即率军攻击王险城。

公孙遂自以为把活儿干得漂亮，谁料汉武帝那边得到前方战况以后极为惊恐，竟在第一时间遣人往前线直接斩杀了公孙遂。

那汉武帝为什么要斩杀公孙遂呢？

原来，汉武帝起初的目的是想让公孙遂起到鼓舞推动的作用，使荀彘和杨仆能够协调统一，一鼓作气拿下王险。

岂料公孙遂耳根子软，竟然听信荀彘的谗言，将杨仆给抓了起来。

要知道，杨仆手下的水军可都是跟随他多年的心腹之士，一旦抓住杨仆，势必会让他们产生恐惧的心理。那样的话，轻则可能在战场中不尽力杀敌，中则可能临战即溃，重则可能投敌叛变。

所以，汉武帝立即命人前往前线斩杀公孙遂以安定军心，并向水军保证，绝不让他们担任"炮灰"的角色。

那汉武帝猜想的正确不正确呢？事实确实如同汉武帝所猜想。在公孙遂囚禁了杨仆以后，汉朝水军上下大为惊恐，恐怕荀彘拿他们充当炮灰，所以一齐商议，只要攻城的时候荀彘让他们担任炮灰的角色，他们就直接临阵脱逃。

汉武帝斩杀公孙遂以后，水军军心大定，这才没有了其他的想法。（注：

当时汉朝军队正在大批量制造攻城器械，打算一举攻下王险城，所以没有立即进攻，并且，既然杨仆已经被囚禁，为避免二人继续相互牵制，汉武帝就没将杨仆放出来）

又过了几个月，各种攻城器械准备完毕，荀彘遂命三军从西北和南方共同对王险城发动了攻击。

而事实证明，当时的大汉，只要士兵能够一致对外，那没有任何一个势力会是他们的对手。

果然，面对汉军潮水一般的连番攻势，守城的朝军逐渐陷入了劣势。而眼看王险城就要不保，城内的一些大臣坐不住了。以路人、韩陶、尼溪等实权派大臣为首的主降派连连劝谏卫右渠，让他赶紧向汉军投降，不然最终的结果就是以卵击石。

可卫右渠这等强势至极的君主怎么可能向汉朝投降呢？所以他断然拒绝了主降派的劝谏，誓和王险城共存亡。

英雄！真英雄！可有人不想当英雄，哪怕是做一个"狗熊"也无所谓，只要能活着就好。

这几个"狗熊"不是别人，便是上面提到的三人了。

三人一合计，王险城早晚会被攻破，到时候大家全要跟着死，不如赶紧逃出王险城，前往汉军军营投降，相信凭他们几个人在朝鲜的势力，最后一定会被汉朝重用，最差也能做一个侯爷啥的。

路人和韩陶都认为这个建议靠谱，只有尼溪不这么看。因为尼溪不甘心后半辈子只做一个富家翁，他要立功，他要得到汉朝的重用！

所以，尼溪没有和路人他们两个逃往汉军军营，而是派遣刺客在一个月黑风高的夜里弄死了卫右渠，然后割下了他的头颅，带着卫右渠的头颅投降了汉军。

见了卫右渠的人头，荀彘别提多高兴了，因为卫右渠一死，王险城中必定混乱恐慌，到时候定可一举拿下，甚至有很大的可能还会不战而胜。

于是，荀彘在军营之中等啊等，等待着王险城的恐慌，或者主动投降。可等了多日，王险城没有半点动静，一切都和平常一般。

荀彘疑惑，便遣人偷偷潜入王险城探查消息。

原来，在卫右渠被杀死以后，那些朝中的主战派大臣们秘不发丧，并在第一时间将主降派牢牢控制住，使得消息没有半分泄露，王险城中的士兵和百姓并不知道统治者已经被暗杀了，所以还在抵抗着。

荀彘在得知事情的原因以后第一时间将卫右渠的人头挂在了巢车之上，并派遣军队护送之前投降汉廷的朝鲜大官们，让他们在城楼之下叫喊，告诉王险城的士兵们卫右渠已死的消息。

结果，此消息在汉军有意的宣传下席卷了王险城。

如今大王都已经死了，我们还抵抗什么，都是华夏的种（卫满是纯种的燕人），谁管谁还不一样。

抱着此种心情，城中的士兵和百姓们扔掉了手中的工具，开城门投降了汉军。

国王死了，国都丢了，国王的儿子和众多大臣们还有朝鲜的主力部队全都投降了汉朝，卫氏朝鲜和汉朝又是同根同种。在这种情况下，朝鲜其他的地方还能抵抗吗？还会抵抗吗？答案当然是不会。

于是，整个朝鲜在王险城陷落没有多久便全都无条件投降了。

这之后，汉武帝在朝鲜设立了真番郡（今辽宁省抚顺市新宾满族自治县一带）、玄菟郡（今朝鲜东北部）、乐浪郡（今朝鲜平壤一带）和临屯郡（具体位置已失考，据分析应该在如今朝鲜的东部地区）。

卫氏朝鲜，这个从卫满到卫右渠，历经三代的王朝就这样覆灭了。

再一次获得了开拓性的大胜，汉武帝是不是要如同之前一样大赏各位将军了呢？

不但没有赏赐他们，反倒是一连串的处罚，让汉朝军界的各个大佬从此对汉武帝更加畏惧。

首先，三军统帅荀彘，因为争功而陷害杨仆，险些耽误了大事！所以汉武帝下令，直接弃市斩首！不准花钱赎罪。

其次，楼船将军杨仆，为了争功，不等左将军的部队到位就先行对王险城发动攻势，以致后续部队接连遭受重创，严重贻误了整个战事的时机。所以，将杨仆打入死牢，以待秋后问斩（后，杨仆花钱赎罪，被贬为庶人，终生没有再被录用）。

3.13　灭楼兰，破姑师

匈奴残了，西羌跑了，东越灭了，南越平了，西南夷服了，朝鲜收了。这四面八方的势力全都被汉武帝挨个打了一遍，那边朝鲜战役还没打完呢，汉武帝又把手伸向西边了。

要说这事儿，还得再将时间往前推一推。

话说因为张骞的关系，大汉朝和西域各国都十分友好，可等张骞死去以后，这一切都变了味道。因为西域各国距离汉朝都非常远，外加要越过大漠，跟西天取经也差不多了，所以朝中官员很少有想要充当使者前往西域的。但国家邦交你又不能弃之不顾，所以汉武帝便不问出身，征召天下有志之士代表汉朝出使西域。

汉武帝认为汉朝每一名百姓都拥有很高的素质，可事实真的是这样吗？答案当然是不。

这些所谓的高素质百姓或者低级官吏在出使西域的过程中，不断在西域各国市场卖掉本应该献给各国的外交物资，以充实自己的腰包，只给各国献上不到原本四分之一的物资（保守估计），这让西域各国十分痛恨汉朝的使者，使得这些国家和汉朝之间的关系急剧恶化，当初张骞好不容易建立的外交圈被这些狼心狗肺的家伙毁于一旦。

最后，西域各国不再接待汉使，有的国家甚至还出兵攻击抢夺汉使的资源。这便是楼兰和姑师了。

这两个国家都是边境小国，每个国家的总兵力都不超过三千，武器装备更是无法和汉朝相提并论，那么他们为什么就敢和汉朝叫嚣呢？

原因很简单，一是汉朝的使者实在是可恶到让人无法容忍；二是背后有匈奴人给他们撑腰。

先说第一点。

因为楼兰和姑师都是小国，所以汉朝本来给他们的物资就非常少，再加上这些可恶的汉使中饱私囊，所以献给楼兰和姑师的物资简直等于没有！这还不算，这些汉使大爷极为嚣张，仗着后面有汉朝这个庞然大物给他们撑腰，竟然在这些小国境内胡吃海喝，还索要本国漂亮姑娘"陪酒"。

单说楼兰这个国家，一共有户五百七，口一万四千一百，兵两千九百一十二，怎么能受得了如此折腾？这要是一批两批汉使也就算了，关键是这些汉使络绎不绝，一年就能有将近十批汉使路过楼兰，这不是要了楼兰人的命吗？

所以，最恨汉使的，绝对是楼兰和姑师这种处于交通要道的小国了。

再说第二点。

现在的匈奴虽然被汉朝赶到大漠以北了，不过烂船还有三斤钉，瘦死的骆驼比马大。楼兰、姑师等国又距离匈奴很近，所以时常受到匈奴人的欺负。

当时的匈奴为了阻止汉朝进一步强大，改变了原有的大集团军决战方略，不停派出游散骑兵出没于河西走廊四处，靠抢劫汉使团为生，并威胁楼兰和姑师，让他们和自己一起抢劫汉使者团。

楼兰和姑师本来就憎恨汉朝，再加上畏惧匈奴的淫威，便答应了匈奴人的要求，从这时候便开始派兵沿路抢劫汉朝使团。

汉武帝闻讯大怒，立即整顿兵马，分兵两路攻击匈奴的游击骑兵。

第一路主师为浮沮将军公孙贺，统一万五千骑兵出五原，打击浮沮井（今蒙古国乌兰巴托西南地区）一带的匈奴游骑兵。

第二路为匈河将军赵破奴，率一万余骑兵出令居（今甘肃省武威市民勤县），打击匈河一带（今蒙古国翁金河）的游骑兵。

可匈奴人最强的是什么？那就是机动能力和鸟兽四散的战略方针。

这些匈奴人一听汉朝军队来了，直接便撤退回王庭了，根本不和汉朝军队过招。所以，公孙贺虽然在攻击目标附近一直游走，但根本就见不到匈奴人半个人影，便只能班师回朝。

赵破奴同样没有抓到匈奴人的部队，但他没有像公孙贺一样直接班师回朝，而是率众向西深入，改打击目标为西域各国。

首先，为了有效地震慑这些国家，赵破奴有意彰显汉朝的强大战斗力，乃从军中挑选出七百名最精锐的战士，给他们统一配备精致鱼鳞战甲，以王恢为前锋统帅，先行攻击楼兰和姑师。

本次战斗史书上没有记载，汉军到底打的是攻坚战还是野战也不得而知，只说楼兰根本不是汉军一合之敌，没战多长时间楼兰王就被汉军所生擒。

之后王恢兵不卸甲，率兵直奔姑师，同样没多长时间便将姑师打得狼狈逃窜。

姑师国王深恐汉军强大卓绝的战斗力，赶紧向汉军提出投降请求。

只七百士卒便连破两个国家，此战绩让西域各国极为震恐，大宛、乌孙等国赶紧在汉军西进以前遣使往长安，向汉武帝道歉认错，并承诺以后绝对不会再亏待汉朝使臣，赵破奴这才班师回朝。

赵破奴回朝以后，汉武帝直接封其为浞野侯，另封王恢为浩侯，并释放了楼兰王，同时也给予警告，告诉他如果再让楼兰士兵攻击汉朝，那楼兰就将不复存在了。

楼兰王千恩万谢汉武帝，之后便回去了，可楼兰以后真的不敢再和汉朝叫嚣了吗？这事儿以后再说。

好了，现在楼兰王和姑师王也已经被打服了，但河西走廊就真的再无危险了吗？不要忘了，漠北的匈奴还在用他如狼一般阴冷的双眼盯着汉朝呢。

为防止匈奴的游散骑兵继续骚扰河西走廊，汉武帝乃于酒泉、敦煌、张掖一带设置警戒线，并多建军事堡垒，还从江湖之中挑选出五千名最身强力壮的年轻侠客前往这一带驻扎，意图防止匈奴的骚扰。

可问题又来了，这些江湖中人虽然近战肉搏能力超强，骑术也不错，可他们根本就不会骑射。要知道，想要在小局域作战中歼灭匈奴人，就一定要有强大的骑射功夫，最起码要能做到在奔驰中向前射击才能占据主动。

所以，让谁做他们的统帅就成了汉武帝最头痛的问题。

最后，汉武帝终于选好了一个英气勃发的年轻人来做这些人的统帅，他的名字便是李陵。

李陵，李广长孙，全得李广射术之真传，不管在马下还是马上的射箭功夫都是天下第一，胆略和军事才能更胜李广，曾独自带八百骑士深入匈奴两千余里探察地形。

汉武帝觉着这小子非常有其祖父的风范，还能隐隐约约地在他身上看到些霍去病的影子，便让他统率这五千特种兵驻扎在酒泉、张掖和敦煌之间。

而李陵也确实没有让汉武帝失望。他到了驻扎地以后，将五千人聚在一起，每日都教他们马下步弓射击法以及马上骑弓射击法，这五千勇士在很短的时间内便成了远近具精的特种部队，河西走廊也在李陵的坚守下安然无事，匈奴人根本不敢进犯。

看样子，照着这种节奏发展下去，李陵是要被重用了。

不过这是后话，我们以后再说，还是先将目光转回到汉武帝那边。

第四章

粉饰太平

4.1 畜生

现在，四面八方所有的势力都不敢再跟汉朝闹事了。

现在，汉朝的版图向东已经占据整个朝鲜半岛，向西也已经扩张到如今的新疆东部地区。

现在，汉武帝之功绩较秦始皇也是有过之而无不及。

于是，闲不住的汉武帝又开始琢磨着找神仙了。

公元前109年四月，公孙卿和汉武帝说："启禀陛下，凡是神仙没有一个不喜欢在楼中居住，越是华丽的阁楼越能吸引神仙前来，何不修缮华丽阁楼，以请仙入住？"

汉武帝对公孙卿之言深信不疑，便开始在长安大修仙观。什么桂观、寿观、延寿观等全都是在这一年兴造的。

此外，为了向神仙表示自己的诚意，汉武帝又修通天台。

此台的繁华程度和高度虽然史书无载，但靠想象也绝对差不了，其台下之祭祀法器也都是黄金香玉，好一个极尽奢侈。

并且，汉武帝还对各处宫殿进行大范围装修，使得这些宫殿更加金碧辉煌。

综合以上，汉武帝本年为请神仙所花的钱数依然要以亿来计数。

同年，汉武帝以杜周为新任廷尉。

杜周，南阳杜衍县人，办事和张汤一样，干脆利落，且才能出众，在为南阳郡太守助理之时就显示出了相当的才能。后被南阳太守推荐给了张汤。

因为杜周和张汤属于同一类人，所以张汤非常赏识他，便任命其为廷尉史，派遣他到地方协助官员办处疑难大案。

杜周所到之地，都能很快地将积压多年的大案办完，并且办理的结果没有一次不符合汉武帝的心意。

于是，当廷尉史没多长时间杜周就被升为中丞。

等到张汤死后，下一任廷尉也卸任了，汉武帝便用杜周为新任廷尉。而杜周呢，他深知当初汉武帝本不愿杀掉张汤，心中一直存在悔意，便凡事都学习张汤。

他在廷尉任上也和当初的张汤一样，每到汇报大案的时候都观察皇帝的表情和倾听皇帝的语气。对于汉武帝想要杀死的，他就会用尽一切办法来弄死他。对于皇帝想要宽恕的，他就用各种"证据"为此人开脱。

杜周的一个门客对其办案的态度十分不喜，便和杜周道："大人，您身为九卿之一，办理大案不按照法律条文来执行，却只专门按照陛下的意思来办，您觉得这样做对吗？"

杜周微微一笑，反问道："什么叫法律？法律为什么会被创造出来？"

门客："法律是制约那些不法之徒的手段，是维护天下安定最重要的……"

杜周打断："只要是皇帝说的，那都是法！而皇帝不赞同的，你就是说得再天花乱坠，那也是无稽之谈！"

自从杜周担任汉朝廷尉以后，所作所为较张汤也是有过之而无不及。就说当年内，那杜周上任以后大抓特抓反腐，汉朝超过及包括两千石官员被关押就有一百多人，中大型案件更是不少于一千起，所牵连的各级官员竟然超过一万人！

几年以后，在监狱中被关押的罪犯人数更是达到了十万人！自从杜周担任廷尉以后，全国的大小官员不敢再轻易受贿贪污，全国的百姓也不敢再轻易犯罪，汉朝人对于法律极为畏惧，但凡看到抓人的官吏，不管是犯罪的还是没犯罪的都吓得一身冷汗。

杜周所作所为到底是对还是错，这个我就不评价了，每个人心中都有一杆秤，大家自行评判吧。

时光飞逝，一年很快就过去了，转眼到了公元前108年（元封三年）。

这一年，武都羌反汉，但是被汉廷很快平定，汉武帝将这些少数民族全都分批迁徙到了酒泉郡，让他们和汉人杂居，最后一点一点地同化。

还是这一年，继刘建自杀以后，第二个诸侯王刘端也告别了人世，汉武帝因此将其封地回收到汉朝境内，是为胶西郡。

那刘建和刘端究竟怎么回事儿呢？我们一个一个来说。

首先，先说刘建。

刘建，为汉景帝之孙，汉武帝之侄，其父为刘非。

因为刘非在七国之乱中立有功劳，还因为吴地在当时属于天下大富之地，所以汉景帝便封刘非为江都王，管理吴地大部。

后来，刘非去世，太子刘建便继承了江都王的位置。

当初刘建还是太子的时候，有一个叫梁蚡的为了谋求富贵，打算带一个绝世美女献给刘非。

可还没等献上去，刘建不知道通过什么途径得知了这个事儿，便在中途就把这个美女给截了。

要说这梁蚡也是个死脑筋，因为不管是江都王还是太子得了这个女人，等待他的都将是荣华富贵。可梁蚡就认准了江都王，根本不拿刘建这个太子当回事儿，不但不准刘建"截胡"，还大声喊着"儿子要抢老子的女人"。

这刘建能饶得了他吗？于是直接将这个"不知死活"的梁蚡给杀了。

之后，刘非死去，刘建继承了王位，可还没等自己的老爹下葬呢，他便将老爹的十多个爱妾全都霸占了，然后日日行乐。

不仅如此，刘建还在自己的亲妹妹回来给他爹吊丧的时候趁机占有了她。

那刘建有一个同父异母的弟弟名叫刘定国，很想继承江都王的位置，便遣人往长安将刘建的各种淫乱之事报告给了汉武帝，请求汉武帝撤掉刘建。

可汉武帝却没有这样做。因为江都之地极为繁华，汉武帝原本就想直辖此地，正愁没有借口收回来呢。而如今的江都王赶上刘建这么一号人物，那早晚都会闯出大乱子，所以汉武帝才不会换掉刘建，而是学习自己的爷爷，等刘建闯出了弥天大祸再一举将江都国收回国有。

而刘建呢？果然没让汉武帝失望。

自刘建继承了江都王以后，不仅自己老爹的媳妇们，江都民间的美女也没有一个能够逃得出他的魔爪。

可随着"接触"的女人逐渐增多，刘建已经无法满足了，便想弄些新奇的玩法。

一次，刘建游章台官，让四个爱妾给他划船，他则坐在中间享受。

可等船划到湖中间以后，刘建却慢慢脱去了衣服，然后突然站起来，用脚狠狠地来回摇晃，进而踩翻了小船。

因为刘建本人水性就特别好，所以游到岸边对他来说简直就是小菜一碟。

但那四个爱妾只有两个会点儿水，剩下的两个完全就是"旱鸭子"。

结果，两个会水的爱妾拼命游回了岸，剩下的两个则全都淹死在湖中。

这下子刘建可开心了，他发现，原来看着别人淹死是这么好玩儿的一件事。

于是，又在某一天，狂风大作，刘建突发奇想，带领队伍前往雷波巡游。

因为当天的风特别大，雷波附近的江水掀起了滔天巨浪。刘建当即命令两个护卫驾驶小船划到对岸去。

面对波涛汹涌的江水，两个护卫吓得连连摇头。

可看着眼神逐渐变阴冷的刘建，这两个护卫不自觉地打了个哆嗦。因为进入江水，兴许还有百分之一的可能划到对岸，但要是得罪刘建，那自己百分之百就要去见阎王了，并且凭借刘建的残暴，不一定拿出什么手段来对付他们呢。

所以二人经过一番激烈的思想斗争以后，毅然决然地划着小船入江了。

结果，小船在入江没多久便被一个巨大的浪花拍翻，那两个护卫也是有了心理准备，所以急忙抓住了翻船的边缘死死不放手，希望最后能捡回一条命。

看着在波涛汹涌中若隐若现的两个人，刘建开心得哈哈大笑，觉得这事儿有意思极了。

最后，两个人全死于江水之中。

可刘建发现，这次虽然还是很好玩儿，但明显没有上一次有意思。

于是，刘建又发明出了很多能玩儿死人的变态游戏。

刘建的淫乱、暴虐，使得官中之人对他忍无可忍，便成群结队地前往长安告状。

那时候张汤为廷尉，虽然按照汉武帝的意愿没有治刘建的罪，但派往调查的使者也是少不了的。

可刘建呢？依然没有任何反省的意思，反倒是嚣张地道："汉朝使者最好别来找我的麻烦，不然我和他一起去死。"

后来淮南王刘安意图谋反，刘建也在这时候扩张军事编制，绘制天下地形图，并和南方的多部少数民族勾结，其意图不言自明。

再后来，未来得及行动的淮南王没等造反便被平灭，可刘建依然不改往日做派，反而变本加厉，甚至连出行的仪仗规格都和汉武帝一模一样。

汉武帝感觉时机到了，便派丞相长史往江都调查刘建的所作所为。

其实也没什么可调查的，刘建的罪状微微一取证就能查得清清楚楚。

最后，丞相长史不但查出了刘建的种种罪责，还搜出了各种兵器、玉玺、绶带、节鞭、军事地形图等造反用具。

汉武帝为了不给人留下话柄，还召集了所有在京大员，和他们共同讨论如何处置刘建。

结果，满朝文武全都异口同声地要处死刘建。

于是，汉武帝"顺应天下民意"，准备逮捕刘建后处死。

最后，刘建畏罪自杀，汉武帝直接收了江都国，改此地为汉朝一郡——广陵郡。

我们再说刘端。

刘端，汉景帝之子，是汉武帝同父异母的哥哥。

刘端这人虽阴险变态，但从小对汉武帝特别好，凡事都要照顾汉武帝。

因此，汉武帝的这些皇兄弟中，他和刘端的感情是相当不错的。

刘端当初被汉景帝封到胶西以后还很老实，可等汉景帝崩，汉武帝继位以后便开始露出了本性。

因为生理上的缺陷，刘端无法亲近女色，生理上得不到释放，就导致了很大的心理问题。

于是，刘端经常施暴政，以此来满足自己无法被满足的内心。国内有很多人无法忍受刘端的暴虐，便前往长安状告刘端，可汉武帝对刘端的感情非常深，不忍处罚刘端，这便使得刘端变本加厉。前往长安告状的人也越来越多。

汉武帝最后扛不住舆论的压力，终于削去了胶西国大半封地，以此来惩罚刘端。

可刘端反而因为汉武帝的"过河拆桥"大怒，直接撂挑子了。

他不准国中官吏再收百姓的赋税，也不给中央上税了。

胶西国相来劝他，他就会想办法搜罗国相的罪证，把他弄走。

对于没有把柄的，刘端直接毒杀了事。

因此，在当时，胶西国王杀死的国相是最多的。

但哪怕是这样，汉武帝依然没有处罚刘端，而是不停地忍、不停地袒护。

最后，到了公元前108年（一说前107年），刘端终于老死了，由于膝下无子，所以汉武帝收回了胶西国，将此地改为胶西郡。

4.2 此时汉匈

说完了刘建和刘端，我们再来看看现在的汉朝和匈奴之间的关系。

公元前107年，一名匈奴使者死于长安，匈奴和汉朝的关系再次降至冰点，匈奴也从这以后再次开始频繁劫掠汉朝边境。

话说自从伊稚斜单于死，乌维单于继位以后，匈奴已经再没有当初的雄风了。而这个由多民族组成的势力又非常难以管理，所以乌维单于自继位以来不断地派兵骚扰汉朝边境，还同西羌结盟抗汉，整整用了三年的时间才以"强势"的做派稍微稳固了自己的政权。

公元前110年，汉武帝御驾亲征，出动了十八万大汉精锐要在国境线上和乌维单于决一死战。

乌维单于大惧，根本不敢和现在的汉朝交手，便没有答应汉武帝的要求，还被汉武帝一顿嘲笑。

游牧民族往往都是好勇斗狠的，所以乌维单于这一如同"认怂"的举动大大打击了他在匈奴的威信，使得好不容易稳定下来的局势再次扑朔迷离。

为了让民众重新信任自己，乌维单于派出了无数的游散部队抢劫河西走廊，并威胁楼兰、姑师等国，让他们和自己一起在河西走廊上打劫汉朝使者。

结果，此举引来汉武帝的暴怒，出动了好几万人扫荡河西走廊上的匈奴游击部队。匈奴人虽然提前得到消息落跑了，可最后汉朝以七百士兵的作战实力连破楼兰和姑师，大大长了汉朝军队的威风，使得姑师和楼兰全都投降了汉朝，西域各国也是在此阶段偏向汉朝那一边，使匈奴人再次在外交上陷入了被动。

汉朝的战力实在是太强大了！

意识到这一点的乌维单于害怕了。他怕哪一天汉武帝心情不好，直接出大军灭了匈奴，匈奴经历过之前的连续大败，不管是人口还是经济都损失得太大了，实在经不起汉朝人的折腾了。

所以，乌维单于意识到，现在的匈奴需要休养生息，需要积蓄力量，更需要稳固住自己的政权。

于是，乌维单于改变对汉朝的大方针，数次派遣使者往长安示弱，希望汉朝能够将公主嫁给匈奴，让汉匈重复当年的故事。可主要意图却是在拖延时间，让汉朝再给匈奴发展几年。

然而汉武帝呢？并没有答应乌维单于的请求。反而因为乌维单于的示弱认为现在匈奴已经山穷水尽了，只要再来一次大征伐便能彻底将他们消灭。

于是，汉武帝派遣王乌为使者前往漠北匈奴，探查现在匈奴人到底有多少实力，如果匈奴人实力很弱的话，那汉武帝就打算直接出动大军灭了匈奴。

而乌维单于也猜出了汉武帝的试探之意，便将匈奴所有猛汉骏马都拉到了王庭，以振己之威。

这和当初冒顿单于示弱于刘邦真是截然相反的两种结果，如此来看，现在的匈奴战力真是大不如前了。

可王乌呢？本来是意气风发，可当他看到王庭雄壮的匈奴士兵以后立马尿了。

此时的他，再也没有了那种意气风发，再也没有那种身为汉朝使者的骄傲，只想活着回到长安而已。

于是，他在进入单于大帐以前扔掉了天子符节，用黑漆漆的墨涂满了脸，并以极为谦卑的姿态面见了乌维单于。（注：因为当初匈奴时常欺负汉朝，所以为了侮辱汉朝使者，中行说建议老上单于用此等羞辱性的方式接见汉使。逐渐地，这种接见方式便成了匈奴单于接见汉使的必需"礼仪"，可随着汉朝的强大，匈奴的没落，这种接见方式逐渐被淘汰。如今王乌却主动用此方式来拜见乌维单于，这无疑是向匈奴人示弱，煞了大汉朝的威风）

乌维单于对王乌这种谦卑的态度非常满意，同时为了拖延汉朝侵略匈奴的时间，乌维单于便和王乌道："亲爱的汉朝使者，我想与汉朝和亲的心是非常真诚的，这个天地都可以见证，请您回去禀告汉皇，就说我匈奴再过一段时间便会遣孤涂（储君）前往长安侍奉汉皇，绝不食言。"

结果，王乌回到长安以后对汉武帝疯狂肯定现在的匈奴实力，说匈奴人现在依然马骏人猛，不是能轻易拿下的，并添油加醋地说明了乌维单于和亲的诚意。

汉武帝本来还想趁你病要你命，可听了王乌的话以后就不想再打匈奴了，因为想要越过大漠攻打匈奴所需要的战马和钱粮根本无以数计，极擅长长途奔袭的霍去病也死了，所以汉武帝心里没底，再加上乌维单于的态度又是这样真诚，汉武帝便打算随了乌维单于的建议，等匈奴孤涂来到长安以后继续与匈奴和亲。

可殊不知这都是乌维单于的缓兵之计，日子一日又一日地过去了，可连匈奴孤涂的影子都没见到。

所以一段时间以后，汉武帝派了一个叫杨信的再次出使匈奴，询问乌维单于到底是个什么态度。

那杨信可不是王乌那种没胆的人，所以到了王庭以后拒不扔掉符节，更不用说用墨涂脸了。

乌维单于无奈，只能在帐外接见杨信。

那杨信单刀直入，没等乌维单于说话便直接质问道："请问单于，您到底想不想与我汉朝和亲？"

听得杨信如此生冷的言语，乌维单于很生气，但也不敢将其斩杀，只能气呼呼地道："怎么不想呢？汉使何出此言？"

杨信："既然如此，为何不早派孤涂前往长安侍奉我皇？"

乌维单于故作惊异地道："派孤涂？我为什么要派孤涂前往长安？这根本就不是原有的和亲！和亲，应该是你们汉朝要嫁给我们匈奴公主，再赠送一定数额的丝绸、棉衣、牛羊肉，之后我们匈奴人不抢夺你们的边境，什么时候要我们匈奴给你们送人质了？"

杨信："好一个大单于，竟然言而无信，那你之前和王乌是怎么说的？"

乌维单于："王乌？我和他也是这样说的，从来没说要派孤涂前往长安做人质。"

杨信默默地看了看乌维单于，只说了三个"好"，然后转身便走了。

回到长安以后，杨信将乌维单于背信弃义的事和汉武帝说了一遍，这让汉武帝极为纳闷儿，因为这和王乌说的完全是两个版本啊，到底谁说的才是真的呢？

于是，汉武帝再次命王乌前往匈奴试探乌维单于。

不出意外地，王乌这次还是以极为谦卑的姿态拜见了乌维单于。

而乌维单于呢？对待谦卑的王乌还是很有"诚意"的。

他笑呵呵地道："哦，我尊敬的汉使，没想到又见面了，不知本次来访有何用意呢？"

王乌："没，没有什么特别的意思，就是想问问单于，之前说的话还能不能兑现，我也好回去禀报。"

乌维单于："之前说的什么话？"

王乌擦了擦额头上的汗，弱弱地道："就是单于您派孤涂前往长安任职的事，哦，当然了，如果大单于不想这样做或者忘记了，那就当我没说好了。"

乌维单于："哈哈，汉使不必紧张，本单于当然记得，不过后来我好好想了想，觉得光派一个孤涂前往长安未免太没有诚意了，不如本单于亲自前往长安拜见汉皇如何？"

这话一说，王乌直接呆了，我的天哪，这可是天大的好消息，匈奴单于亲自来长安拜见汉武帝，这不明摆着就是投降来了吗？

短暂的木讷之后，王乌极为兴奋，甚至都没有在王庭留宿便转身返回长安了。

那么乌维单于真的想要投降汉朝了吗？

当然不是。

之前说了，这都是乌维单于的缓兵之计，因为现在距离漠北大决战已经过去了十二年，这期间汉匈之间一次大规模决战都没有，匈奴得以休养生息，虽然现在的实力较巅峰时期的匈奴还差很多，但也可以一战了。再加上拥有大漠这个天然屏障，这就使得乌维单于更加有信心抵抗汉朝军队的侵袭了。

但能不打仗现在还是尽量不要打，毕竟多一天养精蓄锐多一天的底气。所以，乌维单于到现在还是在拖延。

果然，等王乌回到长安，向汉武帝说明了乌维单于的"诚意"以后，汉武帝兴奋得不行，当即便修筑了乌维单于的府邸，只等他的驾临。

可大半年过去了，匈奴那边还是一点儿消息都没有，所以无奈的汉武帝只能再次派遣王乌前往匈奴试探乌维单于的意图。

那这一次他是怎么和王乌说的呢？乌维单于说："汉使啊，我就和你说实话吧，其实不是我不去长安，而是汉朝实在没有诚意啊。"

王乌疑惑地问："我们如何没有诚意了？现在您在长安的住所陛下都已经建完了。"

乌维单于摇摇头道："不不不，和住所没有关系，你想想，我怎么说都是一个单于，是匈奴至高的存在，你们汉朝怎么着也得派一个像样的官员来迎接我才对呀，怎么能只派你过来呢？请恕我直言，汉使兄弟你大概连两千石都不到吧？"

哦，一听这话王乌明白了，不还是因为面子的问题吗？

于是，王乌回答道："这没有问题，不过还是请单于这次能够派一名信得过的使者陪我一同前往长安说明此事，不然恐怕陛下有所疑虑。"

话毕，乌维单于陷入了久久的沉思，可最后还是答应了王乌的请求，派自己的贵人陪同王乌前往长安拜见汉武帝，但却在临走的时候往贵人的酒里面放了少量的慢性毒药。

那么乌维单于为什么要这样做呢？无他，因为现在拖延的次数已经太多了，再这样下去谁都知道是怎么回事儿了，外加近些年来匈奴也已经慢慢地恢复了元气，是到了和汉朝摊牌的时候了。

所以，乌维单于才想在自己的贵人到达长安以后将其毒死。这样，就有了口实，在舆论上占据上风。因为和汉朝打交道多年的乌维单于知道，汉朝每一次出击都是在拥有相当的口实之下才能够顺利出兵的。不像匈奴人，想什么时候出兵就什么时候出兵，完全没有什么道德上的限制。

而事实也确实如乌维单于所想，那匈奴贵人在到长安以后毒性直接发作，汉武帝虽然派很多御医前去治疗，但终是无效，贵人惨死于长安。

无奈，汉武帝只能派路充国带着匈奴贵人的尸体返回匈奴送丧，并给他佩戴两千石官印，以示身份。

可等路充国到达王庭以后，乌维单于突然大变脸，死活认定匈奴贵人就是汉武帝所杀，便在第一时间扣押了路充国，并重新向汉廷宣战。

从这以后，乌维单于不断派遣游散骑兵劫掠汉朝边境。

因为河西走廊有李陵的五千特种兵镇守，所以匈奴的游散骑兵多前往朔方一带寇掠。

直到这时候，汉武帝终于发现自己被乌维单于给耍了，所以他非常愤怒。

起初，愤怒的汉武帝是想命大将军卫青带领汉朝军队杀向匈奴的。可就在汉武帝要集结兵力的时候，突然一个噩耗传到了汉武帝的耳中。原来，大将军卫青竟然在这时候去世了。

卫青的死令汉武帝悲痛莫名，同时也极大地打击了他远渡漠北、消灭匈奴的决心。再说，经过了多年的四面出征和自己为了求仙所耗费的金钱，汉朝现在实在不适合再和漠北匈奴开战了。

于是，汉武帝命郭昌为拔胡将军，率军驻扎朔方，防止匈奴的继续劫掠。

看似汉朝将再一次采取守势来对待匈奴，有了示弱之嫌。

可乌维单于并不这样想，反而每天都心惊肉跳。

原因很简单，纵观汉武帝对匈奴的军事套路，凡是长时间的安静以后必是狂风暴雨一般的痛击，外加现在不管是河西走廊还是朔方一带都有汉军驻守，使得匈奴没有空隙所乘。

所以，现在的汉匈虽然是再次开战的关系，但双方一时间都陷入了"守"的状态，谁都没有再侵略谁。

4.3　西汉十三州

时光飞逝，转眼到了公元前106年（元封五年）。

这一年，汉武帝为了有效地扼制、分化诸侯王的权力，同时又能更加巩固自己的权威，增加朝廷在地方的控制力，乃于全国设置了十三个州，每个州设置刺史一人，职责为监察地方行政，控制军事编制等。

其实以上就是朝廷派往地方监视和控制地方大员的一种手段而已（主要是控制诸侯王）。

十三个州分别为冀州、幽州、并州、兖州、徐州、青州、扬州、荆州、豫州、益州、凉州、交趾州、朔方州。

其详细资料如下。

一、豫州，治所为谯（今安徽省亳州市），分管颍川郡（今河南省禹州市一带）、汝南郡（今河南省汝南县一带）、梁国（今江苏省砀山县一代）、沛国（今安徽省宿州市一代）、陈国（今河南省周口市淮阳区）、鲁国（今山东省曲阜市一带）。

二、冀州，治所为高邑（今河北省高邑县），分管魏郡（今河南省临漳县一带）、巨鹿郡（今河北省宁晋县一带）、常山国（今河北省元氏县一带）、中山国（今河北省定州市一带）、安平国（今河北省衡水市冀州区一带）、河间国（今河北省献县一带）、清河国（今河北省清平县一带）、渤海郡（今河北省南皮县一带）、赵国（今河北省邯郸市一带）。

三、兖州，治所为昌邑（今山东省金乡县西北四十里），分管陈留郡（今河南省陈留镇一带）、东郡（今河南省濮阳市一带）、东平国（今山东省东平县东二十里）、任城国（今山东省济宁市一带）、泰山郡（今山东省泰山一带）、济北国（今山东省济南市长清区一带）、山阳郡（今山东省金乡县一带）、济阴郡（今山东省菏泽市定陶区一带）。

四、徐州，治所为郯（今山东省郯城县西南三十里），分管东海郡（今山东省郯城县一带）、琅邪国（今山东省临沂市一带）、彭城国（今江苏省徐州市铜山区一带）、广陵郡（今江苏省扬州市一带）、下邳国（今江苏省邳州市一带）。

五、青州，分管济南郡（今山东省济南市一带）、平原郡（今山东省平原县一带）、乐安国（今山东省高苑县一带）、北海国（今山东省昌乐县一带）、东莱郡（今山东省龙口市一带）、齐国（今山东省淄博市临淄区一带）。

六、荆州，治所为汉寿（今湖南省常德市东北六十里旧城），分管南阳郡（今河南省南阳市一带）、南郡（今湖北省江陵县一带）、江夏郡（今湖北省黄冈市一带）、零陵郡（今湖南省永州市零陵区一带）、桂阳郡（今湖南省郴州市一带）、武陵郡（今湖南省常德市一带）、长沙郡（今湖南省长沙市一带）。

七、扬州，治所为历阳（今安徽省和县），分管九江郡（今安徽省定远县一带）、丹阳郡（今安徽省宣城市一带）、庐江郡（今安徽省庐江市一带）、会稽郡（今浙江省绍兴市一带）、吴郡（今江苏省苏州市一带）、豫章郡（今江西省南昌市一带）。

八、益州，治所为雒（今四川省广汉市北），分管汉中郡（今陕西省汉中市南郑区一带）、巴郡（重庆市一带）、广汉郡（今四川省广汉市一带）、蜀郡（今四川省成都市一带）、犍为郡（今四川省眉山市彭山区一带）、牂牁郡（今四川省斜永县一带）、越巂郡（今西昌市西北一带）、益州郡（今云南省昆明市一带）、永昌郡（今云南省保山市一带）。

九、凉州，治所为陇州（今甘肃省清水县北），分管陇西郡（今甘肃省临洮县一带）、汉阳郡（今甘肃省甘谷县至天水市一带）、武都郡（今甘肃省成县一带）、金城郡（今甘肃省皋兰县一带）、安定郡（今甘肃省镇原县一带）、北地郡（今甘肃省庆阳市一带）、武威郡（今甘肃省武威市一带）。

十、朔方州，分管朔方郡（今宁夏回族自治区东北黄河一带）、张掖郡（今甘肃省张掖市一带）、酒泉郡（今甘肃省酒泉市一带）、敦煌郡（今甘肃省敦煌市一带）、张掖属国（今宁夏回族自治区龙首山一带）、居延属国（今宁夏居延海一带）。

十一、并州，治所为晋阳（今山西省阳曲县），分管上党郡（今山西省长子一带）、太原郡（今山西省阳曲县一带）、上郡（今陕西省延安市一带）、西河郡（今山西省吕梁市离石区一带）、五原郡（今内蒙古自治区五原县一带）、云中郡（今内蒙古自治区托克托县一带）、定襄郡（今山西省右玉县一带）、雁门郡（今山西省代县一带）。

十二、幽州，治所为蓟（今北京市大兴区），分管涿郡（今河北省涿州市一带）、广阳郡（今北京市西南）、代郡（今山西省吕梁市高阳镇一带）、上谷郡（今河北省怀来一带）、渔阳郡（今北京市密云区）、右北平郡（今河北唐山市丰润区一带）、辽西郡（今河北省秦皇岛市抚宁区一带）、辽东郡（今辽宁省辽阳市一带）、玄菟郡（今辽宁省新宾满族自治县一带）、乐浪郡（今朝鲜平壤至韩国首尔一带）。

十三、交趾州，治所为广信（今广西壮族自治区苍梧县），分管南海郡（今广东省广州市一带）、苍梧郡（今广西壮族自治区苍梧县一带）、郁林郡（今广西壮族自治区贵港市一带）、合浦郡（今广东省合浦县一带）、交趾郡（今越南河内一带）、九真郡（今越南清化一带）、日南郡（今越南占城一带）。

4.4　汉乌和亲

公元前105年（元封六年），一名乌孙使臣风尘仆仆地来到了长安，请求汉朝将公主嫁到乌孙。

原来，自从上一次张骞出使乌孙以后，两国虽然没能和亲成功，但是也建立了一定的感情。

直到多年后，一是因为汉使的飞扬跋扈；二是因为匈奴的威胁，所以导致猎骄靡逐渐将外交方向转向匈奴。

直到汉朝七百劲旅连破楼兰与姑师，然后汉武帝在河西走廊设置警戒线以后，猎骄靡再次将外交重心转向汉朝。

乌维单于非常生气，所以致信猎骄靡，警告他再同汉朝继续交往的话就要发兵攻打他们。

当时河西走廊虽然已经被汉朝控制，但如果匈奴想要攻击乌孙的话并不是什么不可能的事情，因为乌孙所处的地理位置正是匈奴的西南边界。

如今的乌孙早已内部分裂，猎骄靡又是垂垂老矣，实在无力对抗对乌孙而言强大无比的匈奴，所以猎骄靡只能派遣使者往长安方向请求汉武帝能够将汉朝公主嫁到乌孙去，意图和汉朝在一东一西钳击匈奴。

汉武帝正愁没有机会攻击匈奴，如今有强大的乌孙帮衬，当然要同意他们的请求。但是汉朝人从上到下对于"和亲"这个字眼都特别敏感，毕竟从高祖末期一直到汉武初期都是用的这种近乎屈辱一般的方式来换取和平的。

如今汉朝强大了，绝不能再白送汉朝女人、白送汉朝物资，这是一个非常严肃的态度问题。

而汉武帝也是如此，便让乌孙使者回去告诉猎骄靡，想要迎娶汉朝的公主可以，但必须拿出诚意，诚意是什么呢？当然就是聘礼了。

猎骄靡深知现在汉朝缺少战马，便从本国挑选了一千匹优良马种献给了汉武帝。

汉武帝对猎骄靡这种识时务的态度非常满意。所以将早已死去多年的江都王刘建之女细君嫁给了猎骄靡。

此外，汉武帝还以超过一千匹战马价值的财物为嫁妆送往乌孙，使得汉朝和乌孙顺利结为"亲家"。

汉武帝就是这样，你敬我一尺，我敬你一丈。

眼看着汉朝和乌孙的军事同盟就要正式建立。这对匈奴来讲绝对是灾难性的消息，可就在这时候，匈奴的枭雄君主——乌维单于竟然病逝了。

新继位的单于名叫詹师庐，因为年纪实在太小（不超过十岁），所以汉朝人都习惯叫他儿单于。

一个不超过十岁的孩子，他会什么？他能干什么？

可是这个孩子，却完全颠覆了人们对于孩子的认知，因为他实在是太可怕了。

儿单于继位以后，匈奴内部躁动不安，一股取而代之的热潮正在暗流涌动。可儿单于呢，却在继位的第一时间以极为血腥的手段屠杀了几个大氏族，彻底震慑了那些想要反叛的势力。

然后，他听说汉朝同乌孙结为了亲家，便也用同样的手段化危机于无形。

儿单于遣使往乌孙，先是对乌孙使者炫耀现在匈奴的军事实力，然后为自己父亲（乌维单于）曾威胁乌孙的事情道歉，并表示从此以后愿意同乌孙"百年好合"，还准备将匈奴的"王室"之女嫁给猎骄靡。

儿单于这一下完全打乱了乌孙原本的意图。

打仗既会迅速拖垮本国的经济，还会损失大量的人力，能不打仗谁想打？所以，老猎骄靡直接答应了儿单于的提议，迎娶了匈奴的"王室"之女。

但问题来了，猎骄靡左右逢源，虽然最后谁都没得罪，可现在有两个公主在自己左右，到底立谁为夫人呢？

为此，猎骄靡大伤脑筋。最后一横心，将两个人全都封为夫人！

于是，乌孙从这以后多出了一个右夫人（细君公主）、一个左夫人（匈奴女）。

就这样，刚刚继位的儿单于成功躲过了一次危机。

年幼的他城府极深。儿单于认为，现在匈奴虽然经过了多年的休养，实力多多少少恢复了一些，但和汉朝比较的话就严重不对等了。而自己的王庭还距离大漠很近，如果这时候汉朝再出现一个类似霍去病的疯子，那说不准自己就会在某一天死在被窝里面。

所以，儿单于在大漠边缘设置了警戒线，并且将王庭整体向西北迁徙，直接靠住了右贤王之地，并在第一时间将右贤王的军权夺取，彻底巩固了自己的权力。

还有，儿单于还在这以后下令匈奴左右两部共同向后撤退，将匈奴的势力集中在一点，使其更具凝聚力。

儿单于此举完全触及了右贤王的底线，但现在手上的军权都被儿单于给夺了，他还能怎么办？只能老老实实待着了。

但儿单于此举却被汉武帝知晓。汉武帝轻视儿单于，认为这是一个分化匈奴的绝佳时机，便遣使者往右贤王处，意图离间右贤王和儿单于两人之间的关系，致使匈奴发生内乱。

可现在右贤王一是手上没有反抗儿单于的实力；二是他实在是被儿单于的血腥手段给吓怕了，所以根本就不敢同汉使搭话，直接便将汉使送到儿单于处了。

儿单于得知汉使的意图后非常愤怒，便将汉使扣押，所以汉武帝本次离间之计宣告失败。

4.5 败，败！

同年秋，在当初张骞探索河西走廊的基础上，汉使再一次将这个丝绸之路发扬光大。

本年，汉朝使者越过了葱岭，抵达了当时的安息国（今伊朗），将汉朝的文化渗透到了西方。

经过汉使的介绍，安息国王这才知道，在那遥远的东方还有一个如此强大的国家，便也派出了使团前往长安，给汉武帝献上了鸵鸟、魔术师等礼品。

同时，西方的很多国家见强大的安息国都要派出使者前往长安，他们也不甘落后，亦派出使者团奔赴长安。

所以，从此刻起，促进东西方文化交流的使者团络绎不绝。

一时间，长安成了东西方文化交流的大都会，丝绸之路正式成型。

那时候的长安市场规整，极有活力，到处都能看到奇异的动物，到处都能看到新奇的异族舞蹈，到处都能看到各种肤色的外国人，而每每有使者团到达长安的时候，汉武帝都要打开仓库中的储存物资，向外国使臣炫耀汉朝的富庶和强大。

当然了，中西方文化交流中汉朝并没有将炒钢技术教给西方人，因为这可是汉朝之所以强大的根本。

汉朝这边和西方人交流得如火如荼，而身为匈奴首领的儿单于也不甘落后。因为这些拜访汉朝的西方使者同样知道匈奴的强大，所以顺便也在回国的路上拜访了一下匈奴。

儿单于畏惧西方诸国和汉朝联合起来对付自己，便以非常隆重的规格接待了这些西方使臣，其待遇规格汉使根本无法相提并论。

所以，虽然汉朝同西方诸国建立了良好的邦交，但始终都没能达到与他们形成联合打击匈奴的目的。

当然了，这虽然归功于儿单于的外交政策，但同时也表明了当时的匈奴还是比较强大的。

公元前104年五月，太史令司马迁、中大夫公孙卿、壶遂上奏汉武帝，说现在汉朝的历法已经陈旧不堪，希望汉武帝能修改历法。

而现在的汉朝版图较文景之时也确实增加了好多，汉武帝便答应了这些人的请求，颁布了《太初历》。

所以，从这一年开始，每一年的岁首终于改成了一月（之前一直都是十月）。

同年，董仲舒卒。

同年，匈奴发生雪灾，冻死了很多的牛羊牲畜。

还是同年，一名风尘仆仆的匈奴人偷偷地潜入了长安，然后又偷偷地进入了皇宫内殿，偷偷面见了汉武帝。

此时，面对殿下所跪之匈奴人，汉武帝眉头紧皱，随即问道："你说你是左大都尉的人，那你来找朕有何要事，为什么一定要在没有外人的地方见面呢？"

匈奴人："启禀汉皇，匈奴儿单于残暴无情，不念往日情分，屠杀了很多的氏族，这其中就有我主人的族亲，所以我家主人非常痛恨儿单于。再加上最近一段时间匈奴雪灾不断，死了很多牲畜，国内一片恐慌，我家主人认为匈奴早晚完蛋，所以想要投奔大汉皇帝您，谋求一个富贵。我家主人说了，只要汉军能够在距离匈奴比较近的地方接应他，他就马上杀掉儿单于，率领本部兵马前来投奔陛下。"

话毕，汉武帝一下站了起来，并来回踱步思考。大概过了半炷香的时间，汉武帝对这匈奴人道："你这些话可当真？"

匈奴人："启禀汉皇，小人没有半句虚言，您可以派人去匈奴打听一下，没有人不知道现在左大都尉和儿单于关系紧张的。"

汉武帝："好！我相信你，你现在即刻返回匈奴，告诉左大都尉，朕会在五原郡北面百里之处的匈奴地方修建受降城，那里便是迎接他的地方，只要他能杀了儿单于，我保证封他个大侯！食邑过万！"

"是，多谢汉皇！"

就这样，使者回去了，并与汉武帝约定，受降城修好之日，便是左大都尉斩杀儿单于之时。

那么这次的行动会成功吗？半年后自见分晓，因为在这期间，汉武帝又和大宛等一众西域各国拉扯起来了。

那这又是怎么回事儿呢？

原来，在那遥远的大宛国有一座城市，名字叫作贰师城，在贰师城里有一种马，名字叫作贰师马（一说贰师马就是汗血宝马）。

那汉武帝对于宝马的喜爱已经到了疯狂的程度，所以听说大宛有如此宝马，便立即派出了一批使者团，携带金马和千金前往大宛，请求大宛王能够将宝马赠送给自己。

可因为贰师马在大宛也属于稀有品种，给一批少一批，再加上汉朝距离大宛非常遥远，汉使又总是盛气凌人的，所以大宛王并不想换，便婉言拒绝了汉使的提议。

岂料汉使仗着背后有强大的国力，嚣张霸道惯了，竟然在一怒之下当着满朝文武的面指着大宛王一顿臭骂，然后狠狠地锤破了金马，往大宛王的面前一扔，拂袖而去。

汉使此举措将大宛王气得浑身发抖，下面的那些大臣们也看不下去了，一个个吼道："大王！汉使太轻视我们了，哪怕是对待藩属国也没有如此无礼的行径啊！杀了他们吧！杀了他们！"

杀了他们？大宛王当然想，如果可以的话，这些汉使都死一百回了。可是不能啊，真的不能。大宛王每每想起前些年汉朝那可怕的七百劲旅都吓得浑身直冒冷汗，他是真的不敢得罪汉朝，实在是怕遭受灭顶之灾。

所以，哪怕是愤怒，大宛王依然选择沉默。

大概是看出了大宛王心中所想，一名大宛官员道："陛下不必顾忌汉朝，只管放心杀人！我保管汉朝人拿不下我大宛！"

一听这话，大宛王眼前一亮，忙问道："此话怎讲？"

官员："启禀大王，我大宛距离长安有一万两千多里，途中有大漠，气候非常恶劣，汉朝军队就是到了大宛也要被磨死一半，到时候他们人困马乏，我国便出动倾国之力突击之，必使汉军大败！到时候，我大宛之威名便可一战而定！周围的小国们还有谁敢不服我大宛统治？所以说，杀死汉使不但不是一件坏事，还是一件好事呢！"

话毕，周围的大臣们无不赞同，全都怂恿大宛王杀掉汉使。大宛王见众怒难平，同时也想杀掉汉使，便命令东面的郁成王截击，杀掉了汉朝使者，吞掉了他们的财物。

此消息传回长安以后令汉武帝极为震怒，便想立即出兵攻打大宛国。可就在这时，有一名叫姚定的官员对汉武帝道："陛下，那些西域的国家科技落后，战力低下，何必出动大军呢？我想，只需派声射校尉领三千劲旅前往向西，便能将他们全部打败了。"

话毕，汉武帝也想起了当初王恢凭借七百士卒破掉楼兰和姑师两国之事，便轻视西域各国。虽然最后没有听姚定之言派三千人过去，但也差不了太多。

因为汉武帝只派了六千骑兵和各郡国品行恶劣的少年几万人前往西域攻打大宛。

难道好几万人都抵不上三千人？

没错，本次讨伐大宛之战，确实是好几万人都抵不上三千人。

第一，兵不贵多而贵精。

所谓的精兵，不仅在单兵作战能力上要超过普通人，其他如纪律、毅力、野外求生等本领也不是普通人可以比较的，而本次远征大宛有一万多里地，如果没有超越常人的毅力是绝对无法完成任务的，甚至那些品行恶劣的少年还有可能拖正规军的后腿。

第二，粮草问题。

因为前些年的卫青和霍去病总是能在不带运粮队伍的情况下长途奔袭成功（靠抢夺敌方辎重为粮），所以汉武帝以为本次出征的将领也能够靠着沿途其他国家的粮食生存。

可汉武帝忽略了两点。

第一，之前不管是卫青还是霍去病的长途奔袭，他们都是清一色的精锐骑兵，没有一个步兵混杂在内，更别说非专业士兵了。

第二，卫青和霍去病之所以能千古留名，除了精锐的骑兵和强大的国力，这两个人的超强本领也是无可争议的。而本次统率汉军的将领，并不叫霍去病，也不叫卫青，他的名字叫李广利。

李广利，和李广没有半点儿关系，他之所以能够当上本次汉军的统帅，主要原因是因为他有一个好姐姐，而他的姐姐正是汉武帝之前最宠爱的李夫人。

所以，汉武帝想要提拔李广利，打造另外一个卫青或者霍去病，便封其为贰师将军，率军出征大宛。

可本次出征，最终还是让汉武帝失望了。因为当李广利开始西征以后，沿途的那些小国听说这好几万汉军都没有带多少粮食，一个个吓得不行，全都关闭了城门，不让汉军入内。

供几万人吃一顿饭而已，有什么大不了的，为了这一顿饭得罪了汉朝，值不值？

以楼兰为例，整个楼兰一个国家的人口才只有一万出头，这还算是比较大的了，还有很多国家的总人口才几百号人，几千的更是数不胜数，你让这些小国拿什么来养庞大的数万汉军？把粮食都给汉军了他们吃什么？还不得饿死？

所以，哪怕是得罪了汉朝，他们也坚决不接待汉军。

于是，李广利带领着汉军一路走一路打（没有办法，要是不打就没有饭吃啊），等他达到郁成的时候士兵只剩下可怜的几千骑兵了（那好几万汉军死的死跑的跑，早就没有影儿了），并且都非常的饥困乏累。

可没有办法，汉武帝那边军令如山，不尽力回去了也会没命，所以李广利直接命令部队对郁成发动了攻击，结果不出意外地失败了，郁成纹丝不动，汉军反倒是又损失了好几百人。

李广利无奈地和众将道："现在只一个郁成我们都拿它没办法，就更别提大宛了，所以我建议撤回长安，不知各位意下如何。"

众多将领对本次战斗也是不抱任何希望了，所以都很赞同李广利的建议。于是，风风光光的几万人，回来的时候只剩不到十分之一了。

与此同时，长安皇宫，汉武帝此时正在接待李广利手下的传令兵。

就见那传令兵在不停地说着，汉武帝的脸色却越来越黑。最后，当传令兵说完以后，汉武帝一脚踹翻了面前的几案，几乎是咆哮着痛骂道："废物！真是个废物！回去告诉李广利，他的部队要是有人敢进入玉门关，进一个我杀一个，也包括他！"

话毕，传令兵连忙叩头告退。

而李广利呢？当然不敢入关了，只能悲催地带领士兵驻扎在敦煌郡，等待汉武帝的下一步动作。

那么汉武帝还会不会再次攻击大宛了呢？当然会，不过还需要等一段时间。这期间，我们还是来看一下朝中又发生了什么事情吧。

公元前103年正月，就在李广利败还敦煌的同一时刻，大汉丞相——石庆去世了。而接替他成为丞相的是谁呢？这个人竟然是公孙贺。

话说，自从关市突袭战以后，公孙贺再也得不到汉武帝的重用，但因为是卫子夫姐姐卫君孺的丈夫，所以卫青还是对他非常关照的。

于是，从此以后，公孙贺就开始跟着卫青行军打仗。可他实在是比较没用，哪怕是跟着常胜将军卫青也没立过什么太大的功劳，反倒是因为前些年上供的黄金成色不足而被削去了侯爵。

他怎么又被提拔起来了呢？

原因其实也并不复杂。

第一，丞相，为百官之首，身为丞相，必须要有一定的资历、身份和才能，而这三点，公孙贺就占其二。

第二，现在汉朝有能力的文官老的老死的死，真就没谁完全有资格当丞相了，这在《汉书》和《资治通鉴》里都有记载。

第三，太子刘据想要太子之位坐得稳，那就必须要有一定的外戚力量在宫中担任要职为刘据做后盾，以前刘据有霍去病和卫青两大战神为之撑腰，所以刘据的太子之位没有任何人敢威胁。

可是现在，随着卫青和霍去病双双去世，再加上卫子夫也已经年老色衰，卫氏在长安城中的势力可就变得越来越弱了，刘据的太子之位也就越发岌岌可危了。

而刘据这人天性仁厚善良，和曾经的汉惠帝非常相似，自从成为太子以来从没犯过什么错误，所以汉武帝没有想要废掉他的想法，便想提拔卫氏外戚公孙贺为大汉丞相，实际上是想让他多帮衬一下刘据。

可是公孙贺根本就不领情，死活都不肯当这个丞相。

那天，大殿之上，公孙贺也不管什么脸面了，当着文武百官的面痛哭嘶吼："陛下啊，呜呜呜……老臣就是一莽夫，拿弓箭钢刀杀两个人还行，您让我当丞相，那不是要了老臣的命嘛，老臣根本就不是那块料啊，陛下，您饶了老臣吧，呜呜呜……"

汉武帝气得不轻，天下人都争先恐后想要的位置，这老家伙竟然如此惧怕，如果在天有灵，真不知此时的张汤做何感想。

所以，这一幕让汉武帝哭笑不得。没有办法，总不能看着这老家伙在朝堂之上哭个没完没了啊，所以便和左右道："这成何体统，快、快去将丞相扶起来。"

一听"丞相"二字，公孙贺直接急了，鬼哭狼嚎地道："不可！陛下不可啊，现在老臣还没拿到丞相印信呢，怎么陛下就称呼起老臣为丞相了呢？陛下，您就再考虑考虑吧，老臣实在不适合做这个丞相啊。"

话毕，公孙贺一直跪在地上哭，就是不肯起身。

汉武帝这时候也是真生气了，压根儿就不和公孙贺再废话，直接拂袖而去。

见汉武帝真的动怒了，公孙贺也不敢再拒绝任命，只能极为不愿地接过了丞相印信。

散朝以后，平时和公孙贺比较要好的几个同僚将公孙贺围了起来："公孙兄，真是恭喜了。"

公孙贺："唉……"

一众官员："公孙兄为什么要叹气呢？刚才我等在朝堂之上就非常奇怪。按说，丞相为百官之首，升到这个位置应该高兴才对呀，公孙兄你为什么如此不愿呢？"

公孙贺："你们懂什么？丞相好吗？确实好，可那是在陛下之前！自从陛下继位为皇帝以后，你们见哪个丞相好了？卫绾，那是陛下的老师，最后怎么样了？是不是被陛下给罢免了？然后许昌、田蚡、薛泽，他们谁有好结果了？是，公孙弘是一直干到死了，但也是一直如坐针毡的呀！你们看他在任期间被围攻多少次？要不是他每日战战兢兢地保护自己，你们以为他就能善终了？之后李蔡、庄青翟、赵周之辈，他们最后哪一个不是被砍掉了脑袋？石庆虽然在丞相位置上待了近十年，但你们仔细回忆一下，这十来年他哪一天不谨小慎微？较当初的公孙弘也是有过之而无不及啊！太累！太危险！所以我宁可做一辈子的富家翁也绝不做什么丞相。"

说完，转身就走了，只留下一个没落的身影。

同年五月（前103年），汉武帝下令，从各地百姓家中征集马匹两万余匹往长安集结，以作战马之用。（注：汉朝战马因为之前汉武帝四面八方的征战已经耗得差不多了，而新一批战马还在成长之中，所以汉武帝征集百姓家中的马匹也是无奈之举）

那汉武帝为什么急急忙忙地征集战马呢？很简单，因为北边的受降城已经修建完毕了。按照汉武帝和匈奴左大都尉之前的协议，是汉朝修建受降城之后，左大都尉刺杀儿单于，然后带着儿单于的人头前往受降城的。

可是，就在受降城修好以后，左大都尉却突然反悔了。

因为受降城距离现在的单于王庭有两千多里的距离，左大都尉怕斩杀儿单于以后来不及逃到受降城，所以再派使者往长安希望汉武帝能够派遣一支军队继续往北等候接应自己。

而此时的汉武帝也改变了当初的想法。

当初，汉武帝认为只要杀死儿单于就可以了。可如今，汉武帝想明白了，因为儿单于一死，整个匈奴内部势必在短时间内陷入瘫痪的状态，如果这时候能够杀入王庭，必会给匈奴毁灭性的打击。

于是，汉武帝答应了左大都尉的请求，命赵破奴为浚稽将军，出动两万骑兵偷渡至朔方东北一千余里的浚稽山（王庭正南四百余里之地），然后在此驻兵埋伏，等待左大都尉的消息。

于是，左大都尉行动了。可让人崩溃的是，那边左大都尉还没等行动，他要刺杀儿单于的消息便泄露出去了。

儿单于得知此事以后立即斩杀了左大都尉，并通过左大都尉的手下得知了现在汉军正在浚稽山驻军之事。

然后，儿单于一边命左贤王率领左军攻打汉军，并严令，必须要拖住汉军主力部队。一边亲自集结大军，准备合匈奴之力全歼这一批汉军部队。

轰隆隆，北方草原马蹄声震慑天际，大批匈奴骑兵奔赴浚稽山。

赵破奴是当初霍去病手下的得力干将，军事经验极其丰富，所以见成片的匈奴骑兵以后并没有半分慌张。他料定此时的左大都尉肯定已经被儿单于所杀，所以，浚稽山不能再待了，必须立即撤兵。

于是，赵破奴在看到匈奴骑兵所跑出的尘埃以后便立即命士兵们有条不紊地下山，摆阵。等到匈奴人集结快一半却没有成阵形的时候突然对匈奴所部发动了凶猛的突袭。

匈奴人在近战方面根本就不是汉军的对手，所以直接便被汉军突围，眼睁睁地看着汉军绝尘而去。

左贤王大怒，赶紧率领所部狂追汉军。

汉朝的战马本来就没有匈奴马好，就更别提这次征调来的民间战马了。

所以，赵破奴很快便被匈奴人追上，但他没有畏惧，而是率领部队有条不紊地且战且退，竟在不知不觉间向南逃出了将近一千里。

而此时的汉军距离受降城已经不到四百里了，一旦赵破奴成功到达受降城，那就表示汉军安全了。

并且，如果按照这个态势下去，汉军不出几日便能够成功抵达受降城。

可是，就在这时候，突然从汉军前方杀来八万人的匈奴部队。并且这些匈奴士兵一个个精神抖擞，毫无疲劳之意，一看就是已经养精蓄锐好久的部队了。

好端端的怎么突然杀出了这么庞大的一支部队了呢？

原来，当儿单于集结了八万士兵以后，判断如果这时候按照左贤王的追击路线追击汉军的话，那是绝对追不上汉军的。

所以，儿单于改变了行军路线，凭借着自己高超的军事预判力，断定汉军一定会走夫羊句山，进而奔赴受降城。

所以，儿单于集结完士兵以后便直线疾奔至夫羊句山一带，只等汉军自投罗网了。

而事实证明，儿单于这头小苍狼确实料事如神，一切全被他算中了，并且分毫不差。

儿单于的主力部队在夫羊句山休整了几日以后，果然看到了汉军的踪影。于是，他迅速命令主力部队将汉军完全包围，然后一顿骑射。

赵破奴反应也是相当迅速，他见前方匈奴人马数倍于自己，并兼兵强马壮，精力十足，料定无法从他们的包围中突围，便命士兵全部下马，一边抵抗匈奴人的攻击，一边架设防御壁垒。

嗖嗖嗖，无尽的箭矢和弩矢来回穿插，面对汉军的钢制箭头与先进的甲胄，虽然匈奴人数众多，可依然占不到上风。而大汉正卒的执行能力超强，没过多长时间，一个简易的防御壁垒便被架设成功。

汉军在壁垒架设成功的第一时间便冲了进去，然后设长枪，摆箭弩，准备靠防守反击战让匈奴人大吃苦头。

可儿单于根本不上当，他早就知道防守反击战是汉军的拿手好戏。所以，在汉军冲进壁垒以后儿单于没有进攻，而是命大军后撤到一定的距离后四面包围汉军，意图将汉军活活饿死。

老到的赵破奴战阵经验丰富，当然知道儿单于的想法，所以他绝不会眼睁睁看着自己的士兵被饿死。

于是，在一个夜晚，赵破奴带着一队亲兵和技术人员偷偷出营探察，看看什么地方有地下水，进而在此凿井取水。

可赵破奴在探查水源的时候同匈奴的斥候队遭遇，进而被擒获。

擒获了汉军主帅，儿单于极为振奋。为此，他在汉军壁垒不远处堆起了一座小山，将赵破奴绑在小山之上，让所有的汉军都能够看到赵破奴的窘态，并劝这些汉人赶紧投降匈奴。

当时，汉朝的军法规定，凡是主帅被杀或者被擒，手下没有拼死力战而自行回国的，统统都要杀头谢罪（承魏、秦之先法）。

所以，全无战心的汉军心灰意冷，统统向儿单于献上了双膝。

战胜了英勇无敌的汉军，白得了两万降卒和战马，这是自匈奴和汉武帝交战以来从来没有过的雄伟大业。不用说，儿单于这个小儿从此时开始便成了匈奴人心中的神。

可就是这样儿单于依然不满足。他再接再厉，打算趁着大军大胜的威势直接拿下受降城，摧毁这个进入匈奴境内的军事要塞。

可让儿单于没想到的是，受降城的驻兵拥有相当的数量，并且人人装备精良，匈奴人根本就攻不进去。而儿单于行动极为果断迅速，他见受降城不是一时半刻能够拿下的，便直接放弃了这座坚城，转而向西南劫掠五原。

此时的五原并不知道匈奴已经大军压境，所以全无防备，被匈奴人大大地劫掠了一场。

于是，连续的大败！

第一次被从来都没看得起过的西域小国击败，第二次被匈奴人打得全军覆没！还不是死战，而是主动投降了匈奴。

之后五原又在儿单于的带领下损失了无数的人口和物资。

奇耻大辱！这对汉武帝来说绝对是奇耻大辱。如果这面子不找回来，汉武帝就不是汉武帝了，他东亚雄主的位置也会变得摇摇欲坠。

所以现在讨论的不是报不报仇的问题，而是应该先向谁报仇，汉武帝不可能一边出击匈奴一边出击大宛，那样的话只会分散自己的实力。

基于此，有的官员建议汉武帝应该暂时放弃攻击西方的大宛，转而专心对付匈奴。

可汉武帝却不这么想。

他认为，同匈奴作战是长期的大战略，不是一时一刻能够搞定的。而现在汉朝在西域方面的权威逐渐淡化，如果不在这时候打服大宛，极有可能造成这些小国同匈奴掺和在一起，进而从西部和北部同时攻击汉朝，那绝对不是汉武帝想要看到的结局。

于是，汉武帝决定先拿下大宛，震慑住西方诸国以后再同匈奴决战。

所以，从这一天开始，大批大批的部队往长安方面集结，汉武帝决定再一次进攻西域，给大宛国致命一击！

一天、两天、一个月、半年。

整整半年，汉武帝都在集结士兵。可远在大漠以北的儿单于却看出了汉武帝的意图。

他见大批军队集结长安，料定汉武帝是想往西方找回面子，所以判断此时的汉武帝没有什么能力顾及北方，便在此时再一次集结大军，打算彻底攻下受降城，进而扫荡式劫掠汉朝边境。

可就在这时，这个铁腕单于却死了！

关于儿单于的死因，历来众说纷纭，史书上记载儿单于是病死的，可有很多历史学家对此却不认同，因为儿单于死后是乌维单于的弟弟，儿单于的叔叔，右贤王句黎湖继承了单于之位。

右贤王，之前被儿单于压制得喘不过气来，儿单于怎么可能会将位置传给他呢？这就让儿单于的死蒙上了一层神秘的面纱。

儿单于的死令汉武帝极为高兴，可同时，汉武帝也知道匈奴凡是新上任的单于都有一个习惯，那便是劫掠汉朝边境，以便增加其在国中的威信力。

汉武帝相信，新即位的句黎湖单于也是一样。

所以，汉武帝那边虽然在不断地集结士兵，但也没有忘记北方的边防。

他派遣光禄勋徐自为建造五原防御要塞，并设警戒线，一直延伸到西北卢朐山；派遣强弩将军路博德建造居延要塞，其警戒线一直连接至五原和受降城。

汉武帝以为这样北方就可以高枕无忧了。可他错了，因为句黎湖上位的手段比较"耐人寻味"，便急需打击汉朝来增加自己在匈奴的威信力。

所以，在本年秋天，句黎湖单于出动将近十万匈奴骑兵分两路南下劫掠汉境。

第一路主力大军，由句黎湖本人亲自率领，他运用匈奴人无与伦比的机动力，先行攻击云中诸多村落，等本地汉军前来救援以后用数倍于汉军的优势击溃之，然后不等汉朝主力大军前来便转战其他地方，诸如定襄、五原、朔方诸郡皆受其寇掠，并连杀数个边地两千石等级官员，斩杀汉军俘虏数千人。

因为句黎湖的主力部队行动实在太过迅捷，所以长安方面虽然派遣了援军，但就是抓不到句黎湖的踪影。

而寇掠了这些边境郡地之后，句黎湖在回归途中还大肆破坏汉朝北边境警戒线的诸多哨所。

可以说，句黎湖本次的出征是满载而归了，这对他巩固单于之位是起到了绝对作用的。

我们再来看第二路匈奴部队。

本路匈奴部队为右贤王率领。

起初，这路匈奴军队势如破竹，成功寇掠了酒泉、张掖二郡，俘虏了几千人和众多的汉朝物资。

可当他们带着胜利的果实回撤王庭之时，却被汉朝所派来的某位将军所阻击。本次战役的详细经过史料未记载，只知道右贤王所部和这支汉军交战以后仓皇而逃，所掳掠的汉人和物资全都扔下不要了。

所以，右贤王所部功亏一篑。但总的来说，本次匈奴的军事行动还是让汉朝损失不小。

汉武帝当然愤怒，但现在最重要的是在西方将面子找回来。所以，匈奴人你先等着！

4.6　复仇

公元前102年四月，经过了大半年的准备，汉武帝要西征大宛了。

本次战役，汉武帝凑集了罪犯、不良少年两万五，边境正规军三万五，合计六万大军征伐大宛。

上一次李广利不是说因为粮食不够才导致的失败吗？这次汉武帝给了李广利十万头牛驮着无数的粮食随同大军出征，还有数万头驴背着无数的备用箭矢及各种装备跟随汉军。

此外，为了满足汉军机动力的要求，汉武帝还给了李广利三万余匹精良战马。

这下，人、粮、装备全都有了，你李广利要是还拿不下大宛，那就提头来见吧。

李广利也知道这次事态的严重性，所以在出征以前就当着众多将士的面发誓，如果这次还拿不下大宛，那包括自己，所有的人都死在西域吧。

所以，本次汉军出征皆抱着视死如归的心态，而之前沿途不招待汉军的那些西域小国这次也不敢再得罪汉军了，他们只要看到汉军就会在第一时间打开城门，竭尽全力招待，并奉献物资。

那这次这些小国为什么这么"顺从"呢？

第一，本次汉军的规模对他们来说实在是太浩大了，如果汉军对他们进行攻打的话，这些小国根本就无法抵挡。

第二，本次汉军带来了足够的粮食，所以这些小国相信汉军一定会给他们留一些粮食。

而李广利也是这样做的，只要有国家"打开大门"招待汉军，汉军只索取国库不到一半的粮食便北上而去，绝对不会夺取别国的全部命脉。

当然了，也有极少的国家依然拒绝汉军进入。而对于这些国家，李广利绝不客气。

比如说有一个叫轮台的小国，他还和上一次一样不接待汉军，李广利当即带领汉军强攻，轮台国直接被灭国。

经此血腥一役，当李广利再次向西行进的时候，再也没有一个国家敢对汉军关闭城门，全都在汉军进入国境之前便派遣使者前往边境接引汉军，态度极为恭敬顺从。

于是，汉军接下来的行军非常顺利。

可当大军即将到达郁成的时候，大宛国王却提前派出了数万兵卒屯驻在郁成边界，只等疲惫的汉军前来便给予致命一击。

这还不止，大宛还在第一时间通知了康居国，请求康居国给予友邦军事援助。

听得斥候此报，李广利没有半点儿慌张，反而轻蔑一笑。

是呀，之前还没打到郁成就败了，那是因为没有粮也没有正规军。

如今，有装备精良的三万五千正卒，还有数之不尽的粮草，他李广利还怕什么？

于是，李广利亲自带领这三万五千正卒奔赴前线，正面硬攻大宛军。

后面将近三万的非正规军则作为后备队，跟着主力大军行进。

伴随着轰隆隆的马蹄声，汉军先头部队进入郁成境内，甚至能够遥遥望见庞大的宛军。

可就在汉军刚刚进入战场之时，宛军方向突然尘土飞扬，成千上万的骆驼骑士与骑兵手持斧头、长矛等冲向汉军。

宛军的意图再明显不过，那就是利用汉军刚刚抵达战场，正在疲惫之时给予其致命一击。

可是李广利怕吗？呵呵，他不怕，因为他有弓马娴熟的大汉正卒。

只见李广利马鞭一举，数十面汉龙军旗瞬间立起。那些在马上的骑兵迅速下马，然后抽出弓箭，上弦、拉弓。

紧接着，在宛军进入汉军射程范围以后，李广利迅速将马鞭向下挥去。

只听砰的一声巨响，汉军的钢头箭矢如乌云压顶一般冲向宛军。

一时间，正在冲锋的宛军鲜血弥漫。成片的战马、骆驼，还有士兵倒在了血泊当中，几乎所有的箭矢全都深深地刺入了他们的骨头。

宛军从来没有见过如此具有穿透力的箭矢，一时间竟然慌了手脚，可还没等他们反应过来，第二波箭矢又冲了过来。

在再一次损失了众多士兵以后，无奈的宛军只能继续冲锋，争取在汉军发射下一轮箭矢以前冲到汉军面前和其正面对决。

按说，中世纪以前的弓箭从敌人冲锋开始算起，也就是发两轮左右。所以，按照这个套路，宛军应该能在汉军发出第三轮箭矢以前成功冲到汉军近前。

可别忘了，汉军真正具有绝对远程杀伤力的并不是弓箭，而是强弩。

弩，自从被战国的韩国发展以后便成了中原的绝对杀伤性远程武器，因为它的穿透力完全超越了弓箭，是对付骑兵的不二利器。

所以，当汉军弓箭队两轮射击完毕以后，他们迅速背起了弓箭，并向后撤上马，准备肉搏，并在后撤的过程中露出了另一支部队，那便是强弩部队。

这些士卒在宛军进入射程以后发出了绝对致命的射击。结果，身处于战阵前列的宛军全部被汉军的弩矢射翻。（《汉书》："宛击汉军，汉军射败之。"）

这使得本就对汉人产生了畏惧之心的宛军更加慌乱，甚至产生了恐慌的情绪。

见状，李广利立即命已经准备完毕的骑兵对宛军发动冲击。

看着如同钢铁猛兽一般的汉朝骑兵，本就恐慌的宛军被吓破了胆，直接跑了。其中大部分跑向了距离较近的郁成，另一小部分骑兵则跑回了大宛。

开局即大胜，这令汉军士气大振，李广利见状，立即准备下一步的攻略。如果按照正常套路来讲，李广利应该先行攻击郁成，之后再包围大宛，用几个月的时间制作各种巨型攻城器械，然后狂攻之。

可李广利知道，现在康居国的援兵正在路上，再加上此时大部分宛军都在郁成城中，大宛防守能力有限，所以一定能够在短时间内轻松拿下。而一旦大宛被攻破，所有的问题都会迎刃而解。

于是，李广利绕过了郁成，包围了大宛。

因为大宛等西方诸国直到现在都没能掌握挖井技术，所以只能从城外的河水引流进入大宛，以进行补给。

针对于此，李广利并没有立即攻城，而是带领汉朝的水利专家和一众士兵改变河道，断了大宛城中的水源，以此来打击城中官民的抵抗之心。

那么城中的官民们到底恐没恐慌呢？答案是没有。

因为大宛国王早就准备了后手，他在李广利本次率兵西征的时候就已经在城中准备了足够多的水源。大宛国王相信，这些水足够支撑到康居国援兵的到来。所以，李广利所期待的情况并没有发生。

那还有什么说的，玩儿命干吧。

于是，李广利指挥三军对大宛城进行了疯狂的攻击。

在汉军成群箭矢的掩护下，一波又一波汉军扛着云梯冲向大宛城。可因为之前汉军屠杀轮台的缘故，大宛的军民料定等汉军冲进大宛之时就是大宛国"灭种"之日，所以拼死抵抗，几乎是用以命换命的精神守城。

于是，一天过去了，两天过去了……四十天过去了。

此时的大宛外城已经被攻破，大宛军民全都撤入了中城，可与之相对应的，汉军损失也非常惨重，这是李广利之前如何都没有料到的。

可此时的大宛人却高兴不起来，这不仅仅是外城被突破，许多的士兵被汉军所杀，最重要的是到现在康居国的援军还没有到达大宛。

为什么会这样？

原因很简单，因为康居王害怕了。

他觉得，这次长安方面的军事行动主要是针对大宛，和自己没有什么关系，何必要替大宛担事儿呢？所以，康居王后悔了。

可康居和大宛一直都是友好关系，说是唇亡齿寒也不为过，并且之前自己还答应大宛王了，不帮忙实在说不过去。

于是，康居王便派出了军队前往大宛与康居的边境，以此来给汉军施压，但就是不越境，我的军队在自己的国家待着也不犯法不是？

所以，援军迟迟都没有到达。

而如今，眼看着大宛即将被汉军攻破，不但大宛的国王着急，那些当初劝大宛国王杀死汉使的大臣们更着急。所以，某一天，这些大宛的高级官员秘密地凑在一起商议对策。

官员甲："各位，如今中城已经快被汉军攻破，一旦中城被破，内城绝对扛不住汉军的攻势，我大宛眼看就要被灭了，到底如何是好，还请各位给出个办法。"

官员乙："大人，今天是您将我们召集到这儿的，想必心中已经有了谋划，还请明言，下官一定遵从。"

其他官员："还请大人明言。"

官员甲："既然如此，那我就将心中所想和大家交代了！各位，汉朝为什么会出动大军来攻击我们大宛呢？那就是因为我们国王不但隐藏了好马，还杀了汉朝的使者，使汉朝丢了面子，如此才会有如今这种局面。现在，我大宛已经危在旦夕，我想只有、只有杀了国王，奉献所有宝马，并向汉朝称臣请罪，才能够逃过一劫。"

话毕，众人沉思许久，终是无奈地点了点头，答应了官员甲的建议。

于是，在当天夜里，大宛城内发生了政变，一伙士兵在众多大臣的带领下冲进了大宛国王的王宫，将他杀死，并将其人头割下来，由贵人带着大宛王的人头前往汉军求和。

此时，汉中军大帐。

李广利跪坐于正中，两旁将领站定，大宛贵人将大宛王的人头恭敬地放在地上，然后谦卑地道："启禀大汉将军，如今罪魁祸首已死，请汉军不要再打我们了，我们愿意将城中所有的好马都拿出来任凭你们选取，并将城中一半的粮食都献给汉军，宣誓从此以后唯汉朝马首是瞻，只求汉军能放我们一条生路。如果这样也不行的话，那我们只能拼死抵抗了。大人也知道，现在康居的军队正在国境线上，他们随时都有可能对汉军发动攻击。我相信，等汉军拿下大宛的时候，必定也是损失惨重。如果那时候康居国的军队对汉军进行攻击的话，那后果……"

见李广利面色逐渐阴沉，大宛贵人赶紧道："尊敬的汉朝将军，我这并不是威胁，而是将事实说明，这也是我们大宛的无奈之举，还请汉使不要见怪。"

话毕，跪在地上一动不敢动。

李广利没有立即答应贵人，而是先将他安排至偏帐等候自己与众将商议。

众将一致认为大宛贵人说得有道理，现在的大宛已经把姿态放得足够低了，如果这样还要继续进攻的话，那么大宛的人民和汉人不死不休，那样的话只会便宜了康居。

李广利赞同他们的意见，反正现在已经把汉武帝的面子找回来了，就算是这时候撤退应该也不会被责罚了。

于是，李广利答应了大宛官员的要求，没有率兵进入大宛，而是取走了大宛一半的粮食和几十匹最好的宝马，还有三千余匹优良种马，并立曾经出使过汉朝，同汉朝关系良好的昧蔡为新任大宛国王后便统兵撤退回国了。

不过大宛可以放过，郁成国这个当初大宛的刽子手是绝对不能放过的。

于是，在回去的路上，李广利直接指挥大军对郁成发动了攻击。

现在的大宛已经向汉朝投降，悲催的郁成王绝对不是汉军的对手。

于是，郁成王直接背弃了自己的国家，带着几名心腹逃亡康居，希望从此以后在康居国内定居。

郁成国内的百姓是什么命运史书上没有明确记载，但郁成王的命运却是悲哀的，因为负责追击郁成王的汉朝将领为上官桀，这上官桀听说郁成王逃往康居以后非但没有停止追击的步伐，反倒是率领着几千士兵冲进了康居国内，叫喊着让康居国王交出郁成王。

如今，大宛已经对汉朝臣服，康居王实在不愿意得罪汉朝便答应了上官桀，将郁成王献给了汉军。

如此，李广利本次的军事任务算是完成了（虽然损失也够惨重的）。

回到长安以后，汉武帝对李广利本次军事打击的成果非常满意，乃封其为海西侯，并赏八千户。又赏有功之臣赵弟为新畤侯，赵始成为光禄大夫，上官桀为少府，李哆为上党太守，还有两人被封为了九卿，其余如诸国相、郡守、两千石官员的有一百多人，一千石以下官员一千多人，并发四万金赏有关士卒。

大宛灭了，那么下一个复仇目标是不是就是匈奴了呢？

是的，不过现在刚刚平掉大宛，汉朝不管是士兵还是粮草财物都损失很多，还是需要一定的时间补充的。

所以，在一段时间之内，汉朝需要休养生息，不会轻易对匈奴出兵。那就让我们看看汉朝这一段时间又发生了什么事吧。

4.7 烈臣苏武

公元前103年，御史大夫儿宽死，汉武帝任命原胶东太守延广为新一任御史大夫。

同年，汉武帝再次东巡寻神仙，结果于四月无功而返。

公元前101年冬，刚刚继位没多久的句黎湖单于驾鹤西去，其弟且鞮侯继承了单于之位。

新人上位，地位肯定是不稳定的，所以汉武帝在此时发布国书，狠狠斥责了当初冒顿围刘邦于白登，写信欺辱吕后之事，又细数了这些年匈奴对汉朝边境不断寇掠的野蛮行径。

不用说，这是开始战前动员了。

那且鞮侯是怎么应对的呢？

以往，匈奴新任单于上位，总是要狠狠地寇掠汉朝边境一把，以此来提升自己的威望，巩固自己的位置。可且鞮侯单于不敢了，原因很简单，因为现在西域诸国又全都重新归顺了汉朝，使得汉朝再无后顾之忧，如果这时候和汉朝再行开战，那么结果必定是不容乐观的。

并且且鞮侯单于刚刚继位，实在是经受不起这种打击。

所以，他学习了当初乌维单于所使用的办法，那便是拖，一直拖到自己的地位稳固了，再同汉朝计较。

于是，当且鞮侯单于听闻汉武帝的国书以后，慌忙将之前所擒获的那些汉朝使者、官员全都放了回去，并且派遣使者前往长安，对汉武帝无比恭敬地道："我们匈奴只不过是儿辈小子，怎么敢同身为长辈的汉朝作对呢？之前那些事情都是我们匈奴的错，希望英明神武的大汉皇帝能够原谅我们这些儿辈所犯下的错误，再给我们一次活命的机会。"

且鞮侯给足了汉武帝面子，而现在经济并不充裕的汉武帝也真不想再同匈奴开战了，所以直接下了"台阶"，答应匈奴暂时不对他们采取行动，并派遣苏武为汉使出使匈奴，同样归还之前扣押在汉朝的匈奴使者。

按说，这一趟外交之旅绝对是无惊无险的旅程，可凡事就怕意外。

在苏武出使匈奴的时候，这个意外就来了，它源自一次匈奴内部的谋反活动，主要涉及这么几个人：匈奴缑王（昆邪王姐姐的儿子，曾与昆邪王一起投降汉朝，后随同赵破奴前往匈奴迎接左大都尉，等赵破奴被生擒，他再次投降了匈奴）、虞常（汉将，不知何时投降的匈奴，随同赵破奴攻击匈奴后投降的可能性大一些，其在汉朝的时候同官员张胜关系不错）、卫律（其父为投降汉朝的长水胡人，从小在汉朝长大，后逃回匈奴，为匈奴单于对抗汉朝出谋划策，为且鞮侯的心腹谋主）、张胜（汉朝官员，为本次随同苏武出使匈奴的副使）。

话说自从缑王重新回归匈奴以后，生活过得并不如意，因为没有得到应有的尊严（参赵信），所以这心里总是不平衡。正巧虞常对汉朝忠心耿耿，始终想要重新回到汉朝的怀抱，便总是忽悠缑王，想要和他在且鞮侯外出之时发动兵变，擒获且鞮侯的母亲后逃回汉朝，以此换得荣华富贵。

可还没等他们展开行动，苏武的汉朝使团就巧合地来了。因为虞常和副使张胜的关系非常好，所以便打算联系张胜带着汉使一起行事。

那张胜也是个立功心切之人，所以想都没想便答应了虞常，甚至都没有知会苏武。

可就在"万事俱备，只欠东风"之时，却有人在他们行动之前泄露了机密，将消息报告给了且鞮侯。

且鞮侯大怒，直接命人前往捉拿缑王和虞常（泄露消息之人为缑王手下，并不知道张胜也参与进了谋反之事）。

缑王率领那可怜的几十人抵抗且鞮侯的进攻，但又有什么用呢？

最后，缑王战死，所属死的死降的降，虞常也被且鞮侯生擒。

且鞮侯还命卫律亲自审理虞常，看看还有没有人参与此事。

这消息很快传到了汉使团，张胜闻讯大恐，这才忙不迭地将事情的经过告诉了苏武。

本以为说完这事儿以后苏武拿起马鞭就得抽他，所以张胜一直都是低着头等待苏武的惩罚。

可等了半天也不见苏武动作，再抬头一看，苏武这会儿一脸的淡定，根本就没有要发怒的意思。

苏武道："事情已经发展到了这个地步，我想最后一定会牵连到我，与其最后受到羞辱，为国家丢脸，还不如一死了之，也能向匈奴表明汉人的气节。"

说罢，苏武拔出宝剑就要自杀。

张胜吓得赶紧拦住了苏武，急道："大人不可如此！虞常也是个有气节的人，我想不一定会把咱们给供出来。再说，哪怕虞常将咱们都给供出来，大人现在自杀，这不就表明大人您是畏罪自杀吗？所以，哪怕是死，您也要死在匈奴人的面前，不可如此无缘无故就自杀呀。"

苏武感觉张胜这话说得也有那么点儿道理，便从了张胜，静等事态发展。

可事态的发展确和苏武说的一模一样，虞常经不住严酷的折磨，没多长时间便将张胜给供了出去。

且鞮侯也不管别的，直接"一锅端"，将苏武、张胜等一干使者团全都给生擒了。

本来，且鞮侯是想把他们全都给杀了的，可手下人却建议且鞮侯不要这样做，聪明的做法应该是将苏武等人劝降。其原因有二。

第一，像苏武这等级别的汉朝官员对汉朝内部情况一定是了如指掌，如果他能投降，那汉朝所有的底细不就都知道了吗？这不管对于军事行动还是外交政策都是有百利而无一害的。

第二，现在且鞮侯的政权虽然已经开始逐渐稳固，但依然不是铁板一块，还是需要时间的，如果这时候将汉使斩杀，那结果便是彻底激怒汉武帝，造成两国再一次的军事冲突。

所以基于以上两点，且鞮侯单于并没斩杀汉使，而是让卫律前往说服汉使团投降匈奴。

卫律认为，想让汉人投降非常容易，只要先给他们一棒子，然后再给一颗甜枣也就行了。

于是，卫律第一个召见了苏武，因为只要苏武投降，其他的人也就好办了。

可让卫律惊讶的是，还没等自己开口吓唬苏武呢，那苏武直接拔出匕首自杀了。

这一下可给卫律吓蒙了，他在短暂的一怔之后迅速冲了上去，一边捂着正在狂喷鲜血的伤口一边冲下人吼道："快！快去！赶紧去找大夫！"

大夫硬是把已经处于垂死状态的苏武救了回来。

匈奴人虽然崇尚武力，但更敬佩那些有气节的人。所以，苏武此举赢得了且鞮侯的敬重，他每天都派人前往慰问苏武，想要劝降他的心更加坚定了。

苏武伤势痊愈以后，且鞮侯单于再次派遣卫律前往苏武处对其进行劝降活动。

卫律觉得，苏武上一次之所以一上来就自杀，那是因为没有见识到死亡的恐怖，所以这一次，卫律没有先行审问苏武，而是先审的虞常，并且审讯之前就将苏武的武器全都没收了。

那天，卫律当着苏武、张胜等一干汉使的面，将胡刀架在了虞常的颈部，似笑非笑地道："你知不知道自己犯了什么事儿？"

虞常："大人饶命，我愿……"

没等虞常说完，卫律狠狠地将刀一抽，虞常的脖颈瞬间多出了一个巴掌长的口子，鲜血如同泉涌一般蹿了出来，虞常死于当场。

紧接着，卫律又将刀架在张胜的脖颈之处。

此时，张胜已经吓得浑身哆嗦、六神无主了，嘴里一直在不停地念叨着："饶命，饶命。"

卫律冷笑："饶命可以，投降匈奴。"

一听这话，张胜大喜，赶紧道："我投降，我投降，只求饶命。"

如此，一杀一降，卫律感觉差不多震慑到苏武了，便走到苏武的背后，用胡刀架在他脖颈之处阴冷地道："虞常勾结张胜谋反，你是汉朝的主使，按照道理应该判处死刑，可我家单于宽大为人，不想杀你，所以只要你肯投降，那你的命就算是保住了。"

本以为苏武也会像张胜一样求爷爷告奶奶地投降，岂料苏武只是一声冷笑，然后道："开玩笑，虞常和张胜之间的事，我根本就不知道半点儿，受的什么牵连？你要杀就杀，不用说那些没有用的。"

话毕，苏武竟然作势要往刀上使劲。

卫律吓得赶紧将刀收了回来。

一见苏武是真心不怕死，卫律在不得已之下也只能改变了策略，换了一副嘴脸柔声道："苏先生何必如此呢？想我卫律背叛汉朝投奔匈奴以后，大单于不但赐给我王号，还让我拥有部众数万，马畜如山。现如今您只要肯投降，那么大单于赏赐给您的只会比我多不会比我少。可如果您在匈奴境内被杀，汉朝又有谁会知道您是为了汉朝而死的呢？"

好话说完了，可苏武根本不予理睬，只是闭着眼睛以沉默和蔑视对待卫律。

卫律不肯放弃，接着劝道："先生不要再固执了，只要您肯投降，我卫律便与您结为兄弟，但您要还是不投降的话，那么对不起了，以后您再想见我也见不到了，您难道……"

没等卫律说完，本打算"沉默是金"的苏武再也无法忍耐，因为卫律说了"兄弟"二字。

只见苏武瞪起双目，痛声斥责卫律道："你算个什么东西？也配和我苏武称兄道弟？你原本作为汉朝臣民，生活是非常富足的。可你却不知'廉耻'二字如何写的，干出背信弃义的事情，还想让我见你？做你的春秋大梦去吧！我知道你是且鞮侯派过来劝降我的，可你回去告诉你们单于，想让我苏武投降，这绝无可能！另外我再善意地提醒你们单于一下，想当初南越斩杀我大汉使者，结果整个南越变成了现在汉朝的九个郡；朝鲜人杀我汉朝使者，结果遭受了灭顶之灾；大宛杀我汉朝使者，结果大宛国王的人头悬挂在了长安城楼之上。怎么？如今你匈奴大单于也想试一试杀汉使的后果吗？"

这话说得够霸气、够嚣张，但也够危险了。可是呢？且鞮侯单于还是没杀掉苏武。他就不相信不能降服这个顽固的汉朝使臣。

于是，且鞮侯将苏武困在一个地窖之中，不给他饭吃，不给他水喝，什么时候答应投降什么时候再放他出来。

结果呢？那苏武真是个刚烈之人。渴了，他就将地上那已经有些泛黑的雪往嘴里面塞。饿了，他就用地窖里一些垫地的杂草填饱肚子。

所以，好几天过去了，苏武依然没有被饿死。

匈奴人大惊，认为苏武是天神派下来的神人。且鞮侯也认为如此，不敢得罪天神，所以就将苏武放出来了，不过没有让其回到汉朝，而是将他赶到北海（贝加尔湖）去放羊，直到什么时候公羊能下仔了，那样才能放他回到汉朝。

那么苏武在有生之年到底还能不能回到汉朝呢？能，但那是好久以后的事了，我们届时再表，现在还是先看看汉武帝吧。因为且鞮侯困住汉使的举动再次将汉武帝激怒，而汉武帝一怒，往往都是血流成河。

第五章

武帝末期

5.1 武帝末期首次与匈奴之战
——神将李陵之殇

公元前100年五月，汉武帝在开战以前大赦天下，意图拉拢民心。

同年秋，为应对以后长时间同匈奴作战的准备，汉武帝下令整个长安禁止奢侈浪费的行为，并在半个月后突然关闭长安城门，不管是官员还是老百姓，都挨家挨户地搜查，统计每家的奢侈品数量，超限的统统没收。

还是这个秋天，汉武帝开始大量集结士兵布置在三个地方，分别是酒泉、西河（今内蒙古自治区鄂尔多斯一带）、居延。

同年，济南太守王卿代延广为汉朝新任御史大夫。

公元前99年五月，大汉雄狮终于在各处兵力集结完毕，准备对匈奴展开军事打击。

本次的军事行动，汉武帝的军事打击重点完全集中在天山一带。

天山，位于今新疆维吾尔自治区哈密市伊吾县一带，为匈奴右贤王所居之地。此地土地肥沃，极适合播种庄稼，并且处于匈奴和西域诸国之间的位置。

所以，只要汉军能成功在此建立军事殖民地，那么向西就能控制西域三十六国，向东则可以在与匈奴作战中占据绝对的主动权。

鉴于此，汉武帝将大军分为三路总攻匈奴。

第一路主力大军为精骑三万，由李广利亲率，兵峰直指右贤王之天山。河西走廊的保卫大队队长李陵则要率所属五千特种兵保护李广利部队的粮草补给。

第二路大军万余骑兵，主帅为公孙敖，战略任务为出河西，佯攻涿邪山，同第三路主帅路博德会师牵制匈奴中心力量和左翼力量，不让他们前往支援右贤王。

第三路大军万余骑兵，主帅为路博德，战略任务为出居延，攻涿邪山，同第二路主帅公孙敖会师。

可就在战略任务已经布置完毕，大军即将出动之时，李陵却从河西走廊风尘仆仆地赶到了长安拜见汉武帝。

原来，李陵有些瞧不起李广利，认为这是一个军事庸才，所以羞于为其掩护辎重。

再者，掩护辎重就是在战阵后方，而一个人要想立战功的话就必须要上战场前线较量。所以，不管从什么角度来讲李陵都不甘心保护辎重。

于是，当李陵收到汉武帝的命令以后马不停蹄地赶到了长安。

这都快要开始作战了，身为要员之一的李陵竟然"临阵回京"，这让汉武帝非常愤怒，便认为李陵这是未战先怯，所以愤怒地对着下面跪着的李陵喝道："大胆李陵！现在都什么时候了，你怎么敢临阵脱逃？"

李陵赶紧道："陛下误会末将了！末将此次前来请见陛下并不是因为畏惧战争，反而是想到最前线同匈奴人作战！"

"哦？"

一听这话，汉武帝本来已经扭曲的脸逐渐恢复正常："说来听听。"

李陵："启禀陛下，臣手下之兵皆为荆楚剑客，他们不但剑术出众，力量更是大得吓人，很多人都能活活把一头老虎给掐死，所以在近战方面，我有信心能杀掉任何来犯之敌！还有，自从末将奉命带领他们以来，没有一日不督促他们练习射击技术，所以现在臣所统领的兵众近可战、远可射，绝对是最精锐的战力。试问，这样的精锐之师怎么能只保护粮草而不作战呢？所以，末将前来请命，愿意在三军出击的同时率所部出击兰于山（今内蒙古自治区阿尔泰山以南），以分单于之兵，让贰师将军能够专心打击天山。"

听李陵这么说汉武帝才释然，可现在有一个问题摆在眼前，那就是如今已经无马可派（并不是汉朝没有马匹，而是调动五千战马需要一定的时间，而现在大军即将出发，汉武帝实在不想因为李陵浪费时间。对于李家人，汉武帝一直都不怎么放心，你让他们打防守战个个都是一把好手，可你让他们长途奔袭……说实话，汉武帝对李家人真就没有什么信心）。

所以，汉武帝告诉李陵，现在朝廷已经没有战马可派了，如果他实在想要掩护贰师将军的话就只能让这些战士靠双脚了（实际上汉武帝是希望李陵能够知难而退的）。

靠五千步兵进入匈奴境内攻击匈奴人，估计就是当初的卫青和霍去病也不敢接招了。

汉武帝也以为李陵不敢接招，岂料那李陵都没有丝毫犹豫，直接对汉武帝道："末将愿以少击众，只用五千之兵横扫单于王庭！"

这话一说，汉武帝都被震惊了，再看李陵那炯炯有神的双眼，汉武帝貌似看到了当初霍去病的身影。

一时间，汉武帝竟然有些失神了。

过了一会儿，汉武帝回过神来，对李陵道："壮哉！你小子很不错！不过光派你这点儿人我实在是不太放心。这样吧，三军开始行动以后我让路博德协助你共同攻击，这样可保万无一失。"

就这样，李陵志得意满地走了，准备走向他那貌似锦绣的人生。

李陵，这个军事才能远远超过李广的天才将领终于迎来了他的春天。

不过，李陵似乎忘记了这个世界充满了意外，而李陵的意外很快便来了。

那路博德收到汉武帝的诏令以后非常不满。

李陵算个什么东西？充其量不过是一个新兵而已，凭什么和自己这种老将相提并论？相提并论也就算了，还让他给李陵当后援，陛下究竟是怎么想的？

基于以上心理，路博德是一百个不愿意的。

于是，路博德想出了一个毒计，乃致信汉武帝道："启禀陛下，现在即将进入秋季，正是匈奴兵强马壮之时，所以不宜同匈奴交战，末将建议同李陵等到明年春天的时候再行进入匈奴境内，还请陛下恩准。"

这话一说，汉武帝大怒！

为什么呢？因为本次出击汉武帝没有给李陵一匹战马，行军全靠士兵们两条腿，条件可以说是无比艰苦，所以汉武帝怀疑，之前李陵之所以答应，完全是因为头脑发热。而随着时间的流逝，李陵滚烫的血液逐渐冷了下来，随之而来的便是无尽的悔恨，这才同路博德商议，让他上书延缓行军的时间，以避无骑之难。

汉武帝最恨的就是这种有始无终之人。

于是，汉武帝立即下令路博德和李陵，让他们必须在九月，也就是匈奴人马最彪壮的时间攻击匈奴。

路博德方面军的任务为搜寻河西匈奴人以击之，如果没有搜寻到匈奴人便可以撤退。（注：路博德此路战略任务非常简单，因为当时河西之地实际上已经归汉朝所有，所以有匈奴人出没也都是游散骑兵，不具备抵抗汉朝大兵团的实力）

相比之下，李陵军团的行进路线就太难了，按照汉武帝的安排，李陵军团要出居延之障塞，一直到东浚稽山的南龙勒水上侦察匈奴境内的地形。

并且，如果遇到匈奴部队还要给予打击，等完成这些任务以后才能回师受降城。

那东浚稽山在哪儿？在今蒙古国阿尔泰以北的图音河附近，那可是绝对地深入敌境了。只有五千步兵，还没有大军掩护，也没有后援。说实话，汉武帝此种举动实在有将李陵推入绝境的嫌疑。

我们来看看路博德和李陵这两路军团分别都遇到了什么情况吧。

路博德方面根本没遇到什么敌人，就是带着士兵在河西一带晃悠，悠闲得很，没什么值得说的。

李陵方面就大大不同了。

当李陵得到汉武帝的诏令以后，心里很不痛快，但皇帝圣令已出，还能怎么办？

于是，李陵带所部直接北上匈奴腹地，一路画写山川地图，竟然还真就让他有惊无险地到达了浚稽山。

到达浚稽山以后，李陵的探察目的已经完成，所以他派遣手下传令飞速前往长安，将绘制好的地图送到汉武帝处，然后在浚稽山休整兵马，准备宰掉一些匈奴骑兵后撤退。

北上一直到现在仅仅三十天，李陵就已经将从汉境到浚稽山的地图给清清楚楚地画出来了，这绝对是一大功劳，汉武帝因此特别开心，大大地嘉奖了李陵，并封李陵派来的这名传令为郎。

如果照此下去，等李陵回到受降城以后，汉武帝一定会着重培养这名年轻的俊杰。

可不巧的是，李陵的行踪被且鞮侯发现了。

如今的单于王庭在什么位置？涿邪山一带。而李陵现在又在什么位置？浚稽山。

浚稽山处于涿邪山的东北部，所以，现在的形势就相当于汉军已经将匈奴单于的后路给断了，只要这时候从南面再来一支汉军同李陵所部前后夹击，且鞮侯单于必定无力抵抗。

所以当且鞮侯听说李陵这支部队以后极为惊恐，遂紧急调动三万骑兵飞往浚稽山，意图歼灭李陵的部队。

轰隆隆的马蹄声震慑着人的灵魂，却镇不住李陵手下的士兵，更镇不住锐气逼人的李陵。

那李陵没有丝毫畏惧，而是迅速布置。

他采用当初卫青之战略，将无数的武刚车横布于两山之间，然后以大戟材官为首排（防敌突击），首环大盾材官为次排（防敌骑射，及配合大戟士防守），弓弩材官为三排，只等匈奴人的进攻。

那匈奴统帅见汉军人少，乃轻视之，直接令三万骑兵对其发动骑射攻击。

可还没等匈奴骑兵进入射程，只听砰的一声巨响，数千箭矢便直冲匈奴人群！

只见密密麻麻的匈奴士兵顿时被血雾笼罩，鬼哭狼嚎声不绝于耳，只一波箭矢就杀死数百匈奴骑兵，算上被射伤、失去作战能力的，直接超过了一千人。

这五千汉军全是得李陵李家箭法之深传者，不但射术精准，上箭速度也相当迅速。所以还没等匈奴人反应过来，第二波、第三波箭矢便如同蝗灾一般冲向匈奴骑兵团。

匈奴将军大怒，速命匈奴骑兵迅速冲到射程以内，对汉军给予骑射。

可一点儿用都没有，抛开汉军先进的甲胄不说，单说前有武刚车，后有大盾掩护，匈奴人的箭矢也无法对汉军造成威胁。

所以匈奴将军舍弃了互射之战，直接令大军突击汉军阵营。

这些匈奴战士也真勇猛，冒着汉军的箭矢群就往上冲，可是依然没有用。

噗噗噗，没等匈奴突骑对汉军阵形造成威胁，汉军的大戟之墙就将这些突骑连人带马地挑死。

匈奴人依然不甘示弱，后排的部队蜂拥而上。

有武刚车阻隔，他们就跳下战马，同汉军展开肉搏。

可就在这时，最前排的大戟材官迅速后撤至二排，二排的首环大盾材官则冲到第一排，举起首环刀便和匈奴人厮杀在一起。

而已经抵达第二排的大戟材官则手持大戟，在前排材官身后抡起大戟哐哐哐地往下一顿狂砸。

一时间，身处于前排的匈奴人被砸得脑浆横飞、残肢漫天。而后面的汉军弓弩材官还在不停地射击，让后方的匈奴人死亡数量进一步加大。（注：李陵布阵分配极为合理，完美地利用了自己人少的"优势"。因人少，所以汉军为横向面积大、纵向面积小，那么两军进入肉搏战以后匈奴人就不敢射击了，因为这样很容易射到自己的同伴。汉军则不一样，因为匈奴人多，所以纵向拉伸很长，后部正好在汉军的射程范围之内，所以汉军可以毫无顾忌地射击）

前军被汉军杀得血肉横飞，后军被汉军射得溃散，直到这时，这名匈奴将领才知道匈奴和汉军的近身肉搏差距到底有多大。

如果任由事态发展下去，还没等杀死汉军，自己这三万人就会全被李陵吃掉。

于是，此匈奴将军迅速下令大军撤退。

可战时突然撤退又犯了兵家大忌，李陵当然不会放过这个痛打落水狗的机会。

于是，他下令五千汉军直接由守转攻，拼了命地追击匈奴后撤人群。

可惜的是，因为汉人没有战马，所以在追击一里以后，李陵便果断让士兵撤回。

本次战斗，五千汉军杀匈奴骑兵将近万人，李陵对于本次作战行动非常满意，便命令士兵迅速撤退。因为李陵知道，且鞮侯单于绝对不会善罢甘休。

再看匈奴王庭方面，当且鞮侯单于听闻三万匈奴骑兵被五千汉军打得溃不成军之时又惊又怒，直接便要斩杀这名被李陵杀得大败的匈奴将军。

眼看就要被杀，匈奴将军大呼："单于不要杀我，请再给我一次戴罪立功的机会！"

且鞮侯大骂："汉军把你杀退了，行踪已经暴露，他们还能在那儿等着被打吗？现在不知道已经跑出去多远了！"

匈奴将军赶紧道："不！尊敬的大单于，事情并不是这样的，那支汉军虽然精锐无比，但是没有一个骑兵，全都是步兵！他们没有马，一定不会跑出太远，如果我军现在对其进行追击，必定能及时赶上，进而将其全歼。"

一听这话，且鞮侯眉头微皱地道："没有骑兵？真的假的？"

匈奴将军："千真万确！"

且鞮侯大怒："太瞧不起人了！来人！"

"在！"

"去！马上传令下去，给我整合整个王庭的部队，我要将这支汉军扒皮抽筋！"

"是！"

就这样，匈奴王庭不停地集结部队，很快便集结了八万骑兵。

由此可见，且鞮侯单于对于李陵所部究竟重视到了何种程度。

所以，当八万大军集合完毕以后，且鞮侯亲自率领他们对李陵所部展开了急速追击。

此时，快速撤退中的李陵已经越过了涿邪山百余里，距离居延塞只剩下一半的路程了（居延塞为汉超长警戒线的主要据点之一，所以，到了居延塞等同于进入了汉朝边境，那时李陵才算是安全的）。

可就在这时，李陵隐隐听到后方有马蹄声传来，见远方尘土，又听马蹄之声，李陵料定，此必是匈奴主力部队。

而这时候，汉军行军多为平地，如果在这种地形同数倍于自己的匈奴人作战，那无异于找死。

于是，李陵当机立断，命大军迅速向南方一山谷疾奔，坚决不能让匈奴人在平地将自己的部队包围。

在没有骑兵的条件下不知李陵是怎么办到的，这太难了，史书上没有记载，只说李陵和庞大的匈奴部队且战且退，一连战斗了数日才成功退到山谷之中。这简直可以说是军事奇迹。

咱们接着看李陵。

李陵所部进入山谷之中的时候具体损失多少士兵已无从考证，不过通过以后李陵又和且鞮侯多次战斗还剩三千人来考虑，估计现在所损失的士兵应该只在一千左右。

但是，余下的士兵受伤却特别多，还疲惫至极，士气低落。

不过李陵非常了解自己手下的这些勇士。他们一个个勇猛过人，极为好战，所以哪怕如此疲惫，士气也绝对不会弱到如此程度。那既然这些士兵不会因为疲惫而士气低落还能因为什么呢？

当初，汉武帝为了扩充边境人口，便将那些犯了罪的人的妻子全都迁徙到边境，鼓励他们再嫁边地中人，以此来补充人口。

可自从汉朝统一天下以后，儒家思想逐渐深入到了人们心中，所以当时的女子想要再嫁就成了一件非常困难的事情。

于是，边境一带总有一些孤独的少妇独守空房，寂寞难耐。

正巧这时候，李陵率部在边关一带休整之后深入匈奴，一部分汉朝特种兵便同这些少妇勾搭在一起。

可军队中是不准带女人的，这些汉朝大兵们就将这些女人藏到了运输车之中。之前因为汉军屡战屡胜倒还没有什么。可如今，李陵所部已经陷入了完全被动的局面，晚上再进入温柔乡中，就不免令人丧失战意，祈求苟活了。

之前李陵也知道这些事情，只不过在不影响战局的情况下他装作不知道而已。可如今这些女人已经影响到了战士们的士气，所以李陵必须要采取行动了。

于是，李陵亲自带人挨个搜查运输车。最后，他将这些被搜出来的女人全部斩杀，一个都没有留下。

这些痛失妻子的士兵心中无比愤怒，不过他们恨的不是李陵，而是那些逼迫他们的匈奴人。所以，这些士兵化悲痛为力量，在第二天抵抗匈奴人的时候如同拼命三郎一样凶悍，再加上现在汉军已经成功地进入了山谷，使得匈奴人不得不同汉军展开步战。结果，第二日汉军成功击退了匈奴人的进攻，并斩杀三千余匈奴骑兵。

这些天，匈奴人和汉军交战的次数实在是太多了，他们一次又一次被汉军击退，损失士兵不计其数。

如今，汉军已经成功进入了山谷，地形上更是占据优势，再加上本次又被汉军杀死三千多人。

所以，匈奴人怕了，真的怕了。

且鞮侯见三军已经有了畏惧之心，再加上这些汉军的战斗力实在惊人，便打算围住山谷，活活饿死汉军。

可李陵的军事嗅觉极为敏锐，他见匈奴人完全撤出山谷，料定匈奴人是想围死自己，便决定豪赌一把。

李陵率领全军在夜色中趁着匈奴人还没有完成合围的时候，竟然悄无声息地从一处缺口中逃了出来，然后向南急速狂奔。

且鞮侯在第二日完成合围以后美滋滋地等着汉军投降，可两天过去了，汉军那边根本没有任何动静，这实在是太不正常了。

结果，且鞮侯派人上山一看，哪里还有半个人影。

且鞮侯大怒，立即率领士兵沿途追击，人的双腿怎样也快不过马，终于在第五日追上了汉军。

此时的汉军距离居延塞已经不到五十里了，只要再给他们一天多的时间，李陵必定能回到汉朝国土，可是这一天却是那么遥不可及。

不过，李陵依然没有放弃，虽然匈奴追兵已到，但他如同战场中的狐狸一样，在第一时间便率领众人钻进了一大片泥沼之中。

而这些泥沼中有大片的芦苇，极好地隐蔽了汉军的行踪。

无奈，且鞮侯只能派人下马搜索。

结果，下去几个死几个，这片泥沼简直成了匈奴人的索命池。

且鞮侯怒不可遏，当即命人放火烧沼泽，想要将汉军活活烧死。可这根本难不倒李陵，他在匈奴人放火的第一时间便同样命人烧出了一段隔离带，然后借着火势与芦苇暗中逃脱，之后再次向南奔逃。

大火烧完以后，后方的芦苇却什么事都没有，一见此景，且鞮侯就感觉大事不妙，便慌忙派人前往搜索汉军尸体。

果然，经过了一番严密的搜索，根本不见半具汉军尸体。

一次又一次被李陵所戏耍，且鞮侯暴跳如雷，发誓一定要生擒李陵。

可就在这时候，一名将领对且鞮侯道："大单于，凭这段时间和汉军交手的情况来看，这些汉军一定是汉朝最精锐的战士，而像这种级别的战士都是一个国家的宝贝，怎么可能只单单派遣他们就深入我匈奴境内呢？应该协同作战才是正理，可汉朝皇帝并没有这样做，那这是为什么呢？末将怀疑，这都是汉朝人的阴谋，他们就是利用这些汉军精锐一点一点地将我们吸引到汉境边缘，然后利用我们的疲惫，突然出动骑兵给我们施以致命打击。大单于，您现在带领的士兵可都是您的底牌，如果他们被汉军歼灭，那……"

这名将领没有把话说完，可且鞮侯确实一个哆嗦。

是呀，如果汉朝在前方设置伏兵的话，就凭自己现在的这些疲惫之师是绝对要被歼灭的。到时候，哪怕是汉朝人不杀自己，内部的兄弟和那些野心家们也容不下自己了。

所以，且鞮侯犹豫了，并且生出了要退兵的想法。

但就在这时候，其他将领突然蹿了出来，一个个怒吼道："我等不赞同！

大单于，汉朝这五千精锐深入我大匈奴境内，从开始到现在已经杀掉我匈奴数万战士了，如果这次不能将他们歼灭，那我们匈奴从此以后便会被天下诸国所小看，您也会在国中失去魄力，所以不管从外交上还是您个人权力的稳固上，您都不能放弃追击汉军啊！"

且鞮侯："可汉军的举动确实太不正常了，现在我们距离居延塞只有不到百里的路程了，如果像他说的，真有汉军在前方等着我们，那等待我们的将会是灭顶之灾啊。"

匈奴将领："大单于说得没有什么错，不过如果前方没有伏兵呢？那我们不是白白地浪费了机会吗？所以末将建议，继续追击李陵。现在，我们前方满是丛林山谷，李陵定会走此路，如果在这里还不能全歼他们的话，那我们再退回去也不迟！"

且鞮侯再三犹豫，也许是真的不甘心就此退兵，所以终是答应了这名将领的请求，再次统领大军拼命追击李陵所部。

最后，且鞮侯终于再次在一个丛林附近探察到了李陵的踪影。

不过这一次且鞮侯学聪明了，他没有直接对李陵所部发动攻击，而是继续向前狂奔，占据了汉军归路的所有制高点（土山），以逸待劳地等待着李陵的驾临。

果然，在过了一段时间后，真的发现了汉军的踪迹。

于是，且鞮侯当即命令自己的儿子率领骑兵从制高点对汉军发动了突然袭击。

李陵临危不乱，临阵反应速度超绝，他急速命令强弩材官爬到树上，看到匈奴人就往死里射击，下面的近战材官则摆防骑大阵，死死地拖住敌军。

在冷兵器时代，如果让穿透力极强的弩手占据射程范围之内的制高点，那等待你的将会是毁灭性的打击。

所以，当匈奴骑兵和汉军近战肉搏的时候，藏身于高处的强弩材官利用树林的掩护，不间断地对匈奴人发动射击。这就好像一千个狙击手在不停射杀你的士兵一样，怎能不让人恐惧至极？

所以，一批又一批的匈奴人被汉军射杀，交战没多长时间匈奴人便被射死一千余人。

匈奴人是非常勇猛的，哪怕是知道正面进攻不是汉军的对手，他们依然敢同汉军死斗，可现在他们面临的则是看不见的敌人在不停地收割他们的生命，这让他们如何能够不害怕？如何能够不畏惧？

所以，匈奴人乱作一团。

且鞮侯之子见势不妙，赶紧命令部队迅速撤退。

没杀死几个汉军，反倒是又折损了一千余人，且鞮侯都快被气疯了。于是，这次他亲自率领数万部队再次对李陵所部发动猛攻。

不过这一次，且鞮侯没有直接冲锋，而是不间断地派出射击骑兵对着树林上方一顿乱射。

虽然材官弓弩手身处于暗处，匈奴人身处于明处，可双方人数差距太大，所以虽然在对射的过程中匈奴人损失要远远多于汉军，但汉军依然顶不住不断的损失。

只见一名又一名汉军从树上被射得跌落下来，李陵只能下令他们迅速撤退下来。

见汉军"狙击手"已经被迫撤离，且鞮侯大喜，立即命大军再一次发动冲击。

可就在这时，李陵直接命强弩材官拿出了汉朝的最新式武器——连弩。

[注：《资治通鉴》说李陵所拿出的连弩一弦三十矢，《魏氏春秋》说三国时期的诸葛连弩一弦十矢，笔者粗浅地认为前朝的科技应该不会高过后朝的科技（明朝和清朝除外），所以汉朝的连弩应该也是一弦十矢左右，但连弩上箭矢非常麻烦，所以在野外战争中一般只能射击一次]

就听砰的一声巨响，无数的箭矢冲向了匈奴人士兵。

此时的匈奴士兵相当密集，所以一射一大片，这一大堆连弩所造成的杀伤就可想而知了。

且鞮侯什么时候见过如此凶悍的杀人兵器？当时就被射蒙了。

因为惧怕汉军继续射击，所以且鞮侯赶紧领兵撤退了。

且鞮侯单于再次召开了军事会议，原因无他，他想撤退了，而这些匈奴将领们也惧怕汉朝那不知道在哪里的伏兵，同时也明白，这些精锐汉军根本无法在短时间内平定，所以也都没有反对，全都同意了且鞮侯的建议。

自此，匈奴人不再攻击汉军，一个个收拾行装打算撤退了。

李陵，这个杰出的军事天才，率领五千汉朝特种部队纵横匈奴境内，连杀数万匈奴骑兵。此等战绩，绝对配同卫青与霍去病相提并论。

可就在匈奴人即将撤退，李陵即将迎接那锦绣前程的时候，在汉军军营之中，一名叫管敢的军侯正在同一名校尉争吵些什么。

不一会儿，那名校尉直接把管敢踹倒在地。

管敢觉得自己受到了委屈，同时，他觉得汉军撑不了多久了，早晚都会被匈奴人所灭。所以，好死不如赖活着，在匈奴人撤退之前，管敢私自跑到了匈奴军中。

不一会儿，且鞮侯的中军大帐传出了一声极为兴奋的吼声："你说什么？你说汉军根本就没有援军？"

管敢："是！小人说的句句属实，不仅如此，汉军的箭矢也快用完了，只要英明伟大的单于断了汉军的后路，他们就是插翅也难飞了。"

听了这话，且鞮侯高兴得都快疯了，语无伦次地道："哈哈哈哈！刘彻这个老愚，真愚不可及！哈哈哈哈！不行，绝不能放李陵再回汉朝，来人！快来人！"

"在！"

"你，去！赶紧去！命令准备带兵撤退的将领马上停止，让他们迅速到我大帐中！"

"是！"

就这样，匈奴人取消了撤退的指令，且鞮侯布置完作战任务以后火速包围了李陵军，彻底断去了李陵的归路。

此时，且鞮侯再无半点儿顾忌，命令匈奴大军不要去想什么疲不疲劳的问题，只管向前进攻。

一波、两波……当汉军抵挡了匈奴人第十波攻击的时候，汉军还剩下三千人！

可汉军的箭矢用完了，汉军的首环刀和大戟也砍报废了，汉军只能拿着随身携带的小刀同匈奴人战斗。

大概是看出了汉军已经到了山穷水尽的地步，大概是通过这么长时间的战斗，且鞮侯也对李陵充满了敬重，所以且鞮侯极想收服李陵为己所用。

于是，且鞮侯暂停了对汉军的攻势，打算派遣使者前往李陵军中劝李陵投降。

可让且鞮侯尴尬的是，没有一个人敢前往汉军，因为大家都认为，李陵是李广的后人，这种忠臣之后最重视的便是名节，他是不可能投降的，甚至还会杀掉前来劝降的使者。

所以，没有一个人愿意去送死。

且鞮侯想想也是，便不打算再为难手下的官员了，直接派出了一队骑兵在汉军周围大喊着让李陵投降。

此时的李陵看着漫山遍野的匈奴人，看着已经疲惫不堪满身是伤的汉军将士。他知道，自己再也回不了汉朝了。

于是，李陵仰天长叹："啊，兵败，那就死吧！"

说罢，就要抽出佩剑自杀。

可从李陵仰天长叹开始，左右的将官神经便高度紧张，就怕李陵自杀。

所以，几乎是在李陵拔剑的那一瞬间，这些将官就冲了上来，紧紧地抱住李陵，一名将官赶紧劝慰道："将军何故如此？您统率五千兵马纵横匈奴，斩杀数万人，拖得八万匈奴人不得安宁，您立的功劳已经够大了，今日之所以败亡根本就不是您的原因。想当初赵破奴被擒投降匈奴，可最后逃回了汉朝依然得到礼遇，您为什么不能投降匈奴呢？这样，以后当您逃回汉朝依然会得到重用！您的理想也一定会完成！何必自杀呢？"

话毕，李陵紧闭双眼，已经抽出一半的宝剑也慢慢回到了剑鞘之中。

但李陵还是没有投降，而是做了最后的努力。

他将所有的将士们都召集到一处，然后分给他们每人两升粮食和一块冰（此时的汉军已经没有水了），让他们化整为零，在夜间分数路突围逃跑。

李陵认为，大概只有这样才能让人侥幸逃脱匈奴人的围追堵截。

于是，在深夜，李陵所部突然对南部匈奴人发动突袭，然后分散而逃。

且鞮侯当然不会放李陵成功逃回汉朝，他见汉军化整为零，便也分出数支部队对逃亡的汉军进行追击，每支部队都有近千人之众。由此可见，且鞮侯惧怕李陵到了什么程度。

结果，原本五千人的部队，最后逃回边塞的只有四百人，而这其中并不包括李陵。

那他干什么去了？难道是战死沙场了吗？

并不是，李陵在逃跑的途中不幸被匈奴人所擒。

他投降了匈奴，意图等日后有机会再行归汉。

可他这么想，汉武帝却不是这样想的。

当汉武帝听闻李陵投降匈奴以后大怒。

他认为，汉朝应该只有战死的将军，不应该有投降的将军。

所以，汉武帝想要给李陵定罪，甚至有想要惩罚李陵家人的打算。

可李陵立的功劳毕竟太大，再加上一家子都是功臣之后，所以汉武帝有所顾忌，便召开廷议，商议如何判处李陵的投降之罪。

当天，几乎在场所有的官员全都异口同声地要判处李陵叛国之罪，只有太史令司马迁，始终没有发表自己的看法。

太史令，那是记载当朝历史的史官头子，如果他不赞同自己的看法，或者在史书上"胡乱瞎写"，那自己不就成了罪魁祸首了吗？

所以，汉武帝盯了一会儿司马迁，然后询问道："太史令。"

司马迁："臣在。"

汉武帝："你对此事有什么不同的看法吗？"

司马迁："有！陛下，李陵对亲人孝敬，对士人诚信，从他以往的表现来看，是有国士之风的。再加上他是功臣之后，所以这种人是不可能投降异族的。"

这时候，一名官员走出来，轻蔑地道："可事实是他毕竟投降了。"

司马迁没有回答此名官员的话，甚至连看都没看他一眼，依然和汉武帝道："陛下，李陵本次全无外援，只率领五千步兵便深入匈奴境内求战，请恕臣下直言，这和送死没有什么两样，他却用这样的班底转战千里，硬撼将近十万匈奴骑兵，在搏斗的过程中斩杀敌人不计其数，甚至最后箭矢都没有了依然奋战到底。这种精神，这种战绩，我想哪怕是古时候的名将也没有谁能超过李陵的吧？如今，他之所以战败，并不是个人能力的问题，而是有很多外部因素影响，所以李陵的失败非战之罪！是的，他确实是投降匈奴了，可他是真心的吗？不是的，因为之前如果不是手下人阻止了李陵，他甚至都要自杀了。这种人，怎么可能心甘情愿地投降匈奴呢？我想，李陵一定是在等待机会，等待一个可以逃跑的机会，然后他一定会重新回到汉朝，替陛下再次出兵攻击匈奴。可笑的是很多人看不到问题的实质，只是任意诬陷，夸大其罪，这如何能不让人痛……"

"够了！"

没等司马迁把话说完，汉武帝便愤怒地打断了他。

汉武帝为什么愤怒呢？原因很简单。什么叫只率领五千步兵？这不明摆着是在说汉武帝没有给李陵骑兵才让他陷入劣势的吗？

什么叫全无外援？这不就是说汉武帝不给李陵外援，让他前往匈奴受死吗？

什么叫李陵之败非战之罪，那李陵没错，难道错的都是朕？

谁又看不清问题的实质，谁又任意诬陷，谁又夸大其罪，这是在指谁呢？

当时的汉武帝坚定地认为这就是在说他。

于是，汉武帝怒了，直接以司马迁夸大李陵战功而贬低贰师将军战功为借口将其罢官并判处死刑。（注：在汉朝，只要不是皇帝必须要他死的有两种方式可以免除死刑，第一种是花钱免灾，第二种则是判处宫刑，司马迁因为没有那么多钱，所以选择宫刑。在当时，官员没有钱的，宁愿选择死刑也不愿被宫刑，因为怕丢人。那为什么司马迁选择宫刑呢？因为怕死吗？不是，原因很简

单，就是因为司马迁还有很多的作品正在撰写中，还没有问世，他不甘心）

至于李陵的家人，汉武帝暂时没有动，他也无暇顾及这些事了，因为现在汉武帝主要的目标是攻击匈奴人。

李陵只不过是一个前奏曲而已。

同年，几乎是在李陵"全军覆没"的同一时间，早已准备好的汉朝三路大军按照汉武帝之前的预想战略相继出兵。

第一路公孙敖和第二路路博德成功会师涿邪山，完成了汉武帝所制定的任务，但并没有达到牵制的效果。

为什么呢？因为现在且鞮侯单于根本就没理会他们两个。

且鞮侯认为，汉军主要的依仗是贰师将军李广利的部队，如果李广利被灭，那汉军就可一哄而散。

所以，且鞮侯将所有的部队全都埋伏在了李广利归途的必经之路上，意图将其全歼之！

先看第二、第三路大军。

虽然他们的战略任务完成了，但是并没有斩杀一个匈奴人，所以实际上是没有起到掩护李广利的作用的，按照当时的情况，公孙敖和路博德应该继续深入敌境，求得与匈奴厮杀，可这两个人害怕再深入被匈奴人伏击，再加上现在已经完成汉武帝的战略部署，料定不会受到惩罚，便直接退军了。

所以匈奴境内只剩下李广利的部队而已。

再看李广利。

李广利一路顺风顺水地到达了天山，然后和右贤王展开了生死搏杀。

此役，李广利成功将右贤王击败，并斩杀万余匈奴骑兵，但己方也受到了很大的损失，李广利料定守不住天山，便率众返回长安。

可殊不知且鞮侯单于早就在归途中等待李广利了，所以在见到李广利所统之汉军的同时，且鞮侯率八万人对李广利进行了突然袭击。

此时的汉军刚刚经历了同右贤王的战斗，虽然胜利，但也是疲惫之师，再加上人数差距非常大，所以很快便落了下风。

李广利只能带领士兵一边同匈奴人战斗，一边修建防御壁垒。

而见识过李陵所统汉军的强大战斗力后，且鞮侯对汉军根本不敢有半点儿轻视。

所以，见汉军的防御壁垒已逐渐完成，且鞮侯立即下令军队后撤，在汉军的射程以外将其团团围住，意图很明显，那就是要将汉军活活困死。

一天过去了，两天过去了。

数日以后，得不到补给的汉军伤亡惨重，眼见这样下去便有全军覆没之危，李广利急得如同热锅上的蚂蚁。最后李广利心一横，决定与其在这里等死，还不如率众突围，便招来军中武艺最高强的赵充国为先锋，带领部队突围逃跑。

赵充国，字翁孙，陇西上邦人，他为人沉稳，勇敢有谋略，从小就励志成为将军，所以专攻兵法，对周围少数民族的生活习性及战斗方式也有深入的研究。

后来，因为赵充国是良家子弟，再加上他弓马娴熟，武艺高强，便被征召至长安充当羽林军。

没过多久，汉武帝命李广利征伐匈奴，赵充国便被派到战场中历练了。

我们书接上文，赵充国得到李广利的命令以后没有半点儿犹豫，亲自挑选了百名精锐骑兵为先头部队，于次日拂晓之时对匈奴包围圈南部展开了奋勇冲杀。

那日，赵充国如同天神下凡，手中战刀上下翻飞，虽身中数箭却依然奋战不倒。

结果，在赵充国所统战队的冲击下，包围圈很快便被冲出了一个缺口。跟在后面的李广利见状，立即指挥大军对这个缺口发动了凶猛的冲击。

然后，汉军成功地突破了匈奴的包围，直接向南奔逃。

且鞮侯则率领大军对汉军进行疯狂的追击，可因为这些汉军是清一色的骑兵，所以李广利和一部分汉军终是逃脱了匈奴人的胡刀，有惊无险地回到了长安。

本次作战，第二、第三路大军无功而返，李广利的军队损失十之七八，诚然为一次惨败。

可毕竟每个人都完成了既定的战略目标，所以汉武帝对于这些将领没有一个责罚的，还亲自慰问了赵充国并拜其为中郎。

纵观本年对匈奴的战役，汉朝先是折了五千特种部队，丢了大将李陵，然后又被匈奴杀掉两万多正规军，可谓是惨败了。

那争强好胜的汉武帝能善罢甘休吗？当然不能，不过在短时间内汉武帝实在是没有精力再对付匈奴人了，原因很简单，因为国内有很多的政事等着他去处理。

5.2　过渡（5）

公元前99年，由于汉武帝长期信奉封建迷信那一套，所以全国到处可见各种神棍。

而伴随着这一股迷信之风，专门操控巫蛊诅咒别人的那些巫师也开始活跃了起来。甚至汉武帝还听说有的人胆敢聘请巫师诅咒自己不得好死。（注：因为连年的争战，国家财政紧缩，后因为垄断经济虽然使得国家慢慢复苏，但汉武帝还是没有停止对外的征伐。不止这样，汉武帝还为了迷信活动大把大把地往外撒钱，使得很多地方的百姓生活一天比一天艰苦，有的人连饭都快吃不起了。所以，当时汉朝人的厌战情绪非常高，有的人甚至聘请巫师诅咒汉武帝早点儿死）

迷信的汉武帝怒不可遏，便在全国发布诏令，禁止巫师在道路上祭祀，并大范围搜索奸人，一旦发现有胆敢偷偷诅咒自己的，直接满门抄斩。

同年，随着汉武帝不断地征伐，国家财政紧缩，有很多地方的百姓都因为各种灾情得不到赈济而流离失所，这就使得一些人为了活命铤而走险。

他们小股几百人，大股几千人，攻击县城、村落，夺取官府的武器粮食，释放狱中的罪犯，并杀死太守、都尉和各级两千石官员。

汉武带一开始没有充分重视，只派御史中丞和丞相长史负责镇压，可始终未能将这些反叛的百姓彻底镇伏。

于是，汉武帝又派遣光禄大夫范昆及曾经位列过九卿的张德身穿绣花官服，手持符节和调兵虎符前往各叛乱地区进行武力镇压。

最后，在经过血腥的镇压以后，这些百姓终于逃出了县城，但他们从此占据各地山川险要之处拦路抢劫，形成了相当庞大的势力。

由于这些势力都比较分散，所以一旦遇到大规模的朝廷征伐便逃之夭夭，小规模的征讨则没有什么作用，所以当地官府对他们也无可奈何。

为了杜绝这种情况，汉武帝命人制定了《沈命法》，其中规定："凡是有成帮结伙的盗贼兴起之地，本地官员没能及时发现，或未能全部擒获的，自两千石高官开始，一直到最低级的小吏，便要全部处死。"

此法令一下，地方各官员大恐，因为这条律令实在是太不人道了，谁敢保证能在第一时间发现谁谋反呢？又有谁敢保证在发现谋反以后能将贼人全部擒获呢？如果跑掉一个贼人怎么办？难道真的要所有的地方官员都跟着受死吗？

所以，自此以后，哪怕是本地有人谋反了，这些官员们也不敢往上报，于是朝廷很长一段时间都得不到地方的真实情况。

同年，为了削除匈奴在西方的附属国，以增强汉朝对抗匈奴的向心力，汉武帝乃遣使往西域，同各个附属于匈奴的小国国王商议，希望他们能背弃匈奴，和汉朝结成同盟。

这些国家距离汉朝比较远，却紧挨着匈奴，所以他们是不敢的。这里面还以车师为最，他们的国王直接将汉使赶出了国家。

消息很快传到长安，汉武帝非常愤怒，一个小小的车师，就九百人口，军队不过二百多人，也敢和我大汉逞能？

于是，汉武帝派遣数千兵马，并让楼兰王也随同出击，一起前往车师，意

图一举灭之。

车师王大恐，赶紧派使者前往单于王庭向且鞮侯单于请求援军。

且鞮侯对于此事高度重视，因为汉朝本次图谋完全是想断了匈奴和西域之间的邦交，斩掉自己同附属国之间的关系，让匈奴变成孤家寡人。他又怎能让汉人如愿呢？

所以，哪怕是汉军只有几千人，且鞮侯依然派出了数万大军前往阻击，意图震慑汉军，安抚西域各附属国。

汉军和楼兰的联军总共还不到一万人，又不是当初李陵手下的那种特种兵，怎能是数万匈奴军队的对手呢？所以几乎没有交战便仓皇撤退了。

汉朝又在西域丢了面子。

公元前98年二月，御史大夫王卿不知因为何事被罢免，杜周接替了他，成为新任御史大夫。

同月，汉武帝垄断国家白酒制造业，下令民间禁止酿酒，以后所有的白酒都要由国家统一酿造专卖。

三月，汉武帝再次驾临泰山，在此地扩建祭天神坛，以表示对天神的敬畏和向往。

在回京路过常山之时，汉武帝又将自己随身携带的珍贵黑玉石埋藏在常山祭坛之下，希望神仙能够早日降临。

同年秋，匈奴左贤王突然偷袭雁门关，对此地展开了一系列的寇掠。

雁门太守没敢出击阻拦，只坚壁清野等待匈奴人自行撤退。

最后，匈奴人是撤退了，但雁门郡周围的村落也被烧杀抢夺得差不多了。

汉武帝因此大怒，将雁门太守弃市。

5.3　汉武末期第二次与匈奴大决战

公元前97年，已经休整了两年的汉武帝终于要再次对匈奴动手了。为此，全国各郡县人头涌动，都在向边境集结。

不过在动手之前，汉武帝不知通过什么途径得知了当初李陵并没有向路博德提出延缓出兵之事，这心里后悔得不行，总是独自后悔道："当初我就不该置气，李陵出塞的时候就应该让路博德跟随他！这样也不会使李陵全军覆没了。"

可光后悔有什么用？赶紧补救才是正事。

嗯，汉武帝是补救了，却画蛇添足，再一次被奸人所误，导致李陵回归之事彻底泡汤了。

汉武帝，真的是老了。

为了能让李陵重新回到汉朝的怀抱，汉武帝特意派遣公孙敖率领一众士兵偷偷往匈奴境内联系李陵，然后迎接他回朝。

这本没有什么错，可汉武帝"瞎了眼"，竟然会派公孙敖去。

有史记载，公孙敖共领兵出征五次，一次大败亏输，一次贻误战机，其他三次皆徒劳无功，要不是有卫青罩着，他早就被杀八百回了。

所以，他这一辈子唯一的亮点就是救过卫青一命。

果然，那公孙敖到了匈奴境内以后，打听到训练匈奴士兵的是一个姓李的汉朝人，他也不详查一下便断定这是李陵，然后急忙撤回长安了。

回到长安以后，公孙敖和汉武帝道："启禀陛下，那李陵投降匈奴以后对匈奴死心塌地，还帮匈奴训练士兵对付我汉朝，所以我料定他不会再回到汉朝，便撤兵回来了。"

一听这话，刘彻又怒了。

于是，汉武帝直接将李陵的家人满门诛杀，他的妻子、母亲、兄弟、孩子没有一个能逃脱汉武帝的屠刀。

可是，汉武帝在杀完李陵全家以后又感觉事情有些不对，便派遣使者往匈奴探查究竟，结果使者一到匈奴，李陵便怒气冲冲地拽住了使者，几乎嘶吼着质问："我李陵为汉朝率领五千步兵横扫匈奴，我没有马、没有援军、没有策应，因此才会失败，但我也为汉朝在匈奴打出了威风，我有什么对不起汉朝的？我有什么对不起刘家的？他为什么要杀我全家？为什么？"

使者："李将军，你先别激动，陛下这样做也是有原因的。"

李陵："什么原因？我有什么对不起汉朝的？"

使者："陛下本来都派公孙敖将军率兵偷渡匈奴境内了，之所以派他就是想要迎你回国，因为陛下已经知道当初误会你了，可据回报说，你为了协助匈奴抵抗汉室，亲自训练匈奴士兵，陛下听了回报以后非常愤怒，这才杀了你全家的。"

话毕，李陵一愣，然后一声爆吼："啊！那根本不是我，是李绪那浑蛋奸贼所为！我李陵从来没帮匈奴人训练过任何士兵！"（注：李绪，原本为边塞汉军都尉，在某一次抵抗匈奴的过程中被匈奴人擒获，后投降，被且鞮侯的母亲大阏氏"相中"，从此被且鞮侯重用，帮助匈奴人训练士兵）

误会解开了，可人也杀完了，一切都晚了。

李陵因此极为痛恨李绪，便在一个夜晚派人杀了李绪。

那李绪是大阏氏的男宠，大阏氏当然不能善罢甘休，就要除掉李陵。

且鞮侯非常敬重李陵，见母亲要弄死他，赶紧将李陵藏到了更北的地方，一直到大阏氏死后他才再回匈奴。

而汉武帝听说事情再一次被公孙敖给办砸了，怒不可遏，本来当即便想斩杀公孙敖，可当时已经给公孙敖分配了军事任务，所以也没有动手。

李陵回不来了，但这改变不了什么，汉武帝依然要攻击匈奴。

同年三月，整军完毕的汉武帝再一次兵出匈奴。本次作战，汉武帝共出动了七万正规军、十三万七科谪，共二十万大军攻击匈奴。（七科谪：有罪官吏、死囚、赘婿、商人、原来是商人户籍的人、父母是商人户籍的人、祖父母

是商人户籍的人）

本次攻击匈奴，汉武帝将部队分为四部，其作战编制和具体作战目标如下。

第一部统帅为贰师将军李广利，统骑兵六万、步兵七万，出朔方，兵锋直指涿邪山。

第二部统帅为强弩都尉路博德，统万余步兵、数千骑兵兵出居延，往涿邪山，负责清除李广利主力部队西北外围的匈奴游散骑兵。

第三部统帅为游击将军韩说，统三万步兵出五原，负责保护李广利的大后方，防止在战斗不利的情况下被匈奴人断了归路。

第四部统帅为因杆将军公孙敖，统一万骑兵、三万步兵，负责掩护李广利之右翼，兵锋直指涿邪山。

匈奴方面，且鞮侯听说汉朝出动四路大军攻击自己，遂集结全部左、中、右三廷之力共十万骑兵于浚稽山以南列阵，其意图非常明显，那就是要和汉朝决一死战。

为了这次决战，且鞮侯命令所有的匈奴百姓都要带着辎重远遁余吾水（今蒙古国鄂浑河）北方，并且下令所有将领和士兵："本次作战为生死决战，绝不允许临阵脱逃，如果发现一个私自逃跑的，直接满门抄斩。"

就这样，两方决战即将开始。

李广利在到达涿邪山东南的草原以后成功完成了大会师。

与此同时，斥候来报，说匈奴主力大军都驻扎在北方的浚稽山下。

李广利略疑片刻便下令全军扎营休息。

几日以后，感觉士兵的体力都得到了恢复，李广利令旗一挥，便带领大军北上浚稽山，同且鞮侯决战。

本次作战，李广利凭借人数优势，直接让自己的部队和公孙敖的部队向前平推，路博德则率所属部队于外围游走，准备见缝插针，配合李广利作战，韩说则驻守涿邪山一带，护住大后方。

匈奴方面则不同，且鞮侯认为，汉军人数虽然占据优势，可骑兵很少（特别是公孙敖所部），战马和士兵的精锐程度也无法和霍去病那时候相提并论。

最重要的是，公孙敖这个将领他们匈奴人也都不陌生了，这基本是个废物。如果能将他所统率的右翼汉军歼灭，那李广利的主力大军就会陷入被钳击的境地，到时候胜利就距离自己不远了。

于是，且鞮侯决定豪赌一把，他将近五万的精锐骑兵全交给了左贤王狐鹿姑，让他尽自己最大的努力，在短时间内消灭公孙敖。

之后，且鞮侯再分三千余匈奴骑兵交给右贤王，让他拖住路博德的骑兵，自己则亲率四万七千余骑兵拖住李广利的主力部队。

就这样，战斗开始了。

一开始，李广利见且鞮侯的士兵很少，便对其发动了一波又一波的攻势，可且鞮侯却利用王庭骑兵那无与伦比的机动能力同汉军游击作战。

见步兵无法追上匈奴骑兵，李广利当即命令骑兵出击作战。

且鞮侯一见汉朝骑兵出击，便命大军化整为零，分出多个小股部队四散而走，然后从多个方向不断袭击汉朝骑兵，这让李广利非常头痛。

无奈之下，他只能下令让骑兵撤退回来，然后命令步骑混编，继续向前挺进，争取能和匈奴人短兵接触。

就这样，汉人匈奴"激战"了整整三天，谁都没能占到便宜。

就在这时，突然有传令兵向李广利报告，说负责右翼的公孙敖连日被匈奴左贤王猛攻，现在已经逐渐不支，眼看就要面临覆灭的危险了。

李广利大恐，当即便想命一部前往支援。

可想一想李广利又后悔了。

第一，现在且鞮侯盯得自己紧紧的，如果这边稍有异动，且鞮侯一定会在第一时间做出反应，如果中途被截击怎么办？

第二，公孙敖实在是太废物，哪怕是自己派出援兵了，那不是还要归公孙敖节度吗？如果到时候援兵再被左贤王消灭怎么办？那不是主力大军也有被覆灭的危险了吗？

第三，如果分出大军团前往救援公孙敖就必须要用骑兵，人数还不能少了，如果这时候且鞮侯发动总攻击怎么办？要知道，自己所统率的这些步兵可都不是什么正规军，而是一些从来没有过战阵经验的人啊，到时候自己还活不活？

基于以上三点，李广利决定不去救援公孙敖，但同时也不进攻了。

因为公孙敖一旦被消灭，自己的部队便会被两面夹攻，到时候必败无疑。

于是，李广利在大势尚好的情况下直接率军南下了。

且鞮侯也没追击李广利，因为本次的任务就是打退汉军，如今汉军已经撤退了，那就没有再行攻击的必要了，关键是李广利手上的力量太强大了，如果真把他逼急了，那就有可能自己也损失惨重。

汉朝能损失得起这十多万人，他们匈奴可损失不起这十万人！

所以，且鞮侯选择不去追击李广利。

可那边的公孙敖就没有这么幸运了。他见李广利已经撤退，便也忙着带领自己尚且剩余的残兵撤退。

可他公孙敖手上的士兵已经被打杀得只剩十之三四，对左贤王根本构不成威胁。

于是，左贤王直接对公孙敖所部展开了疯狂追击，直到李广利的接应部队到来左贤王才撤退回去。

本次作战，匈奴和李广利及路博德所部都没有损失多少士兵。只有公孙敖的三万士卒全军覆没，骑兵也没有剩下多少。

原来有卫青罩着，公孙敖兴许还能免除一死，可如今卫青早就魂归西天了，自己损失了这么多士兵还能活命吗？

于是，公孙敖当机立断，直接溜到民间躲起来了。

多年以后，汉武帝还是把他给揪出来了，并将其满门诛杀。

汉军又败了。当汉武帝听到此战报以后虽然愤怒，但又一次失败同时也令汉武帝展开了深入的思考。

汉武帝认为，本次失败最重要的原因一是将领的安排，如果汉军右翼不是公孙敖的话也不会如此轻易便被打败。二是士兵的档次，本次汉军二十万大军说出去威风凛凛，可实际上正规军只有七万人左右，其他的都是一些没上过战场的人，这种士兵是最容易溃散的，不拖后腿就不错了，怎么还能指望他们去打击匈奴人呢？三是经济问题。经过多年连续不断的战争，汉朝现在的经济可真是捉襟见肘了，要不然派出去的就是全重装骑兵或者全重装步兵了。所以，因为经济的问题缺少战马和精良装备也是本次汉军失败的重要原因之一。

所以，基于以上三点，汉武帝虽然愤怒，却没有再行攻击匈奴，而是打算养精蓄锐一段日子以后再行攻击。

汉朝和匈奴之间因此又和平稳定了好长一段时间。

接下来就让我们看看汉武帝利用这难得的和平时期都做了什么吧。

5.4 过渡（6）

同年九月，也就是汉军败给匈奴半年以后，汉武帝下令，凡死刑者，可缴纳五十万钱减死刑一级（重死刑减为轻死刑，轻死刑减为笞刑）。

公元前96年正月，汉武帝下令，郡国中那些犯了罪的土豪和官吏全都要迁徙到茂陵和云陵居住。为此，茂陵和云陵迅速富了起来，各地被霸占的土地也空出来不少。

还是同年，匈奴且鞮侯单于魂归西天，其长子左贤王狐鹿姑继承了单于之位。因为之前狐鹿姑曾率领五万骑兵大破公孙敖，使得汉军撤退，所以其在国中之威望水涨船高，根本不用另行巩固地位。

公元前95年正月，现任御史大夫杜周卒，暴胜之为新任御史大夫。

暴胜之，字公子，曾当过地方长官，对治理地方很有一套。他为人心胸宽阔，在处理案件上雷厉风行，和当初的张汤非常相似。所以汉武帝很喜欢暴胜之，便将其调入长安任用。

还记得前几年汉朝各地发生的大规模农民起义吗？

那时候，因为很多地方官员都处理不了本地的农民起义，所以汉武帝便派遣暴胜之下到地方领导当地官员镇压叛乱。

暴胜之到了地方以后，身穿绣衣，手持斧头，亲自带领官兵们攻打暴民，其所到之地的农民起义皆被血腥镇压。

这还不止，暴胜之每到一个地方，都要求地方官府必须全力配合。如果有谁供给的粮食、士兵和装备有任何一点不符合暴胜之的要求，那他就要杀一儆百！

等到叛乱快被平定的时候，不知道他已经杀死了多少官员。

直到有一天，他碰到了一个叫王诉的，才开始慢慢转变自己的行事风格。

那一天，暴胜之巡察到了被阳，要杀掉当时身为本地官员的王诉。

当时，王诉的上衣都已经被扒下来了，身体也被推倒在案板之上，立即就要被杀头了。这要是普通人，早就吓得面无血色了，可王诉非但没有被吓到，反倒是一脸微笑地看着暴胜之。

暴胜之对王诉的表现感到非常惊异，便制止了刽子手，问王诉有什么话要对自己说。

王诉微笑着对暴胜之道："暴公子为朝廷特使，从上任以来执掌生杀，早已经威震全国，而您现在杀我一个也不能再增加多少威风，起到的作用也没有那么大了。并且，如果暴公子您继续这样残杀下去的话，我怕您会走张汤的老路，不如从此转型，根据各人的情况使法度有所延缓，以彰显您恩德的一面，也给我一个机会，让我从此以后拼尽全力来报答您。"

话毕，暴胜之陷入了长时间的沉思，最终放了王诉，并以王诉为自己的心腹手下。

后来，暴胜之圆满完成汉武帝给他布置的任务，回到长安以后立马提拔了王诉，王诉从此入京辅助暴胜之。

这之后，在王诉的帮助下，暴胜之逐渐转型，从一个"酷吏"变成了温文尔雅的"贤者"，在朝廷中得到了很多大臣的拥戴。所以，当杜周归西之后，暴胜之直接接替了他的位置，成为汉朝新一任御史大夫。

同年秋，因为本年又发生了数次旱灾，使得收成大幅度缩水，汉武帝每天都因为这事儿吃不下睡不着。

一天，汉武帝正在侧殿愁眉不展，突然一个小太监进来道："陛下，中大夫白公求见。"

汉武帝："宣。"

白公入内，汉武帝皱着眉头问："公务繁忙，不知中大夫有何要事？"

白公也没管汉武帝的语气，微笑着道："陛下为何如此愁眉不展？难道是有什么烦心事吗？"

汉武帝："明知故问，现在全国各地旱灾连连，关中地区更是重灾区，我能开心得了吗？"

白公："巧了，微臣这次前来正是给陛下献策来了。"

汉武帝："噢？中大夫有策快说。"

白公："陛下，当初战国之时，韩国的奸细郑国曾为秦国修建郑国渠，因此关中富裕，连年丰收。可如今，百多年过去了，郑国渠已年久失修作用大减。因此，关中之地得不到灌溉，才会一碰到旱灾粮食产量就大减的情况。所以臣请命，为陛下重新修缮、扩建郑国渠，让陛下不再为粮食的歉收所困。"

话毕，汉武帝当即拍板，命白公修缮、扩建郑国渠。

白公接手以后，立即着手实施，在很短的时间内便将郑国渠修缮完毕。

之后，白公开始扩建工作，他引泾水，起谷口，入栎阳，注渭水，修建了一条长达二百里能够灌溉四万多顷田地的大渠，这便是白公渠了。

此渠建成以后，再加上已经翻新完毕的郑国渠，使得关中大片田地得以灌溉，粮食从此又慢慢地多了起来。

正所谓："关中有二渠，西北从此无凶年。"

时间很快到了公元前94年，随着这几年的励精图治，再加上汉武帝不对外发动战争，所以汉朝的经济有了些起色。

可有了点儿闲钱以后，汉武帝又开始不安分了。

这一年正月，亚洲很多国家的使臣如往年一般前来长安拜见汉武帝。汉武帝为了向这些国家的使者们表现自己的富有，特别招待他们前往甘泉宫饮宴。

在一般的情况下，于皇宫之内招待国外使臣就算给够面子了。可汉武帝却直接把他们都集中在一起请到甘泉宫去饮宴了，并且连饮数日。这期间花了多少钱史书上虽未细表，但一定也少不了。而这只不过是一个开始而已。

送走了这些外国的使者以后，汉武帝为了让天下百姓和他一起分享心中的喜悦，乃下令全国酒厂，让他们免费供给百姓若干白酒，狂饮五日。

之后，汉武帝再次踏上了求仙之旅。

这一次，汉武帝东巡至琅邪郡，然后至成山祭拜太阳之神。

之后，汉武帝登上了之罘山，再次向上天表达了自己求仙的虔诚。

然而，就在下山以后，汉武帝却突然幻听，他听到山中隐隐传来神仙之音。他觉得这是老天对他的启示。于是，他亲自率领船队下海寻找神仙，可多日以后，仍一无所获。

于是，汉武帝只能再次失望而回。

在回长安的路上，汉武帝再次驾临泰山，又是一顿求仙拜神。一直到公元前93年的五月，汉武帝才回到长安。

本次行程，汉武帝一共溜达了十五个月，其间所建临时行宫不知道有多少，维护这庞大的队伍也不知道花了多少钱，翻新修建的神观又不知道花了多少钱。最夸张的是，本次汉武帝"长途奔袭"，但凡路过之地，每户都要赏赐五千钱，孤寡老人还要赏赐帛一匹。

综合以上，汉武帝本次出行所花的钱财只能用"不计其数"来形容。

然而，就在汉武帝返回长安以后没多长时间，代郡突然闯入了成千上万的毒蛇，这些毒蛇进入代郡以后直奔文帝庙，和城中的毒蛇在文帝庙展开了集体斗殴。

最后，城中的毒蛇被外来的毒蛇全歼，我称这一战为"文帝庙之战"。

那这让人大跌眼镜的一幕到底代表着什么呢？在这之前先介绍两个人，因为在接下来的故事当中，这两个人可都是不可或缺的重要角色。他们分别是赵婕妤和赵人江充。

5.5　卫氏的覆灭，刘据的悲歌

赵婕妤，河间人。其人天生丽质，从小就是美人坯子，长大了更是国色天香。

可不知是什么毛病，她两只手从生下来就是握着的，从来都没有打开过一次（一说双手根本没事，全都是装的）。

不知是何年何月，汉武帝在某日巡视了河间。赵婕妤的父亲认为凭借自己女儿的美色一定能得到汉武帝宠幸，于是花了大价钱贿赂汉武帝身边众多神棍中的一位。

那神棍收了钱自然办事，于是便和汉武帝道："启禀陛下，臣观此地云气，必有奇女，陛下何不召来一见？"

汉武帝被这神棍调出了兴致，于是便派这神棍前往寻找。

神棍装腔作势地带人寻找了一整天，"终于"是把赵婕妤带到了汉武帝身边。

那赵婕妤长得颇有姿色，再加上手始终是握拳的姿势，这就更让汉武帝感到惊奇，于是便凑上前去试着掰开赵婕妤的双手。

结果，这一下还真掰开了。

汉武帝为此大为惊叹，料定这就是老天赐给她的女人。所以，从这一天起，赵婕妤便被汉武帝收到了后宫之中，因为其从小便握着拳头，所以也被称之为拳夫人。

还因为赵婕妤拳头里面有一个小小的钩形胎记，汉武帝因此给赵婕妤盖了一座钩弋宫，所以也称赵婕妤为钩弋夫人。

而此时的卫子夫虽然为当朝皇后，却已年老色衰，再也得不到汉武帝的宠幸，再加上卫青和霍去病死了以后，卫子夫的外戚势力大减，只剩下一个所谓的"丞相"公孙贺为外援而已。

所以，新宠钩弋夫人自从进入后宫之后便准备对那光鲜亮丽的皇后之位发起冲击。

直到公元前94年，赵婕妤终于给汉武帝生了一个大胖小子，这便是刘弗陵了。

值得一提的是，这个刘弗陵和两千年以前的尧一样，都是怀了十四个月才生出来的。为此，汉武帝特别高兴，专门给赵婕妤生产的门取名为尧母门。

"尧母门"这三个明晃晃的大字就是一种信号，它代表着汉武帝有将刘弗陵扶上皇太子的心思。

因为尧是五帝之一，就这么简单。

我们再来看江充。

江充，字次倩，赵国邯郸人，本名江齐，身无所长，普通人家出身。在当时，像江齐这种没有什么大学问、也没有什么大背景的人一辈子注定是没有什么出息了。

可江齐运气非常好，因为他有一个如花似玉的妹妹。

这妹妹不久便被赵国的太子刘丹所看中，将其纳入后宫，宠爱有加，还给江齐也安排了很好的职位。

按说，滴水之恩，应当涌泉相报。

可江齐很明显不是这样的人，他很明白狡兔三窟之理。

于是，江齐利用太子府中人的便利广结赵国的那些公子们，并以出卖太子府情报的手段换取财物。

后来，因为江齐长得仪表非常，所以被赵王刘彭祖所宠幸，聘请他为自己的上等宾客，成为赵王刘彭祖身边的红人。

在当时，想成为赵国太子的公子有很多，其中有一个公子就是除赵丹以外最有希望的人。

于是，他就想整死赵丹，便花了大价钱贿赂江齐，想让他在赵王身边诋毁赵丹，进而将他弄下太子之位。

那赵丹还用得着诋毁吗？罪状一大堆。因为赵丹不但和自己的同母姐姐乱伦，还私通赵王刘彭祖的妃子们。

这还不止，他还充当赵国本地黑社会的保护伞，常常下访民间，和这些黑社会在一起干一些强抢民女、杀人越货的事情取乐。

所以，手握着赵丹私密之事的江齐就变着法地向刘彭祖去透露这些事情。

可这事儿后来竟然被赵丹知晓了。赵丹得知此事以后大怒，直接命人突击了江齐的家中，将江齐的全家都给抓了起来。

当时江齐并不在家，所以逃脱一劫。

这以后，江齐改名为江充，躲藏在民间不敢露面。赵丹放出话去，让江齐赶快回来受死，不然他的爹、妈、老婆、孩子全都难逃一死。

而江充显然更在乎自己。所以一直都没有露面，他的全家都被赵丹杀绝。

这之后，江充辗转逃到了长安，将赵丹所犯之事一股脑地都禀报给了汉武帝。

汉武帝闻讯后大怒，当即命廷尉署派人前往邯郸，将赵丹抓获。

最后，经廷尉署严刑拷打，赵丹对所犯之罪供认不讳，汉武帝直接对其判处死刑，并不准花钱赎罪。

那赵王刘彭祖是汉武帝同父异母的哥哥，他听说汉武帝判处了赵丹死刑，当即上书汉武帝为赵丹喊冤，说江充是一个无可救药的小人，靠编造谎言来欺骗朝廷，以此谋求官职再报私怨，请求率领赵国勇士抗击匈奴，以此换取赵丹的性命。

可是汉武帝并没有答应，直接斩杀了事。

之后，汉武帝亲自召见了江充，有关礼仪的官员本来想让江充换上一套规规整整的礼服，可这江充也不知道是从哪里打听的，听说汉武帝不喜欢规规矩矩，就喜欢新奇的东西，所以死活不穿礼服，就要穿自己设计的衣服。

那么江充穿的衣服是什么样子呢？

《汉书》有载："充衣纱縠禅衣，曲裾后垂交输，冠禅缅步摇冠，飞翾之缨。"

别说，汉武帝还真就喜欢这一套，再加上江充本来就长得仪表堂堂，所以汉武帝一见他就被他迷住了，并称之为奇士。

这一下先入为主了，江充和汉武帝越聊越投机，可以说是一见如故了。

两人大概又聊了一段时间以后，江充直接向汉武帝提议，请命出使匈奴。

在当时，因为匈奴经常扣押汉朝使者，所有极少有敢主动请命出使匈奴的汉臣，这让汉武帝很不痛快。所以，江充断定，只要自己揽了这个活儿，汉武帝定会对自己刮目相看。

而事实也确实如此，本就看江充非常顺眼的汉武帝一听江充主动揽这么个难干的活儿，对他更是满意，便命其为谒者，出使匈奴。

有关这一次江充出使匈奴到底是去干什么，他对狐鹿姑都说了什么，多长时间回来的，史书上都没有记载。我所能知道的只是这一次出使匈奴以后，江充立马被汉武帝升为了绣衣使者，总督三辅地区的盗贼抓捕，禁止官员权贵的奢侈腐败，俨然成为一颗冉冉升起的政治明星。

成为绣衣使者以后，江充再一次抓住了汉武帝的心理。因为汉武帝为了再次攻击匈奴，所以这些年来不断地在内政方面下功夫，其意图就是两个字——攒钱。

所以，江充直接建议汉武帝，将三辅地区那些有奢侈浪费的、贪污腐败的官员和土豪全都抓起来，没收他们的车马，让他们前往北军待命，时刻准备攻打匈奴。

你不想打匈奴也行，交钱吧，只要交的钱够数，就立马放了你。

所以，那些个被江充抓住的权贵、土豪、皇亲国戚们全都交钱赎了罪，使得朝廷轻轻松松就得了好几千万钱。汉武帝从此对江充更加看重。

见江充在汉武帝身边越来越得宠，始终对皇后和太子之位有所窥探的赵婕妤便趁机对江充伸出了橄榄枝，意图不言自明，就是想用江充来对付太子刘据，从而完成自己的梦想。

而当时，尧母门事件闹得沸沸扬扬，大家都猜汉武帝想要改立太子，所以江充和赵婕妤一拍即合，从此以后开始时刻注意太子的一举一动。

话说一次，江充随同汉武帝一起前往甘泉宫避暑，因为当时太子正在长安监国，所以每隔一段时间都需要派遣使者前往甘泉宫汇报工作。

而这一次，大概是因为这名使者认为背后有太子撑腰，所以驾驶车马走了只有汉武帝才能走的驰道。

江充见此，直接便将太子的车马和使者全部扣押。

太子刘据听说此事以后非常恐慌，因为现在卫氏外戚已经没落，自己每日都小心翼翼地做事，生怕遇到什么问题使自己万劫不复，所以当听说江充将他的人马扣押以后直接派人前往江充处代表自己道歉：

"江大人，今天我是代表太子来找您的，希望您能归还太子的车马和使者。"

江充默不作声，但脸有怒色。

使者赶紧道："江大人莫要动怒，我们太子实际上不是吝惜自己的使者和车马，而是实在不想让皇帝陛下听说这件事情而伤心。这次的事情我们太子知道错了，他让我代他向江大人保证，以后一定会严格管教下人，再也不会出类似的事情了，还请江大人通融，不要将此事报告给皇帝陛下。"

江充还是没有作声。不过在这之后，江充立即将太子使者在驰道上行走和前来贿赂他的事情统统报告给了汉武帝。

汉武帝虽然没有惩罚太子，却重重地表扬了江充，之后升其为水衡都尉。

好了，江充暂时就先介绍到这儿，可你要是认为和赵婕妤勾结在一起收拾太子刘据的只有江充一人那就错了。

那赵婕妤为了能百分之百地搞定太子刘据，扶自己的儿子刘弗陵上位，还勾结了当时几个伺候汉武帝的小太监，让他们从中离间汉武帝和刘据之间的关系，他们分别是苏文、常融和王弼。

一次，太子前往宫中拜见卫夫人，也许是好些日子不见了，母子二人聊了好长的时间，直到太阳落山以后太子才回往东宫。

苏文感觉这是一个机会，便向汉武帝进谗言，说太子刘据之所以这么长时间才从后宫出来，并不全是拜见卫子夫，实际上是趁机调戏宫女。

苏文本是想借机打压太子，可谁知汉武帝根本就没当回事，反而还给太子送过去二百多名宫女。

平白无故地送来二百多名宫女，这什么情况？太子和卫皇后都非常诧异。最后终于是打听到这都是苏文在背后搞的鬼。

卫皇后气得是咬牙切齿，当时就想禀明皇上杀掉苏文。

可刘据大概是出于多一事不如少一事的想法，抑或怕因为这事儿动摇了自己的位置，所以对卫皇后道："母亲不必如此，身正不怕影子斜，只要我们不做错事，又何必怕苏文等人呢？我相信凭父皇的圣明一定不会相信这些奸猾之徒的谗言。"

欲加之罪，何患无辞，刘据真的是太天真了。

果然，这次事件过去以后，苏文和常融等人见东宫并没有发起反击，便愈加肆无忌惮。

一次，汉武帝身体有些不适，便命常融召太子前来。那常融召唤完太子以后急匆匆地先跑回来了，然后和汉武帝道："陛下，刚才小人前去和太子传达陛下的旨意，竟见太子面有喜色，还请陛下多多留意。"

话毕，汉武帝没有作声，也没有任何感情的波动。

这是为什么呢？因为汉武帝太了解自己这个儿子了。他对于太子刘据的孝道那是有相当的信心的。

果然，当刘据前来拜见自己以后，汉武帝对其神色进行了仔细的观察。

汉武帝发现刘据的脸上能看出微微泪痕，并且和汉武帝聊天的时候明显是在强颜欢笑，这就使得汉武帝更加断定，刘据一定是为自己的病情而伤心。

所以，汉武帝断定，常融一定是在搬弄是非，便将常融斩杀以此向某些人表达自己对太子的信任之情。

刘据又一次逃脱了赵婕好等一干人的暗算，他安全了？没有，远远没有。

赵婕好城府极深，不达目的誓不罢休。

这一次失败以后，她又想出了一个极为庞大的阴谋。

公元前92年夏，一天，汉武帝正在建章宫散步，却在到达中龙华门的时候看到一个佩着宝剑的男子。

中龙华门，那可是建章宫的内门，是绝对不允许除了守卫以外的人带武器进入的。

所以，汉武帝断定这人一定是个刺客，于是当即命左右郎卫将其擒获。

可该男子武艺高强，竟然在众郎卫的围追堵截之下成功逃脱。汉武帝因此大怒，杀掉了掌管宫门出入的官员，然后命三辅地区的骑兵展开了大规模地毯式搜索行动。

可十一天过去了，案情却没有丝毫进展。

汉武帝为此怒不可遏，整日阴着脸，众官员噤若寒蝉。

然而就在这时候，卫子夫的姐夫，当朝丞相公孙贺却主动请缨，请求汉武帝让他全权负责此事。

公孙贺不是一向秉承明哲保身之道吗？他怎么会往自己身上揽这么个难搞的活儿呢？

唉，可怜天下父母心啊，公孙贺之所以如此，完全是因为想要救自己不争气的孩子。

原来，自从公孙贺成为丞相以后，其子公孙敬声就接替了他原来的职务成为太仆。可这公孙敬声的性格和他老爹简直就是两个极端。

公孙贺为人谨慎，明哲保身，行事从来都小心翼翼，生怕有什么把柄被别人抓住。可他那儿子就不一样了。公孙敬声骄横霸道，目无法纪，竟然擅自动用北军军费一千九百万钱。

汉武帝最重视的就是军费了。可以这么说，在当时，官员贪点儿并不是什么大事，只要不太大就行了，可军费是绝对不能染指的，这是汉武帝的逆鳞，触之即死！

而这公孙敬声不知道从哪借来的虎胆，非但克扣军费，还扣了这么多。汉武帝当然不能留着他。

所以，汉武帝直接将公孙敬声打入了死囚牢房之中，等待秋后问斩。

综合以上，公孙贺为了救自己的儿子，这才接了这个难干的活儿，希望成功抓住犯人以后替自己的儿子将功赎罪。

汉武帝也不想让老公孙伤心，而且自己也非常想要抓住这个贼人，便答应老公孙的提议，只要能够成功抓住凶手，就将公孙敬声放了。

为了儿子能够活命，老公孙也是拼了，他用尽了所有的关系和财力，终于在很短的时间内将这个贼人给抓住了。

那这个贼人是谁呢？其实也不是什么人物，就是阳陵一个叫朱安世的黑社会成员。

可让公孙贺万万没想到的是，他抓住朱安世以后非但没有将自己的儿子给救出来，还连累了自己的家人，更间接连累了卫皇后和太子刘据。因为朱安世不知道从哪里得来的消息，竟反告公孙敬声与阳石公主私通，并专门在汉武帝所行驶的车道上私藏巫偶，诅咒汉武帝。

汉武帝最信和最恨的就是巫蛊这种东西，所以得到此消息以后立即严查！

史书上记载此事证据确凿。

于是，汉武帝将公孙贺一家老小诛杀殆尽，甚至连卫青的儿子卫伉和自己的女儿阳石公主也全部斩杀。

之后，汉武帝任命中山王之子，自己的侄子刘屈氂为左丞相，暂代丞相之职。

一次性杀了这么多人，这里面有自己的近臣、功臣之后，还有自己的女儿。老刘彻痛彻心扉，身体一下子就出现了状况。所以他直接命太子监国，负责朝廷的日理万机，自己则往甘泉宫休养。

可就在到了甘泉宫的同一时刻，江充却露出了他凶狠的獠牙。

江充在汉武帝最为痛恨巫蛊的时候和汉武帝道："陛下，臣多日以前曾请了一个非常有名的巫师，想让他看看陛下的病究竟是因为什么引起的。结果那名巫师算了一阵和臣说，陛下之所以会患病，都是因为长安城中还有人用巫蛊之术诅咒陛下。所以，臣请命代替陛下到长安查处摆弄巫蛊之人。"

赵婕妤和江充的阴谋一环套着一环，根本就让人防不胜防，年迈的汉武帝怎么可能看透他们的想法，所以便由着江充的提议去了。

结果，江充在得到汉武帝的同意以后在第一时间便领人杀向了长安，然后二话不说，立即开始了"大搜索"行动。

一时间，长安各处都能挖掘到巫偶，而但凡挖到了巫偶，江充都会用严刑拷打的方式逼迫他们认罪。

结果，几个月不到的工夫，整个三辅地区因为巫蛊而被牵连杀头的就有数万人之多。而这，都是江充为了自己的终极目的做的前戏而已。

杀了这些人以后，江充继续派人向汉武帝汇报，说："现在民间作巫弄蛊者已经处理得差不多了，可陛下的身体还没有康复，这是因为皇宫中还有作巫弄蛊的人，希望陛下能够恩准自己带领士兵前往宫中查处这些贼人。"

这一次，汉武帝还是没有多想，直接答应了江充的奏请。

于是，赵婕妤和江充的计划成功了。

得到汉武帝批准的那一刻，江充便立即带人杀向了皇宫，他一路地查一路地搜，终于是在皇后的宫殿和太子东宫挖掘到了大批量的巫偶。

这是明显的陷害和诬陷！江充的意思已经明白得不能再明白了，就是要弄死太子刘据。

刘据当然知道江充的意图，所以绝对不能坐以待毙，便在第一时间派遣使者前往甘泉宫，意图向汉武帝陈述自己的冤情。

可江充早就在甘泉宫门口安插了自己的亲信，当然不会让太子的人成功见到汉武帝，所以太子的那些使者几乎是清一色地全被江充的爪牙赶了回去。

刘据因此大恐，赶紧向自己的老师石德询问应该如何应对。

石德对刘据道："殿下，前任丞相父子、公主以及卫青的儿子全都死在巫蛊之事上，之后又杀了那么多人，这说明了什么？这说明了陛下现在对于巫蛊之事是处于宁可错杀一百，也不可放过一个的状态。而如今江充等一干爪牙又从殿下的东宫挖出了无数不知道从哪里来的巫偶，这很明显就是要害死殿下您啊！所以，解释是没有任何作用的。现在首先要做的便是擒住罪魁祸首江充，用严刑逼供的方式将他的阴谋和他背后的人全都揪出来，然后亲自往甘泉宫向陛下谢罪，这样殿下才有一线生机啊。"

刘据："可，可江充是父皇手下的近臣，我要是私自把他给杀了那不就等于是谋反了吗？这怎可使得？"

石德："迂腐！太子啊！陛下现在的身体您又不是不知道。说句大不敬的话，陛下现在在甘泉宫到底是不是还活着都不好说了。所以，那江充才敢如此肆无忌惮。殿下难道忘了当初扶苏之事了吗？"

一听扶苏二字，刘据一个寒战！是呀，当初扶苏死得是多么憋屈，他一定不能像前辈一样，一定！

想到这儿，刘据眼光一狠，然后下定了决心，决意先行干掉江充这条不知天高地厚的狗。

公元前91年秋的某一天，一群身着汉武帝近侍服饰的人手持太子给他们的假冒诏书闯进了江充的府邸，然后直接宣读了"皇帝的旨意"，将江充擒获。

可就在这些人押着江充往外走的时候，江充手下心腹韩说突然冲出来道："都给我把人放下！你们这些人没有皇帝陛下的符节，所以诏书一定是假……"

没等韩说把话说完，其中一个假冒的侍者迅速抽出宝剑，噗地一下便斩杀了韩说。其他的守卫不知道事情的真假，所以根本不敢妄动，江充就这样被有惊无险地压到了刘据近前。

刘据看到江充就火冒三丈，于是将宝剑抵着他的咽喉道："你这个赵国奴才，之前离间陷害了赵国的国王和他的孩子，现在又来离间我们父子之间的亲情。说，你的全盘计划到底是怎样的？究竟是谁指使你陷害本太子的？"

江充默不作声，根本没有回应太子的逼问。因为江充知道，他不敢杀自己，一旦太子真的杀了自己，他也就完了！

没等江充想完，刘据已经将宝剑插入了他的咽喉之中。

江充傻了，他瞪大了双眼呜呜地说不出话，至死他都不敢相信，这个一向软弱的太子竟然真的敢把自己杀了。

江充死了，按说这件事情也应该结束了，太子只要前往汉武帝处认个错也就完事儿了。可刘据这时候以为汉武帝已经病死在甘泉宫，赵婕好或者某个妃子反臣已经拿住了甘泉宫一带的军队，所以一不做，二不休，直接征调了长安的步卒、射手和一干郎卫打开武器库，分发给他们各种武器装备。

太子的这一番举动闹得沸沸扬扬，整个长安顿时陷入了恐慌之中，大家都喊着太子造反了。而平时不和刘据站在同一阵线上的人都害怕刘据诛杀自己，逃出长安往甘泉宫去了。

左丞相刘屈氂更是逃得相当狼狈，竟然连官印都不要了。

此时，甘泉宫汉武帝居所。

逃回来的苏文正狼狈地向汉武帝诉说着什么，本来闭目养神的汉武帝随着苏文的叙述，表情在一点一点地变化，最后直接气得站了起来。可细想一想又不对（据儿怎么可能会发动政变谋反呢？这绝不可能，一定是因为江充这小子逼迫得太狠，这才惹怒了据儿，进而斩杀江充，没错，一定是这样的）。

于是，想通了的汉武帝马上命一名使者前往长安召刘据前来甘泉宫相见。并且，汉武帝在派出使者的时候再三叮嘱这名使者，语气一定不要急躁，要平和地劝告刘据前来与自己相会，生怕刺激到刘据弄得假戏真做。

那这名使者到底有没有平和地劝告刘据呢？这名使者断定刘据肯定是反了，怕跑到长安以后被刘据斩杀，所以压根没进长安，在外面溜达一圈儿就跑回甘泉宫了，还像模像样地和汉武帝造谣道："陛下呀，太子是真的要造反了，他还想要杀我，要不是小臣跑得快，就见不到陛下了。"

汉武帝竟然信了！正巧这时候刘屈氂也逃到了甘泉宫，这就更断定了刘据已反消息的真实性。

汉武帝一把将刘屈氂拽了过来，阴狠狠地道："太子真的反了？"

刘屈氂："反，反了，真的反了。"

汉武帝："那你是怎么做的？你就这么逃回来了？"

刘屈氂："是，是呀，要不老臣还能怎么办？没您的命令我哪里敢发兵镇压呀。"

汉武帝一把将刘屈氂给推到一边，愤怒地道："简直迂腐透顶！此事在长安已经是人所尽知，还有什么秘密可言？你身为我大汉丞相根本就没有周公的遗风，难道当初没有天子的诏令他周公就杀不了管叔和蔡叔了吗？"

刘屈氂无言以对。

汉武帝道："还愣着干什么，你给我滚过来！"

刘屈氂："是，是。"

汉武帝："现在给你符节和玉玺文书，本皇命令你马上征集三辅一带的官兵前往长安征讨叛贼！你给我记住，进入长安以后用牛车开道，尽量避免和敌人短兵相接，借助牛车的掩护多用弓箭手在后面不停射击，这样能最大限度地在交战之前打击敌人的士气，你明不明白！"

刘屈氂："是，是！臣懂！"

汉武帝："我告诉你，这次要是失败了，我杀你全家！"

刘屈氂："是！臣现在就去！"

于是，刘屈氂开始迅速征集三辅地区的士兵。

一时间，整个三辅地区人头攒动，如同长龙一般的部队迅速向甘泉宫集结。

而太子这边，听说刘屈氂已经集结了规模相当庞大的部队，更断定汉武帝已经被害死，刘屈氂想要趁机篡夺大汉江山的想法。

于是，他释放了长安所有的罪犯，给他们发放武器，准备和刘屈氂决一死战。

这还不止，刘据还强行武装长安的百姓，并告诉他们汉武帝已经驾崩，一些罪臣想要趁机谋取大汉的江山，希望现在长安的百姓们能够助他一臂之力。

那么刘据现在手上的人多不多呢？多！够不够呢？不够！因为光长安城内的这些人根本就不是大汉正规军的对手。

所以，刘据又"兵分两路"，一面派遣如侯前往长水和宣曲征发两地的胡人特种骑兵，一面亲自带人前往北军军营，打算全收北军正规军。

可让刘据无奈的是，这两路全都失败了。

如侯方面，他本来已经成功收服了两地特种骑兵，却被一个叫马通的给全盘破坏了。

马通是汉武帝的使者，那汉武帝说什么都不相信刘据会造反，所以在派刘屈氂前往攻打长安以后又派出马通前往长安召刘据前来甘泉宫相见。

可马通到达长安以后，太子刘据已经前往北军寻求支援，所以马通并没有碰见太子，再加上听说太子已经分兵两路前往求援，这就让马通更加确定太子是真的谋反了。

所以，马通直接前往追赶如侯，因为他觉得阻止如侯的成功概率更大一些，如果追赶阻止太子的话，那他很有可能会被太子斩杀。

果然，在马通追上如侯的部队以后，他向那些胡人骑兵们出示了汉武帝的诏书，并直接斩杀了如侯，然后率领这些骑兵们赶往长安征伐刘据去了。

这下可好，援军没求成反而给自己增加了可怕的敌人。

刘据方面，他到了北军大营以后，北军统帅仁安虽然是出来迎接刘据了，可当他回到大营以后却紧闭门户，再不出营，既不答应刘据的请求也不拘捕刘据，因为他这时候也不知道汉武帝到底是死是活。

刘据无奈，只得退回长安城中。

然而，就在刘据回到长安以后，刘屈氂终于将军队集结完毕，遂对长安发起了凶猛的进攻。

也许是刘屈氂有内应在长安城中，也许是老百姓的人心并不在刘据这边，反正刘屈氂的部队还没等攻城呢，长安的大门却突然被打开了。

刘屈氂见状没有丝毫迟疑，直接命令大军进入长安，和刘据的部队展开了生死搏斗。

刘屈氂一切按照汉武帝所部署的战略进行战斗，他以牛车开道，后面的弓箭手不停地向前射击。而刘据害怕前锋部队损失太过严重进而影响到全军的士气，所以命令精锐的正规军充当前锋，摧毁掉刘屈氂的牛车，然后强逼刘屈氂和他进行正面肉搏。

那刘屈氂从来没有过行军打仗的经验，所以对于此种突然之变根本就没有应对之法，终是被刘据得逞，被逼着和太子军展开了近战肉搏。

双方就这样厮杀！他们全都堵在了被打开的城门前，人挨着人，人挤着人，就这样不停地杀，全都在争夺城门的控制权。

一天过去了，两天过去了……直到第五天，双方死亡人数加在一起已经超过了三万人（保守估计），长安街上的鲜血好像小河一样流入了水沟之中。

伴随着人越死越多，太子军参差不齐的战争素养便显现出来了。那些百姓本来就不想为太子拼命，因为除了太子，他们根本就没听谁说过汉武帝驾崩的消息，所以当人越死越多的时候，这些百姓果断扔下了兵器，向汉朝的那些正规军投降了。

这突然倒戈的一幕令太子军士气大减，进而兵败如山。刘据一看大事已不可为之，便意图从长安的一个小门逃脱。

这时候，看管这个小门的是一个叫田仁的司直（司直：丞相属官，辅助丞相监察贪污腐败的官员），田仁以为刘据和汉武帝怎么说都是血浓于水的父子关系，是一定会被汉武帝原谅的，所以并没有为难刘据，而是放他离开了。

刘据都逃了，这仗当然是不用打了。所以刘屈氂迅速善后，该抓的抓，该杀的杀。可怎么样都搜不出罪魁祸首刘据，这让刘屈氂大为恼火。

最后，刘屈氂打听出刘据是被司直田仁所放，大怒，便要杀掉田仁。

可这时候身在刘屈氂一旁的御史大夫暴胜之却劝刘屈氂道："丞相大人，司直是朝廷两千石的官员，你怎么能说杀就杀呢？"

御史大夫，说好听点儿是丞相的左右手，可是说白了就是丞相下面最有威胁的竞争者，因为一旦丞相被赶下台，最有希望升为丞相的便是御史大夫了。所以，暴胜之把这话说出来以后就等于是提醒了刘屈氂，告诉了他朝廷的法度，如果刘屈氂依然不听，执意要杀死田仁的话，那以后暴胜之就有了相当的借口来参他！进而上位。

那刘屈氂也是深谙官场之道的老狐狸，怎能中计？所以并没有斩杀田仁，而是等待着汉武帝回到长安。

果然，当汉武帝回到长安以后，刘屈氂直接将暴胜之对自己说的话上报了过去。汉武帝听后大怒，将暴胜之逮捕以后怒骂："暴胜之！你好大的胆子，司直放走谋反的人，这是国家大罪，丞相想要杀掉他，那是为了严正国家的法律，你凭什么阻止他？我看你还是给我在牢房里好好反省反省吧。"

就这样，暴胜之被汉武帝"安排"进了大牢。

他进了监狱以后不愿受酷吏之辱，直接自杀了。

而暴胜之的死并没有平息汉武帝哪怕是一丁点儿的怒气。

但凡和太子刘据有关系的反贼，汉武帝都要他死，一个都别想活着。

所以，汉武帝回到长安以后首先派人前往卫皇后的居所，没收了他的皇后印信，将其打入冷宫。

卫皇后自知必死，同时也不想再看到汉武帝，所以也和暴胜之一样，自杀身亡。

再之后，汉武帝又相继斩杀了仁安、田仁、石德等。只要是和太子刘据有关的人，汉武帝一个都没有放过，全都将他们全族诛杀。

对于自己的亲生儿子，汉武帝这样做实在是过分了，这不但和汉朝表面上"父慈子孝"的治国方针无法符合，更是大大地冤屈了太子，因为在当时大家都知道这一切都是江充逼迫所致。虽然他们想要劝谏汉武帝，可他现在正在气头上，谁敢上去捋虎之须？所以全默不作声。

直到有一天，一个叫令狐茂，号称壶关三老的老人家前来劝谏汉武帝，汉武帝这才有所悔意，可这一切都太晚了。

那一天，汉武帝正如常在宫中处理公务。突然有人来报，说壶关三老令狐茂前来拜见。

三老不过是地方上负责教化人们的一个杂职而已，他凭什么面见当朝最高统治者，他又有什么资格面见汉武帝？

所以，汉武帝一开始是不想见的。

可当他听说这名三老的来意以后表情逐渐变冷，然后宣他入殿了。

为什么呢？因为他听说令狐茂声称是为了太子来的。

令狐茂进入大殿以后正要下跪拜见，汉武帝却在第一时间举手拦住了他并表情阴森地道："废话就不要说了，直接切入重点吧，朕时间有限。不过朕可要警告你，希望你注意自己的言辞，不要因为多嘴而惹祸上身。"

面对如此凶悍的汉武帝，令狐茂并没有惧怕，而是微笑着对汉武帝一拜，然后道："陛下，您觉得您是这天下的什么？"

汉武帝："朕当然是这个天下的统治者。"

令狐茂："不完全对！陛下不单是这个天下的统治者，还是整个天下的天。而皇后则是这个天下的地，太子则是这个天下的万物。身在帝王之家，只有上天平静，大地安然，万物才能生长茂盛；只有父亲慈爱，母亲疼爱，太子才能恭敬孝顺。"

话音未落，汉武帝砰地一下站了起来，指着令狐冲怒骂道："什么意思？难道你是在说我这个父亲当得不够合格，太子才会造反的吗？"

令狐茂微笑道："请陛下听臣把话说完，到时候要杀要剐悉听尊便。陛下，太子乃是您的嫡长子，是这个天下的合法继承人，身份何其尊贵？再加上他勤政爱民，深得百姓和官员们的爱戴，这陛下您不会不知道吧？而江充呢？他不过是市井无赖出身，靠着出卖别人而换取富贵，似这种两面三刀的政治投机者，他有什么资格进入朝堂？可陛下呢？却对他尊重有加，甚至给他权力来迫害太子。陛下不会不知道吧，当初江充不止一次找过太子的麻烦，他惧怕太子登位以后失去富贵，所以对太子无所不用其极，更是利用这次陛下给他权力的机会纠结了一批奸邪小人对太子殿下各种欺诈栽赃、逼迫陷害，使得太子在万般无奈之……"

汉武帝插嘴道："哼！你有什么证据证明江充诬陷了太子？"

话毕，令狐茂依然微笑着，不过就在这时，他突然从自己的衣服里面拿出了一个巫偶，然后扔到了地上，对汉武帝道："我说这个巫偶是在陛下的宫殿中发现的，陛下有什么证据证明这不是您的？"

看着地上的巫偶，汉武帝陷入了久久的沉默："你继续说下去。"

令狐茂再次给汉武帝一拜，然后道："我听说，当时太子被陷害的时候也没有想要诛杀江充，而是派人前去向您诉说冤情。可您知道吗？因为江充的阻碍，太子的人根本就见不到您！再加上您那时候正在甘泉宫养病，扶苏之事又相去不远，所以太子怀疑您已经魂归西天，有人想要秘不发丧趁机作乱，这才在不知情的情况下发动了'武装自卫'。后来，虽然得知您还活着，但那时候您已经决心除掉太子，太子怕您杀了他，这才逃走了。所以，我令狐茂可以用全家性命担保，太子从头到尾都没有对陛下您有过半点儿的不忠之心啊！"

汉武帝："可我在攻击长安之前已经派人召太子入甘泉宫，那人说太子想要杀了他，所以才……"

令狐茂："那人真的进入长安了吗？陛下您确定吗？您调查过吗？"

"……"

听到这儿，汉武帝倒吸一口凉气，然后紧急召开廷议，立即发布诏命，撤除了对太子的抓捕，只希望太子能赶紧回来。

水，一旦泼出去就收不回来了。晚了，太晚了。

话说刘据从长安逃脱以后，辗转逃到了一个叫湖县（今河南省灵宝市北）的地方，因为这地方有一个刘据之前认识的人，听说很富有，所以刘据便想要投靠他。

不过初来乍到，刘据并不知道这个熟人住在什么地方，便先行在一个家境贫困的草鞋商家里暂住。

本家主人一开始是不愿意接待刘据的，毕竟多一双筷子对于他们来讲也是不少钱了。不过当听说刘据是一个落难太子以后，这家人高兴得不行，认为是祖坟上冒了青烟，这才会招来太子。

所以，本家主人将所有的钱都拿出来招待太子。

这下把刘据感动得不行，没想到自己都这个样子了还有人会这样尊重他。

可刘据也知道，这一家人生活非常贫困，不想继续给他们添麻烦，所以便派人去寻找那个所谓的熟人。

可很多时候，熟人他未必就比陌生人靠谱。这不嘛，那边太子的人刚刚联系完熟人，这消息就泄露了。

地方县令听说太子就藏在本地，立即领人前往捉拿。

那天，官兵围住了太子暂居之所。

那天，收留刘据的一家人为了保护刘据和官兵搏斗，结果全都被杀。

那天，刘据就在屋子里默默地坐着，他想起了小时候在汉武帝怀里嬉戏的情景；他想起了被立为太子时激动的心情；他又预见到了被本地官兵擒拿以后如何受辱的情景。

是呀，我是太子，是这个世界上除了父亲和母亲最尊贵的存在，我怎么能被一群小卒凌辱呢？除了我自己，谁也别想要了我的命。

于是，刘据在屋中自缢，结束了生命。

而这时候，门外的县令还在扯着脖子对屋子里面的刘据喊叫着，想让刘据自己出来，因为刘据不管怎么说都是当朝太子，是汉武帝的嫡长子，县令还不敢对刘据动粗。

可喊了好久，里面却一点儿动静都没有。

县令一个激灵，于是，迅速命手下一个叫张富昌的男子踹开大门。结果进去一看，刘据已经吊在了横梁之上。

县令大惊，疯了一般地跑过去抱住了刘据，然后对左右大声吼道："快！快把太子解下来！"

可这又有什么用呢？太子已经死了，哪怕是神仙也无法再救活他了。

本次"政变"结束之后，刘据一脉几乎全部死绝，仅剩下几个月大、尚在褓褓之中的刘病已（刘据的孙子），可哪怕是这样，他也因为是罪人之后而被扔进了监狱，无人照顾。

如果不出什么意外的话，相信等待着这个孩子的，也将是被饿死的命运。

那他真的会被饿死吗？这个以后再说。我们继续按时间走。

5.6　汉武时期最后一次与匈奴大决战

公元前90年正月，就在"太子之乱"刚刚被平定，汉武帝正是心情最恶劣的时候，北边的匈奴不合时宜地再一次寇掠了汉朝边境。

本次，狐鹿姑共分兵两路，同时侵入了上谷（今河北省怀来县东南）和五原（今内蒙古自治区包头市西北），各杀都尉一人，截获财物人口无算。

消息很快便传到长安，汉武帝听后怒极，立即集结士兵，对匈奴发动了其一生中最后一次战争。

七年了，距离上一次征伐匈奴已经过去了七年之久。在这期间，汉武帝着力发展经济，攒下的钱全部用作扩充军备，打造了各种精良兵器和甲胄，汉武帝认为，只要能将匈奴这块心病彻底铲除，让老百姓再苦一阵子也没什么，因为只要匈奴被灭，他的后代们便能够安心地发展国政，天下也将永远太平。

所以，这一次汉武帝出动的士兵全部都是汉朝的至精之士，骑兵所配之器皆为坚韧精炼之首环刀，冲锋骑兵的长矛也都是钢铁材质，他们的甲胄全都是当时最为先进的优漆牛皮甲，要害之处还有钢片保护。

材官方面，几乎所有人都是一身的数百片钢铁鱼鳞甲，兵器清一色首环刀，长矛也都是钢铁所制，甚至所有箭矢的箭头也都是钢铁材质。

本次对匈奴作战，汉武帝共出动了十四万精锐，分兵三路攻击匈奴。

第一路主力大军统帅为贰师将军李广利，兵力七万，兵种为步骑混编，作战目的为出五原，途经夫羊句山、范夫人城，然后绕到匈奴王庭之后，屠杀大后方的匈奴百姓，将匈奴所有的牛羊粮食全部毁掉，然后彻底歼灭匈奴的有生力量。

第二路大军统帅为御史大夫商丘成（因为平灭太子之乱有功，所以商丘成接替了暴胜之成为御史大夫），兵力三万余人，兵种为步骑混编，作战目的为掩护李广利之右翼，驱逐匈奴游散骑兵（一说商丘成出兵浚稽山，此处从《战争史》之言）。

第三路大军主帅为重合侯马通（《汉书·匈奴传》和《资治通鉴》称其为莽通），兵力四万，兵种清一色汉朝最精锐骑兵，人数虽然不多（相对而言），但不管是单兵作战能力还是兵器甲胄方面都要超过其他部队。

汉武帝此计极为毒辣，他将主力部队全都集中在东方，样子好像是要从东方大举进攻一样，可实际上，真正的战斗力全都集中在西方战线的马通身上，到时候战阵一开，狐鹿姑一定会将主力瞄准李广利而忽略马通，那时马通便可以从后背袭击狐鹿姑的主力部队，进而彻底歼灭之。

匈奴方面，狐鹿姑听闻汉武帝大军压境，乃用七年前且鞮侯对汉的战术战略，先将辎重老幼移动到王庭东北的郅居水，然后集结主力部队八万五千骑兵南渡姑且水（今蒙古国翁金河西）以待汉军决战。

另外，狐鹿姑还命左贤王集结本部兵马于涿邪山西南之天山待命，意图在两军激战的时候绕后攻击李广利之军。

就这样，双方都做好了准备，战争一触即发。

一天过去了，两天过去了……一个月过去了，狐鹿姑的斥候终于发现了马通军团的动向。

狐鹿姑认为，汉朝每次大规模出兵攻击自己都是十多万人的规模，所以马通所部定是疑兵无疑，真正的主力部队肯定是从南或者东南攻击自己。

基于此，狐鹿姑并没有率主力军团迎击马通，而是命已经在匈奴生活了好些年的汉朝降将李陵统率三万匈奴骑兵前往攻击马通，他自己则是依然率领余下的五万五千骑兵等待汉朝的主力大军驾临。

李广利所部先不说，先说马通和李陵之间的战斗。

那马通出了酒泉以后一路北上千余里，一直到达涿邪山脉的东部地区都没有受到任何抵抗（因为狐鹿姑此时正等待着汉军的主力部队）。

于是，他按照原定计划，继续向北进击，意图绕到匈奴主力部队的大后方，一边等待作战，一边搜索匈奴人的辎重老幼。

可就在马通所部到达西浚稽山之时，李陵的部队已经追击而至。

马通直接带领这四万骑兵对李陵所部展开了疯狂冲击。

李陵一声冷笑，当即统率大军绕到侧翼骑射汉军，意图首先运用远程作战先行将汉军的士气击溃。

可这一批汉军都是当时汉朝最精锐的骑兵，他们不但兵器甲胄遥遥领先于匈奴，最重要的是，每个人手上都有非常不错的骑射功夫，虽然还达不到"背射"的水平，但在机动中向前射击还是没问题的，甚至都能够勉强做到左右开弓。

于是，双方就在不停的奔跑中展开互相射击。汉军虽然在机动射术上不及匈奴人，但他们箭矢的杀伤力和甲胄的防御力都要领先匈奴太多。所以，在对射的过程中，匈奴人逐渐落了下风。

直到这时候，李陵才了解对面汉军的恐怖。那怎么办？对射射不过汉军，难道要短兵相接吗？那就更不是汉军的对手了。

所以，李陵直接放弃了本次对汉军的作战，转而向南逃窜。

马通怎能轻易放过李陵？他见李陵要撤，根本丝毫迟疑都没有，直接带领大军对李陵展开了追击。

马通相当勇猛，他一马当先，率领骑兵团冲锋陷阵，很快便追上了李陵的后军。

结果，在马通的带领下，李陵后军被马通屠杀殆尽。

可杀尽李陵后军以后，李陵已经率残余部队逃了很远了。但马通依然不肯放过他，带领士兵不停向南追击。因为马通相信，这时候李广利应该也和狐鹿姑打起来了，他正好可以在歼灭李陵之后支援李广利所部。

那李广利现在在干什么呢？他是不是如马通所猜想的一般和狐鹿姑打起来了呢？

要说这事，我们还要先将时间再往前移一段时间。

话说李陵被狐鹿姑派出攻击马通后没过多长时间，狐鹿姑的斥候终于是打探到了李广利先头部队的动向（此时李广利军团已经抵达夫羊句山）。但大概是这名斥候并没有多少经验，抑或是没敢靠得太近，所以他向狐鹿姑汇报敌军人数的时候只说汉军有几千人。

几千人的部队？那不用说，百分之百不是李广利的军队，所以狐鹿姑根本就没在乎，只派遣了卫律率五千骑兵前去剿灭这支部队。

结果，当卫律到达夫羊句山以北的草原后大惊，看着那如同人海一般的汉军，卫律在心里狂骂不止，这哪里是五千人，五万都不止吧！所以卫律二话不说，带领骑兵团掉头便跑。

可上山容易下山难，既然来了，那你就别想走了。

见此，李广利迅速指派两千极轻装属国胡骑追击卫律所部，自己则亲率大军在后方跟进。

那卫律打仗水平先不说怎么样，逃跑水平真的是一流。这五千骑兵在他的带领下最后竟然只损失几百人，其他的人全都逃脱了李广利的追击。而此时，李广利之军已经到达了范夫人城（今蒙古国喀尔喀土鲁斯附近）。

按说，汉军连日行军，再加上追击了卫律好长一段时间，应该先休整一日再行北上，这样才是最稳妥的办法。

可就在这时，长安方面却发生了令人意想不到的事情，这件事的发生，导致了李广利不要命地奔袭前进。

之前提过，李广利之所以能够得宠完全是因为他姐姐李夫人的缘故，但李夫人早死，死后只有一子为昌邑王刘髆。

宫廷有句话，大概意思是母亲在年轻的时候凭借着自己的美貌来保护自己的孩子，等自己老了，年老色衰了，就要靠位高权重的儿子来保护自己了。

可李夫人早死，刘髆从小就没有母亲的保护，所以从来都是由李广利"照顾"，两个人表面上虽然是舅舅与外甥的关系，可实际上说是情同父子也差不了多少了。

所以说，如果能让自己的外甥成为太子那就太好了。

之前，因为刘据的太子之位非常稳固，所以李广利也没动多少心思。可自从刘据自杀身亡以后，李广利这小心思可就开始活泛起来了，并打算在这期间拼尽自己的财力和人脉扶持刘髆登上太子之位。

可就在这关键的时候，那狐鹿姑竟然寇掠汉朝边境，使得汉武帝对匈奴发动战争。李广利在万不得已的情况下只能率军攻击匈奴。

于是在出征之前，李广利找到了亲家刘屈氂（李广利的女儿大概是在刘屈氂刚刚成为丞相的时候嫁给了刘屈氂的儿子），并语重心长地对他说："亲家，现在正是关键的时候，我不在的这段时间，如果陛下那边有所动作，您可一定要拼尽全力扶昌邑王上位啊。"

两个人是亲家，如果昌邑王真的能上位的话，那对刘屈氂是有百利而无一害的，所以刘屈氂当然愿意。

但如此机密之事，刘大丞相竟然告诉了自己的妻子。

而他的妻子更不靠谱，得知这件事以后竟然聘请巫师一天到晚地作法，企图咒死汉武帝。

因为现在国家的兵权有相当一部分都掌握在李广利手中，所以只要汉武帝一死，哪怕是发动武装政变，昌邑王刘髆也有极大的希望成为新任汉皇。

这事竟然被宫中一个叫郭穰的内者令得知了。他听说此事以后根本没有半分犹豫，当即就禀报给了汉武帝。

"丞相夫人诅咒陛下，丞相也私自和贰师将军议定，等陛下死后就要用各种办法扶昌邑王上位。"

汉武帝最恨的就是这种巫蛊之事，但现在问题的关键是贰师将军李广利正在出征匈奴的途中啊，你刘彻是不是应该等李广利回来以后再行处置呢？要不然肯定会影响到前方的战事的。

可汉武帝得知这件事以后即刻着人调查，结果竟然全都是真的。

汉武帝勃然大怒，当即命人抓捕了刘屈氂一家。先是用牛车拉着他们游街示众，然后直接弃市。

这还不止，汉武帝还将李广利的一家老小全都收押进了监狱，只等李广利回来便再行处置他。

果然，汉武帝在长安的举动大大地刺激了李广利。李广利害怕回去以后被汉武帝斩杀，抑或没等立功便被汉武帝召唤回长安受审，所以禁止军队休息，全军向北疾奔，意图在汉武帝决定处置自己之前完成其为自己定下的战略目标。

于是，汉朝第一集团军拖着那本已经疲惫的身体拼命地往北疾奔。

骑兵倒还好，可真是辛苦了步兵。因为他们背着那沉重的鱼鳞甲，几乎无时无刻不在小跑的状态中。

就这样，汉廷第一集团军亡命向北疾奔千余里，终于是到达了匈奴百姓所囤积的郅居水。

此时，负责保护匈奴老幼的将军为匈奴左大将，手下一共有两万骑兵。他听说汉军突然杀来，立即组织百姓分两路向西面和西北面逃亡，然后亲自带领这两万骑兵阻击李广利的七万精锐汉军。

大家都知道，匈奴人以少击多的时候历来都是"一波流"战法，便是攻击一波就逃，然后再伺机骚扰敌军，以达到摧毁敌军士气、逐量减少敌军的目的。

可这一次，匈奴人不能再这么干了。原因很简单，因为他们的父母和孩子都在向西逃跑，一旦自己溃退，汉军便会在第一时间屠杀他们。

所以，左大将在战前誓师，表示本次作战连他在内，一个士兵都不准逃跑，要为自己的亲人们奋战到最后一刻。

于是，战争开始。

虽然这些匈奴人本次战斗时是抱着必死的决心，虽然当时汉廷第一集团军已经疲惫不堪，但两方的人数和装备之间的差距实在是太过于悬殊。所以，哪怕是匈奴人拼了命也不是汉军的对手。

本次作战细节史书没有记载，但明晃晃四个大字却是让人心惊肉跳——"激战一日"。

最后，匈奴左大将被杀，两万匈奴勇士也几乎全军覆没。而此时的汉军已经疲惫至极，有的士兵甚至在战事还没结束时就趴在战场上睡着了。

可此时的李广利已经疯了，他根本不管士兵是不是疲惫，不管现在的士气到底如何，依然命令全军急速追击往东北方面逃跑的匈奴人。

可就在汉廷第一集团军继续追击大概百里之后，有两个人终于坐不住了。他们分别是贰师长史和决眭都尉。

二人从李广利疯狂追击匈奴人的时候便感觉出了事情有些不对劲儿，于是便多方派人打听，终于得知了事情的真正原因。

二人认为，现在李广利的行动完全是在利用众人的生命而换取自己的活命，继续这样下去必败无疑，大家全都要赔上性命。所以，应该在大军还没彻底崩溃的时候发动兵变，杀死李广利，这样大家才能安全地回到长安。

可两个人还没实行计划，此事便被李广利知晓。李广利大恐，立刻派人擒杀了二人。

可当李广利斩杀了二人以后已经晚了，因为消息早就传开了，所有的人都知道李广利为什么要这样急行军，他们也知道了自己即将面对的是什么。

所以，一种诡异的气氛充斥着整个集团军。

那李广利不管才能怎么样，最起码也是一个带兵多年的将领，经验还是很丰富的，所以感觉到了本军随时都有兵变的可能。

于是，无奈的李广利只能停止追击，带着士兵往南走，意图到达燕然山后休整军队，等待会师马通的部队以后合流攻击狐鹿姑单于。

可是，悲催的李广利还没等到达燕然山就碰到了狐鹿姑的部队。

原来，狐鹿姑在姑且水一带左等右等等不到汉军踪影，这心里就感觉有些不正常了。等到李广利行军至郅居水之时，狐鹿姑通过郅居水跑回来的传令兵才知道汉军已经奔袭到了自己的大后方。

狐鹿姑大恐，迅速挥军北上救援后方百姓。可就在部队刚刚越过燕然山之时，突然遭遇到了李广利的汉军部队。

通过这几天汉军的行军路线和速度，狐鹿姑断定此时汉军已经是疲惫之师，遂猛冲汉军，对其发动了绝猛攻势。

不管是精力充沛的匈奴人，还是有气无力但却装备精良的汉军，他们都拿出了全部的力气相互搏杀。

双方就这样无休止地打打打、杀杀杀。

本来，凭借汉军的装备和近战肉搏能力，匈奴人绝对不是汉军的对手的。可汉军实在太累了、太疲惫了。所以，虽然两方都损失了很多人马，但是汉军却逐渐地落了下风。

见此，李广利不敢再继续和匈奴人纠缠，便一边架设防御壁垒，一边防守作战，意图等军队养精蓄锐以后再作计较。

防守战，那是汉军的拿手绝活，见汉军的防御壁垒已经架设起来，狐鹿姑单于立即命大军停止进攻，双方就这样僵持起来。

可汉军能等，狐鹿姑等不起，原因很简单，因为现在汉军的人数和他们差不多，但兵器装备的等级不是匈奴人能够比的，现在匈奴唯一的优势就是体力要比汉军充沛得多。

所以，如果让汉军缓过劲儿来，别说阻止他们逃跑了，匈奴的部队都有可能交代在这里。

基于此，狐鹿姑绝不能就这样干等着汉军缓过气来，于是，他想出了一条非常毒辣的计谋。

大概于当日黄昏，匈奴人退到了几里之外，就这样和汉军对峙了起来。这些汉军以为匈奴人也打累了，想要好好休息了，所以一个个全都倒在了帐篷之内，开始呼呼大睡。

李广利没有阻止，因为他知道，现在汉军最需要的是什么。所以，只是命几个精明强干的士卒轮番守夜，只要是没有大规模的匈奴人进攻就行。

一个时辰，两个时辰，一直到了晚上，这些守夜士兵也没有见到半个匈奴人。于是，已经困极了的守夜战士们上眼皮一碰下眼皮，站着睡着了。

可就在这时，数百个身强力壮的黑影跑到了李广利军前，他们用挖坑的工具不停地挖，不停地掘，终于是在大概拂晓的时候挖出了一条很长的、深有数尺的壕沟。

然后，将近五万的匈奴骑兵人衔枚马裹蹄，他们如同一条伺机而动的庞大蟒蛇，悄悄地绕到了汉军身后。再然后，嗖！

伴随着一支哨箭飞出，马蹄声奔腾轰鸣，五万匈奴骑兵如泰山压顶一般冲向汉军，铺天盖地的火矢顿时将汉军大营烧成一片火海！

可汉军并没有慌乱，那些熟睡的士兵们睡觉的时候根本没有脱下铠甲，所以在听到马蹄声以后，他们噌地一下睁开了双眼，然后极有秩序地拿起兵器出营同匈奴人展开肉搏！

拂晓的空气，从来都是清新而舒畅的，可此时的战场，一点儿都感受不到那所谓的清新，有的只是残肢和各种器官。

双方还是在斗，还是在战。

本次战斗，狐鹿姑是下了死命令的，令全军哪怕是拼掉自己的性命也要将汉军逼得向后退却，不用多了，只需要一里，只需要将汉军逼退一里就够了！

所以，匈奴人无不奋勇冲杀，以命相搏。

汉军虽然反应迅速，可匈奴人是突然之间发动的全军突击，所以难免失了先机。

见此，李广利迅速命大军向后疾退，再行组织阵形和匈奴人决战。

可就在汉军后退大概一里之后，只听轰隆一声巨响，大批全无防备的汉军突然掉进了一条壕沟之中。由于跑得太快，后方士兵来不及"刹车"，所以又有大批的汉军掉进了壕沟之中，汉军顿时大乱。

狐鹿姑见汉军中计，疯狂大笑，然后狠狠地一挥手，嗖……嗖嗖……，这一挥手，无数的哨箭从四面八方射向汉军。匈奴人因此士气大振，再一次对汉军发动了致命的攻击。

而此时汉军已乱，根本无法组织有效的反击，所以这场战役顿时之间变成了一场单方面的屠杀。

最后，李广利见兵败如山倒，再也没有取胜或者逃跑的可能，遂向匈奴献上了他那看似尊贵的膝盖，请求投降匈奴。

那狐鹿姑素知李广利身为汉朝的大贵人，再加上伴随他投降的人又那么多，所以毫不迟疑便答应了李广利的请求。

于是，汉朝第一集团军在汉武帝急躁昏庸的政策下，在李广利自私无能的指挥下全军覆没了。

好了，李广利就先到这吧，我们再来看看马通汉廷第二集团军的战果如何吧。

话说马通战胜李陵之后一路追击，死死咬住李陵的部队不放，双方连打连跑竟然九日而不止。

后来，当马通追击到今杭爱山附近的时候终于是把李陵给逼急了。于是乎，李陵率部掉转马头和汉军展开了近战肉搏。

可无奈的是，双方战力的差距实在是太大，李陵再一次被马通打得落荒而逃。

可就在马通打算继续追击李陵，进而兵至燕然山、浚稽山一带同李广利会师之际，却传来了李广利已经全军覆没的消息。得到此信息，马通哪里还敢继续追击李陵，便打算撤军回国了。

可现在自己的军队连战连捷，士气正盛，就这样撤军马通实在是不甘心。于是，他率领军团改道向西，兵峰直指左贤王所居之天山，意图剿灭左贤王所部来换取军功。

而身在长安的汉武帝听说李广利投降了匈奴以后，一开始明显是没回过神来，可过了一会儿，反应过来的汉武帝气得暴跳如雷，当即诛杀了李广利全族老少。

七万人！那可是七万装备精良的汉朝正规军啊！汉武帝这些年来连续大搞垄断经济，甚至很多时候都不顾老百姓的死活，就是为了给这些精锐正卒攒够精良装备，可这一下，只月把有余，这七万人就全都没了，这怎能让汉武帝不愤怒呢？

可当李广利的全族被诛，汉武帝撒完了这股怒火以后，他又蒙了。只见汉武帝怔怔地跪坐在原地，不知在想什么，甚至有的时候连奏章都不批阅，连饭都忘了吃。

又过了几日，当汉武帝听闻马通所部打退了李陵，又兵锋所指左贤王的时候，汉武帝又来了精神（好啊，只要能给我打出威风就行），甚至，为了能让马通专力对付左贤王，不被匈奴人的附属国车师所骚扰，汉武帝还紧急派成娩为汉朝特使出使楼兰、尉犁（西域方国，位置在今新疆维吾尔自治区尉犁县）、危须（西域方国，位置在今新疆维吾尔自治区焉耆县东北）等六个西域方国，要求他们必须在第一时间出兵车师，彻底将这个匈奴的附属国消灭。

六个西域方国哪敢违抗汉武帝，便在成娩的带领下组成联军，开始攻击车师国了。车师国，全国军队就二百多人，哪里是六小国联军的对手，所以老车师国王根本不敢接招，在第一时间便向汉朝投降了，并发誓从今以后只臣属于汉朝，再不朝秦暮楚。

行了，现在后患也已经解除了，马通能成功歼灭左贤王所部吗？

那马通在即将到达天山之际，左贤王起先是命偓渠率领一支两万人的部队对其进行阻击的，可偓渠这小子在看到马通的第一时间连交战都没有交战，转头便跑了。

为什么？因为那天的天气实在是太好了，万里无云、艳阳高照。汉军的钢铁武器和亮漆皮甲在阳光的照射下闪闪发光，甚是威武。偓渠一见汉军军容如此肃杀，直接便丧失了抵抗的勇气，命使者转告左贤王"我走了，你保重"，便直接就溜了。

这仗还没打呢兵就没了，左贤王还怎么继续？行了，那也跑吧。

于是，还未等马通所部到达天山，天山一带的匈奴人就全都跑没影了。

匈奴人跑了，追？不行，此时李广利所部已经全军覆没，如果马通没有料错，狐鹿姑肯定开始率部向西方驰援了。

所以，如果继续深入追击左贤王的话，将有极大的可能被数倍于自己的匈奴骑兵合围。到那时候，自己就是想逃也逃不了了，不如就此风风光光地返回长安。

所以，马通直接率部撤退了。

御史大夫商丘成的三万正规军又哪里去了呢？

商丘成那三万正规军在向北走了数百里之后没有发现什么匈奴人，所以直接撤兵回长安。因为汉武帝给他的战争指令很明确，那就是收拾外围游散匈奴骑兵，保护李广利的主力军团不受骚扰，之后再伺机而动。

如果是稍微有点儿野心的将军都会在完成任务以后前往支援李广利，可商丘成是相当有自知之明了。他知道自己不是行军打仗的那块料，所以只要完成任务就行。

于是乎，他就直接撤退了。

本次战役，李广利的主力军团全军覆没，汉武帝累积了好多年的军队一朝败尽。虽然匈奴人也损失了不少，可和汉朝比起来，那可真是小巫见大巫了。

汉武帝原本的打算是在这一次大战中彻底消灭匈奴，然后再好好重整国政，弥补这些年来对百姓的剥削。

可这一次的失败标志着短期之内汉朝再无能力出动大军团攻击匈奴，而现在的汉朝还能够再继续任由汉武帝增加军费吗？当然是不能。

所以，从这时候开始，汉武帝就已经有了重整国政，停止对匈奴发动战争的想法了。

那汉朝损失得这样巨大，匈奴就占到便宜了吗？

答案当然也是否定的了。

战争一旦发生，从来都是杀敌一千，自损八百，谁都别想全身而退。通过这些年不断和汉朝的争斗，匈奴不但失去了大片的领地，还失去了无数的人口和财物，所以不管是汉土的百姓还是匈奴的将官和士兵都是怨声载道，厌战的情绪非常浓烈。（《汉书》载："汉兵深入穷追二十年，匈奴孕重惰殰，罢极苦之。自单于以下常有欲和亲计。"）

基于众人的这种思想，再加上连年的损兵折将，说实话狐鹿姑也不怎么想再和汉朝磕了，所以他紧抓连续两次战胜汉朝之机，派出使者前往长安，意图恢复当初的和亲政策。

此时的长安正殿之中，一度萎靡的匈奴使者在本次大胜汉朝之后又开始嘚瑟上了。只见这匈奴使者也不对汉武帝行跪拜之礼，而是趾高气扬地道："我家大单于说了，这天下南有大汉朝，北有强盛无敌的匈奴，这两个国家一旦安定，那天下也就安定了，这两个国家一旦战争，那整个天下都将妻离子散，家破人亡。我们大单于有慈悲之心，不想再让天下人受苦，所以希望继续与大汉朝和亲，只要汉朝皇帝您能够将公主嫁给我匈奴，每年再给我们匈奴一万石酒，五千斛粮食，各种布绢一万匹，我们就愿意和汉朝永不相犯。"

话毕，整个大殿寂静无声，针落可闻，匈奴使者在那儿说了半天也没见汉武帝回他什么话，结果使者抬头一看差点儿没气"死"，此时的汉武帝根本没有听他说话，自己在那儿闭目养神呢。

大概又过了一会儿，听下面的匈奴使者没动静了，汉武帝这才慢慢地睁开双眼，用他那音量不大、却充满了威严的声音道："说完了？"

匈奴使者："说，说完了。"

汉武帝："你们家单于又觉得自己行了？"

这话一说，匈奴使者一时之间竟不知该如何回话，汉武帝也不再同他对话，而是招来一个谒者道："你去出使一趟匈奴，把这个使者送回去，再把我的意思和狐鹿姑说一遍。记住，不要折了我大汉的威风，不然，你死。"

"是！"

就这样，汉朝使者带着这个匈奴使者返回了中央王庭。

而此时的中央王庭之中，这汉朝使臣也是一脸傲然地立于王帐之中，他微微对狐鹿姑拱了拱手，然后道："大单于，我们陛下说了，想要和亲，可以；想要我们的嫁妆，也可以，但我们汉朝给了你们多少嫁妆，你们就要用更多的牛羊当作聘礼来置换，不然的话，没得谈。"

话毕，狐鹿姑阴沉地看着汉使，过了一会儿，表情又逐渐变得轻松，只见狐鹿姑似笑非笑地道："哎呀，我是经常听说汉朝总以礼仪之邦而自居，不过之前李广利曾对我说你们有一个叫刘据的太子，竟然公然发动政变，反对自己的老爹。试问，一个国家的储君来反抗皇帝，你们汉朝还有什么资格以礼仪之邦来自居呢？啊？当真可笑啊，哈哈哈哈。"

话毕，周围的匈奴人也配合狐鹿姑狂笑不已。

可这名汉使没有一丁点儿的愤怒，反倒是轻蔑一笑，然后眯着眼睛道："李广利是个什么东西？市井垃圾而已，他说的话单于您也信？至于前太子起兵之事确实有，但和那个市井鼠辈所说完全就是两个版本。当时太子起兵根本就不是为了反抗自己的父亲，而是想要杀死一个叫江充的弄臣，这只不过就是一个儿子玩一玩父亲的军队而已，有什么大惊小怪的？总要比你们那个杀死自己的父亲，抢夺自己父亲妻子的畜生要好得多了（指冒顿）。呵呵，可就是这样你们匈奴人还代代崇拜他，还什么什么天单于，当真可笑至极。由此可见，你们匈奴人早就把畜生的行径融入了自己的血液当中，无可救药了。"

冒顿，那是匈奴人最尊崇的人。如今，汉使竟然当众如此羞辱他，这让在场的匈奴人暴跳如雷，有人更是抽出胡刀，想要一刀了结了汉使。

可狐鹿姑却制止住了手下的行为，因为他也实在不想和汉朝开战了。这么多年来，他们匈奴损失的实在是太多了。

于是，狐鹿姑虽然愤怒，却没有斩杀汉使，而是将他软禁在了匈奴。汉匈双方虽然闹得很不愉快，但都开始进入了休养生息的时期，战争，暂时告一段落了。

5.7　弃仙神，罪己诏

公元前90年的某一天，廷尉某某急匆匆跑进皇宫侧殿，对汉武帝道："启禀陛下，经臣多日查探，以巫蛊之术害人之事绝大部分全都是当初江充捏造的，前太子更是没有诅咒过陛下，还请陛下圣裁。"

话毕，汉武帝一时失神，久久不能言语。

正巧这时候，郎官车千秋也在一旁乘势为太子鸣冤："陛下，做儿子的擅自动用父亲的军队，如果没有反叛的意图，那不过是几鞭子的处罚。而天子的儿子只不过是杀了一个弄臣而已，这又有什么值得处罚的呢？"

话毕，汉武帝长长地叹息了一声，然后对车千秋道："对于我们父子的事，朝中大臣除了你以外没有一个人敢说句实话，你是一个诚实可靠的人，所以从这以后，你就做我的大鸿胪吧。"（注：大鸿胪为九卿之一，负责少数民族的诸多事宜，最早叫典客，之后又改成大行令，到现在又叫大鸿胪）

这之后，掌握了确实证据的汉武帝将江充的一家老少全部斩尽杀绝，又活活烧死了当初陷害刘据的三个太监，甚至连当初奉命捉拿太子的那个县令也被汉武帝找了个理由满门抄斩了。

可这又有什么用呢？死了的也活不了，汉武帝还越发思念已经死去的刘据，所以他专门为刘据修建了一座思子宫，还在湖县修建了一座归来望思台，意思大概是："我的儿子啊，离别了这么长时间，父亲想你了，你要是能够回来的话，就来见一见父亲吧。"

当时，这件事引起了很大的轰动，天下人终于知道太子刘据是被冤枉的，很多人也体会了汉武帝的心情，流下了伤心的泪水。

公元前89年正月，看着自己已经花白的头发，感觉着身体越来越差的汉武帝打算最后一搏。

他有生以来最后一次带着庞大的队伍巡游东莱郡，并想要亲自率领船队进入海中求仙，意图长生不老。

一众大臣纷纷劝阻，可汉武帝知道这是他最后一次机会了，如果还是不能请到神仙，那他这一辈子估计都要和长生不老说拜拜了。所以，哪怕是一众大臣拼死力劝，汉武帝依然不为所动，毅然决然地率领庞大的船队进入海中。

可天公不作美，那边汉武帝刚刚进入大海，狂风便造访，当时的大风吹得是昏天暗地，海水波涛汹涌，根本就无法继续行进。汉武帝无奈之下只能返回登岸，意图等大风停止后再继续下海。

可这大风一连吹了十多天，依然没有半点儿减弱的征兆。因此，汉武帝只能取消了下海的行程，退而求其次，往泰山扩张祭天神坛，然后祭祀天地仙神，希望能够得到老天的垂青，在他死前赐他长生不老。

汉武帝虔诚吗？非常虔诚。可有用吗？祭了好几天的天地仙神，结果连个神仙的影子都没有看到。

而到这时候，汉武帝是真的心灰意冷了。

见此，车千秋紧抓这个千载难逢的机会，赶紧和汉武帝道："陛下，这么多年来，您聘请了无数的法师术士，可结果都让您失望而归，所以臣斗胆请奏，将这些术士全部遣散，不要再让他们浪费国家的粮食和金钱了。"

想了想这些年来为了请神仙所花费的金钱，又想了想以后这些蛀虫将要再次祸害后面的皇帝，汉武帝一个哆嗦，赶紧道："大鸿胪你说得没错，之前都是因为朕的迂腐，这才受了方士们的蛊惑，这天下哪里有什么神仙，全是胡说八道！"

于是，打这以后，汉武帝罢黜了所有的宫廷法师，并颁布种种政策制约那些神棍们。风靡整个汉武帝一朝的方士们终于在汉武晚期的时候走上了人生的最低谷，好久都没有机会再露头。

这之后，汉武帝感车千秋之贤能，乃任其为汉朝新任丞相，封富民侯，对他寄予厚望。

同年，汉武帝的生日。

当天，整个皇宫之内歌舞升平，可跪坐于大殿正中的汉武帝看着这一切心中却好不是滋味。是呀，随着多年来不断征战，军费不断增加，民间百姓的生活越来越苦，现在皇宫之内载歌载舞、山珍海味，民间不知道有多少百姓还在饿着肚子。

想到这儿，汉武帝突然将手一抬，下面的歌姬舞女全都停止了动作。

见状，一名大太监赶紧将这些女子们都赶出了宫殿。

等这些闲杂人全被肃清以后，汉武帝默默地道："好动听的音乐，好可口的饭菜，不过这种待遇是给贤人的，朕有什么资格享用呢？"

话毕，赶紧有一名大臣站出来道："陛下言重了，您是这天下的主人，这天下都是您的，你如果都没有资格享用的话，怕是天下谁都没有这个资格了。"

汉武帝挥了挥手，示意这名大臣退下，然后道："朕不施恩德，任用刘屈氂和李广利这等佞臣，导致太子蒙冤，数万人因为朕而家破人亡，直到现在朕还在思念着朕那懂事的儿子。因为这些事情，朕已经好长一段时间一日只吃一顿饭了，又有什么资格享受？又有什么资格过朕那所谓的寿辰呢？朕不配，真的不配。"

众人："陛下……"

汉武帝："丞相在吗？"

车千秋："老臣在。"

汉武帝："朕说，你亲自记录，记录以后，昭告天下。"

车千秋："谨遵圣命。"

汉武帝："前一段时间，有关部门曾建议朕继续增加老百姓的赋税，以扩充边关的军费，可朕已经不想再这样做了。这些年来，不管是对匈奴也好，还是对其他的国家也罢，因为战争使得我们汉朝开始慢慢走了下坡路，过去朕一时糊涂，这才派李广利那贼人不停地向外扩张，最后终是导致了全军覆没的结局，这让朕痛不欲生。如今，又有人建议朕派遣人马前往轮台屯田，还要加修堡垒哨所，这是劳民伤财的举动，是在本就已经疲惫不堪的百姓身上的伤口再撒一把盐，朕是无论如何都不会再这样做了。大鸿胪还建议朕招武艺高强的囚犯前往匈奴刺杀狐鹿姑，以发泄朕心中的愤怒，可这种见不得人的事情连春秋五霸都不屑去做，更何况朕这个大汉皇帝呢？所以，如今当务之急并不是报仇，也不是继续扩充军事编制，而是要整顿吏治，废除那些增加赋税的法令，鼓励百姓们从事农业生产，恢复为国家养马者免除徭役赋税的法令，用来补充因长期和匈奴人战争所缺失的战马额度，不使国家的军队有所削弱而已。所以从即刻开始，各郡、国两千石以上的官员都要制定本地繁殖马匹和充实国内农业、经济的报告给朕阅览，希望你们能够在年终公务报告的时候都能拿出好的方案让朕满意。好了，就记到这里吧，朕累了，都散了吧。"

就这样，汉武帝匆匆结束了寿宴。可从此以后，国家农业开始慢慢回暖，曾专用于战争时期锻造兵器的钢铁也开始慢慢地用到了锻造农具上面。国家的战马也在马政的复苏下逐渐得到提升。

可以这么说，汉武帝的罪己诏发布以后，汉朝即将再次走入正轨，虽然此时的汉武帝已经年老了。

5.8 刺杀汉武帝

江充、李广利。

一个害汉武帝失去了自己的儿子，一个害汉武帝的第一集团军全军覆没。

如今，江充已经被满门抄斩，李广利当然也不会有好下场。

话说李广利投降了匈奴以后，狐鹿姑单于不但给了他无尽的财富，还将自己的女儿嫁给了他，并视其为心腹，无论有什么大事小事都要和他商议，尊崇程度竟在老牌汉奸卫律之上。

所以，卫律视其为头号政敌，总想找机会置其于死地。

终于有一天，匈奴大阏氏身患重病，卫律抓住了这个机会，买通了匈奴的大巫师，让她如此如此……然后，在狐鹿姑一次看望母亲的过程中，狐鹿姑问大巫师：

"我母亲的病到底是怎么回事？为什么无缘无故得了这么严重的病？"

大巫师："这……恕臣直言，大阏氏之所以如此，全都是因为单于您啊。"

狐鹿姑："我？这话怎么说？"

大巫师："当初前单于还在世的时候，每次祭兵之时都反复说明，抓住李广利以后必定要杀了他祭庙，可如今呢？单于抓住李广利以后非但没有斩杀他祭庙，反倒是对他无比优待，身在下界的大单于非常愤怒，这才将怒火都发泄在了大阏氏身上。所以，现在大单于唯一要做的，就是赶紧杀掉李广利祭庙，这样才能平息前代大单于的怒火。"

话毕，狐鹿姑恍然大悟，这才知道母亲的病因，然后二话不说，直接斩杀了李广利祭庙。

那李广利在临死之前疯狂对天狂吼："我做鬼也不会放过你们，我一定要让匈奴毁灭！"

公元前88年六月，御史大夫商丘成被人指认诅咒汉武帝被赐死，可实际上根本就不是那么回事，御史大夫商丘成之所以会被汉武帝赐死，原因很简单。

还记得商丘成之前是怎么成为御史大夫的吗？追杀逼迫前太子刘据！汉武帝过后虽然后悔，但因为说出去的话如泼出去的水，所以也只能"被迫"赏赐了那些追逼太子"有功"的大臣们。

可如今，一个个当初因为平灭太子而升官发财的人差不多全都被汉武帝杀绝了，使得仅剩下的两个人更加担心害怕，从而生出了一个极为大胆的想法。这两人不是别人，正是之前讨伐匈奴之时打退李陵的马通和其兄马何罗了。

马通不用说了，讨伐太子的时候他是立了大功的，马何罗更是同江充相交莫逆。

因此，二人觉得汉武帝早晚都会将屠刀砍到他们脖子上。

于是，二人决定一不做，二不休，打算直接杀了汉武帝，然后扶立一个傀儡皇帝上台，这样不但能免除自己的灾祸，甚至能够权倾朝野，弄好了还有可能改朝换代呢。

所以，打这以后，两个人总在拉帮结派，寻找机会杀掉汉武帝。

可计划还没等实施，侍中驸马金日磾便发现此二人的行为举止极不正常，所以对二人极为警惕。

大概是同时察觉到了金日磾对自己的警惕，二人有所收敛，短时间内都没敢轻举妄动。

可御史大夫商丘成的死，让二人知道，再不动手就来不及了。

某日，汉武帝前往林光宫静修。二人感觉再也没有比这更好的机会了，便在当日，汉武帝入睡以后偷偷溜出宫殿，召集了自己的党羽，准备对林光宫发起攻击。

可现在有一个非常无奈的情况摆在眼前，那就是林光宫外围的守卫极其森严，自己的士兵不如汉武帝的多不说，精锐程度也不可同日而语。

要知道，能够作为汉武帝身边护卫的，那都是南军最强悍的战士。所以，强攻绝没有成功的可能。

那怎么办呢？二人经过思考，想出了一个在当时最好的办法，那就是刺杀！

因为林光宫外围虽然防守严密，里面却非常松懈，只有几个太监和一个金日磾而已。况且金日磾最近一段时间身体有恙，所以整日都躺在值班室休息，根本就不出现。

于是，二人议定，由马何罗前往刺杀汉武帝，一旦得手，马通便立即带兵攻击林光宫，进而发动政变。

因为马何罗是汉武帝身边的人，再加上他身上没有携带武器（藏到袖子里了），所以那些护卫也没有多想，直接就放他进去了。

马何罗进入宫殿以后，七拐八拐，慢慢接近了汉武帝的卧室。越来越近、越来越近，眼看就要成功进入汉武帝的卧室了。

可就在这时，在计划即将成功之时，一个最不该出现的人竟然出现在了汉武帝卧室的门口。

这人不是别人，正是金日磾。那金日磾不是身体有恙在值班室休息吗？怎么又到汉武帝卧室门前了呢？

那金日磾虽然在值班室休息，可人有三急，就顺便上了趟茅房。

可当他从茅房出来以后，这心里没由来的就是一阵恶寒。

金日磾感觉此事极不寻常，怕汉武帝会有什么危险，这才走到了汉武帝卧室的门前站岗。

果然，在站岗没多长时间以后马何罗突然出现。他见到金日磾以后一愣，然后二话不说，抽出袖中匕首便往汉武帝的卧室里面冲。

那金日磾砰地一下冲了出去，没等马何罗踹开汉武帝的门便将他撞倒在地上，因为冲击力非常大，所以马何罗一个手抖，那匕首便掉在了地上。

就这样，两个人厮打在了一起，金日磾一边和马何罗厮打一边爆吼道："有刺客！马何罗造反啦！"

这一声爆吼不但将门外的侍卫们喊进来了，就连汉武帝都被惊醒，穿上衣服冲了出来。

那些士兵见汉武帝已经出来了，生怕他受到惊吓，于是抽出宝剑便要砍向马何罗。

汉武帝大急，赶紧对那些卫士吼道："都给朕停下！你们伤到了金日磾怎么办？"

听到这儿，士兵们不敢动手了，只能将汉武帝团团护住，等待着马何罗和金日磾分出胜负。

生活在草原上的人历来都十分热爱摔跤这项运动，以前的西戎、北狄如此，以后的蒙古、契丹如此，现在的匈奴也是一样。

所以匈奴的男人基本上都比较擅长摔跤，更别说金日磾这种匈奴贵族了。别看他现在生着病呢，摔一个养尊处优的马何罗还是没有问题的。所以，没过多久，马何罗就被金日磾摞倒，进而生擒之！

最后，经过严酷的审讯，马何罗将所有参与此事的人全都抖了出来，汉武帝一个没留，将他们全部诛杀。

那金日磾作为休屠王的儿子怎么会成为负责汉武帝安全的贴身红人了呢？要知道，汉武帝身边的贴身红人，那都是汉武帝最信任的人，他一个匈奴人怎么可能会对汉武帝如此忠心呢？

我现在就将金日磾的成长史详细地叙述一遍。

话说当初汉武帝将休屠王一家老小全充当了官奴，金日磾便在黄门负责给汉武帝养马，因为匈奴人养马确实有一套独特的办法，而金日磾又是此中的佼佼者，所以，他养的马是整个黄门中最彪悍的。

一日，汉武帝兴致大发，将所有黄门的养马人都召集在了一起，要逐个检查他们所养的马，这些养马人一个个全都牵着自己的马呈给汉武帝检查，因为很少有能见到汉武帝的机会，所以他们全在下跪参拜的同时窥视汉武帝。这在礼法中是不被允许的，可汉武帝理解他们的心情，也没有在意。

只有当金日磾将马交到汉武帝手中以后老老实实地跪在原地，别说窥视了，就是连头都没有抬起过一下。

汉武帝深感惊奇，又见金日磾养的马极为强健，便让金日磾站起来，以便一观。

可当金日磾站起来以后，汉武帝发现这小子仪表堂堂，身长八尺二寸，膀大腰圆，容貌极为威严，汉武帝为其容貌和养马的能力所惊叹，便拜其为马监，迁侍中，驸马都尉，光禄勋大夫。

得到了汉武帝如此厚爱，金日磾非但没有得意，反倒是更加谨慎，除了家人和汉武帝以外，他从来都不结交任何人，做事也是勤勤恳恳，基本没出过什么差错。

如此，汉武帝对他便越发喜爱，累积的赏赐竟达千金之多。那些贵戚们因此忌妒金日磾，总是在他背后议论："呵！陛下随便得到了一个不值钱的匈奴奴隶，反倒当成宝了。"

汉武帝听闻此事以后非但没有半点儿疏远，反而越发器重金日磾，并经常让他随行左右。

那金日磾的母亲为人极为贤淑，不但将金日磾教导得好，连金日磾的两个孩子都教导得非常有礼貌。可后来，这个老人死了，汉武帝感念金日磾的忠心，便命画师将金日磾母亲的画像供在了甘泉宫之中。

此举让金日磾更加感激汉武帝，从此决心以命来侍奉武帝。

金日磾有两个孩子，一个小儿子长得非常漂亮（一说此子是汉匈混血）并且聪明伶俐，很得汉武帝的喜欢，汉武帝没事便让金日磾将这个孩子带到宫中和他玩耍。

那汉武帝喜欢这个孩子已经喜欢到了无以复加的程度，甚至管这个孩子叫"儿子"。

有一次，汉武帝批阅了一天的奏折，感觉身心疲惫，便命金日磾将小儿子带过来陪他玩儿。这小儿子估计是见汉武帝见得多了，混得熟了，所以根本就不知道见外，见到汉武帝以后直接冲了上去，一下子跳到汉武帝的怀里，又是亲亲又是拔胡子的，最后甚至骑到了汉武帝的脖颈子上。

旁边的大太监吓坏了，但又不敢说什么。同样地，金日磾对儿子这种行为非常不满，便用那充满愤怒的眼神警告这小儿子。

小儿子见父亲急了，赶紧从汉武帝的脖子上下来，乖乖站到原地不敢说话了。

汉武帝正和他的"小儿子"玩儿得开心呢，突然见此变故，便问怎么了。小儿子一边哭一边道："我不敢了，我父亲生气了。"

话毕，汉武帝直指着金日磾就骂："你小子，凭什么和我儿子发怒？"（《汉书》载："武帝怒曰磾：'何怒吾儿为？'"）

没错，汉武帝喜欢这小儿子就是到了这种程度。

可棍棒底下出孝子，蜜糖之下出逆子。这"小儿子"在汉武帝不断娇惯之下逐渐开始变得肆无忌惮。等他成长到少年以后，竟然受不住诱惑，和那些宫中的宫女发生了关系。

金日磾听闻此事以后大怒，待这小儿子回到家里以后便将其一刀捅死。

汉武帝闻讯怒不可遏，当即命人将金日磾擒到侧殿，拿起奏章就扔向金日磾，然后对他狂吼道："你为什么杀了我的小儿？"

话毕，金日磾流下了眼泪，默默和汉武帝道："陛下，我是他的生父，我对他的爱不比您少，但宫中的宫女全都是您的女眷，他胆大包天，竟然敢勾搭宫女，以后还有什么做不出来？儿女亲、父母大，但最大者不过君主！还请陛下圣裁。"

话毕，汉武帝一声长叹，然后哭泣不止，可在这心里面却更加敬重金日磾了。所以从这以后，汉武帝凡出行必携金日磾，金日磾也成了保护汉武帝人身安全的第一人。

我们书接上文，本次马通、马何罗二人之所以没能成功发动政变，金日磾的功劳是首屈一指的。汉武帝感念他多年的忠诚，便想要纳金日磾的女儿为妃子。这是成为皇亲国戚的好机会，我想但凡是朝中的大臣就没有人会拒绝这个从天上掉下来的馅饼。

可金日磾却没有接受，反倒是委婉地拒绝了汉武帝的要求。这就使得汉武帝更加器重金日磾，甚至都有将身后之事托付给金日磾的想法了。

那么身后之事又是什么呢？不用多言，继承人。

5.9 新任"储君"

三年了，距离刘据起兵诛杀江充然后身死已经有三年之久了。这期间，因为汉武帝想念并自觉愧对前太子刘据，所以一直都没有另立太子。

可随着汉武帝的身体一天不如一天，其他的皇子也开始蠢蠢欲动了，有的皇子甚至都开始向汉武帝要太子当了。

那汉武帝的嫡子只有一个，就是刘据，可刘据死了以后，这皇位的继承人可就不好说了，一般都是哪个孩子更得圣上欢心就立哪个孩子为储君。可如果按照华夏传统礼仪来说的话，那就是必须要立长子才是正道，朝中很多大臣也都建议汉武帝立长子为储君。这个长子是谁呢？那就是现在的燕王刘旦。

刘旦认为自己是汉武帝的庶长子，再加上长安还有很多大臣力挺自己，便主动派遣使者往长安请汉武帝调自己回长安。

表面上虽然说是要伺候自己的父亲，这真实意图简直太明显，就是要太子来了。

汉武帝当然心知肚明，所以他直接命人将这名使者斩杀，然后削去了燕国的三个县以示惩罚。

可通过这件事，汉武帝也知道，立太子是不能再拖了，但让他再立太子，他还觉得对不起九泉之下的刘据。所以，他心中已经有了决断。

其实，自从刘据死后，汉武帝心中最想立的人不是别人，正是自己和赵婕妤的孩子刘弗陵。可赵婕妤这女人太年轻，心机太深，汉武帝怕自己百年之后汉朝又会出现第二个吕后，所以一直迟迟未决。

如今，随着自己的身体越来越差，大臣和皇子之间的蠢蠢欲动，汉武帝不得不痛下决心立刘弗陵为"储君"了，不过想立刘弗陵为"储君"，有两个问题就必须要先行解决。

第一，刘弗陵现在的年龄实在是太小，一个只有六岁的孩子，哪怕是神童，也不可能治理好一个这么大的国家，所以，就必须要给他寻找一些托孤的重臣，既能让他们辅助刘弗陵治理国家，又能让他们互相牵制，避免一家独大，进而危及朝廷。

那他们都是谁呢？他们分别是霍光、金日磾、上官桀和桑弘羊。

并且在这些人中，霍光还是第一托孤重臣。

金日磾、上官桀和桑弘羊之前都已经详细介绍过了，那这个霍光又是谁呢？

之前霍去病回家"探望"自己父亲的时候领了一个孩子回长安，没错，这个孩子不是别人，便是霍去病的弟弟霍光。

当初霍光进入长安的时候年纪才十几岁，可虽然只有十几岁，他所展现出来的潜力却是巨大的。

霍光从小就十分聪明，进入皇宫以后，汉武帝因为他是霍去病的弟弟，所以便封他为郎官，打算以后再提拔。

可霍光知道，自己的哥哥和舅舅都是靠行军打仗出的名，自己就算是和他们拥有同样的战绩也不可能再达到他们的高度了，更何况自己还没有那两个人的实力。

所以，霍光打算做一名文官，在另一个领域发展。

基于此，从他成为郎卫以后便开始学习四书五经和治国之道，不久便被汉武帝升为诸曹、侍中。

然而，霍光最难能可贵的还不是他有多么强的能力，而是他为人相当谨慎。哪怕自己的舅舅和哥哥是汉朝的军界双星，哪怕自己的二姨是当朝皇后，他都没有一丁点儿的嚣张跋扈，而是和谁相交都温和谦逊。因此，霍光从来都没有主动得罪过任何人，在朝中的人缘极好。

再后来，汉武帝再次提拔霍光，升其为奉车都尉（俸两千石，掌皇帝出行车马）、光禄大夫（俸两千石，掌顾问应对，朝会主持），可以说，从这时候开始，霍光已经成为汉武帝身边不可缺少的要员之一了。

可是霍光呢？依然如故，对谁都谦卑有加。

所以，等以后霍去病和卫青双双去世，卫氏一族全遭打压之际，只有霍光一个人没有遭到迫害。

基于此，当汉武帝决心立刘弗陵为储君之际，便送给了霍光一幅《周公辅成王会诸侯图》。

汉武帝为什么要给霍光这幅图呢？很简单，就是暗示霍光要像周公姬旦那样辅佐年幼的帝王成就大业。

那汉武帝的众多儿子中谁才是幼主呢？不必说，除了刘弗陵不做第二人选。

所以，汉武帝此举已经明白得不能再明白了。

托孤重臣选完了，现在要对付的就只剩下一个赵婕好了。而汉武帝知道，对于这样的女人，你就是说什么都没有用，她表面上对你言听计从，可等你归西以后极有可能立马变成第二个吕后。

所以，汉武帝打算采用一个最简单可靠的办法，那就是让赵婕好去死。

于是，在某一日，汉武帝不知道是因为什么事情谴责赵婕好。

过了一会儿，屋内传出了赵婕好痛哭并祈求饶恕的声音，可汉武帝并没有心软，而是严厉地吼了一声："来人！"

"在！"

"把赵婕好给我架走！"

"是！"

就在两个郎卫将赵婕好架起来的时候，赵婕好还在做最后的努力，她痛哭着对汉武帝道："陛下！您放过我吧，臣妾知道错了。"

汉武帝看了赵婕好一眼，无比冷淡地道："走吧，你不能活在这个世界上。"

就这样，心机深沉的赵婕好离开了人世。

汉武帝此举做得绝对没错，因为后来不管是西汉还是东汉，它们之所以会灭亡，和这些女性都有着绝对分不开的关系。

5.10　汉武皇帝

公元前87年二月，汉武帝突然四肢发麻，身上多部位丧失知觉，甚至连喘气也越来越费劲。

他知道自己大限将至，立刻将霍光、金日磾、上官桀和桑弘羊叫到身边并说道："你们四个人都是能堪大用的人，从即日起，霍光为大司马（原太尉），兼任大将军，国中一切兵务都归你管辖，希望你能一直守护在新任太子身边，不要让我失望。金日磾为车骑将军，上官桀为左将军，桑弘羊为御史大夫。希望你们几个能够相互配合，好好地辅佐新任太子。就这样吧，你们都走吧。"

霍光："陛下！您还没说新任太子是谁呢？"

汉武帝："你难道不明白我上次赐给你那幅画的意思吗？"

霍光："臣……实不知。"

汉武帝看了一会儿霍光，然后叹了一声气道："那幅画的意思就是要立我最小的儿子刘弗陵为太子，而你要充当的就是周公的角色啊。"

话毕，一向谨慎的霍光拒绝了汉武帝的任命，而是"谦让"地将周公的位置让给了金日磾。

这倒不是霍光有多么高的觉悟，而是知道汉武帝实际上最信任的人是金日磾，怕汉武帝这是在试探他，所以用此办法反试探回去。

结果还没等汉武帝回话呢，同样谨慎的金日磾就抢道："不可！这万万不可！臣不管怎么说都是匈奴人，让一个匈奴人来做主要辅政大臣，这会让匈奴轻视我们汉朝，同时也会给大汉朝丢脸，还请大将军不要再推辞了。"

话毕，霍光还想继续试探，可汉武帝实在没有这个心思了，他累了，太累了。

于是，对霍光挥一挥手，让他不要再啰唆了。

霍光一看汉武帝是真的没有试探他的意思，这才和众人告退了。

公元前87年二月十四日，汉武帝一觉睡去就再也没能醒过来。

汉武帝去了，我们再来看看接下来汉朝会发生什么吧，这个年幼的刘弗陵又会带着汉朝走向一个什么样的方向？